# WiWi klipp & klar

**Reihe herausgegeben von**

Peter Schuster, Fakultät Wirtschaftswissenschaften, Hochschule
Schmalkalden, Schmalkalden, Deutschland

WiWi klipp & klar steht für verständliche Einführungen und prägnante Darstellungen aller wirtschaftswissenschaftlichen Bereiche. Jeder Band ist didaktisch aufbereitet und behandelt ein Teilgebiet der Betriebs- oder Volkswirtschaftslehre, indem alle wichtigen Kenntnisse aufgezeigt werden, die in Studium und Berufspraxis benötigt werden.

Vertiefungsfragen und Verweise auf weiterführende Literatur helfen insbesondere bei der Prüfungsvorbereitung im Studium und zum Anregen und Auffinden weiterer Informationen. Alle Autoren der Reihe sind fundierte und akademisch geschulte Kenner ihres Gebietes und liefern innovative Darstellungen – WiWi klipp & klar.

Robert Richert

# Wirtschaftspolitik klipp & klar

Robert Richert
Hochschule Schmalkalden
Schmalkalden, Deutschland

ISSN 2569-2194          ISSN 2569-2216 (electronic)
WiWi klipp & klar
ISBN 978-3-658-38145-5          ISBN 978-3-658-38146-2 (eBook)
https://doi.org/10.1007/978-3-658-38146-2

Die Deutsche Nationalbibliothek verzeichnet diese Publikation in der Deutschen National-
bibliografie; detaillierte bibliografische Daten sind im Internet über http://dnb.d-nb.de abrufbar.

Lektorat/Planung: Carina Reibold
Springer Gabler ist ein Imprint der eingetragenen Gesellschaft Springer Fachmedien Wiesbaden
GmbH und ist ein Teil von Springer Nature.
Die Anschrift der Gesellschaft ist: Abraham-Lincoln-Str. 46, 65189 Wiesbaden, Germany

# Vorwort

Die letzten Zeilen dieses Buches werden in einer Zeit geschrieben, in der ein verheerender Krieg in Europa wütet. Im Vergleich zu den vielen Menschen, die dadurch ihr Leben, ihre physische und psychische Unversehrtheit, ihr Heim und vieles andere mehr verlieren, ist die Beschäftigung mit den Grundlagen der Wirtschaftspolitik nahezu bedeutungslos. Jedoch wird dieser Krieg die Welt verändern, wovon auch die Wirtschaftspolitik Deutschlands betroffen sein wird. Vor diesem Hintergrund mag es in einer sinnlos erscheinenden Zeit sinnvoll erscheinen, einen Einblick in wirtschaftspolitische Fragestellungen zu gewinnen.

Dieses Buch richtet sich in erster Linie an Studenten wirtschaftswissenschaftlicher Studiengänge an Universitäten, an Hochschulen angewandter Wissenschaften sowie an dualen Hochschulen. Aufgrund seiner Konzeption und seiner aktuellen wirtschaftspolitischen Fragestellungen ist es aber auch zum Selbststudium für wirtschaftspolitisch interessierte Laien geeignet. Am Ende jedes Kapitels sorgen Zusammenfassungen, Wiederholungsfragen, Aufgaben und Lösungsvorschläge für die Festigung und Reflexion der Inhalte.

Für das Korrekturlesen des Manuskripts bin ich meinen Kollegen an der Hochschule Schmalkalden, Frau Prof. Dr. Mareike Heinemann sowie Herrn Prof. Dr. Manfred Herbert, dankbar. Für das Formatieren der Abbildungen danke ich Frau Dipl.-Betriebswirtin (FH) Franziska Ewald, M. A., die meine Graphiken gewissenhaft und mit unermüdlichem Einsatz digitalisiert hat. Großer Dank gebührt auch meiner Frau und meinen drei Kindern, die mir die Zeit zum Schreiben dieses Buches gegönnt haben, die ihnen dadurch nicht vergönnt war. Zu guter Letzt danke ich meiner Mutter, die mich mit Kaffee und Orangensaft während meiner Besuche gestärkt hat, und meinem Vater, dessen inspirierende Gedanken in mir noch Jahre später nachwirken.

Berlin, Deutschland                                                    Robert Richert
März 2022

# Inhaltsverzeichnis

# Abbildungsverzeichnis

# Tabellenverzeichnis

# Einleitung

**Zusammenfassung**

Die Ausführungen zur Wirtschaftspolitik gliedern sich in drei größere Abschnitte: Zu Beginn werden entscheidungstheoretische Grundlagen einschließlich verhaltensökonomischer Aspekte erläutert. In den sich anschließenden politökonomischen Grundlagen wird untermauert, warum wirtschaftspolitische Entscheidungen nicht immer der ökonomischen Rationalität folgen. Schließlich verdeutlichen Inzidenzanalysen, inwiefern die tatsächlichen Effekte einer Wirtschaftspolitik von ihren intendierten Wirkungen abweichen können.

Der US-amerikanische Nobelpreisträger von 2011, Thomas John Sargent, zählt in seiner Nobelpreisvorlesung sieben bedeutende **„ökonomische Weisheiten"** auf (Sargent 2011). Frei übersetzt lauten sie:

1. Viele Dinge, die erstrebenswert sind, sind nicht machbar („Many things that are desirable are not feasible").
2. Es gibt Zielkonflikte (tradeoffs) zwischen Gleichheit und Effizienz („There are tradeoffs between equality and efficiency").
3. Menschen kennen ihre eigenen Fähigkeiten, ihren Einsatzwillen und ihre Präferenzen selbst besser als andere Menschen („Other people have more information about their abilities, their efforts, and their preferences than you do").
4. Menschen reagieren auf Anreize, auch Menschen, denen geholfen werden soll. Dies ist der Grund, warum Sicherheitsnetze nicht immer so wirken wie beabsichtigt („Everyone responds to incentives, including people you want to help. That is why social safety nets don't always work as intended").
5. Staatsausgaben werden letztlich von den Bürgern bezahlt, entweder heute oder morgen, entweder explizit in Form von Steuern oder implizit in Form von Inflation oder in Form von Schuldenschnitten („When a government spends, its citizens eventually pay, either today or tomorrow, either through explicit taxes or implicit ones like inflation and defaults on debts").
6. Eine Generation kann ihre Kosten der folgenden Generation aufbürden. Dies geschieht bei Staatsverschuldung und bei Sozialversicherungsleistungen („It is feasible for one generation to shift costs to subsequent ones. National government debts and the U.S. social security system do that").
7. Die meisten Menschen wollen, dass andere Menschen für öffentliche Güter und Transfers zahlen, besonders wenn diese ihnen selbst zugutekommen („Most people want other people to pay for public goods and government transfers [especially transfers to themselves]").

© Springer Fachmedien Wiesbaden GmbH, ein Teil von Springer Nature 2022
R. Richert, *Wirtschaftspolitik klipp & klar*, WiWi klipp & klar,
https://doi.org/10.1007/978-3-658-38146-2_1

Es lohnt, bei der Lektüre dieses Buches über einige Grundlagen der Wirtschaftspolitik diese „ökonomischen Weisheiten" immer im Hinterkopf zu behalten.

Nach der Einleitung werden im zweiten Kapitel entscheidungstheoretische Grundlagen wirtschaftspolitischen Handelns vorgestellt, die gerade in einer Zeit des Umbruchs für die Herausbildung und Umsetzung innovativer Ideen eine herausragende Rolle spielen. Aus verhaltensökonomischer Sicht wird erläutert, warum wirtschaftspolitische Entscheidungen oft nicht rational getroffen werden, sondern systematischen („biases") und unsystematischen („noise") Verzerrungen unterliegen.

Im dritten Kapitel wird auf politökonomische Grundlagen verwiesen, in denen gezeigt wird, aus welchen Individualinteressen heraus wirtschaftspolitische Entscheider bestimmte kollektive Ziele verfolgen. Dabei kommt den Präferenzen des Medianwählers, politischen Konjunkturzyklen und Zeitinkonsistenzen eine besondere Bedeutung zu.

Im vierten Kapitel wird in Inzidenzanalysen zur Mietpreisbremse, zum Mindestlohnsatz, zu den Sozialversicherungsbeiträgen, zur Mehrwertsteuer, zur Kohlendioxidsteuer sowie zur Strompreissubvention dargelegt, inwieweit gute Intentionen nicht-beabsichtigte negative Konsequenzen nach sich ziehen können.

## Literatur

Sargent, Th. J. (2011). Nobel Prize Banquet Speech. https://www.nobelprize.org/prizes/economicsciences/2011/sargent/26015-thomas-j-sargent-banquet-speech-2011/. Zugegriffen am 03.04.2020.

# Entscheidungstheoretische Grundlagen

**Zusammenfassung**

Nach kurzen Erläuterungen zu Karl Poppers (1902–1994) Kritischem Rationalismus wird die Relevanz klassischer Entscheidungsregeln für die Zielsetzungen wirtschaftspolitischen Handelns bewertet. Behandelt werden dabei die Maximax-, Leximax-, Maximin-, Leximin-, Hurwicz-, Savage-Niehans-, Laplace-, Bayes- und μ-σ-Regel. Das Gefangenen-Dilemma leitet die Berücksichtigung strategischer Aspekte ein. In deren Zentrum steht die Strategieanalyse mit der Untersuchung externer und interner Umweltbedingungen, die Strategieentwicklung mit GAP-, SWOT-, TOWS-Analyse und Benchmarking sowie die Strategieformulierung mit der Innovations-, Imitations-, Adaptions-, Kostenführerschafts-, Differenzierungs-, Nischen- und Diversifikationsstrategie. Die 36 Strategeme des Tan Daoji geben einen Einblick in das Denken chinesischer Strategen. Nach verhaltensökonomischen Erläuterungen zu systematischen („biases") und unsystematischen („noise") Verzerrungen sowie zum staatlichen Nudging und Sludging bildet die Präsentation des innovationsfreundlichen Serendipitätsprinzips den Abschluss dieses Kapitels.

## 2.1 Einführung

**Lernziele: Beschreiben, Erklären, Interpretieren, Beurteilen folgender Aspekte**

- Poppers Kritischer Rationalismus,
- Aktionsraum, Zustandsraum, Ergebnismatrix, Entscheidungsmatrix,
- Maximax- und Leximax-Regel,
- Maximin- und Leximin-Regel,
- Hurwicz-Regel,
- Savage-Niehans-Regel,
- Laplace- und Bayes-Regel,
- μ-σ-Regel,
- Gefangenen-Dilemma,
- externe und interne Umweltbedingungen,
- GAP-, SWOT-, TOWS-Analyse und Benchmarking,
- Innovations-, Imitations-, Adaptionsstrategie,
- Kostenführerschafts-, Differenzierungs-, Nischenstrategie,
- Diversifikationsstrategie,
- 36 Strategeme des Tan Daoji,
- „biases" und „noise",
- Nudging und Sludging,
- Serendipitätsprinzip.

© Springer Fachmedien Wiesbaden GmbH, ein Teil von Springer Nature 2022
R. Richert, *Wirtschaftspolitik klipp & klar*, WiWi klipp & klar,
https://doi.org/10.1007/978-3-658-38146-2_2

Kernfunktion des Wirtschaftspolitikers ist das Treffen von Entscheidungen. Daher werden in diesem Kapitel wichtige entscheidungstheoretische Grundlagen vorgestellt.

▶ Die **deskriptive Entscheidungstheorie** zeigt auf, wie Entscheidungen realiter getroffen *werden*. Die **präskriptive (normative) Entscheidungstheorie** erläutert, wie Entscheidungen rational getroffen werden *sollen*.

Der österreichische Philosoph und spätere britische Ritter Sir Raimund Karl **Popper** (1902–1994), der aufgrund seiner jüdischen Wurzeln noch vor dem Krieg nach Neuseeland ausgewandert ist und nach dem Krieg an der renommierten London School of Economics (LSE) gelehrt hat, ist der Begründer des **Kritischen Rationalismus**. Sein wissenschaftstheoretisches Hauptwerk, die „Logik der Forschung" (vgl. Popper 1935) hat Popper über viele Jahrzehnte hinweg immer wieder überarbeitet.

Nach dem Kritischen Rationalismus (vgl. griechisch: „kritein" – „unterscheiden"; lateinisch: „ratio" – „Vernunft") sind **Verifikationen**, also *endgültige* Wahrheitsbeweise *allgemeingültiger* („immer und überall") Aussagen, Hypothesen und Theorien aus logischen Gründen nicht möglich. Es besteht ein **Induktionsproblem**: Einzelne Erkenntnisse empirischer Forschung, die nur für bestimmte Raum-Zeit-Stellen gelten und in Protokollsätzen formuliert werden, lassen sich nicht verallgemeinern, da Menschen nicht wissen können, was sie nicht wissen, aber für eine verallgemeinernde Schlussfolgerung wissen müssten.

Deshalb wendet sich Popper **gegen Induktionsschlüsse**. Er kritisiert den **Empirismus** (vgl. griechisch: „empeira" – „Erfahrung"), den insbesondere der englische Aufklärer Sir Francis **Bacon** (1561–1626) in seinem „Novum Organon Scientarum", dem „Neuen Werkzeug der Wissenschaften" (vgl. Bacon 1620), als Fortsetzung des alten aristotelischen „Organon" (vgl. Aristoteles 2016) zu einer anerkannten erkenntnistheoretischen Methode ausgebaut hat.

Popper fordert eine Prüfung der **Validität** von Hypothesen anhand des **Prinzips der Falsifizierbarkeit**: Hypothesen müssen sich **bewähren**, indem sie Versuchen ihrer Falsifikation standhalten. Dies ist umso eher möglich, je höher der Gehalt einer Aussage ist: Je weiter in einem Konditionalsatz (Wenn-Dann-Satz) die Prämisse (Wenn-Komponente, Annahme) gefasst ist und je enger die Konklusion (Dann-Komponente, Schlussfolgerung) formuliert wird, desto höher ist der Aussagegehalt einer Hypothese. Denn umso eher ist es möglich, diese Aussage anhand eines Gegenbeispiels zu falsifizieren. Ist die Prämisse jedoch sehr spezifisch und die Konkusion sehr umfassend, bestehen weniger *Möglichkeiten* der Falsifikation, sodass der Aussagegehalt gering ist. *Gehaltvolle* **Hypothesen** und **Theorien** zeichnen sich durch einen hohen Grad an *potentieller* **Falsifizierbarkeit** aus. Eine *bewährte* **wissenschaftliche Hypothese** ist:

1. *prinzipell* falsifizierbar,
2. *empirisch* noch nicht falsifiziert worden.

Durch **Immunisierungsstrategien**, die gegen die *prinzipielle* Falsifizierbarkeit von Theorien gerichtet sind, geht die Wissenschaftlichkeit einer Theorie verloren. Auch wirtschaftspolitische Handlungsempfehlungen sollten in einer Weise formuliert werden, dass sie grundsätzlich falsifizierbar sind. Beispielsweise stellt die wirtschaftspolitische Forderung, „*zukunftsträchtige* Investitionen zu subventionieren", eine gehaltlose Aussage dar: Die enge Prämisse („Wenn die Investition zukunftsträchtig, das heißt gut ist …,") lässt keinen Spielraum für Kritik an der Konklusion („… dann sollte sie subventioniert werden"). Denn dass Gutes förderungswürdig ist, ist unstrittig. Die entscheidende Frage lautet jedoch, woher die Politik weiß, welche Investitionen „zukunftsträchtig" sind, sich also langfristig auszahlen. Diese Frage wird ebenso wenig beantwortet wie die Frage, warum es in diesem Fall zwar Wirtschaftspolitiker, nicht aber Unternehmer wissen können, obgleich diese im Gegensatz zu jenen aufgrund ihres Haftungsrisikos stärkere Anreize haben, die möglichen langfristigen Folgen von Investitionen abzuschätzen. Der britisch-österreichische Wirtschaftsnobelpreisträger Friedrich August von Hayek (1899–1992) identifiziert in solchen Fällen auf staatlicher Seite eine „Anmaßung von Wissen" („pretence of knowledge", „arrogation of knowledge"), die nicht zu rechtfertigen ist (vgl. Hayek 1974; vgl. auch derselbe 1937, S. 33–54, 1944, 1945a, b, 1996).

## 2.2 Klassische Entscheidungsregeln

### 2.2.1 Grundlagen

Zunächst werden einige grundlegende Begriffe erläutert:

Zum **Entscheidungsfeld** gehören:

- **Aktionen (Optionen, Handlungsmöglichkeiten)** $a_i$ („action"), die vom Entscheider zu wählen sind und sich im **Aktionsraum** wiederfinden;
- **Umweltzustände** $s_j$ („situation"), die vom Entscheider nicht beeinflusst werden können und sich im **Zustandsraum** niederschlagen;
- **Ergebnisse (Konsequenzen)** $e_{ij}$, die sich aus den unterschiedlichen Konstellationen von Aktionen und Umweltzuständen ergeben und im **Ergebnisraum** als Teil der **Ergebnismatrix** genannt werden;
- **Nutzen** $u_{ij}$, („utility"), welche als Ziele die bewerteten Ergebnisse widerspiegeln und in der **Entscheidungsmatrix (Nutzenmatrix** beziehungsweise **Schadensmatrix**) aufgeführt werden;
- gegebenenfalls subjektive und/oder objektive **Eintrittswahrscheinlichkeiten** $p_j$ („probability") für jeden möglichen Zustand j.

▶ Der **Aktionsraum** enthält alle vom Entscheider zu beeinflussenden **Aktionen (Optionen, Handlungsmöglichkeiten)**.

Für die optimale Entscheidung muss der Aktionsraum vollständig sein. Dies bedeutet, dass sämtliche **Optionen** zu berücksichtigen sind, sodass der Entscheider eine Aktion aus dem Aktionsraum wählen muss. Effizient ist eine Aktion genau dann, wenn sie für jeden Umweltzustand ein mindestens gleich gutes Ergebnis liefert wie eine bestimmte andere Handlungsmöglichkeit und für mindestens einen Umweltzustand zu einem besseren Ergebnis führt.

▶ Der **Zustandsraum** enthält alle vom Entscheider nicht zu beeinflussenden **Umweltzustände**.

**Entscheidungen unter Sicherheit** sind Entscheidungen, die bei bekannten Umweltzuständen getroffen werden.

Entscheidungen unter **Unsicherheit** sind Entscheidungen, bei denen die eintretenden Umweltzustände nicht bekannt sind. Können den Umweltzuständen konkrete subjektive und/oder objektive Eintrittswahrscheinlichkeiten $p_j$ zugeordnet werden, liegen Entscheidungen unter **Risiko** vor. Sind diese Eintrittswahrscheinlichkeiten nicht zu bestimmen, handelt es sich um Entscheidungen unter **Ungewissheit**.

▶ Die **Ergebnismatrix** enthält alle **Ergebnisse (Konsequenzen)**, die sich aus der Kombination der Aktionen mit den Umweltzuständen ergeben.

Werden die in Frage kommenden Aktionen den möglichen Umweltzuständen zugeordnet, können für jede entsprechende Konstellation mögliche Ergebnisse identifiziert werden, die in der Ergebnismatrix dargestellt werden. Diese Ergebnisse sind *deskriptiver* Natur, da ihnen weder positive noch negative Nutzenwerte zugerechnet werden.

▶ Die **Entscheidungsmatrix (Nutzenmatrix** beziehungsweise **Schadensmatrix**) enthält alle **bewerteten** Ergebnisse (Konsequenzen), die sich aus der Kombination der Aktionen mit den Umweltzuständen ergeben.

In dieser Matrix schlagen sich die Ziele des Entscheiders nieder. Diese Werte sind *normativer* Natur, weil sie mit ihrem erwarteten Nutzen bewertet werden. Drei Beziehungen zwischen den Zielen sind zu unterscheiden:

1. Zielneutralität,
2. Zielkonkurrenz,
3. Zielkomplementarität.

**Zielneutralität** liegt vor, wenn das Verfolgen einer Zielgröße (z. B. Erhöhung der Zahl europäischer Patente) vom Verfolgen einer anderen Zielgröße (z. B. Erhöhung des Wohngeldes) *unabhängig* ist.

**Zielkonkurrenz** liegt vor, wenn das Verfolgen einer Zielgröße mit dem Verfolgen einer anderen Zielgröße *konfligiert*, das heißt, die Verbesserung der einen Zielgröße (z. B. allokative Effizienz) zugleich *zulasten* der anderen Zielgröße (z. B. Gleichverteilung der Primäreinkommen) erreicht wird.

**Zielkomplementarität** liegt vor, wenn das Verfolgen einer Zielgröße mit dem Verfolgen einer anderen Zielgröße *einhergeht*, das heißt, die Verbesserung der einen Zielgröße (z. B. mehr Bildung) zugleich *zugunsten* der anderen Zielgröße (z. B. steigendes Reservoir an qualifizierten Arbeitskräften) erreicht wird.

Tab. 2.1 zeigt eine **allgemeine Ergebnismatrix** mit den jeweiligen Ergebnissen $e_{ij}$, die sich aus den Aktionen $a_i$ für die jeweiligen Umweltzustände $s_j$ zu den jeweiligen Wahrscheinlichkeiten $p_j$ ergeben.

Die *allgemeine* **Entscheidungsmatrix (Nutzenmatrix)** in Tab. 2.2 unterscheidet sich von der allgemeinen Ergebnismatrix nur dadurch, dass die Ergebnisse bewertet sind, also bestimmten Nutzenniveaus $u_{ij}$ zugeordnet werden.

Tab. 2.3 zeigt eine *numerische* **Entscheidungsmatrix**, in der den abstrakten Werten konkrete Zahlen zugeordnet werden.

Wirtschaftspolitische Entscheidungen werden getroffen in Abhängigkeit von den möglichen

- Nutzen,
- Schäden,
- Opportunitätskosten,
- Risikoneigungen,
- Streuungen.

Für Entscheidungen unter Unsicherheit haben sich folgende **Entscheidungsregeln** etabliert:

- Maximax-Regel (Optimismus-Regel),
- Leximax-Regel,
- Maximin-Regel (Pessimismus-Regel, Wald-Regel),
- Leximin-Regel,
- Hurwicz-Regel (Optimismus-Pessimismus-Regel),
- Savage-Niehans-Regel (Regel des geringsten Bedauerns),
- Laplace-Regel (Erwartungswert mit gleichen Wahrscheinlichkeiten),
- Bayes-Regel ($\mu$-Regel, Erwartungswert mit ungleichen Wahrscheinlichkeiten),
- $\mu$-$\sigma$-Regel (Erwartungswert mit ungleichen Wahrscheinlichkeiten unter Berücksichtigung der Streuung).

Eine wichtige Annahme für diese Entscheidungsregeln ist die **kardinale Messbarkeit des Nutzens**, sodass Nutzenwerte numerisch verglichen werden können. Während bei *ordinaler* Messbarkeit nur angegeben werden kann, *ob* ein Ergebnis einen höheren oder niedrigeren Nutzen stiftet als ein anderes Ergebnis, können bei *kardinaler* Nutzenmessung auch Angaben über die Nutzen*abstände* angegeben werden.

**Tab. 2.1** Allgemeine Ergebnismatrix

|       | $p_1$    | $p_2$    | $p_3$    | $p_4$    | $p_5$    |
|-------|----------|----------|----------|----------|----------|
|       | $s_1$    | $s_2$    | $s_3$    | $s_4$    | $s_5$    |
| $a_1$ | $e_{11}$ | $e_{12}$ | $e_{13}$ | $e_{14}$ | $e_{15}$ |
| $a_2$ | $e_{21}$ | $e_{22}$ | $e_{23}$ | $e_{24}$ | $e_{25}$ |
| $a_3$ | $e_{31}$ | $e_{32}$ | $e_{33}$ | $e_{34}$ | $e_{35}$ |

[Eigene Darstellung]

**Tab. 2.2** Allgemeine Entscheidungsmatrix

|       | $p_1$    | $p_2$    | $p_3$    | $p_4$    | $p_5$    |
|-------|----------|----------|----------|----------|----------|
|       | $s_1$    | $s_2$    | $s_3$    | $s_4$    | $s_5$    |
| $a_1$ | $u_{11}$ | $u_{12}$ | $u_{13}$ | $u_{14}$ | $u_{15}$ |
| $a_2$ | $u_{21}$ | $u_{22}$ | $u_{23}$ | $u_{24}$ | $u_{25}$ |
| $a_3$ | $u_{31}$ | $u_{32}$ | $u_{33}$ | $u_{34}$ | $u_{35}$ |

[Eigene Darstellung]

**Tab. 2.3** Numerische Entscheidungsmatrix

|       | $p_1 = 0{,}10$ | $p_2 = 0{,}30$ | $p_3 = 0{,}20$ | $p_4 = 0{,}15$ | $p_5 = 0{,}25$ |
|-------|----------------|----------------|----------------|----------------|----------------|
|       | $s_1$          | $s_2$          | $s_3$          | $s_4$          | $s_5$          |
| $a_1$ | 20             | 90             | 60             | 75             | 30             |
| $a_2$ | 40             | 15             | 50             | 80             | 100            |
| $a_3$ | 25             | 55             | 10             | 65             | 45             |

[Eigene Darstellung]

Sämtliche Entscheidungsregeln ergeben Sinn und versuchen, entscheidungsrelevante Aspekte herauszufiltern, die für beziehungsweise gegen eine wirtschaftpolitische Entscheidung sprechen. Gleichwohl sind diese Entscheidungsregeln nur approximativ einzusetzen, da exakte Eintrittswahrscheinlichkeiten in realen Entscheidungssituationen nur schwer zu ermitteln sind. Daher ist es sinnvoll, nicht nur auf eine Entscheidungsregel, sondern auf mehrere Entscheidungsregeln zurückzugreifen.

### 2.2.2 Maximax-Regel

Die Maximax-Regel (Optimismus-Regel) ist eine optimistische Regel, weil sie sich ausschließlich an den jeweils bestmöglichen Ergebnissen der Aktionen orientiert.

▶ Bei der **(optimistischen) Maximax-Regel** wird das **Maximum aller Maxima** der jeweiligen Handlungsoptionen gewählt.

Unterstellt wird ein **risikofreudiges Verhalten** des Entscheiders.

Als Grundlage dient die Entscheidungsmatrix (Nutzenmatrix), die in Tab. 2.4 dargestellt ist.

Zu bestimmen sind für jede Handlungsoption

1. das – in einem bestimmten Umweltzustand auftretende – Maximum (**Zeilenmaximum Z-max**);
2. die Aktion mit dem größten Maximum (Maximax), die dann ausgewählt wird.

In diesem Beispiel wird Aktion 2 gewählt, da sie mit 100 den höchsten Maximalwert aller Aktionen aufweist.

**Tab. 2.4** Entscheidungsmatrix für die Maximax-Regel

|     | $s_1$ | $s_2$ | $s_3$ | $s_4$ | $s_5$ | Z-max |
|-----|-------|-------|-------|-------|-------|-------|
| $a_1$ | 20 | 90 | 60 | 75 | 30 | 90 |
| $a_2$ | 40 | 15 | 50 | 80 | **100** | 100 |
| $a_3$ | 25 | 55 | 10 | 65 | 45 | 65 |

[Eigene Darstellung]

Die Maximax-Regel spielt insbesondere dann eine große Rolle, wenn der mögliche Nutzen sehr hoch sein kann, der mögliche Schaden sich aber in Grenzen hält. Beispielsweise können Bildungsinvestitionen, welche die Attraktivität des Lehrerberufs steigern, dazu führen, dass besonders gute Pädagogen den Lehrerberuf ergreifen. Über deren Wirkung als Multiplikatoren lässt sich das Bildungsniveau vieler junger Menschen erhöhen, was auch einen erheblichen volkswirtschaftlichen Nutzen nach sich zieht. Gelingt es nicht, durch diese Maßnahme die bestqualifizierten Bewerber an die Schulen zu bringen, entsteht zumindest kein Bildungsschaden, auch wenn volkswirtschaftliche Ressourcen verschwendet werden. Deshalb ist es zu rechtfertigen, wenn eine Handlungsoption gewählt wird, die diesen positiven Effekt in besonderem Maße erfüllen kann.

Weniger empfehlenswert ist diese Regel, wenn die numerischen Nutzenwerte sehr stark streuen, weil die Maximax-Regel für jede Handlungsoption nur einen einzigen Wert berücksichtigt, nämlich den jeweils besten. Wenn der beste Fall nur in einer Situation eintritt, die wenig wahrscheinlich ist, besteht die Gefahr einer überzogenen Risikofreudigkeit. Diese führt zu einer verzerrten Entscheidung, die darauf basiert, dass der Blick nur darauf gerichtet ist, ein sehr gutes, aber eben wenig wahrscheinliches Ergebnis zu erzielen. In diesem Fall werden die Risiken vernachlässigt, die in den wahrscheinlichen Situationen auftreten können. Die Abhängigkeit der Energieversorgung vom Ausland, insbesondere von einem autoritären Russland, hat einigen europäischen Ländern wie Deutschland vor Augen geführt, wie verwundbar ein Land sein kann. Das bestmögliche Ergebnis niedriger Preise für russische Importe von Gas, Erdöl und Kohle unterliegt einem nicht hinnehmbaren Risiko politischer Erpressbarkeit und kann zu schlechten Ergebnissen führen, die erheblich vom Maximax-Wert abweichen, im Extremfall sogar zu einem Zusammmenbruch der nationalen Energieversorgung führen. Daher hält das Bundesministerium für Wirtschaft und Klimaschutz (BMWK) Investitionen in erneuerbare Energien in Deutschland inzwischen nicht nur für klimapolitisch, sondern auch für sicherheitspolitisch geboten.

## 2.2.3 Leximax-Regel

Ein Nachteil der Maximax-Regel besteht darin, dass es möglich ist, sich für eine Aktion zu entscheiden, die von einer anderen dominiert wird: Sind die jeweiligen Zeilenmaxima Z-max zweier Aktionen gleich, könnte ohne einen spezifizierten Algorithmus eine Variante gewählt werden, die einen schlechteren zweithöchsten Wert hat.

▶ Bei der (**optimistischen**) **Leximax-Regel** wird bei jeweils gleichen Maxima mehrerer Handlungsoptionen die Handlungsoption mit dem höchsten zweitbesten (gegebenenfalls drittbesten, viertbesten, …) Wert gewählt.

Als Grundlage dient die Entscheidungsmatrix (Nutzenmatrix) in Tab. 2.5.

In diesem Beispiel ist Aktion 1 deutlich attraktiver als Aktion 2, weil ihr zweithöchster Nutzen viel höher ist als derjenige der Aktion 2. Es ist sinnvoll, die Maximax-Regel zu erweitern und nicht nur das bestmögliche Ergebnis aller Aktionen zu betrachten. Alle Werte werden – wie in einem Lexikon – in eine *lexikographische* **Ordnung** (vgl. Barbara und Jackson 1988, S. 36) gebracht. Dann werden die jeweils bestmöglichen Ergebnisse und sodann – bei gleichen Maxima – die jeweils zweitbesten, drittbesten, viertbesten, … Ergebnisse berücksichtigt.

## 2.2.4 Maximin-Regel

Der Siebenbürger Mathematiker Abraham Wald (1902–1950) gilt als Begründer der statistisch fundierten Entscheidungstheorie (vgl. Wald 1939, S. 299–326, 1945, S. 265–280, 1950). Nach ihm ist die Maximin-Regel (Pessimismus-Regel, Wald-Regel) benannt.

▶ Bei der (**pessimistischen**) **Maximin-Regel** (**Wald-Regel**) wird das **Maximum aller Minima** der jeweiligen Handlungsoptionen gewählt.

Unterstellt wird ein **risikoscheues Verhalten** des Entscheiders.

Als Grundlage dient die Entscheidungsmatrix (Nutzenmatrix) in Tab. 2.6.

Für jede Handlungsoption wird bestimmt:

1. das – in einem bestimmten Umweltzustand auftretende – Minimum (**Zeilenminimum Z-min**);
2. die Aktion mit dem größten Minimum (Maximin), die dann ausgewählt wird.

In diesem Beispiel wird Aktion 1 gewählt, da sie mit 20 den höchsten Minimalwert aller Aktionen aufweist.

Die Maximin-Regel spielt insbesondere dann eine große Rolle, wenn der mögliche Schaden sehr hoch sein kann, der mögliche Nutzen sich aber in Grenzen hält. Beispielsweise sind bei der Therapie von Kranken Behandlungsmethoden zu vermeiden, die zwar mit einer gewissen Wahrscheinlichkeit eine sehr gute Heilung versprechen, beim Auftreten eines bestimmten Umweltzustandes aber zum Tod des Patienten führen. In der Medizin werden daher oft Therapien bevorzugt, die zwar in der besten Situation nicht zum optimalen Erfolg führen, aber in der schlechtesten Situation nicht das Leben des Patienten aufs Spiel setzen.

Weniger empfehlenswert ist diese Regel, wenn die numerischen Nutzenwerte sehr stark streuen, weil die Maximin-Regel für jede Handlungsoption nur einen einzigen Wert berücksichtigt, nämlich den jeweils schlechtesten. Wenn der schlechteste Fall nur in einer Situation eintritt, die wenig wahrscheinlich ist, besteht die Gefahr einer überzogenen Risikoaversion. Diese führt zu

**Tab. 2.5** Entscheidungsmatrix für die Leximax-Regel

|        | $s_1$ | $s_2$ | $s_3$ | $s_4$ | $s_5$ | Z-max |
|--------|-------|-------|-------|-------|-------|-------|
| $a_1$  | 100   | **99**| **99**| **99**| **99**| 100   |
| $a_2$  | 0     | 100   | 0     | 0     | 0     | 100   |

[Eigene Darstellung]

**Tab. 2.6** Entscheidungsmatrix für die Maximin-Regel

|        | $s_1$   | $s_2$ | $s_3$ | $s_4$ | $s_5$ | Z-min |
|--------|---------|-------|-------|-------|-------|-------|
| $a_1$  | **20**  | 90    | 60    | 75    | 30    | 20    |
| $a_2$  | 40      | 15    | 50    | 80    | 100   | 15    |
| $a_3$  | 25      | 55    | 10    | 65    | 45    | 10    |

[Eigene Darstellung]

einer verzerrten Entscheidung, die darauf basiert, dass der Blick nur darauf gerichtet ist, ein sehr schlechtes, aber eben wenig wahrscheinliches Ergebnis zu vermeiden. In diesem Fall werden die Chancen vernachlässigt, die sich in den wahrscheinlichen Situationen bieten. Eine hohe Unsicherheitsvermeidung in öffentlichen Amtsstuben und auf privaten Chefsesseln kann in einen **„zero-risk bias"** (vgl. Rottenstreich und Hsee 2001, S. 185–190) münden, bei dem mit unverhältnismäßig hohen Kosten geringe Restrisiken beseitigt werden. Dies verhindert Innovationen und Investitionen, die für eine nachhaltige Wirtschaftsentwicklung eine zentrale Rolle spielen. So ist die aus einem *individualrechtlichen* Blickwinkel nachvollziehbare (vgl. Art. 2 Abs. 1 i. V. m. Art. 1 Abs. 1 GG), aber aus einem ökonomischen Blickwinkel restriktive Politik der *informationellen* **Selbstbestimmung** mitverantwortlich dafür, dass ein Industrieland wie Deutschland trotz seiner traditionsreichen Ingenieurskunst im Bereich der **Digitalisierung** zu den „digitalen Entwicklungsländern" gezählt wird (vgl. DHI 2018, S. 225, 231; WDCR 2021, S. 28–29). Diese Defizite wurden vor allem während der Corona-Pandemie mit ihren digitalen Herausforderungen offenbar.

### 2.2.5 Leximin-Regel

Ein Nachteil der Maximin-Regel besteht darin, dass es möglich ist, sich für eine Aktion zu entscheiden, die von einer anderen dominiert wird: Sind die jeweiligen Zeilenminima Z-min zweier Aktionen gleich, könnte ohne einen spezifizierten Algorithmus eine Variante gewählt werden, die einen schlechteren zweithöchsten Wert hat.

▶ Bei der **(pessimistischen) Leximin-Regel** wird bei jeweils gleichen Minima mehrerer Handlungsoptionen die Handlungsoption mit dem höchsten zweitschlechtesten (gegebenenfalls drittschlechtesten, viertschlechtesten, …) Wert gewählt.

Als Grundlage dient die Entscheidungsmatrix (Nutzenmatrix) in Tab 2.7.

**Tab. 2.7** Entscheidungsmatrix für die Leximin-Regel

| | $s_1$ | $s_2$ | $s_3$ | $s_4$ | $s_5$ | Z-min |
|---|---|---|---|---|---|---|
| $a_1$ | 100 | **1000** | **1000** | **1000** | **1000** | 100 |
| $a_2$ | 101 | 100 | 101 | 101 | 101 | 100 |

[Eigene Darstellung]

In diesem Beispiel ist Aktion 1 deutlich attraktiver als Aktion 2, weil ihr zweitniedrigster Nutzen (1000) viel höher ist als derjenige der Aktion 2 (101). Es ist sinnvoll, die Maximin-Regel zu erweitern und nicht nur das schlechtestmögliche Ergebnis aller Aktionen zu betrachten. Alle Werte in Tab. 2.7 werden in eine *lexikographische* Ordnung gebracht. Dann werden zunächst die jeweils schlechtestmöglichen Ergebnisse und sodann – bei gleichen Minima – die jeweils zweitschlechtesten, drittschlechtesten, viertschlechtesten, … Ergebnisse verglichen. Die Leximin-Regel wurde vom indischen Wirtschaftsnobelpreisträger (1998) und Harvard-Professor Amartya Sen publik gemacht (vgl. Sen 1980, S. 206).

### 2.2.6 Hurwicz-Regel

Der polnisch-amerikanische Forscher Leonid Hurwicz (1917–2008) entwickelte die nach ihm benannte Hurwicz-Regel (Optimismus-Pessimismus-Regel), die sowohl das optimistische als auch das pessimistische Szenario in den Entscheidungskalkül miteinbezieht (vgl. Hurwicz 1951a,b,c,d). Der studierte Jurist, Physiker und Pianist, der ein halbes Jahr vor seinem Tod mit dem Wirtschaftsnobelpreis ausgezeichnet worden ist, berücksichtigt auch unterschiedliche Risikoneigungen, indem die Gewichtung des besten beziehungsweise schlechtesten Szenarios variieren kann.

▶ Die **Hurwicz-Regel (Optimismus-Pessimismus-Regel)** stellt einen Ausgleich zwischen der optimistischen Maximax-Regel und der pessimistischen Maximin-Regel her, indem das bestmögliche Ergebnis mit einem Optimismus-Parameter und das schlechtestmögliche Ergebnis mit einem Pessimismus-Parameter gewichtet wird.

**Tab. 2.8**   Entscheidungsmatrix für die Hurwicz-Regel

|            |       |       |       |       |       | $p_{opt} = 0,6$ | $p_{pes} = 0,4$ |         |
|------------|-------|-------|-------|-------|-------|-----------------|-----------------|---------|
|            | $s_1$ | $s_2$ | $s_3$ | $s_4$ | $s_5$ | Z-max           | Z-min           | Hurwicz |
| $a_1$      | 20    | 90    | 60    | 75    | 30    | 90              | 20              | **62**  |
| $a_2$      | 40    | 15    | 50    | 80    | 100   | 100             | 15              | **66**  |
| $a_3$      | 25    | 55    | 10    | 65    | 45    | 65              | 10              | **43**  |

[Eigene Darstellung]

Die jeweilige Gewichtung des optimistischen (Maximax-Regel) sowie des pessimistischen Szenarios (Maximin-Regel) hängt von einem subjektiv bestimmten **Risiko-Parameter** ab, der als Optimismus-Parameter beziehungsweise als Pessimismus-Parameter fungieren kann. Dieser Risiko-Parameter kann Werte zwischen null (0 % Eintrittswahrscheinlichkeit) und eins (100 % Eintrittswahrscheinlichkeit) annehmen. Die Summe des **Optimismus-Parameters** für den besten Fall (z. B. 0,6) und des **Pessimismus-Parameters** für den schlechtesten Fall (z. B. 1−0,6 = 0,4) ergibt annahmegemäß 1,0. Liegt der Optimismus-Parameter bei 1,0, entspricht das Ergebnis der Hurwicz-Regel demjenigen der Maximax-Regel, liegt er bei genau null, entspricht das Ergebnis der Hurwicz-Regel demjenigen der Maximin-Regel.

Als Grundlage dient die Entscheidungsmatrix (Nutzenmatrix) in Tab. 2.8.

Es werden bestimmt:

1. die jeweiligen Zeilenmaxima Z-max;
2. die jeweiligen Zeilenminima Z-min;
3. der Optimismus-Parameter: $p_{opt} = 0,6$;
4. der Pessimismus-Paramater: $p_{pes} = 1−0,6 = 0,4$;
5. für jede Aktion die Summe der Produkte der jeweiligen Zeilenmaxima mit ihrem entsprechenden Optimismus-Parameter sowie der jeweiligen Zeilenminima mit ihrem entsprechenden Pessimismus-Parameter:
   - $a_1$: 90 x 0,6 + 20 x 0,4 = 62;
   - $a_2$: 100 x 0,6 + 15 x 0,4 = 66;
   - $a_3$: 65 x 0,6 + 10 x 0,4 = 43;
6. die Aktion mit der höchsten Summe, die dann ausgewählt wird.

In diesem Beispiel wird Aktion 2 gewählt, da sie mit 66 den höchsten Wert aller Aktionen aufweist.

Die Hurwicz-Regel spielt insbesondere dann eine große Rolle, wenn Regierungen oder Institutionen mit der Szenario-Technik arbeiten: Im ersten Szenario erstellen sie eine Nutzenmatrix für die bestmögliche Situation, im zweiten Szenario eine Nutzenmatrix für die schlechtestmögliche Situation. Beiden Extremsituationen werden Eintrittswahrscheinlichkeiten zugeordnet, sodass sich neben dem Best-Case-Szenario und dem Worst-Case-Szenario ein „gemitteltes" Szenario ergibt. Beispielsweise ist bei staatlichen Investitionsentscheidungen die künftige Lage des Arbeitsmarktes einzuschätzen. Sind (im besten Fall) genügend qualifizierte Arbeitskräfte vorhanden, die bei einer Erweiterung der Produktionskapazitäten eingesetzt werden können, ist die Entscheidung von Vorteil, besteht (im schlechtesten Fall) Knappheit an Arbeitskräften, sodass die geplante Erweiterung der Kapazitäten nicht umgesetzt werden kann, ist die Entscheidung von Nachteil.

Weniger empfehlenswert ist diese Regel, wenn die numerischen Nutzenwerte sehr stark streuen, weil die Hurwicz-Regel für jede Handlungsoption nur zwei Werte berücksichtigt, nämlich den jeweils besten und den jeweils schlechtesten. Wenn diese beiden Extremwerte nur in Situationen eintreten, die wenig wahrscheinlich sind, besteht die Gefahr einer verzerrten Entscheidung, die darauf basiert, dass der Blick nur auf das jeweils best- und schlechtestmögliche Ergebnis gerichtet ist. In diesem Fall werden die Handlungsfolgen nicht berücksichtigt, die sich in anderen Situationen mit jeweils höheren Eintrittswahrscheinlichkeiten ergeben.

Wird beispielsweise angenommen, dass die hochverschuldeten Länder des Euroraums im besten Fall die erforderlichen Strukturreformen einleiten sowie ihre Kredite pünktlich und vollumfänglich zurückzahlen, steht einer weiteren, maßvollen öffentlichen Verschuldung nicht viel im Wege. Dieses Axiom folgt der offiziell betriebenen EU-Politik. Wird hingegen davon ausgegangen, dass diese Staaten im schlechtesten Fall ihre Schulden überhaupt nicht begleichen und die solventen Euroländer im Rahmen ihrer vertraglich zwar untersagten (vgl. Art. 123 Abs. 1, Art. 125 Abs. 1 AEUV), faktisch aber gesamtschuldnerischen Haftung dafür einstehen müssen, sollten die finanziell instabilen Länder überhaupt keine Kredite mehr erhalten. Dies ist die Position der Fundamentalopposition, die ein derartiges „bail out" vermeiden möchte. Eine hohe Wahrscheinlichkeit gibt es jedoch für keinen dieser beiden Extremfälle. Vielmehr sind partielle Schuldenschnitte zu erwarten, sodass eine daraus abgeleitete Haushaltspolitik zwischen diesen beiden Extremen zu verorten ist.

### 2.2.7 Savage-Niehans-Regel

Der US-amerikanische Mathematiker und Statistiker Leonard Jimmie Savage (1917–1971) sowie der Schweizer Ökonom Jürg Niehans (1919–2007) berücksichtigen schon vor dem Boom der Verhaltensökonomik die im Verhältnis zu den Gewinnchancen übermäßig stark ausgeprägte **Verlustaversion** der Menschen: Beide Wissenschaftler führen die nach ihnen benannte Savage-Niehans-Regel (Regel des geringsten Bedauerns) in die Entscheidungstheorie ein, welche den möglichen Nutzenverlust berücksichtigt, der dadurch entsteht, dass eine einmal getroffene Entscheidung hinterher bedauert wird (vgl. Niehans 1948, S. 433–456; Savage 1951, S. 55–67).

▶ Die (pessimistische) **Savage-Niehans-Regel (Regel des geringsten Bedauerns)** berücksichtigt die Opportunitätskosten einer Entscheidung. Gemäß dieser Regel wird versucht, den maximalen *potentiellen* Schaden, der entstehen kann, wenn nicht die jeweils optimale Aktion für jeden Umweltzustand gewählt worden ist, zu minimieren.

Dem Entscheider wird ein **risikoaverses Verhalten** unterstellt.

**Tab. 2.9** Entscheidungsmatrix für die Savage-Niehans-Regel

|  | $s_1$ | $s_2$ | $s_3$ | $s_4$ | $s_5$ |
|---|---|---|---|---|---|
| $a_1$ | 20 | 90 | 60 | 75 | 30 |
| $a_2$ | 40 | 15 | 50 | 80 | 100 |
| $a_3$ | 25 | 55 | 10 | 65 | 45 |
| **S-max** | 40 | 90 | 60 | 80 | 100 |

[Eigene Darstellung]

**Tab. 2.10** Bedauernsmatrix für die Savage-Niehans-Regel

|  | $s_1$ | $s_2$ | $s_3$ | $s_4$ | $s_5$ |
|---|---|---|---|---|---|
| $a_1$ | 20 | 0 | 0 | 5 | 70 |
| $a_2$ | 0 | 75 | 10 | 0 | 0 |
| $a_3$ | 15 | 35 | 50 | 15 | 55 |

Eigene Darstellung]

**Tab. 2.11** Opportunitätskostenmatrix für die Savage-Niehans-Regel

|  | $s_1$ | $s_2$ | $s_3$ | $s_4$ | $s_5$ | Z-max |
|---|---|---|---|---|---|---|
| $a_1$ | 20 | 0 | 0 | 5 | 70 | 70 |
| $a_2$ | 0 | 75 | 10 | 0 | 0 | 75 |
| $a_3$ | 15 | 35 | 50 | 15 | 55 | **55** |

[Eigene Darstellung]

Als Grundlage dient die Entscheidungsmatrix (Nutzenmatrix) in Tab. 2.9.

Zu ermitteln sind:

1. sämtliche Spaltenmaxima S-max;
2. die jeweiligen **Opportunitätskosten** (Spaltenmaximum der Nutzenmatrix minus Spaltenwert der Nutzenmatrix) für jede Konstellation von Aktion und Umweltzustand in einer **Bedauernsmatrix**, die in Tab. 2.10 zu sehen ist;
3. für jede Aktion die jeweiligen Maxima der Opportunitätskosten (Zeilenmaxima der Opportunitätskostenmatrix) wie in Tab. 2.11;
4. die Aktion mit dem kleinsten Zeilenmaximum Z-max der Opportunitätskosten (Minimax), die dann ausgewählt wird.

In diesem Beispiel fällt die Entscheidung auf Aktion 3, da sie mit 55 den niedrigsten Maximalwert der Opportunitätskosten aufweist und somit das maximal mögliche Bedauern am geringsten ist.

Die Savage-Niehans-Regel spielt insbesondere dann eine große Rolle, wenn das Bedauern über verpasste Chancen sehr groß ist oder wenn die Sanktionen für das Verfehlen von Zielen sehr hoch ausfallen. Beispielsweise kann die Orientierung an der Savage-Niehans-Regel für Politiker attraktiv sein, die versuchen, sich gegenüber der öffentlichen („Ad publicum") und der veröffentlichten Meinung („Ad publicatum") abzusichern und deshalb die in sie gesteckten Erwartungen nicht in hohem Ausmaß enttäuschen wollen.

Dies trifft oft auf eine Politik zu, die sich im Großen und Ganzen bereits in der Vergangenheit bewährt hat. Dieser Konservatismus, der sich im „Bewahren" bisheriger Regeln manifestiert (vgl. lateinisch „conservare" – „bewahren"), ist mit einem **„status-quo bias"** behaftet: Denn nicht das Festhalten am Status quo („So haben wir das schon immer gemacht") bedarf in der öffentlichen Wahrnehmung einer Rechtfertigung, sondern das Abweichen davon. Deshalb ist es für einen Politiker riskanter, eine neue Politik einzuführen als der alten die Treue zu halten. Denn ein Scheitern wird leicht der neuen Politik angelastet. Da ein Verlust stärker empfunden wird als ein Gewinn, wird aufgrund dieses **„profit-loss bias"** (vgl. Kahneman und Tversky 1979, S. 273) ein risikoscheues Verhalten belohnt, wie es die Kognitionspsychologen Daniel Kahneman und Amos Tversky (1937–1996) in ihrem bahnbrechenden Aufsatz zur **Prospect-Theorie** erläutern (vgl. Kahneman und Tversky 1979, S. 263–291).

Die Sozialpolitik ist ein Beispiel dafür, dass in einem Wohlfahrtsstaat wie Deutschland für jeden ein steiler finanzieller und sozialer Abstieg vermieden werden soll. So werden grundsätzlich keine nennenswerten Praxisgebühren eingezogen, wenn ein Patient zum Arzt geht, und zwar auch dann nicht, wenn sich hinterher herausstellt, dass der Patient gar nicht krank gewesen ist. Dadurch werden Negativanreize für das Aufsuchen medizinischen Personals vermieden, weshalb die Gefahr geringer ist, dass jemand unentdeckt schwer krank wird und womöglich sein Leben verliert. Die Solidargemeinschaft ist bereit, auch die Folgen moralischer Wagnisse („moral hazard") zu tragen, wenn beispielsweise einsame Patienten einen Arzt aufsuchen, um ihrer Einsamkeit zu entrinnen, wohl wissend, dass sie da-

für nichts zusätzlich zu zahlen brauchen. Die Opportunitätskosten, dass eine Krankheit aufgrund eines aus finanziellen Gründen aufgeschobenen Arztbesuchs unerkannt bleibt, werden als außerordentlich hoch angesehen. Das „Bedauern" über eine nicht notwendige Inanspruchnahme ärztlicher Leistungen („moral hazard") fällt geringer aus als dasjenige über eine Nicht-Inanspruchnahme notwendiger medizinischer Leistungen (finanzielle Negativanreize).

Weniger empfehlenswert ist diese Regel, wenn die numerischen Nutzenwerte sehr stark streuen, weil die Savage-Niehans-Regel für jede Handlungsoption nur einen Wert berücksichtigt, nämlich den mit den höchsten Opportunitätskosten. Wenn dieser Extremwert nur in einer Situation eintritt, die wenig wahrscheinlich ist, besteht die Gefahr einer verzerrten Entscheidung, die darauf basiert, dass der Blick nur auf den höchstmöglichen Nutzenentgang gerichtet ist, der aber wenig wahrscheinlich ist. In diesem Fall werden die entfallenen Nutzen nicht berücksichtigt, die sich in den anderen Situationen ergeben.

Die gedankliche und emotionale Vorwegnahme von Reue beeinflusst das Entscheidungsverhalten (vgl. Kahneman 2012, S. 428), auch wenn die tatsächliche Reue aufgrund eines seelischen „Immunsystems" oft geringer ausfällt als erwartet (vgl. Gilbert et al. 2004, S. 346–350). So ist die Reue größer, wenn der Entscheider bewusst von einer **Standardoption** abweicht, als in dem Fall, in dem er sich an die Standardoption hält. Falsches Handeln reut daher mehr als falsches Unterlassen (vgl. Zeelenberg et al. 2002, S. 314–327). Behält eine Regierung beispielsweise ihre bisherige Subventionspolitik (Standardoption) trotz hoher Mitnahmeeffekte bei, ist im Fall steigender Insolvenzen weniger Kritik zu erwarten als in dem Szenario, in dem die öffentlichen Subventionen vorher gekürzt worden sind (Abweichen von der Standardoption). Es besteht die Gefahr, dass die öffentliche oder die veröffentlichte Meinung dies der Regierung anlastet, selbst wenn es ein Fehlschluss („Post hoc, ergo propter hoc") ist, wenn die revidierte Subventionspolitik als *Grund* für zunehmende Insolvenzen angeführt wird.

## 2.2.8 Laplace-Regel

Gemäß der nach dem französischen Mathematiker und Astronomen Pierre-Simon Laplace (1749–1827) benannten **Laplace-Regel** wird der Gesamtnutzen mithilfe des **Erwartungswertes µ** unter der Annahme jeweils **gleicher Eintrittswahrscheinlichkeiten** aller Situationen maximiert (vgl. Laplace 1812).

▶ Bei der **Laplace-Regel** wird die Aktion mit dem höchsten Erwartungswert unter der Annahme *gleicher* Eintrittswahrscheinlichkeiten gewählt.

Dabei wird dem Entscheider **Risikoneutralität** unterstellt, das heißt, dass er mögliche Verluste nicht stärker gewichtet als mögliche Gewinne.

Als Grundlage dient die Entscheidungsmatrix (Nutzenmatrix) in Tab. 2.12.

Zu ermitteln sind:

1. die jeweiligen Erwartungswerte jeder Handlungsoption, indem die jeweiligen situationsabhängigen Ergebnisse addiert und durch die Anzahl der Umweltzustände dividiert werden:

   - $a_1 : 20 + 90 + 60 + 75 + 30 = 275$
     $$275 : 5 = 55;$$
   - $a_2 : 40 + 15 + 50 + 80 + 100 = 285$
     $$285 : 5 = 57;$$
   - $a_3 : 25 + 55 + 10 + 65 + 45 = 200$
     $$200 : 5 = 40;$$

2. die Aktion mit dem höchsten Erwartungswert, die dann ausgewählt wird.

In diesem Beispiel wird Aktion 2 gewählt, da sie mit 57 den höchsten Erwartungswert aller Aktionen aufweist.

**Tab. 2.12** Entscheidungsmatrix für die Laplace-Regel

|      | $s_1$ | $s_2$ | $s_3$ | $s_4$ | $s_5$ | µ  |
|------|-------|-------|-------|-------|-------|-----|
| $a_1$ | 20 | 90 | 60 | 75 | 30  | 55 |
| $a_2$ | 40 | 15 | 50 | 80 | 100 | **57** |
| $a_3$ | 25 | 55 | 10 | 65 | 45  | 40 |

[Eigene Darstellung]

Das Augenmerk wird nicht – wie bei der Maximax-, der Maximin- und der Savage-Niehans-Regel – auf nur einen Extremwert beziehungsweise – wie bei der Hurwicz-Regel – auf zwei Extremwerte gelenkt. Stattdessen fließen alle Ergebnisse in die Entscheidung ein.

Die Laplace-Regel hat den Nachteil, dass sie aufgrund nicht explizit berücksichtigter Eintrittswahrscheinlichkeiten nolens volens davon ausgeht, dass für jede Situation die gleiche Eintrittswahrscheinlichkeit zugrunde gelegt wird, obwohl dies oft eine unrealistische Annahme ist. Im Folgenden ist zu erkennen, dass sich dieselben Erwartungswerte ergeben, wenn für alle fünf Umweltzustände eine Eintrittswahrscheinlichkeit von jeweils 20 % ([100/5] %) unterstellt wird:

- $a_1$: 0,2 x 20 + 0,2 x 90 + 0,2 x 60 + 0,2 x 75 + 0,2 x 30 = 55;
- $a_2$: 0,2 x 40 + 0,2 x 15 + 0,2 x 50 + 0,2 x 80 + 0,2 x 100 = 57;
- $a_3$: 0,2 x 25 + 0,2 x 55 + 0,2 x 10 + 0,2 x 65 + 0,2 x 45 = 40.

Für die Bewertung wirtschaftspolitischer Optionen ist daher zu prüfen, ob die Eintrittswahrscheinlichkeiten unterschiedlicher Szenarien gleich sind, oder ob nicht vielmehr statt der Laplace-Regel die im folgenden Unterabschnitt erläuterte Bayes-Regel Anwendung finden sollte, die von ungleichen Eintrittswahrscheinlichkeiten ausgeht.

## 2.2.9 Bayes-Regel

Gemäß der utilitaristischen, nach dem englischen Mathematiker und Pfarrer Thomas Bayes (1701–1761) benannten **Bayes-Regel (µ-Regel)** wird der Gesamtnutzen mithilfe des **Erwartungswertes µ** unter der Annahme **ungleicher Eintrittswahrscheinlichkeiten** maximiert.

▶ Bei der **Bayes-Regel (µ-Regel)** wird die Aktion mit dem höchsten Erwartungswert unter der Annahme *ungleicher* Eintrittswahrscheinlichkeiten gewählt.

**Tab. 2.13** Entscheidungsmatrix für die Bayes-Regel

|       | $p_1 = 0,10$ | $p_2 = 0,30$ | $p_3 = 0,20$ | $p_4 = 0,15$ | $p_5 = 0,25$ |         |
|-------|--------------|--------------|--------------|--------------|--------------|---------|
|       | $s_1$        | $s_2$        | $s_3$        | $s_4$        | $s_5$        | $\mu$   |
| $a_1$ | 20           | 90           | 60           | 75           | 30           | **59,75** |
| $a_2$ | 40           | 15           | 50           | 80           | 100          | 55,50   |
| $a_3$ | 25           | 55           | 10           | 65           | 45           | 42,00   |

[Eigene Darstellung]

Dabei wird dem Entscheider **Risikoneutralität** unterstellt, das heißt, dass er mögliche Verluste nicht stärker gewichtet als mögliche Gewinne.

Als Grundlage dient die Entscheidungsmatrix (Nutzenmatrix) in Tab. 2.13.

Zu ermitteln sind:

1. die jeweiligen **Erwartungswerte** jeder Handlungsoption, indem die jeweiligen situationsabhängigen Ergebnisse mit ihren korrespondierenden Eintrittswahrscheinlichkeiten multipliziert werden und aus diesen Produkten die jeweilige Summe gebildet wird:
   - $a_1$: 0,1 x 20 + 0,3 x 90 + 0,2 x 60 + 0,15 x 75 + 0,25 x 30 = 59,75,
   - $a_2$: 0,1 x 40 + 0,3 x 15 + 0,2 x 50 + 0,15 x 80 + 0,25 x 100 = 55,50,
   - $a_3$: 0,1 x 25 + 0,3 x 55 + 0,2 x 10 + 0,15 x 65 + 0,25 x 45 = 42,00;
2. die Aktion mit dem höchsten Erwartungswert, die dann ausgewählt wird.

In diesem Beispiel wird Aktion 1 gewählt, da sie mit 59,75 den höchsten mit den Eintrittswahrscheinlichkeiten gewichteten Erwartungswert aller Aktionen aufweist.

Die Bayes-Regel eignet sich insbesondere für Entscheidungen mit vielen Iterationen, weil dann der Erwartungswert eine gute Approximation darstellt. Die jährliche Planung der Ausgaben für die gesetzliche Alterssicherung kann sich aufgrund verlässlicher demographischer Daten am Erwartungswert orientieren, in dem sich mehrere mögliche Situationen mit unterschiedlichen Annahmen über die jeweilige Geburtenrate widerspiegeln. Denn zum einen ist die Geburtenrate in Deutschland gut zu ermitteln, und zum anderen dauert es noch viele Jahre, bis Neugeborene zu sozialversicherungspflichtigen Arbeitnehmern werden. Allerdings gibt es andere Gründe (Zeit-inkonsistenzen, s. weiter unten), die dafür verantwortlich sind, dass sich eine vorausschauende Planung in der gesetzlichen Alterssicherung nicht durchgesetzt hat.

Weniger empfehlenswert ist die Bayes-Regel, wenn die Streuung möglicher Ergebnisse sehr hoch ist, weil der Erwartungswert dann eher ein hypothetischer Durchschnittswert als ein realistischer Wert ist: Die Haushaltsplanung für Wirtschaftshilfen für von einer Krise gebeutelte Unternehmen lässt sich mithilfe des Erwartungswertes nur unzureichend planen. Denn der Erwartungswert selbst ist ein wenig wahrscheinlicher Fall. Es ist eher damit zu rechnen, dass in einem wirtschaftlich soliden Jahr deutlich weniger, in einem Krisenjahr deutlich mehr Wirtschaftshilfen benötigt werden.

### 2.2.10  μ-σ-Regel

Die **μ-σ-Regel** erweitert die Bayes-Regel um die Berücksichtigung der **Standardabweichung**. Diese wird bei **Risikoaversion** *negativ* bewertet, weil eine höhere Streuung die Aussicht auf ein Ergebnis nahe am Erwartungswert schmälert. Bei **Risikofreude** hingegen wird eine höhere Streuung von einem „Spielertypen" *positiv* bewertet.

▶ Bei der **μ-σ-Regel** wird die Aktion mit dem höchsten Erwartungswert unter der Annahme *ungleicher* Eintrittswahrscheinlichkeiten unter Berücksichtigung der jeweiligen *Standardabweichungen* gewählt.

Verhält sich der Entscheider risikoneutral, fließt die Standardabweichung überhaupt nicht in die Entscheidung ein. In diesem Fall entspricht das Ergebnis demjenigen der Bayes-Regel.

Als Grundlage dient die Entscheidungsmatrix (Nutzenmatrix) in Tab. 2.14.

**Tab. 2.14** Entscheidungsmatrix für die µ-σ-Regel

|  | $p_1 = 0{,}10$ | $p_2 = 0{,}30$ | $p_3 = 0{,}20$ | $p_4 = 0{,}15$ | $p_5 = 0{,}25$ |  |
|---|---|---|---|---|---|---|
|  | $s_1$ | $s_2$ | $s_3$ | $s_4$ | $s_5$ | $\mu$ |
| $a_1$ | 20 | 90 | 60 | 75 | 30 | **59,75** |
| $a_2$ | 40 | 15 | 50 | 80 | 100 | 55,50 |
| $a_3$ | 25 | 55 | 10 | 65 | 45 | 42,00 |

[Eigene Darstellung]

**Tab. 2.15** Entscheidungsmatrix für die µ-σ-Regel mit Abweichungen vom Erwartungswert

|  | $p_1 = 0{,}10$ | $p_2 = 0{,}30$ | $p_3 = 0{,}20$ | $p_4 = 0{,}15$ | $p_5 = 0{,}25$ |
|---|---|---|---|---|---|
|  | $s_1$ | $s_2$ | $s_3$ | $s_4$ | $s_5$ |
| $a_1$ | −39,75 | +30,25 | +0,25 | +15,25 | −29,75 |
| $a_2$ | −15,50 | −40,50 | −5,50 | +24,50 | +44,50 |
| $a_3$ | −17,00 | +13,00 | −32,00 | +23,00 | +3,00 |

[Eigene Darstellung]

**Tab. 2.16** Entscheidungsmatrix für die µ-σ-Regel mit Varianzen

|  | $p_1 = 0{,}10$ | $p_2 = 0{,}30$ | $p_3 = 0{,}20$ | $p_4 = 0{,}15$ | $p_5 = 0{,}25$ |  |
|---|---|---|---|---|---|---|
|  | $s_1$ | $s_2$ | $s_3$ | $s_4$ | $s_5$ | $\sigma^2$ |
| $a_1$ | 1580,0625 | 915,0625 | 0,0625 | 232,5625 | 885,0625 | 688,6875 |
| $a_2$ | 240,25 | 1640,25 | 30,25 | 600,25 | 1980,25 | 1107,25 |
| $a_3$ | 289 | 169 | 1024 | 529 | 9 | 366 |

[Eigene Darstellung]

**Tab. 2.17** Entscheidungsmatrix für die µ-σ-Regel mit Standardabweichungen

|  | $p_1 = 0{,}10$ | $p_2 = 0{,}30$ | $p_3 = 0{,}20$ | $p_4 = 0{,}15$ | $p_5 = 0{,}25$ |  |
|---|---|---|---|---|---|---|
|  | $s_1$ | $s_2$ | $s_3$ | $s_4$ | $s_5$ | $\sigma$ |
| $a_1$ | 1580,0625 | 915,0625 | 0,0625 | 232,5625 | 885,0625 | 26,24 |
| $a_2$ | 240,25 | 1640,25 | 30,25 | 600,25 | 1980,25 | 33,28 |
| $a_3$ | 289 | 169 | 1024 | 529 | 9 | 19,13 |

[Eigene Darstellung]

Zu ermitteln sind:

1. die jeweiligen **Erwartungswerte** $\mu$ jeder Handlungsoption, indem die jeweiligen situationsabhängigen Ergebnisse mit ihren korrespondierenden Eintrittswahrscheinlichkeiten multipliziert werden:
   - $a_1$: 0,1 x 20 + 0,3 x 90 + 0,2 x 60 + 0,15 x 75 + 0,25 x 30 = 59,75,
   - $a_2$: 0,1 x 40 + 0,3 x 15 + 0,2 x 50 + 0,15 x 80 + 0,25 x 100 = 55,50,
   - $a_3$: 0,1 x 25 + 0,3 x 55 + 0,2 x 10 + 0,15 x 65 + 0,25 x 45 = 42,00;

2. die jeweiligen **Abweichungen** vom Erwartungswert der jeweiligen Handlungsoption wie in Tab. 2.15.;

3. die jeweils *quadrierten* Abweichungen, um die negativen Vorzeichen auszublenden, wie in Tab. 2.16;

4. die jeweiligen **Varianzen** $\sigma^2$, indem die mit ihren jeweiligen Eintrittswahrscheinlichkeiten gewichteten quadrierten Abweichungen vom Erwartungswert addiert werden, wie in Tab. 2.16;

5. die jeweiligen Standardabweichungen $\sigma$, indem die Quadratwurzel aus den jeweiligen Varianzen gezogen wird, wie in Tab. 2.17;

**Tab. 2.18** Entscheidungsmatrix für die μ-σ-Regel mit Risikopräferenzen

|        | μ     | σ     | μ − σ  | μ + σ  |
|--------|-------|-------|--------|--------|
| $a_1$  | 59,75 | 26,24 | 33,51  | 85,99  |
| $a_2$  | 55,50 | 33,28 | 22,22  | 88,78  |
| $a_3$  | 42,00 | 19,13 | 22,87  | 61,13  |
| max    |       |       | 33,51  | 88,78  |

[Eigene Darstellung]

6. die Risikopräferenzen (μ − σ) beziehungsweise (μ + σ), von denen abhängt, mit welchem Vorzeichen die Standardabweichung in die Entscheidung einfließt, wie in Tab. 2.18;
7. die Handlungsoption mit dem *optimalen* **Erwartungswert** unter Berücksichtigung der **Streuung**, die dann ausgewählt wird.

In diesem Beispiel wird bei Risikoaversion Aktion 1 gewählt, welche die Streuung negativ bewertet, da sie mit 33,51 den höchsten Erwartungswert abzüglich der Standardabweichung aufweist. Bei Risikofreude, welche die Streuung positiv bewertet, wird Aktion 2 gewählt, weil sie mit 88,78 den höchsten Erwartungswert zuzüglich der Standardabweichung aufweist.

Die μ-σ-Regel eignet sich insbesondere für Entscheidungen mit vielen Iterationen, weil dann der Erwartungswert unter Berücksichtigung der Streuung eine gute Approximation darstellt. Allerdings sagt das Ausmaß der Streuung nichts über die Art der Streuung.

Die finanzielle Förderung pharmakologischer Forschung durch den Staat kann Sinn ergeben, wenn der Erwartungswert der Heilchancen einer schweren Krankheit durch ein neues Medikament zwar nicht hoch ist, die positive Abweichung vom Erwartungswert jedoch einer signifikanten Minderheit gute Heilchancen verspricht. Hingegen wird ein Medikament, das leichte Krankheiten behandelt, aber im schlimmsten Fall zum Tod des Behandelten führt, auch bei einem hohen Erwartungswert für den therapeutischen Erfolg die Zulassung durch die zuständige Gesundheitsbehörde nicht erhalten.

## 2.3 Strategisches Entscheiden

### 2.3.1 Grundlagen

*Strategisches* **Entscheiden** ist ein Entscheiden, das **langfristig** orientiert ist und versucht, mögliche **Reaktionen** der anderen privaten oder staatlichen Marktteilnehmer zu antizipieren. Wirtschaftspolitische Entscheidungen werden nicht in einem Vakuum getroffen, sondern haben Übertragungseffekte (Spillover-Effekte) und Rückwirkungseffekte (Feedback-Effekte). Die individuelle Rationalität der Entscheider, die Partikularinteressen verfolgen, kollidiert zuweilen mit der kollektiven Rationalität, die das Gemeinwohl im Blick hat. Das im nächsten Unterabschnitt erläuterte Gefangenen-Dilemma verdeutlicht dieses Problem.

### 2.3.2 Gefangenen-Dilemma

John von Neumann (1903–1957) und Oskar Morgenstern (1902–1977) gelten seit 1944 als Begründer der Spieltheorie (vgl. Neumann und Morgenstern 1944). In der Spieltheorie sind Umweltzustände nicht fix, sondern flexibel, weil versucht wird, die möglichen **Reaktionen der Gegenspieler** auf eigene Aktionen zu **antizipieren**. Steht beispielsweise im Raum, die Zinssätze zu senken, um dadurch die Investitionsnachfrage anzuregen, steht die „Ceteris-paribus-Klausel" (wörtlich: „wenn das Übrige gleichbleibt", frei: „unter sonst gleichen Bedingungen") auf wackeligen Füßen. Denn es besteht die Gefahr, dass andere Länder nachziehen und diese Politik schließlich in eine globale Inflation mündet.

Durch spieltheoretische Überlegungen soll das bestmögliche Verhalten in **Dilemma-Situationen** ermittelt werden. Es ist nämlich nicht gewiss, ob im Wettbewerb stehende Volkswirtschaften bereit sind, an einem Strang zu ziehen, das heißt zu **kooperieren**, oder ob diese vielmehr eigene Vorteile ausnutzen und gegebenenfalls sogar Verträge brechen, das heißt **defektieren**.

▶ Das **Gefangenen-Dilemma** zeigt eine Dilemma-Situation mit einer **Inkonsistenz** von *individueller* und *kollektiver* **Rationalität**: Entscheidungen gemäß *individueller* Rationalität liefern für *beide* Seiten ein schlechteres Ergebnis und sind daher nicht *kollektiv* rational. An die Stelle von „Win-win"-Entscheidungen treten „Lose-lose"-Entscheidungen.

Sowohl **simultane Spiele**, in denen die Spieler sich *gleichzeitig* entscheiden müssen, als auch **sequentielle Spiele**, in denen die Spielzüge in mehreren Iterationen *nacheinander* getroffen werden, spielen in der Wirtschaftspolitik eine Rolle: Ein Beispiel für ein simultanes Spiel ist die Preispolitik auf einem Wettbewerbsmarkt, ein Beispiel für ein sequentielles Spiel ist die Außenhandelspolitik, die beispielsweise abwägt, ob es sich lohnt, protektionistische Instrumente einzusetzen, um die heimische Wirtschaft zu schützen. Gerade der Protektionismus zeigt, dass die Wohlfahrtseffekte auch für die eigene Volkswirtschaft negativ sind, wenn mögliche Verhaltensreaktionen anderer Länder „eingepreist" werden (vgl. Richert 2021b, S. 39–72).

Der Prototyp der Spieltheorie ist das **Gefangenen-Dilemma**, das in Tab. 2.19 dargestellt ist. Vom kanadischen Mathematiker Albert William Tucker (1905–1995), der unter anderem in Princeton, Harvard und Chicago gelehrt hat, stammt die Bezeichnung (vgl. Roth 1993, S. 184–209) für dieses Dilemma, das auf einem Experiment der beiden kalifornischen Mathematiker Merrill Meeks Flood (1908–1991) und Melvin Dresher (1911–1992) aus dem Jahr 1950 zurückgeht (vgl. Flood 1952).

Zwei Gefangene werden unabhängig voneinander verhört. Beide Gefangenen können gestehen oder leugnen. Es gilt die Kronzeugenregelung. Die Ergebnisse in Tab. 2.19 korrespondieren mit den vier möglichen Entscheidungskombinationen:

1. Gestehen sowohl A als auch B, ist die Beweislage klar, sodass beide Gefangenen bestraft werden, wegen ihrer Geständnisse aber weniger hart (jeweils 5 Jahre Gefängnis) als in dem Fall, in dem einer leugnet (10 Jahre Gefängnis für den Leugner, 1 Jahr Gefängnis für den Geständigen).
2. Gesteht Gefangener A, während Gefangener B leugnet, greift die Kronzeugenregelung: A profitiert von seinem Geständnis (1 Jahr Gefängnis), B wird härter bestraft (10 Jahre Gefängnis), weil ihm seine Tat durch das Geständnis des A eindeutig nachgewiesen werden kann.
3. Analog gilt die Kronzeugenregelung, wenn B gesteht (1 Jahr Gefängnis) und A leugnet (10 Jahre Gefängnis).
4. Leugnen sowohl A als auch B, ist die Beweislage unklar, sodass beide Gefangenen nur milde bestraft werden (jeweils 3 Jahre Gefängnis).

Das Dilemma offenbart sich in einer **Rationalitätenfalle**: Individuelle und kollektive Rationalität sind unvereinbar: Individuell ist es für beide Spieler ratsam zu gestehen, weil sie sich dann in jedem Szenario besserstellen als wenn sie leugnen:

1. Gesteht B, ist es für A besser zu gestehen, weil dann für A die Strafe milder ausfällt als für den Fall, in dem A leugnet und die Kronzeugenregelung für B greift, bei der A hart bestraft wird (5 Jahre statt 10 Jahre Gefängnis).
2. Leugnet B, ist es für A besser zu gestehen, weil dann für A die Kronzeugenregelung greift, die für ihn selbst die besseren Konsequenzen nach sich zieht (1 Jahr statt 3 Jahre Gefängnis).

Analog ist der Kalkül des Gefangenen B.

Beide Spieler haben folglich gemäß ihrer jeweiligen individuellen Rationalität einen Anreiz zu gestehen. Denn egal, wie der Gegenspieler reagiert, ob mit Gestehen oder Leugnen, ein Geständnis führt für den Spieler immer zum besseren Ergebnis. Diese Situation stellt ein

**Tab. 2.19** Gefangenendilemma

|              | B: Gestehen | B: Leugnen |
|--------------|-------------|------------|
| A: Gestehen  | -5/-5       | -1/-10     |
| A: Leugnen   | -10/-1      | -3/-3      |

[Eigene Darstellung]

**Nash-Gleichgewicht** dar, das nach dem US-amerikanischen Mathematiker und Wirtschaftsnobelpreisträger von 1994, John Forbes Nash (1928–2015), benannt ist (vgl. Nash 1950). Sind beide Spieler im Nash-Gleichgewicht, stellen sie sich jedoch schlechter als wenn sie beide leugnen. Das Nash-Gleichgewicht ist somit **nicht Pareto-optimal**, weil es möglich ist, beide Seiten besserzustellen: Gestehen beide, werden beide mit jeweils 5 Jahren Gefängnis bestraft, leugnen beide, erhalten sie nur jeweils 3 Jahre Gefängnis.

Es ist deutlich zu erkennen, dass ein gewisses Maß an **Gemeinsinn** erforderlich ist, um dieses Dilemma zu lösen. Zum Beispiel haben Politiker einen individuellen Anreiz, „Herrschaftswissen" für sich zu behalten und nicht zu teilen. Sie verhalten sich gemäß dem Prinzip „Wissen ist Macht", das auf Francis Bacon zurückgeht, der es allerdings in seinem sowohl religiös als auch profan zu verstehenden Original etwas anders formuliert (vgl. Bacon 1597, Art. 11: De haeresibus):

> „Nam et ipsa scientia potestas est." [„Denn auch die Wissenschaft selbst ist Macht."]

Verhalten sich jedoch alle Politiker und Bürokraten auf diese der individuellen Rationalität entsprechende Weise, kommt es nicht zu einem der kollektiven Rationalität entsprechenden optimalen Austausch von Informationen und dadurch nur zu suboptimalen Entscheidungen.

Dies ist insbesondere in **autokratischen Staaten** ein großer Nachteil, in denen hohe Negativanreize bestehen, Wissen preiszugeben. Dadurch werden die Innovationskraft und die internationale Wettbewerbsfähigkeit eines Landes stark geschwächt. Diese Fehlanreize sind auch ein Grund, warum Russland, ein Land mit 144 Millionen, größtenteils gut ausgebildeten Menschen und den größten Rohstoffvorkommen der Welt (Erdöl, Gas, Kohle, Gold, Nickel, Eisen, Zinn, Kobalt und vieles mehr), selbst vor dem Krieg gegen die Ukraine (2022) weniger exportiert hat als sieben Millionen Hongkong-Chinesen oder elf Millionen Belgier (vgl. Richert 2021a, S. 139, Tab. 5.14).

Für die **Innovationskraft** und *internationale* **Wettbewerbsfähigkeit** einer Volkswirtschaft ist die Anzahl der Patentanmeldungen beim Europäischen Patentamt (EPA) ein guter Indikator. Das – nach Fläche und Einwohnerzahl – größte Land Europas hat einen Anteil an den europäischen Patentanmeldungen von nur einem Promille, das heißt, dass alle anderen Länder etwa eintausendmal mehr Patente anmelden als Russland. Liechtenstein mit nur 40.000 Einwohnern verzeichnet mehr Patentanmeldungen als die Russische Föderation. Die Liechtensteiner Zahl ist aufgrund der besonderen Rolle Liechtensteins als Steuerparadies und Finanzplatz verzerrt, diese Verzerrung erklärt aber nicht vollständig, dass die Zahl der Patente dieses Fürstentums pro Kopf 3600 Mal höher ist als diejenige Russlands. Dänemark (5,5 Millionen Einwohner) hat zehnmal so viele Patenanmeldungen wie Russland, die Schweiz (8,5 Millionen) dreißigmal so viele, Deutschland (83 Millionen) einhundertmal so viele (eigene Berechnungen nach European Patent Office 2021).

Politischen Führern, denen es nicht gelingt, das Wissen ihrer (Ministerial-) Bürokratie offenzulegen, sind im Nachteil. Der Grad, mit dem individuelles Wissen bereitwillig zur Verfügung gestellt wird, ist auch kulturabhängig. Insbesondere in hierarchisch geprägten Kulturen bleiben wichtige Informationen auf der Strecke. Diese mangelnde Anreizkompatibilität führt zu Wohlfahrtsverlusten.

### 2.3.3  Strategieanalyse

#### 2.3.3.1 Ziele

**Ziele** wirtschaftspolitischer Strategien sind das Erlangen und Sichern **nachhaltiger Wettbewerbsvorteile** (vgl. Dess et al. 2020) in der Durchsetzung (eigener wie altruistischer) Interessen gegenüber anderen Ländern, welche diese Interessen bedrohen.

*Strategische* **Ziele** sind langfristige Ziele, in denen sich zudem die antizipierten Aktionen und Reaktionen anderer Staaten, internationaler Organisationen oder privater international tätiger Marktteilnehmer widerspiegeln.

*Taktische* **Ziele** sind mittelfristige Ziele, die über das wirtschaftspolitische Alltagsgeschäft hinausgehen, aber noch nicht die strategische Ausrichtung beeinflussen.

*Operative* **Ziele** sind kurzfristige Ziele, die oft eher nach Dringlichkeit als nach Relevanz für die wirtschaftspolitische Strategie gesetzt werden.

Die wichtigste Anforderung an die Verknüpfung der Ziele und Maßnahmen ist **strategische Kohärenz**: Strategische, taktische und operative Ziele sowie Maßnahmen sollten miteinander korrespondieren, das heißt die Maßnahmen lassen sich aus den operativen Zielen, diese aus den taktischen Zielen, diese aus den strategischen Zielen ableiten. Die Aufgabe einer Regierung besteht darin, die **strategische Ausrichtung** des Landes festzulegen und die Kohärenz sicherzustellen. Dazu gehört auch der Aufbau von **Institutionen**. Ein **Aktionsplan** sollte regeln, wer rechenschaftspflichtig und wer verantwortlich ist, festhalten, mit welchen Indikatoren die Ergebnisse gemessen werden, nach denen eine wirtschaftspolitische Maßnahme positiv oder negativ evaluiert wird, einen Zeitplan aufstellen, Meilensteine festlegen und den Status quo sachlich ermitteln.

▶ **Strategische Kohärenz** liegt vor, wenn sich die Maßnahmen aus den operativen Zielen, diese aus den taktischen Zielen, diese aus den strategischen Zielen ableiten lassen.

**Rechenschaftspflichtig** ist derjenige, der im Fall des Misslingens seinen Kopf hinhalten muss, und zwar auch dann, wenn er nicht unmittelbar, sondern nur mittelbar beteiligt gewesen ist. Ein Wirtschaftsminister beispielsweise muss seinen Hut nehmen, wenn in seinem Hause (Ministerium) ein gravierender Fehler gemacht worden ist, auch wenn nicht der Minister selbst, sondern ein Ministerialbeamter diesen Fehler begangen hat. Die **Verantwortung** trägt der unmittelbar Beteiligte, in diesem Beispiel der Ministerialbeamte.

**Indikatoren** sollen sicherstellen, dass überhaupt beurteilt werden kann, ob eine wirtschaftspolitische Maßnahme ihren avisierten Erfolg gebracht hat oder nicht. Diese Indikatoren müssen im Vorhinein – am besten unter dem Rawls'schen Schleier des Nicht-Wissens, unter dem man seine künftige Position nicht kennt (vgl. Rawls 1971) – klar festgelegt werden, um Diskussionen über die Sinnhaftigkeit dieser Kriterien im Nachhinein zu vermeiden. Schwierigkeiten bestehen in der Auswahl, Quantifizierung, Gewichtung und Akzeptanz dieser Indikatoren.

Der **Zeitplan** sollte publiziert werden, um den Druck auf die Politik zu erhöhen, eben diesen einzuhalten. Hierbei ist insbesondere der Fehlschluss „Hysteron-Proteron" („Späteres" vor „Früherem") zu vermeiden, der bei einem komplexen Projekt zu zeitlichen Unvereinbarkeiten und damit zu höheren Kosten führt.

**Meilensteine** kennzeichnen wichtige Ergebnisse, die eine Schlüsselstellung für das gesamte Projekt einnehmen. Um sich nicht in einem Geflecht zahlreicher kleinteiliger Ziele zu verlieren, werden einige wenige besonders wichtige Ziele zu „Meilensteinen" erhoben, die in besonderer Weise im Blick zu halten sind.

Der **Status quo** beschreibt den Ist-Zustand.

Folgende **Phasen strategischer Führung** lassen sich unterscheiden:

1. Zielsetzung
2. Planung
3. Entscheidung
4. Durchführung
5. Kontrolle

Innerhalb der **Zielsetzung** werden Optionen für die Lösung von Problemen oder für die Optimierung der Verwaltungsabläufe gesucht. Mögliche Folgen verschiedener Varianten sind zu vergleichen und zu bewerten, um schließlich Ziele zu bilden.

Zunächst muss der Ist-Zustand korrekt wiedergegeben werden, damit, ausgehend vom Status quo, die **Planung** eines Soll-Zustandes unter Berücksichtigung möglicher Probleme oder Optimierungspotentiale erfolgen kann.

Dann steht die **Entscheidung** an. Für diese sollte es klare Verfahrensregeln geben. So ist zu klären, wer entscheidet und nach welchen Regeln entschieden wird. Es ist beispielsweise zu klären, ob die Entscheider ihre Entscheidung einstimmig, mit qualifizierter (üblicherweise zwei Drittel der Stimmen) oder mit einfacher Mehrheit treffen.

Für die **Durchführung** sind Vorschriften wie Vergaberichtlinien zu beachten.

Schließlich erfolgt die **Kontrolle**: Durch ein Follow-up verschaffen sich Politiker Kenntnis darüber, ob die Projektabwicklung zielgerecht erfolgt. Das politische Risiko tragen die Politiker, die Entscheidungsbefugnis für die Umsetzung obliegt den Bürokraten. Somit besteht keine Kongruenz von Entscheidungskompetenz und (langfristiger) Verantwortung. Dies birgt die Gefahr

- mangelnder Anreizkompatibilität der individuellen Ziele der Bürokraten mit den Zielen der Politiker;
- mangelnder Anreizkompatibilität der individuellen Ziele der Politiker mit den kollektiven Zielen, die für das Land als Ganzes zu verfolgen sind;
- von Zeitinkonsistenzen, da der relevante Zeithorizont eines Politikers, der kurz- und mittelfristig plant, kürzer ist als der Zeithorizont, der für die nachhaltige Lösung staatlicher Probleme relevant ist.

### 2.3.3.2 Externe Umweltbedingungen

Teil der Wirtschaftspolitik ist die Ausgestaltung der Rahmenordnung einer Volkswirtschaft. Dazu zählen die externen Umweltbedingungen, die unabhängig von konkreten unternehmerischen Aktivitäten sind und sich in *allgemeine* und in *spezifische* externe Umweltbedingungen unterteilen:

Die *allgemeinen* externen **Umweltbedingungen** sind *branchenunabhängig* und erfassen folgende Dimensionen:

- politisch-institutionell (politische Stabilität),
- rechtlich (Gesetze und andere Normen),
- realwirtschaftlich (Wohlstand, Wachstum, Infrastruktur),
- monetär (Inflationsrate, Stabilität der Währung, Schulden),
- sozial (demographische Faktoren wie Bevölkerungswachstum, Alter, Geschlecht, Bevölkerungsdichte, Ethnie, Bildung, Gesundheitsversorgung),
- ökologisch (Energie-Mix, Emissionen, umweltpolitische Auflagen),
- kulturell (Werte, Normen, Einstellungen, Lebensstile, Religion),
- technisch (technisches Niveau, Innovationen).

▶ Die *allgemeinen externen* **Umweltbedingungen** erfassen folgende Dimensionen: politisch-institutionell, rechtlich, realwirtschaftlich, monetär, sozial, ökologisch, kulturell, technisch.

Für die Analyse der allgemeinen externen Umweltbedingungen bietet sich der Rückgriff auf das **Sozio-ökonomische Panel (SOEP)** des Deutschen Instituts für Wirtschaftsforschung (DIW) an, das seit 1984 in einer Zeitreihenanalyse ca. 30.000 Personen in 15.000 Haushalten regelmäßig befragt und daher langfristige gesellschaftliche Veränderungen gut dokumentiert (vgl. DIW 2020). Sozioökonomische Trends werden extrapoliert, um einen Rahmen für eine langfristig orientierte Politik bereitzustellen.

Das Sinus-Institut für Markt- und Sozialforschung widmet sich seit 1978 der psychologischen und sozialwissenschaftlichen Forschung. In den **Sinus-Milieus** werden Menschen nach den beiden Dimensionen **Schicht** (Oberschicht /Mittelschicht/ Unterschicht) und **Grundeinstellung** (traditionell /modern/neuorientiert) in insgesamt zehn unterschiedliche, annähernd gleichgroße soziale Milieus eingeteilt (vgl. Sinus-Institut 2020):

- Konservativ-Etablierte,
- Liberal-Intellektuelle,
- Performer,
- Expeditive,
- Sozialökologische,
- Traditionelle,
- Bürgerliche,
- Adaptiv-Pragmatische,
- Prekäre,
- Hedonisten.

Schon die beiden Wirtschaftsnobelpreisträger Friedrich August von Hayek (1899–1992) und Milton Friedman (1912–2006) betonen den engen positiven Zusammenhang zwischen wirtschaftlicher und politischer Freiheit, die zu wirtschaftlicher Prosperität führt (vgl. von Hayek 1944, 1960; Friedman 1960, 1962). Auch wenn diese Hypothese nicht unumstritten ist, wird sie von empirischen Ergebnissen unterstützt (vgl. Lawson und Clark 2010, S. 230–239). Die „asiatischen Tiger" Singapur, Taiwan, Hongkong und Süd-Korea erlebten nach ihrer Demokratisierung wirtschaftliche Aufschwünge. China und Vietnam hingegen sind kommunistische Staaten mit geringen bürgerlichen Freiheiten, die sich dennoch wirtschaftlich gut entwickelt haben. Allerdings ist eine Trennlinie denkbar, für die wirtschaftliche Freiheit erst dann an Bedeutung gewinnt, wenn nicht nur die Effektivität, sondern die Effizienz wirtschaftlichen Handelns im Vordergrund steht. Effektiv ist eine Volkswirtschaft auch dann, wenn sie wie die chinesische von einer Viertelmilliarde Wanderarbeiter profitiert, die keine Haushaltsregistrierung („hukou") haben und daher als rechtlose Arbeitskräfte von ihren Arbeitgebern ausgebeutet werden können. Sofern es jedoch nicht nur darum geht, die gesamtwirtschaftliche Leistung von einem niedrigen Niveau aus zu steigern (Effektivität), sondern mit hoher Produktivität eine gute Ziel-Mittel-Relation zu erreichen (Effizienz), sind Eigenschaften wie selbstständiges Denken, Kreativität, Innovativität, Kritikfähigkeit und Skeptizismus gefragt, die sich in einem freiheitlichen Umfeld besser entwickeln und etablieren als in einem weniger pluralistischen System wie dem chinesischen. Es besteht die Gefahr, dass China, ähnlich wie die anderen BRICS-Staaten (Brasilien, Russland, Indien, Südafrika), in einer „middle-income trap" landet: Das Ende eines langen Wirtschaftsaufschwungs von einem Entwicklungs- zu einem Schwellenland kündigt sich an, wenn für die Weiterentwicklung von einem Schwellen- zu einem hochentwickelten Industrieland das erforderliche institutionelle Marktdesign (Transparenz, Rechtsstaatlichkeit, Haftungsprinzip) nicht vorhanden ist.

Die *spezifischen* externen **Umweltbedingungen** sind *branchenabhängig.* Der Harvard-Professor Michael Eugene Porter unterscheidet fünf treibende Kräfte (**„driving forces"**), welche die **Wettbewerbsfähigkeit** einer Unternehmung **beeinflussen** (vgl. Porter 1980, Kap. 1) und sich auch auf den Staat übertragen lassen, nämlich die:

- Macht der Zulieferer,
- Macht der *aktuellen* Wettbewerber,
- Macht der *potentiellen* Wettbewerber,
- Macht der Konsumenten,
- Macht der Substitute.

Die **Macht der Zulieferer** ist abhängig von der jeweiligen Verhandlungsmacht sowie von den Preiselastizitäten. Für Deutschland spielen insbesondere die Exporteure von Rohstoffen eine große Rolle. Kurzfristig sind die Preiselastizitäten für Rohstoffe, vor allem für Öl, Gas und Kohle relativ niedrig, sodass den Zulieferern eine große Marktmacht zukommt. Langfristig ändert sich das: Die Ölkrisen 1973/74 sowie 1979/80 sorgten dafür, dass Deutschland seine Abhängigkeit vom arabischen Öl fast vollständig verlor. Im Gefolge der russischen Invasionen in die Ukraine (2014 und 2022) plant Deutschland, seine Abhängigkeit von russischem Gas, russischem Öl und russischer Kohle in absehbarer Zeit zu verringern. Dies ist ein ambitioniertes Unterfangen, liegt doch mehr als die Hälfte der globalen **Gasreserven** in Russland, im Iran sowie vor der Küste Katars und somit in der Obhut von Autokraten, die Energiepolitik als Machtpolitik einsetzen. Die Macht der Zulieferer kann ein Staat durch Diversifikation brechen, und zwar hinsichtlich seiner Produkte (verschiedene Energieträger), aber auch hinsichtlich seiner Handelspartner. Der hohe Grad an Diversifikation ist ein Markenzeichen der deutschen Volkswirtschaft und einer ihrer Wettbewerbsvorteile. In der Energieversorgung wurde darauf in der jüngeren Vergangenheit allerdings zu wenig geachtet.

Die **Macht der *aktuellen* Wettbewerber** ist durch das Ringen um internationale Wettbewerbsfähigkeit gekennzeichnet. In den letzten Jahren ist die Rivalität zwischen aktuellen Wettbewerbern aufgrund von Informationsintermediären (z. B. durch Internet-Plattformen für Preisvergleiche) deutlich gestiegen.

Die **Macht der *potentiellen* Wettbewerber** hängt stark von den geltenden Markteintrittsbarrieren ab. Das Risiko, dass neue Länder in einen Markt eintreten, ist aufgrund des Internets deutlich gestiegen. Barrieren für den Markteintritt sind zum Beispiel:

- sinkende Stückkosten (economies of scale),
- andere Kostennachteile (z. B. beschränkter Zugang zu Rohstoffen),
- Produktdifferenzierung (dadurch Markenbewusstsein und Kundenloyalität),

- hoher Kapitalbedarf (insbesondere für Forschung und Entwicklung),
- hohe Wechselkosten (z. B. von einem System zum anderen),
- beschränkter Zugang zu Distributionskanälen.

Die deutsche Automobilindustrie erlebte, wie sich in Ostasien potentielle Autobauer zu aktuellen Wettbewerbern entwickelten: zunächst mit dem Boom der japanischen Automobilindustrie (Toyota, Honda, Nissan, Suzuki, Subaru, Mazda, Mitsubishi), danach mit dem Boom der koreanischen Automobilindustrie (Hyundai, Kia, Daewoo), schließlich mit dem Boom der chinesischen Automobilindustrie (SAIC, Geely, Changan, Dongfeng, BAIC).

Die **Macht der Konsumenten** ist abhängig von der jeweiligen Verhandlungsmacht sowie von den Preis- und Einkommenselastizitäten. Gelingt es dem Staat, seinen Bürgern die Notwendigkeit hoher Steuern, Abgaben, Gebühren und Beiträge zu vermitteln, erhält er die finanziellen Mittel, die er beispielsweise für die Bereitstellung und für den Unterhalt der Infrastruktur benötigt.

Die **Macht der Substitute** spielt für den öffentlichen Sektor eine Rolle, wenn er als Unternehmer tätig wird. Sinkt beispielsweise die vermutete Qualität öffentlicher Schulen, sprießen kirchliche oder private Schulen wie Pilze aus dem Boden und bieten sich als Ersatz an.

▶ Die *spezifischen externen* **Umweltbedingungen** erfassen Porters fünf treibende Kräfte der Wettbewerbsfähigkeit: die jeweilige Macht der Zulieferer, der *aktuellen* Wettbewerber, der *potentiellen* Wettbewerber, der Konsumenten sowie der Substitute.

Die externen Umweltbedingungen liegen für private Marktteilnehmer weitgehend außerhalb ihres Gestaltungsrahmens. Für den Staat stellen sie jedoch ein Handlungsfeld dar, das durch umfassende (De-) Regulierungen aktiv gestaltet werden kann, um sowohl die internationale Wettbewerbsfähigkeit sicherzustellen als auch dem Ideal einer gerechten Ordnung näherzukommen.

### 2.3.3.3 Interne Umweltbedingungen

Die Analyse der *internen* Umweltbedingungen betrifft die inländische Volkswirtschaft selbst.

Dabei spielt die Analyse inländischer Ressourcen sowie nationaler und internationaler Wertschöpfungsketten eine bedeutende Rolle.

▶ Die *internen* **Umweltbedingungen** erfassen die Ressourcen sowie die Wertschöpfungs- und Lieferketten.

Volkswirtschaftliche Ressourcen eines Staates sind Grund und Boden(schätze), Kapital sowie menschliche Arbeitskräfte. Zu untersuchen sind beispielsweise der Zustand der Infrastruktur, die Tragfähigkeit öffentlicher Schulden und die Qualifikation der Arbeitskräfte.

Um einen **nachhaltigen Wettbewerbsvorteil** zu erlangen, sollte sich eine Ressource durch folgende vier Eigenschaften (**VRIN**) auszeichnen:

1. wertvoll (**V**aluable),
2. knapp (**R**are),
3. nicht-imitierbar (**I**nimitable),
4. nicht-substituierbar (**N**on-substitutable).

▶ Eine für die Wettbewerbsfähigkeit *wichtige* **Ressource** ist wertvoll, knapp, nicht-imitierbar und nicht-substituierbar.

Erstens ist die Ressource **wertvoll**, das heißt sie spielt für die volkswirtschaftliche Wertschöpfung eine außerordentlich wichtige Rolle. Wenn beispielsweise ein Land wie Deutschland nur mit wenigen Rohstoffen gesegnet ist, spielt die Qualität seines Humankapitals eine herausragende Rolle. Um – im ökonomischen Sinn – „wertvolle" Arbeitskräfte zu haben, sind Investitionen in das Bildungssystem erforderlich, und zwar in den Primär-, Sekundär- sowie Tertiärsektor, in die Allgemeinbildung sowie in die berufliche Ausbildung, Fortbildung und Umschulung, in die Geistes- sowie in die Naturwissenschaften, in die Grundlagenforschung sowie in die angewandte Forschung, in das Schul- und Hochschulwesen sowie in die Forschungsinstitute.

Zweitens ist die Ressource sowohl bei aktuellen als auch bei potentiellen Wettbewerbern **knapp**. Dies trifft beispielsweise auf hochqualifiziertes Personal zu, sodass ein „war of talents" zu beobachten ist, ein internationaler Kampf um die besten Köpfe. Das IMD World Competitiveness

Center ermittelt ein **World Talent Ranking** (vgl. WTR 2021, S. 26–27). In der Spitzengruppe der Länder mit der besten Talentförderung liegen die nord- und mitteleuropäischen sowie die angelsächsischen Länder plus Hongkong und Singapur. Singapur verließ 1965 Malaysia, weil es sich nicht der gesetzlich vorgeschriebenen Besserstellung ethnischer Malaien gegenüber ethnischen Chinesen und Indern beugen wollte, sondern einem meritokratischen Ansatz folgte. Ob sich Hongkong in der Spitzengruppe halten kann, ist zweifelhaft. Denn die ehemalige britische Kronkolonie genießt formal zwar noch bis zum Jahr 2047 einen Sonderstatus, verlor diesen jedoch faktisch durch die von Peking 2021 veranlassten Einschränkungen der bisherigen demokratischen, rechtsstaatlichen und zivilgesellschaftlichen Strukturen, welche die Verhältnisse in Hongkong grundlegend veränderten.

Drittens ist die Ressource **nicht-imitierbar**, indem sie sich durch Einzigartigkeit auszeichnet, selbst wenn diese nicht für jedermann erkennbar ist, weil sie beispielsweise in einem unnachahmlichen Unternehmergeist („entrepreneurial spirit") in einem Cluster von Start-ups begründet ist, wie dies beispielsweise in Baden-Württemberg der Fall ist, das als Land der Tüftler gilt (vgl. auch Simon 2009, 2012, 2021). Kulturelle Faktoren spielen ebenfalls eine Rolle für nicht-imitierbare wirtschaftlich relevante Eigenschaften, wie sie der deutsche Soziologe Max Weber (1864–1920) bereits vor über einem Jahrhundert in seinem bahnbrechenden Buch „Die protestantische Ethik und der Geist des Kapitalismus" beschreibt (vgl. Weber 2017).

Viertens ist die Ressource **nicht-substituierbar**, kann also im Falle eines Verlusts zumindest nicht vollständig durch eine andere Ressource ersetzt werden. Diese Unersetzlichkeit tritt vor allem in Bereichen auf, in denen das Personal nicht nur hochqualifiziert, sondern auch hochspezialisiert ist.

Es ist eine wirtschaftspolitische Aufgabe, diese Faktoren so zu koordinieren, dass auf lange Sicht Wettbewerbsvorteile erzielt werden können. Derart bedeutende Ressourcen stellen aber auch eine Gefahr für die Volkswirtschaft dar, weil diese einer **Hold-up-Situation** ausgesetzt ist: Ist sich beispielsweise der Zulieferer eines wichtigen Rohstoffs seiner Marktmacht bewusst, wie dies für russische Öl-, Gas- und Kohlelieferungen nach Deutschland der Fall gewesen ist, kann der Exporteur dies ausnutzen, indem er hohe Forderungen an den importierenden Staat stellt, wohl wissend, dass dieser aufgrund mangelnder Substituierbarkeit dieser Ressourcen über eine geringere Verhandlungsmacht verfügt. In so einer Situation ist nicht nur aus wirtschaftspolitischen, sondern auch aus sicherheitspolitischen Gründen eine Diversifikation der Zulieferer vonnöten.

Dass Wertschöpfungs- und damit auch Lieferketten nicht nur eine Frage ökonomischer Effizienz sind, sondern auch eine Frage der Versorgungssicherheit, haben die Corona-Pandemie sowie der Krieg in der Ukraine eindrucksvoll belegt.

▶ Eine *gute* **Wertschöpfungskette** zeichnet sich dadurch aus, dass sie sowohl die *Produktivität* und damit die internationale Wettbewerbsfähigkeit als auch die *Resilienz* erhöht.

Die Versorgungssicherheit wird durch Diversifikation der Produkte, der Lieferwege und der Lieferländer erhöht. Dadurch steigt die Resilienz, die *aktive*, anpassungsfähige Widerstandskraft der Volkswirtschaft.

### 2.3.4  Strategieentwicklung

#### 2.3.4.1 GAP-Analyse
**Die GAP-Analyse** untersucht mögliche „Lücken" („gaps"). Dabei werden fünf Lücken unterschieden, und zwar die:

1. Wahrnehmungslücke (GAP 1),
2. Entwicklungslücke (GAP 2),
3. Leistungslücke (GAP 3),
4. Kommunikationslücke (GAP 4),
5. zentrale Lücke.

▶ In einer **GAP-Analyse** werden die Wahrnehmungslücke, Entwicklungslücke, Leistungslücke, Kommunikationslücke und zentrale Lücke untersucht.

Die **Wahrnehmungslücke** ist durch die mangelhafte Wahrnehmung der Präferenzen der Wähler durch die Regierung gekennzeichnet. Weichen deren tatsächliche Präferenzen von den vermuteten ab, wählt die Regierung die falschen Maßnahmen, um die Präferenzen des Medianwählers zufriedenzustellen (vgl. Downs 1957a, b, S. 135–150). Eine große Schwierigkeit liegt darin, dass die Präferenzen der Wähler sich sehr schnell ändern und oft inkonsistent sind. Beispielsweise kann eine klimapolitische Neuausrichtung der Wirtschaftspolitik, die sich in Deutschland seit Regierungsantritt der Ampelkoalition (2021) auch im Namen des relevanten Ministeriums offenbart ("Bundesministerium für Wirtschaft *und Klimaschutz*", BMWK), *generell* befürwortet werden. Schlägt sich diese Politik jedoch *konkret* in höheren Preisen nieder, zum Beispiel an den Zapfsäulen für Benzin und Dieselkraftstoffe, sinkt die Zustimmungsrate. Individuelle und kollektive Rationalität implizieren nicht immer dieselben Ergebnisse.

Die **Entwicklungslücke** erfasst die mangelnde Umsetzung der Wählerpräferenzen. Selbst wenn diese korrekt wahrgenommen werden, kann die "Antwort" auf diese Präferenzen die falsche sein, wenn die ergriffenen wirtschaftspolitischen Maßnahmen inadäquat sind. Beispielsweise vernachlässigten in der Corona-Pandemie geleistete Unterstützungszahlungen, deren Höhe sich an den vergangenen Umsätzen der Betriebe orientierte, das tatsächliche Ausmaß, in dem ein Unternehmen *pandemiebedingt* wirtschaftlichen Schaden genommen hatte.

Die **Leistungslücke** erstreckt sich auf die mangelhafte Umsetzung geplanter Maßnahmen. Die pandemiebedingten Überbrückungshilfen für Unternehmen litten unter bürokratischen Hürden, die für manchen Kleinunternehmer zu hoch waren. Dies führte dazu, dass Wirtschaftshilfen, die ein – auch international – historisches Höchstmaß erreichten, dennoch von vielen Unternehmern negativ bewertet wurden.

Die **Kommunikationslücke** bezeichnet die mangelhafte Kommunikation durchgeführter Maßnahmen. Selbst wenn die Präferenzen richtig wahrgenommen werden (Vermeiden einer Wahrnehmungslücke), die korrekten Maßnahmen ergriffen werden (Vermeiden einer Entwicklungslücke), diese auch gut umgesetzt werden (Vermeiden einer Leistungslücke), besteht das Risiko, dass die an sich erfolgreiche wirtschaftspolitische Maß-

nahme nicht entsprechend kommuniziert wird. Bleiben den Wählern die Vorteile einer Maßnahme verborgen, werden sich die Hilfen nicht in einem besseren Wahlergebnis niederschlagen. Dass beispielsweise die zum Ende der Rot-Grünen Koalition (1998–2005) beschlossene Agenda 2010 positive Effekte auf den Arbeitsmarkt gehabt hat, ist unter Ökonomen eine weitverbreitete Ansicht. In der Öffentlichkeit hingegen hat die Reputation dieser Agenda gelitten, obwohl sich die Arbeitslosenrate – allerdings auch aus demographischen Gründen – in der ersten Dekade nach dem Beschluss der Agenda 2010 halbierte.

Die **zentrale Lücke** ergibt sich aus der Summe aus Wahrnehmungs-, Entwicklungs-, Leistungs- und Kommunikationslücke. Das Ziel besteht darin, diese Lücke im Idealfall zu schließen.

### 2.3.4.2 SWOT-Analyse

In einer **SWOT-Analyse** werden die

1. Stärken (**S**trengths),
2. Schwächen (**W**eaknesses),
3. Chancen (**O**pportunities),
4. Risiken (**T**hreats)

einer wirtschaftspolitischen Maßnahme analysiert.

▶ In einer **SWOT-Analyse** werden die durch die Politik beeinflussbaren *Stärken* und *Schwächen* sowie die durch die Politik nicht beeinflussbaren *Chancen* und *Risiken* untersucht.

In dieser Analyse ist streng zu unterscheiden zwischen den Aspekten, die durch die Politik **beeinflusst** werden können, nämlich

- **Stärken** und
- **Schwächen**,

sowie den Aspekten, die durch die Politik **nicht beeinflusst** werden können, nämlich

- **Chancen** ("Möglichkeiten") und
- **Risiken** ("Bedrohungen").

Beim Ausbau erneuerbarer Energien liegt eine mögliche **Stärke** Deutschlands darin, dass seine hochqualifizierten Ingenieure in Forschung und Entwicklung erfolgreich sind, sodass in absehbarer Zeit die „Renewables" den Energiebedarf Deutschlands auch wirtschaftlich effizient decken können. Eine mögliche **Schwäche** ist darin zu sehen, dass die Forschungen nicht zu einem marktfähigen, ökologisch orientierten Umbau der deutschen Industrie führen.

Eine **Chance** kann sich dadurch eröffnen, dass andere Länder die in Deutschland entwickelte Technik übernehmen, sodass nicht nur *nationale*, sondern *globale* Rückgänge schädlicher Emissionen zu verzeichnen sind. Ein **Risiko** besteht darin, dass der Rest der Welt nicht mitzieht, sodass die Wirkung auf den Klimawandel gering ist, weil Deutschlands weltweiter Anteil an klimaschädlichen Emissionen zu gering ist – bei Treibhausgasen liegt er bei zwei Prozent (vgl. Olivier und Peters 2020, S. 4).

### 2.3.4.3 TOWS-Analyse

Die **TOWS-Analyse** baut auf der SWOT-Analyse auf. „TOWS" ergibt sich, wenn „SWOT" von rechts nach links gelesen wird. In dieser Analyse werden die Beziehungen zwischen den internen (Stärken, Schwächen) und den externen Faktoren (Chancen, Risiken) hergestellt und daraus adäquate Strategien abgeleitet.

▶ In einer **TOWS-Analyse** wird aus einer Kombination von Stärken und Chancen eine *Maximax*-Strategie abgeleitet, aus einer Kombination von Stärken und Risiken eine *Maximin*-Strategie, aus einer Kombination von Schwächen und Chancen eine *Minimax*-Strategie, aus einer Kombination von Schwächen und Risiken eine *Minimin*-Strategie.

Werden **Stärken und Chancen** identifiziert („SO strategy"), ist der Politik eine **Maximax**-Strategie zu empfehlen, die darauf abzielt, mithilfe von Stärken Chancen zu nutzen. Eine empfehlenswerte Strategie kann beispielsweise darin liegen, die im internationalen Maßstab starke (öffentliche und private) Forschungslandschaft Deutschlands (Stärke) durch finanzielle Förderungen und administrative Erleichterungen weiter auszubauen. Denn gerade in einer Zeit des Umbruchs, in der durch Pandemie und Krieg un-

terbrochene Lieferketten die Politik der nach (stationärer) Effizienz strebenden internationalen Arbeitsteilung in Frage stellen, ist die Wahrscheinlichkeit hoch, dass sich inländische Forschung und inländische Produktion stärker lohnen als zuvor (Chance). Allerdings soll nicht unterschlagen werden, dass die krisen- und kriegsbedingte Vulnerabilität der deutschen Volkswirtschaft gegenüber internationalen Lieferketten nicht unweigerlich eine Fokussierung auf inländische Produktion erfordert. Resilienz kann auch durch eine globale Diversifikation der Lieferketten erreicht werden.

Werden **Stärken und Risiken** identifiziert („ST strategy"), kann der Politik eine **Maximin**-Strategie nahegelegt werden, die darauf abzielt, mithilfe der Stärken besser mit Risiken umzugehen. Beispielsweise schaffen steigende Preise für fossile Energieträger (Risiko) Anreize, die bereits hohe Diversifikation der deutschen Außenhandelspartner (Stärke) zu nutzen und die Zahl der Länder, aus denen fossile Energieträger importiert werden, weiter zu erhöhen und regional stärker zu streuen. So verteilten sich beispielsweise vor dem Krieg in der Ukraine die deutschen Rohölimporte (in dieser Reihenfolge) auf Russland, das Vereinigte Königreich, die USA, Norwegen, Kasachstan und Nigeria (vgl. Statista 2021b). Eine Hinzunahme wichtiger lateinamerikanischer Förderländer wie Brasilien, Mexiko, Venezuela und Kolumbien würde die Versorgungssicherheit und den Preiswettbewerb unter den Exporteuren stärken.

Werden **Schwächen und Chancen** identifiziert („WO strategy"), bietet sich der Politik eine **Minimax**-Strategie an, die darauf abzielt, Schwächen zu reduzieren, um Chancen besser zu nutzen. Werden zum Beispiel die langwierigen Genehmigungsverfahren für öffentliche Infrastrukturprojekte oder für privatwirtschaftliche Ansiedelungen von Unternehmen (Schwäche) beschleunigt, lässt sich der Strukturwandel hin zu einer Verkehrswende und zu einer Digitalisierung der deutschen Volkswirtschaft schneller bewerkstelligen. Die großen Industrieansiedlungen von Tesla in Brandenburg und Intel in Sachsen-Anhalt (Chancen) sind Beispiele dafür.

Werden **Schwächen und Risiken** identifiziert („WT strategy"), ist der Politik eine **Minimin**-

Strategie zu empfehlen, die darauf abzielt, Schwächen zu reduzieren, um besser mit Risiken umzugehen. Die Corona-Pandemie hat beispielsweise gezeigt, dass es für Kleinunternehmen schwierig sein kann, staatliche Finanzhilfen zeitnah und vollumfänglich zu erhalten, wenn das Know-how des Antragswesens nicht vorhanden ist. Diesbezüglich können Pläne für verschiedene mögliche Krisenszenarien geschmiedet werden, um in einem künftigen Bedarfsfall für eine reibungslose Umsetzung von Finanzhilfen auch für die Unternehmen zu sorgen, die sich keine Subventionsspezialisten leisten können.

### 2.3.4.4 Benchmarking

Beim **Benchmarking** (vgl. englisch: „benchmark" – „Maßstab") ist für die Bewertung der inländischen Volkswirtschaft eine andere Volkswirtschaft, die mit bestem Beispiel vorangeht, der „Maßstab".

▶ Beim **Benchmarking** wird die inländische Volkswirtschaft mit einer anderen Volkswirtschaft verglichen, die als „Best-Practice-Maßstab" angesehen wird.

Zunächst wird der Untersuchungsgegenstand festgelegt, anschließend werden die Referenzstaaten ausgewählt. Es folgt eine Ist-Analyse der inländischen Volkswirtschaft, der sich eine Defizitanalyse im Vergleich zu den Referenzländern anschließt. Schließlich werden Maßnahmen ausgearbeitet, die das eigene Land an das Referenzland heranführen sollen.

Beispielsweise stehen in Deutschland klimapolitische Maßnahmen im Zentrum des öffentlichen und des veröffentlichten Interesses: Mit dem **Climate Change Performance Index (CCPI)** wird versucht, staatliche Maßnahmen im Hinblick auf ihre Wirksamkeit zur Dämpfung des Klimawandels zu bewerten. Der CCPI setzt sich aus 14 Komponenten in vier Kategorien zusammen (vgl. CCPI 2021, S. 5):

1. Emissionen von Treibhausgasen („global greenhouse gas emissions", 40 %)
    a. Vergangene Emissionsreduktion pro Kopf (10 %)
    b. Gegenwärtige Emissionen pro Kopf (10 %)
    c. Gegenwärtige Emissionen pro Kopf im Hinblick auf das 2-Grad-Ziel (10 %)
    d. Geplante Emissionen pro Kopf 2030 im Hinblick auf das 2-Grad-Ziel (10 %)
2. Erneuerbare Energien („renewable energy", 20 %)
    a. Anteil erneuerbarer Energien am gesamten Energieangebot (5 %)
    b. Gegenwärtiger Anteil erneuerbarer Energien im Hinblick auf das 2-Grad-Ziel (5 %)
    c. Entwicklung des Angebots erneuerbarer Energien (5 %)
    d. Geplanter Anteil erneuerbarer Energien 2030 im Hinblick auf das 2-Grad-Ziel (5 %)
3. Energieverbrauch („energy use", 20 %)
    a. Vergangener Energieverbrauch pro Kopf (5 %)
    b. Gegenwärtiger Energieverbrauch pro Kopf (5 %)
    c. Gegenwärtiger Energieverbrauch pro Kopf im Hinblick auf das 2-Grad-Ziel (5 %)
    d. Geplanter Energieverbrauch pro Kopf 2030 im Hinblick auf das 2-Grad-Ziel (5 %)
4. Klimapolitik („climate policy", 20 %)
    a. Nationale Klimapolitik (10 %)
    b. Internationale Politik (10 %)

Deutschland schneidet bei weitem nicht so gut ab, wie man es bei den sehr hohen Ausgaben für seine Klimapolitik vermuten könnte. Im Gesamtklassement lag Deutschland 2021 nur auf Rang 16 der 57 berücksichtigten Staaten (plus EU), hinter deutlich ärmeren Ländern wie Marokko und Indien (vgl. CCPI 2021, S. 7).

In der ersten Kategorie der Emissionen von **Treibhausgasen** lieferten 14 Länder bessere Ergebnisse als Deutschland, unter anderem Ägypten, Marokko, Indien, Kroatien und Rumänien (vgl. CCPI 2021, S. 9). In der zweiten Kategorie der **erneuerbaren Energien** waren 24 Länder besser als Deutschland, unter anderem Brasilien, Kroatien, die Türkei, Indonesien, Bulgarien, China, Marokko, Thailand und Indien (vgl. CCPI 2021, S. 11). in der dritten Kategorie des **Energieverbrauchs** wurde Deutschland von 17 Ländern übertrumpft, unter anderem von der Ukraine, von Mexiko, Marokko, Brasilien, Indien, Weißrussland, Indonesien, Ägypten, Argentinien, Südafrika, Rumänien, Thailand und Algerien (vgl. CCPI 2021, S. 13). In der vierten Kategorie der **Klimapolitik** standen 13 Länder vor Deutschland, unter anderem Marokko, China und Indien (vgl. CCPI 2021, S. 15).

Alle oben genannten Staaten haben ein deutlich geringeres Pro-Kopf-Einkommen als Deutschland. Die hohen Kosten der deutschen Energiewende sowie ihre im internationalen Vergleich nur durchschnittlichen Ergebnisse sind ein Indiz dafür, dass es der deutschen Klimapolitik an Effizienz mangelt und Ressourcen verschwendet werden, die bei anderer Verwendung – auch im klimapolitischen Bereich – mit einem höheren Grad an Effizienz eingesetzt werden könnten. Hier lohnt es, einen Blick auf die wirtschafts- und klimapolitischen Maßnahmen zu werfen, welche die Länder der Spitzengruppe durchführen. Zu diesen gehören vor allem die skandinavischen Länder, aber auch das Vereinigte Königreich, Marokko, Chile, Indien, Malta, Lettland, die Schweiz sowie Litauen (vgl. CCPI 2021, S. 7).

## 2.3.5 Strategieformulierung

### 2.3.5.1 Innovation, Imitation, Adaption

Mit einer **Innovationsstrategie (Pionierstrategie)** wird das Ziel verfolgt, ein **neues Produkt** auf den Markt zu bringen. Der Pionier verspricht sich davon, zeitlich befristet **Monopolgewinne** zu erzielen und große Teile der **Konsumentenrente** abzuschöpfen. Die Zeitdauer, für die er vor Konkurrenz gefeit ist, ist auch davon abhängig, ob er sich Patentrechte sichern kann. Solange er als Monopolist auftritt, kann er mit einer geringen Preiselastizität der Konsumnachfrage rechnen, weil sich den Konsumenten keine Substitutionsmöglichkeiten bieten. In dieser Situation lassen sich hohe Preise durchsetzen, die von Konsumenten mit hoher marginaler Zahlungsbereitschaft auch gezahlt werden. Bis die Konkurrenz reagiert, haben die zahlungskräftigsten Konsumenten bereits gekauft. Wandelt sich das Monopol später zum Oligopol (wenige Anbieter, viele Nachfrager) oder gar zum Polypol (viele Anbieter, viele Nachfrager), sinken die Preise

nicht nur wegen der zunehmenden Konkurrenz, sondern auch, weil die Konsumenten mit der höchsten marginalen Zahlungsbereitschaft bereits versorgt sind. Ein weiterer Vorteil der Pionierstrategie ist darin zu sehen, dass das innovative Land mit einem **Imagegewinn** rechnen kann, der sich längerfristig in einem „**nation branding**" („Made in Germany" versus „Made in China") auszahlt. Ein großer Nachteil liegt in den hohen **Kosten für Forschung und Entwicklung**, die der Pionier alleine zu tragen hat. Zudem unterliegt er einem hohen **Marktrisiko**, weil er nicht weiß, wie gut das neue Produkt angenommen wird. Gelingt es dem Pionier nicht, seine Rechte zumindest für einige Zeit zu sichern, besteht die Gefahr, dass neue Konkurrenten frühzeitig in den Markt eintreten und sich die Forschungs- und Entwicklungskosten nicht amortisieren. Es besteht zudem ein hohes **Produktrisiko**, weil der Pionier mit „Kinderkrankheiten" rechnen muss und Produktmängel nicht immer schnell beheben kann. Eine Innovationsstrategie verfolgt Deutschland mit seinen Investitionen in erneuerbare Energien.

Mit einer **Imitationsstrategie** wird das Ziel verfolgt, einem Pionier nachzueifern und ein **gleiches Produkt** auf den Markt zu bringen. Imitatoren haben den Vorteil, dass sie hohe Kosten für Forschung und Entwicklung sparen, nur einem geringen Marktrisiko ausgesetzt sind, weil der Pionier den Markt bereits getestet hat, und in den Markt erst dann eintreten, wenn die „Kinderkrankheiten" bereits kuriert sind. Allerdings erzielen sie keine Monopolrenten und sind dem Risiko ausgesetzt, als Imitator über ein geringeres Image zu verfügen als ein Pionier. Zudem besteht ein Marktrisiko in der Weise, dass sie bei erfolgreichem „nation branding" des Pionierlandes Schwierigkeiten haben werden, sich am Markt gegen das „Original" durchzusetzen. Eine Imitationsstrategie verfolgt Vietnam mit seiner Textil- und Bekleidungsindustrie.

Mit einer **Adaptionsstrategie** wird das Ziel verfolgt, einem Pionier und gegebenenfalls einem Imitator nachzueifern und ein **ähnliches Produkt** auf den Markt zu bringen. Ein ähnliches Produkt ist bezüglich seiner Hauptbestandteile mit dem Originalprodukt vergleichbar, unterscheidet sich von diesem aber in Nuancen, sodass die Konsumenten das originale und das modifizierte Produkt als „andersartig" wahrnehmen. Adaptoren haben – zwar in geringerem Ausmaß als Imitatoren – den Vorteil der Kostenersparnis für Forschung und Entwicklung sowie der Reduktion des Markt- und Produktrisikos. Auch sie erzielen keine Monopolgewinne, halten im Vergleich zu Imitatoren ihren Imageverlust aber in Grenzen. Zudem eröffnet sich ihnen die Chance, durch eine frühzeitige Analyse der „Kinderkrankheiten" des Originalprodukts schneller als der Pionier zu reagieren und ein modifiziertes Produkt auf den Markt zu bringen, welches die Mängel des originalen Produkts vermeidet. Im günstigen Fall ist es sogar möglich, durch das verbesserte Produkt ein besseres Branding zu erzielen als der Pionier. Eine Adaptionsstrategie verfolgt China mit seiner Automobilindustrie, deren Vorbilder vor allem deutsche, US-amerikanische, japanische und koreanische Autobauer sind.

▶ Eine **Innovationsstrategie** verfolgt ein *neues* Produkt, eine **Imitationsstrategie** ein *gleiches* Produkt, eine **Adaptionsstrategie** ein *ähnliches* Produkt.

Die deutsche Volkswirtschaft profitiert davon, dass Deutschland im **Nation Branding** den Spitzenplatz einnimmt. Mithilfe des „**contagion bias**" färbt dies positiv auf deutsche Unternehmen ab, selbst wenn sie sich nicht durch hohe Produktqualitäten auszeichnen.

Im **Anholt-Ipsos Nation Brands Index (NBI)** nimmt Deutschland unter den 57 bewerteten Ländern (einschließlich Taiwans und Palästinas) die Spitzenposition ein, wie Tab. 2.20 zeigt (vgl. Ipos 2021).

Dieser Index berücksichtigt in seinem „**Nation Brand Hexagon**" die folgenden sechs Dimensionen, deren Werte in Umfragen ermittelt werden (vgl. Ipsos 2019):

1. Exporte (Image der Exportgüter),
2. Regierungsführung (Kompetenz, Fairness, Bekämpfung der Armut, Friedfertigkeit, Sicherheit),
3. Kultur (Image, Literatur, Musik, Kunst, Film, Sport),

**Tab. 2.20** Anholt-Ipsos Nation Brands Index (NBI) ausgewählter Länder

| Rang | Land | Index 2021 |
|---|---|---|
| 1 | Deutschland | 71,06 |
| 2 | Kanada | 70,64 |
| 3 | Japan | 70,52 |
| 4 | Italien | 70,23 |
| 5 | Vereinigtes Königreich | 70,08 |
| 6 | Frankreich | 70,00 |
| 7 | Schweiz | 69,76 |
| 8 | USA | 69,67 |
| 9 | Schweden | 69,04 |
| 10 | Australien | 68,55 |
| 11 | Spanien | 67,87 |
| 12 | Norwegen | 67,50 |
| 13 | Niederlande | 66,61 |
| 14 | Neuseeland | 66,58 |
| 15 | Finnland | 66,15 |
| 16 | Österreich | 66,11 |
| 21 | Süd-Korea | 61,50 |
| 22 | Singapur | 60,82 |
| 24 | Russland | 59,06 |
| 25 | Brasilien | 58,88 |
| 28 | China | 57,93 |
| 35 | Türkei | 56,38 |
| 37 | Indien | 55,57 |
| 41 | Südafrika | 54,84 |
| 52 | Saudi-Arabien | 51,74 |
| 53 | Kenia | 51,52 |
| 54 | Tansania | 50,99 |
| 55 | Botswana | 49,86 |
| 56 | Nigeria | 48,23 |
| 57 | Palästina | 46,73 |

[Vgl. Ipsos 2021; ohne separate Berücksichtigung von Schottland, Wales und Nordirland]

4. Menschen (Kompetenz, Offenheit, Freundlichkeit, Toleranz),
5. Tourismus (touristische Nachfrage),
6. Investitionen und Einwanderung (Pull-Faktoren).

Im ersten Drittel dieses Rankings liegen mit Ausnahme Japans nur Staaten der westlichen Welt. Die BRICS-Staaten befinden sich im Mittelfeld (Russland, Brasilien, China) beziehungsweise im unteren Mittelfeld (Indien, Südafrika), wo auch die Türkei zu finden ist. Am Ende dieser Rangliste liegen das krisengebeutelte Palästina sowie einige afrikanische Länder (Nigeria, Botswana, Tansania, Kenia) und Saudi-Arabien.

▷ Deutschland liegt an der Spitze des **„Nation Brands Index"** (NBI), in deren Spitzengruppe sich ausnahmslos wohlhabende, freiheitliche Länder befinden.

Generell ist zu erkennen, dass reiche Staaten mit einem breiten Mittelstand ein gutes Nation Branding aufweisen und ärmere Staaten zumeist schlechter abschneiden. Diese Korrelation, die mit Blick auf das Hexagon auch Kausalzusammenhänge aufweist, verdeutlicht, dass sich eine Wirtschaftspolitik, die das Nation Branding im Auge hat, aufgrund von Reputationsgewinnen langfristig auszahlt.

## 2.3.5.2 Kostenführerschaft, Differenzierung, Nische

Michael Eugene Porter, Strategie-Professor an der Harvard Business School, unterscheidet drei **generische Produktstrategien** (vgl. Porter 1996, S. 61–78), die von der betriebswirtschaftlichen Ebene auf die volkswirtschaftliche Ebene übertragen werden können:

Im Fall der **Kostenführerschaft** versucht ein Land, auf einem großen Markt durch niedrige Kosten und Preise den **Preiswettbewerb** zu gewinnen und seine Umsätze durch hohe Umsatzmengen bei geringer Gewinnmarge zu erhöhen. Diese Strategie verfolgen vor allem Länder mit niedrigen Arbeitskosten, beispielsweise Pakistan, Indien, Bangladesch und Indonesien. Wer der **Imitationsstrategie** folgt, ist dem Preiswettbewerb ausgesetzt und strebt Kostenführerschaft an.

▷ Mit einer **Kostenführerschaftsstrategie** verteidigt eine Volkswirtschaft ihre internationale Wettbewerbsfähigkeit im *Preiswettbewerb*, mit einer **Differenzierungsstrategie** im *Qualitätswettbewerb*, mit einer **Nischenstratgie** im *Wettbewerb um Marktsegmente*.

Im Fall der **Produktdifferenzierung** versucht ein Land, auf einem großen Markt durch das Herausstellen von Alleinstellungsmerkmalen seine

Produkte am Markt von denen der Konkurrenz unterscheidbar zu machen und sich so dem Preiswettbewerb zu entziehen. Im Idealfall der „mass customisation" gelingt es sogar, modifizierte, spezifisch auf die Konsumenten abgestimmte Produkte in kleinen Mengen bei niedrigen Kosten zu verkaufen. „Made-in"- sowie „Made-by"-Effekte beeinflussen die Wahrnehmung der Konsumenten, wenn beispielsweise Deutschland mit dem höchsten „nation branding" eine hohe Qualität seiner Güter signalisiert. Diese Strategie bietet sich für Volkswirtschaften mit hohen Arbeitskosten an, also auch für die deutsche Volkswirtschaft. Produktdifferenzierung geht mit der **Adaptionsstrategie** einher.

Im Fall der **Nischenstrategie** versucht ein Land, in einer kleinen Marktnische erfolgreich zu sein. Vor allem die mittelständischen Weltmarktführer Deutschlands verfolgen diese Strategie, weil sie im Kampf um Kostenführerschaft den Unternehmen in Ländern mit niedrigeren Produktionskosten in der Regel unterlegen sind. Der vollständige Niedergang der deutschen Bekleidungsindustrie wurde dadurch aufgehalten, dass sich deutsche Bekleidungshersteller in die Nische hoch- und höchstwertiger Bekleidung „retteten". Für Marktnischen eignet sich in besonderem Maße die **Innovationsstrategie (Pionierstrategie)**.

## 2.3.5.3 Diversifikation

Diversifikationsstrategien lassen sich auf unterschiedliche Weise umsetzen:

Bei der *ressourcenorientierten* **Diversifikation** wird auf bereits **existierende Ressourcen** zurückgegriffen und mit ihnen das staatliche Angebot erweitert. **Synergieeffekte** entstehen beispielsweise durch die **gemeinsame Nutzung** bereits vorhandener Ressourcen, die verstärkte Nutzung von **Kernkompetenzen** oder den Aufbau von **Marktmacht**. Diese lässt sich zum Beispiel durch das Pooling von Verhandlungsmacht (z. B. durch den gemeinsamen Kauf von Rohstoffen durch die EU) herstellen. In diesem Fall liegt **horizontale Diversifikation** vor.

Bei der *nicht-ressourcenorientierten* **Diversifikation** erfolgt die Integration auf der Beschaffungsseite („backward integration") beziehungsweise auf der Absatzseite („forward integration").

Beispielsweise bestehen die Möglichkeiten der **Restrukturierung** öffentlicher Einrichtungen, die das Verhältnis zwischen der zentralen Verwaltung und den einzelnen Verwaltungseinheiten neu regelt, oder des **„corporate parenting"**, das die Expertise einer nationalen Behörde auf lokale Behörden überträgt, wie dies beispielsweise im Rahmen der Akkreditierung universitärer Studiengänge der Fall ist. In diesem Fall liegt **vertikale Diversifikation** vor.

▶ Bei der *ressourcenorientierten* **Diversifikation** wird auf bereits *existierende* Ressourcen zurückgegriffen, bei der *nicht-ressourcenorientierten* **Diversifikation** erfolgt die Integration vorgelagert auf der Beschaffungsseite beziehungsweise nachgelagert auf der Absatzseite.

Vorteile einer Diversifikation liegen insbesondere in der **Reduktion von Risiken** hinsichtlich Produkten, Zulieferern, Konsumenten und Kapitalgebern.

## 2.4    Strategeme

### 2.4.1    Grundlagen

**Strategeme** sind **„Kriegslisten"** (vgl. griechisch: „stratégema" – „List", „Kriegslist"), die auch in Friedenszeiten in der Wirtschaftspolitik Beachtung finden. In Demokratien mit Legislaturperioden weniger Jahre sind langfristig orientierte Strategeme weniger tauglich als in Autokratien mit Herrschern, die ihre Macht auf viele Jahre hinaus absichern können, ohne sich dem politischen Wettbewerb einer demokratischen Wahl stellen zu müssen, die diesen Namen verdient. Es wäre allerdings ein **Projektionsfehler**, von der strategie- und strategemarmen deutschen Wirtschaftspolitik auf eine ebensolche der – nach BIP zu Kaufkraftparitäten und Außenhandelswert – bedeutendsten Volkswirtschaft der Welt zu schließen. Aufgrund der bereits sehr hohen, weiterhin zunehmenden wirtschaftspolitischen Bedeutung Chinas werden an dieser Stelle chinesische Strategeme dargestellt. Außerdem hat die mit dem Krieg in der Ukraine sichtbar gewordene „Ohn(e)-Macht" der deutschen Politik einen Bedeutungsgewinn von Strategien und Strategemen mit sich gebracht, der sich in den kommenden Jahren auch in der deutschen und europäischen Wirtschaftspolitik niederschlagen wird.

Wirtschaftspolitische Strategien Chinas sind oft martialischen Ursprungs. So schreibt bereits ein Zeitgenosse des Konfuzius, der Militärstratege Sunzi (ca. 544-496 v. Chr.), vor zweieinhalbtausend Jahren über die „Kunst des Krieges" (vgl. Sunzi 2017). Dessen Strategien finden in der chinesischen Wirtschaftspolitik ebenso Beachtung wie die 36 Strategeme. Diese sind über eineinhalb Jahrtausende alt und werden dem chinesischen General Tan Daoji zugerechnet, der um 436 v. Chr. gestorben ist. Veröffentlicht wurden sie erst ein Jahrtausend später (vgl. Senger 2009, S. 3).

Offiziell ist **China** ein kommunistischer Staat, der auch die dafür typische antinomische Bezeichnung trägt: „Volksrepublik". Faktisch ist das Reich der Mitte eine *staats*kapitalistische *Autokratie*, die auf *persönlichen* **Machtstrukturen** basiert und im Gegensatz zu den *privat*kapitalistischen *Demo*kratien des Westens steht, deren Grundlage *institutionelle* Machtstrukturen bilden. Strategisches Denken und ein Denken in Strategemen bietet sich daher im Reich der Mitte an.

### 2.4.2    Chinas wirtschaftlicher Aufstieg

Gehörte im Jahr der deutschen Wiedervereinigung noch kein einziges chinesisches Unternehmen zu den 500 umsatzstärksten Unternehmen der Welt, so waren es nach der Liste **„Fortune Global 500"** des US-amerikanischen Wirtschaftsmagazins „Fortune" nur 30 Jahre später erstmals mehr als in jedem anderen Land einschließlich der USA, die diese Liste zuvor angeführt hatten. Es ist zu erwarten, dass China seine Führungsposition ausbauen wird: In der Liste „Fortune Global 500", deren gelistete Unternehmen mit einem gesamten Umsatz von über 30 Billionen US-Dollar über ein Drittel des globalen BIP erwirtschafteten, befanden sich 2021 bereits 135 chinesische Unternehmen (einschließlich derjenigen Hongkongs). Nach einem Energieversorger („State Grid"), zwei Unternehmen aus der

Petrochemie („Sinopec Group", „China National Petroleum") und einem Baukonzern („China State Construction Engineering") folgen mehrere chinesische Unternehmen aus der Finanzbranche (vgl. Fortune 2021). Fast alle Unternehmen sind staatliche Unternehmen mit Unternehmensführern, die der Kommunistischen Partei Chinas (KPCh), zum Teil sogar ihrem Zentralkomitee, angehören. Die KPCh ist nach der 1980 gegründeten indischen Volkspartei (Bharatiya Janata Party, BJP) und vor der 1926 gegründeten indonesischen islamischen Organisation Nahdlatul Ulama (NU, „Wiederbelebung der Religionsgelehrten") die zweitgrößte Partei der Welt und hatte Anfang der zwanziger Jahre dieses Jahrhunderts fast 100 Millionen Mitglieder.

Wie stark sich die chinesische Volkswirtschaft in den vergangenen Jahrzehnten entwickelt hat, belegt auch Chinas Dominanz im Maschinenbau, dieser traditionell „deutschen" Industrie, für die jahrzehntelang „Made in Germany" tonangebend gewesen ist: Seit 2020 ist China für mehr als ein Drittel aller globalen Umsätze im Maschinenbau verantwortlich (vgl. Statista 2021c). Die chinesischen Maschinenbauerlöse in Billionenhöhe (in US-Dollar) sind höher als diejenigen der Weltproduzenten Nr. 2 (Deutschland), Nr. 3 (USA), Nr. 4 (Japan) und Nr. 5 (Italien) zusammengenommen (vgl. Statista 2021d).

Die wirtschaftliche **Öffnung Chinas** leitete **Deng Xiaophing** (1904–1997) offiziell mit seiner berühmten Rede auf dem Dritten Plenum des Elften Zentralkomitees der KPCh am 13. Dezember **1978** ein (vgl. Mühlhahn 2019; 2021, S. 11, 26, 542–543). Zu dieser Zeit waren die durchschnittlichen Einkommen Chinas und Indiens in etwa gleich und gehörten mit weniger als einem US-Dollar pro Kopf und Tag zu den niedrigsten der Welt. Auch zu Beginn der wirtschaftlichen Öffnung Indiens durch den damaligen indischen Premierminister P. V. Narasimha Rao (1921–2004) im Jahr 1991 im Nachgang des Zusammenbruchs der Sowjetunion war das Reich der Mitte der größten Demokratie der Welt ökonomisch noch nicht enteilt. Damals war das chinesische BIP nicht höher als dasjenige Bayerns, dessen Einwohnerzahl nur ein Hundertstel der Einwohnerzahl Chinas ausmachte. Seit den neunziger Jahren des 20. Jahrhunderts stieg China in wenigen Dekaden zur bedeutendsten Wirtschaftsmacht der Welt auf und vergrößerte den Abstand zur indischen Volkswirtschaft immer mehr. Heute ist der Außenhandel zwischen Deutschland und dem 1,4-Milliarden-Volk China – nach Umsätzen – zehnmal höher als derjenige zwischen Deutschland und dem 1,4-Milliarden-Volk Indien (vgl. Destatis 2022).

**1992** erhob China die **„Sozialistische Marktwirtschaft"** zu seiner offiziellen Wirtschaftsordnung. Nach der **Asienkrise 1997** führte der damalige chinesische Ministerpräsident (1998–2003) **Zhu Rongji** Verwaltungsreformen durch, die eine deutliche Abkehr von der zentralverwaltungswirtschaftlichen Planung hin zu einer **marktwirtschaftlichen** Steuerung nach sich zog. Mit dem Machtwechsel zu **Xi Jinping**, der sowohl im Chemieingenieurwesen als auch in marxistischer Theorie und ideologischer Erziehung Universitätsabschlüsse erworben hatte sowie im Fach Jura und Ideologie promoviert worden war, brach für das Reich der Mitte eine neue Ära an. **2012** löste Xi seinen eine Dekade lang regierenden Vorgänger Hu Jintao zunächst als **Generalsekretär** der Kommunistischen Partei Chinas und **2013** auch als **Staatspräsident** der Volksrepublik China ab.

Bereits 2013 rief der Stratege Xi das Projekt der **„Neuen Seidenstraße"** aus. Die **Belt-and-Road Initiative (BRI)** gliedert sich in vier unterschiedliche Projekte:

1. Silk Road Economic Belt (Verbindung zu Lande),
2. 21st Century Maritime Silk Road (Verbindung zu Wasser),
3. Super (ultra-high-voltage) Grid (Verbindung über elektrische Netze),
4. Ice Silk Road (Verbindung über das Nordpolarmeer).

Durch chinesische Kredite machen sich die Anrainerstaaten der **Neuen Seidenstraße** vom Führungszirkel der Kommunistischen Partei Chinas abhängig, der schnell und effektiv Sanktionen, beispielsweise die Stornierung von Aufträgen oder die Unterbrechung von Lieferketten, gegen ein Land verhängen kann, das einen Mangel an Willfährigkeit offenbart. China sichert dadurch auch seine Versorgung mit Rohstoffen.

**„Auf Sand gebaut"**

Der Rohstoffhunger Chinas zeigt sich beispielsweise darin, dass im Reich der Mitte mehr Zement verbaut wird als in allen anderen Ländern der Welt zusammengenommen und in nur drei Jahren mehr Beton verbaut wird als in den USA im gesamten 20. Jahrhundert verbaut worden ist. Für die Herstellung von Beton wird Sand benötigt. Obwohl Teile der zweitgrößten Sandwüste der Welt, der Taklamakan, auf chinesischem Territorium liegen, ist China aufgrund seiner hohen Nachfrage nach Beton Importeur von Sand. Denn wenn die Körner des Wüstensandes vom Wind rund geschliffen sind, eignen sie sich nicht als Rohstoff für den Betonbau. Auch das Land mit der größten Sandwüste der Welt, Saudi-Arabien mit der Sandwüste Rub al-Khali, importiert Sand aus Australien (vgl. Beiser 2021).

Die strategische Ausrichtung chinesischer Wirtschaftspolitik ist für Deutschland von besonderer Bedeutung, weil China der wichtigste Handelspartner der größten europäischen Volkswirtschaft ist. Die chinesische Strategie lässt sich zum Teil mit Verweis auf die 36 Strategeme des Tan Daoji erklären. Die Weigerung der chinesischen Führung, die Invasion russischer Truppen in die Ukraine in der UN-Vollversammlung 2022 zu brandmarken, ist auch durch diese Strategeme erklärbar.

„Listiges" Verhalten wird in China ähnlich wie Nepotismus (Vetternwirtschaft) nicht in dem Maße moralisch verworfen wie in westlichen Kulturen. Das chinesische Schriftzeichen „zhi" steht sowohl für **„Weisheit"** und **„Klugheit"** als auch für **„List"** (vgl. Senger 2009, S. 17). Ein mit allen Wassern gewaschener „listiger" Politiker gilt als „kluger" Politiker. Umgekehrt wird ein nach westlichen Maßstäben moralisch hochgeschätzter Politiker, der sich des Nachdenkens über mögliche Listen enthält, für naiv gehalten. Niccolò Machiavellis „Il Principe" (vgl. Machiavelli 1995; 1513 unter dem Titel „De Principatibus" verfasst), der Ratschläge für politisch, nicht unbedingt moralisch erfolgreiches Verhalten eines politischen Führers erteilt, ist ein westliches Werk, das in der Art der chinesischen Strategeme rational-eigennutzorientiert argumentiert.

▶ Die **36 Strategeme** des Tan Daoji stellen „Kriegslisten" dar, welche die wirtschaftspolitische Strategie Chinas beeinflussen.

Diese von Chinesen aufgestellte „Liste der Listen" gilt weltweit als einzige ihrer Art (vgl. Senger 2009, S. 18) und dokumentiert daher ihre besondere Bedeutung für die ostasiatische Kultur. Viele chinesische Politiker denken in den Kategorien dieser Strategeme, deren Veröffentlichung unter der Herrschaft Mao Tse-Tungs (Mao Zedongs) zwischen 1949 und 1976 verboten gewesen ist. Seitdem hat jedoch eine Publikationswelle eingesetzt (vgl. Senger 2009, S. 13).

Offensiv werden diese Strategeme als *machiavellistische* **Handlungsempfehlungen** interpretiert: So kann ein Politiker versuchen, sich durch List einen Vorteil zu verschaffen. Defensiv werden sie als Warnungen interpretiert: Zum Beispiel kann ein Politiker versuchen herauszufinden, an welchem Strategem sich sein – auch westlicher – Gesprächspartner orientiert, um sich selbst vor einer List zu schützen. Erkennen chinesische Politiker, dass ein westlicher Politiker Kenntnisse über diese 36 Strategeme erworben hat, steigt dessen Reputation. Denn zum einen zeigt er, dass er sich zumindest bemüht, sich in die chinesische Gedankenwelt einzufinden. Zum anderen zeigt der kundige westliche Politiker Stärke, weil er den chinesischen Politikern zu verstehen gibt, dass er subtilen „listigen" Angriffen durchaus gewachsen ist.

### 2.4.3 Chinesische Strategeme

Der Schweizer Sinologe und Jurist Harro von Senger hat diese Strategeme in der westlichen Welt bekannt gemacht. Die folgenden Ausführungen basieren weitgehend auf seinen bahnbrechenden Entdeckungen und Interpretationen (vgl. Senger 2009, 2011).

In Tab. 2.21 sind die 36 Strategeme des Tan Daoji in deutscher Sprache dargestellt (Senger 2009, S. 3–4).

Selbst bei kurzer Reflexion dieser Strategeme bieten sich vielfältige Interpretationen über die Hintergründe und die Ausgestaltung der „wahren" wirtschaftspolitischen Strategie Chinas an. Auch das Verhalten Chinas im Ukraine-Krieg wird im Lichte dieser Strategeme erklärbar. Für

**Tab. 2.21** Die 36 Strategeme des Tan Daoji

| Nummerierung | Strategem |
| --- | --- |
| 1. | Den Kaiser täuschen und das Meer überqueren |
| 2. | Wei belagern, um Zhao zu retten |
| 3. | Mit dem Messer eines anderen töten |
| 4. | Ausgeruht den erschöpften Feind erwarten |
| 5. | Eine Feuersbrunst für einen Raub ausnützen |
| 6. | Im Osten lärmen, im Westen angreifen |
| 7. | Aus einem Nichts etwas erzeugen |
| 8. | Sichtbar die Holzstege wiederinstandsetzen, insgeheim nach Chencang marschieren |
| 9. | Die Feuersbrunst am gegenüberliegenden Ufer beobachten |
| 10. | Hinter dem Lächeln den Dolch verbergen |
| 11. | Den Pflaumenbaum anstelle des Pfirsichbaums verdorren lassen |
| 12. | Mit leichter Hand das Schaf wegführen |
| 13. | Auf das Gras schlagen, um die Schlangen aufzuscheuchen |
| 14. | Für die Rückkehr der Seele einen Leichnam ausleihen |
| 15. | Den Tiger vom Berg in die Ebene locken |
| 16. | Will man etwas fangen, muss man es zunächst loslassen |
| 17. | Einen Backstein hinwerfen, um einen Jadestein zu erlangen |
| 18. | Will man eine Räuberbande unschädlich machen, muss man deren Anführer fangen |
| 19. | Unter dem Kessel das Brennholz wegziehen |
| 20. | Das Wasser trüben, um die Fische zu fangen |
| 21. | Die Zikade entschlüpft ihrer goldglänzenden Hülle |
| 22. | Die Türe schließen und den Dieb fangen |
| 23. | Sich mit dem fernen Feind verbünden, um den nahen Feind anzugreifen |
| 24. | Einen Weg für einen Angriff gegen Guo ausleihen |
| 25. | Die Tragbalken stehlen und die Stützpfosten austauschen |
| 26. | Die Akazie schelten, auf den Maulbeerbaum zeigen |
| 27. | Verrücktheit mimen, ohne das Gleichgewicht zu verlieren |
| 28. | Auf das Dach locken, um dann die Leiter wegzuziehen |
| 29. | Einen Baum mit Blumen schmücken |
| 30. | Die Rolle des Gastes in die des Gastgebers umkehren |
| 31. | Das Strategem der schönen Frau |
| 32. | Das Strategem der Öffnung der Tore |
| 33. | Das Strategem des Zwietrachtsäens |
| 34. | Das Strategem des leidenden Fleisches |
| 35. | Das Verkettungsstrategem |
| 36. | Weglaufen ist das Beste |

[Senger 2009, S. 3–4]

ausführliche Analysen dieser 36 Strategeme sei auf die Monographie Harro von Sengers verwiesen (vgl. Senger 2011).

Gemäß dem ersten Strategem, **„Den Kaiser täuschen und das Meer überqueren"** (vgl. Strategeme [1 + 21 + 29] + [7 + 27 + 32] + [6 + 8 + 10]), wird eine Fassade aufgebaut, um die wahren Absichten zu verschleiern. Man sucht nach allgemein anerkannten Lösungen, verschleiert aber die damit einhergehenden ungeliebten Veränderungen und stellt schließlich seine

Verhandlungspartner vor vollendete Tatsachen. Strategem 1 weist starke Ähnlichkeiten mit dem Strategem 21 auf, gemäß dem eine bereits vorhandene Fassade auch bei Verhaltensänderungen aufrechterhalten wird.

Das zweite Strategem, **„Wei belagern, um Zhao zu retten"** (vgl. Strategeme 2 + 23), greift auf ein historisches Ereignis im Jahr 354 v. Chr. zurück, als das stärkere Reich Wei das schwächere Reich Zhao attackierte. Dieses erbat Truppenunterstützung vom Reich Qui, das jedoch seine Truppen nicht nach Zhao, sondern nach Wei schickte und dort die geschwächten Heimattruppen angriff. Die Quintessenz lautet: Wenn sich mehrere Schwächere zusammenschließen, können sie gegen einen für sich genommen stärkeren Konkurrenten siegen. Die Ähnlichkeit mit Strategem 23 ist nicht zu übersehen. Dieses empfiehlt generell, (nicht nur schwache) Verbündete zu suchen.

Das dritte Strategem, **„Mit dem Messer eines anderen töten"** (vgl. Strageme 3 + 26), beschreibt einen Stellvertreterkrieg: Um sich nicht selbst die Hände schmutzig zu machen, werden andere vorgeschoben, um die Interessen des Ersten durchzusetzen. Ähnlich ist die Kernaussage des Strategems 26, gemäß dem ein anderer als der tatsächlich Gemeinte kritisiert werden soll.

Das vierte Strategem, **„Ausgeruht den erschöpften Feind erwarten"**, warnt vor einem überhasteten Angriff und verweist auf die höheren Siegchancen eines gut vorbereiteten Angriffs. Empfohlen wird eine Lauerstellung, um dann anzugreifen, wenn der Feind schwächer ist. Stratgem 4 ist das einzige aller 36 Strategeme, das einem der zwölf Listen – nämlich der elften List – aus Meister Sunzis „Kunst des Krieges" (um 500 v. Chr.) entspricht (vgl. Senger 2009, S. 25–26).

Nach dem fünften Strategem, **„Eine Feuersbrunst für einen Raub ausnützen"** (vgl. Strageme 5 + 20), wird Chaos erzeugt, um aus den Schwächen des Gegners einen Nutzen zu ziehen und im entscheidenden Augenblick zuzuschlagen.

Nach dem sechsten Strategem, **„Im Osten lärmen, im Westen angreifen"** (vgl. Strageme [1 + 21 + 29] + [7 + 27 + 32] + [6 + 8 + 10]), wird ein Scheinangriff durchgeführt, um Truppen des Gegners auf Nebenkriegsschauplätze zu locken. Durch Ablenkungsmanöver gelingt es eher, das Hauptziel zu erreichen.

Nach dem siebten Strategem, **„Aus einem Nichts etwas erzeugen"** (vgl. Strageme [1 + 21 + 29] + [7 + 27 + 32] + [6 + 8 + 10]), werden Trugbilder erzeugt: Entweder wird bei Stärke Schwäche oder bei Schwäche Stärke vorgespielt. Dadurch unterliegt der Gegner Fehleinschätzungen.

Das achte Strategem, **„Sichtbar die Holzstege wiederinstandsetzen, insgeheim nach Chencang marschieren"** (vgl. Strageme [1 + 21 + 29] + [7 + 27 + 32] + [6 + 8 + 10]), zeigt Liu Bang, den Begründer der ersten großen kaiserlichen Dynastie Chinas, der Han-Dynastie (206 v. Chr. bis 220 n. Chr.). Er plante einen Angriffskrieg und ließ einen Weg durch unzugängliches Gelände in den Bergen instandsetzen. Weil dies viel Zeit erforderte, rechneten seine Gegner nicht mit einem Überraschungsangriff über einen anderen Weg, den Liu Bang tatsächlich für seine Truppen wählte. Wahre Absichten werden hinter fadenscheinigen Handlungen verborgen gehalten. Es handelt sich nicht um eine aktive, sondern um eine passive Täuschung.

Das neunte Strategem, **„Die Feuersbrunst am gegenüberliegenden Ufer beobachten"**, empfiehlt geduldiges Warten, bis sich der Gegner selbst geschwächt hat, um dann erfolgreich anzugreifen.

Beim zehnten Strategem, **„Hinter dem Lächeln den Dolch verbergen"** (vgl. Strageme [1 + 21 + 29] + [7 + 27 + 32] + [6 + 8 + 10]), soll sich der Gegner in Sicherheit wiegen, um plötzlich mit wenig Gegenwehr zuschlagen zu können.

Gemäß dem elften Strategem, **„Den Pflaumenbaum anstelle des Pfirsichbaums verdorren lassen"** (vgl. Strageme 11 + 17 + 24), wird eine Stellung aufgegeben, um eine andere zu retten. In einem Punkt wird nachgegeben, um in einem wichtigeren Punkt erfolgreich seine eigenen Interessen durchzusetzen.

Nach dem zwölften Strategem, **„Mit leichter Hand das Schaf wegführen"**, sollte man immer in der Lage sein, schnell die Chancen zu ergreifen, die sich unerwartet bieten.

Mit dem dreizehnten Strategem, **„Auf das Gras schlagen, um die Schlangen aufzuscheuchen"**, wird der Gegner provoziert, um Druck aufzubauen und ihn zu verleiten, seine Stärken und Schwächen offenzulegen.

Gemäß dem vierzehnten Strategem, **„Für die Rückkehr der Seele einen Leichnam ausleihen"**, wird Neues in altem Gewand gezeigt. Traditionen werden bemüht, um Altes wiederaufleben zu lassen.

Das fünfzehnte Strategem, **„Den Tiger vom Berg in die Ebene locken"** (vgl. Strategeme 15 + 30), soll den Gegner aus seinen sicheren Gefilden in unsicheres Terrain locken. Man sollte daher versuchen, Gastgeber und/oder Agenda Setter einer Verhandlung zu sein. Gelingt es nicht, den Gegner in die „Höhle des Löwen" zu locken, soll dennoch versucht werden, „das Heft an sich zu reißen" (vgl. Strategem 30).

Das sechzehnte Strategem, **„Will man etwas fangen, muss man es zunächst loslassen"**, rät, Kriegsgefangene hervorragend zu behandeln und dann wieder freizulassen, um die Kampfmoral der gegnerischen Truppen zu unterwandern.

Das siebzehnte Strategem, **„Einen Backstein hinwerfen, um einen Jadestein zu erlangen"** (vgl. Strategeme 11 + 17 + 24), entspricht in etwa der deutschen Redewendung „Eine Hand wäscht die andere". Wenn man jemandem einen kleinen Vorteil verschafft, besteht die Chance, für sich selbst einen großen Vorteil zu erlangen.

Nach dem achtzehnten Strategem, **„Will man eine Räuberbande unschädlich machen, muss man deren Anführer fangen"** (vgl. Strategeme 18 + 25), soll zunächst der Feldherr der gegnerischen Truppen erledigt werden, um die Kampfmoral und die Koordinationsfähigkeit des Gegners erodieren zu lassen. Um seine Interessen durchzusetzen, ist es hilfreich, die (Meinungs-) Führer der gegnerischen Seite auf seine Seite zu ziehen. In einer Koalition erhält der Führer des Juniorpartners vom Seniorpartner in der Regel den Ministerposten, den er persönlich anstrebt. Ist dieser zufrieden mit seiner Situation, hat er ein Eigeninteresse, die Koalition fortzusetzen und seine Anhänger gegebenenfalls zu disziplinieren.

Das neunzehnte Strategem, **„Unter dem Kessel das Brennholz wegziehen"**, entspricht der deutschen Redewendung „Jemandem das Wasser abgraben". Wird der Grund des Widerstands beseitigt, werden beispielsweise die für den Widerstand nötigen Mittel beschnitten, so wird der Widerstand bald gebrochen sein.

Das zwanzigste Strategem, **„Das Wasser trüben, um die Fische zu fangen"** (vgl. Strategeme 5 + 20), entspricht der deutschen Redewendung „im Trüben fischen". Desorientierung wird geschaffen, um selbst weniger Opponenten zu haben und wichtige Handlungen im Verborgenen durchführen zu können.

Gemäß dem einundzwanzigsten Strategem, **„Die Zikade entschlüpft ihrer goldglänzenden Hülle"** (vgl. Strategeme [1 + 21 + 29] + [7 + 27 + 32] + [6 + 8 + 10]), wird eine positive Fassade aufrechterhalten, während sich das Verhalten zum Negativen ändert. Larven der Zikade, die unter der Erde leben, haben eine goldglänzende Hülle. Wenn sie an die Oberfläche gelangen, streifen sie diese zu ihrer eigenen Sicherheit ab und erscheinen danach in braun-grüner Tarnfarbe. Auch Politiker sollten sich veränderten Gegebenheiten schnell anpassen können. Eine große Ähnlichkeit besteht insbesondere zu Strategem 1, nach dem auch der Aufbau einer (neuen) Fassade erfolgversprechend ist.

Nach dem zweiundzwanzigsten Strategem, **„Die Türe schließen und den Dieb fangen"** (vgl. Strategeme 22 + 28), wird versucht, den Gegner „ins Leere laufen zu lassen". Beispielsweise lassen sich durch aporetische Dialoge, die sich durch Suggestivfragen auszeichnen, Gegner in die Ecke drängen, in der man sie haben möchte.

Das dreiundzwanzigste Strategem, **„Sich mit dem fernen Feind verbünden, um den nahen Feind anzugreifen"** (vgl. Strategeme 2 + 23), empfiehlt, Verbündete zu suchen, um einen größeren Gegner zu schlagen. Strategem 23 ähnelt Strategem 2, das insbesondere Schwächeren empfiehlt, sich gegen einen Stärkeren zu verbünden.

Das vierundzwanzigste Strategem, **„Einen Weg für einen Angriff gegen Guo ausleihen"** (vgl. Strategeme 11 + 17 + 24), entspricht in etwa der deutschen Redewendung „Wenn du jemandem den kleinen Finger reichst, nimmt er gleich die ganze Hand". 658 v. Chr. gestattete der Regent des Staates Yu dem Staat Jin, seine Truppen durch Yu zu führen, um einen Krieg gegen den Staat Guo zu führen. Nach erfolgreicher Schlacht gegen Guo nahm Jin danach auch Yu ein, wo sich seine Truppen ohnehin befanden.

Gemäß dem fünfundzwanzigsten Strategem, **„Die Tragbalken stehlen und die Stützpfosten austauschen"** (vgl. Strategeme 18 + 25), werden die Spitzenkräfte des Gegners abgeworben, um ihn zu schwächen.

Mit dem sechsundzwanzigsten Strategem, **„Die Akazie schelten, auf den Maulbeerbaum zeigen"** (vgl. Strategeme 3 + 26), wird subtil an Höhergestellten Kritik geübt. Die Akazie war unter den Kaisern sehr beliebt, der Maulbeerbaum diente den einfachen Menschen zur Gewinnung von Seide, da er der Seidenraupe Nahrung gab. Kritik am Kaiser (Akazie) wurde vorgebracht, indem sie als Kritik an einfachen Menschen (Maulbeerbaum) formuliert wurde. Im Deutschen gibt es das Sprichwort: „Den Sack schlagen und den Esel meinen". Ist Kritik brisant, wird sie nicht direkt, nur indirekt angesprochen. Strategem 26 ist für deutsche Politiker von besonderer Bedeutung, da es kaum eine andere Kultur gibt, in der so „direkt" kommuniziert wird wie in der deutschen. Deshalb erkennen deutsche Politiker häufig nicht die Fettnäpfe, in die sie mit gutgemeinter, aber direkter Kritik treten. Ähnlich ist Strategem 3, das die Möglichkeit eines Stellvertreterkriegs hervorhebt.

Nach dem siebenundzwanzigsten Strategem, **„Verrücktheit mimen, ohne das Gleichgewicht zu verlieren"** (vgl. Strategeme [1 + 21 + 29] + [7 + 27 + 32] + [6 + 8 + 10]), wird mangelnde Kompetenz – im doppelten Sinne: Zuständigkeit und Fähigkeit – simuliert, um Zeit zu gewinnen oder die Last der Verantwortung von sich zu streifen.

Das achtundzwanzigste Strategem, **„Auf das Dach locken, um dann die Leiter wegzuziehen"** (vgl. Strategeme 22 + 28), repräsentiert den bewussten Verzicht auf eine Fallback-Strategie: Heere, die ihren Proviant vernichten, wissen, dass sie innerhalb weniger Tage die Schlacht für sich entscheiden müssen, um nicht zu verhungern. Wenn Fallback-Lösungen zunichtegemacht werden, die im Falle eines Scheiterns Politikern einen sicheren Ausweg geboten hätten, steigen die Anreize, alle Kräfte zu bündeln, um das Ziel zu erreichen.

Gemäß dem neunundzwanzigsten Strategem, **„Einen Baum mit Blumen schmücken"** (vgl. Strategeme [1 + 21 + 29] + [7 + 27 + 32] + [6 + 8 + 10]), täuschen Feldherren eine größere Truppenstärke vor, indem sie beispielsweise mehr Zelte aufstellen. Berühmt ist Gottfried Kellers (1819–1890) Novelle „Kleider machen Leute",

wo schließlich ein Kaiser nackt durch die Straße läuft und dennoch von den Leuten ob seiner schönen Kleider gepriesen wird, bis ein kleines Mädchen die Wahrheit ausspricht. Auch die „Potemkinschen Dörfer" passen zu diesem Strategem: Als Katharina die Große (1729–1796) die neu eroberte Halbinsel Krim besuchte, ließ der Gouverneur Potemkin an ihrer Wegstrecke schöne Häuserfassaden errichten, um Katharina II über die wahre Situation auf der Krim zu täuschen. Generell wird auf den Schein, nicht auf das Sein, Wert gelegt, um jemanden für sich zu vereinnahmen. Im Unterschied zu den Strategemen 1 und 21 stellt Strategem 29 auf das Errichten einer kurzfristigen Fassade für eine besondere Situation ab.

Das dreißigste Strategem, **„Die Rolle des Gastes in die des Gastgebers umkehren"** (vgl. Strategeme 15 + 30), hat eine deutsche Entsprechung: „Angriff ist die beste Verteidigung" oder aus Sicht des Gegners: „Vom Jäger zum Gejagten werden". In diesem Strategem verkörpert der Gast den Angreifer, der Gastgeber den Angegriffenen, sodass der Gast „das Heft in der Hand hält". Auch wenn der Versuch, gemäß Strategem 15 Verhandlungen in vertrautem Gelände zu führen, fehlgeschlagen ist, kann man gemäß Strategem 30 erfolgreich sein, wenn man gut vorbereitet ist.

Das einunddreißigste Strategem, **„das Strategem der schönen Frau"**, verkörpert die Korruption, zu der es nicht nur durch den bewussten Einsatz schöner Frauen kommt. Gegenüber nicht-westlichen Ländern, die nach Transparency International fast alle eine höhere Korruption ausweisen als westliche Länder, sollten westliche Politiker gegen Korruptionsversuche subtiler Art gewappnet sein.

Nach dem zweiunddreißigsten Strategem, **„dem Strategem der Öffnung der Tore"** (vgl. Strategeme [1 + 21 + 29] + [7 + 27 + 32] + [6 + 8 + 10]), wird ein Hinterhalt vorgetäuscht, damit der Gegner an den Schwächen des anderen zweifelt. „Entwaffnende" Eingeständnisse, die der Wahrheit entsprechen, aber ironisch klingen, können als „Bluffs" wahrgenommen werden und ein Zeichen von Stärke demonstrieren.

Das dreiunddreißigste Strategem, **„das Strategem des Zwietrachtsäens"** erinnert an das deutsche Sprichwort „Streiten sich zwei, so freut sich der Dritte". Gegner werden gegenseitig unter Zuhilfenahme von Doppelagenten ausgespielt.

Gemäß dem vierunddreißigsten Strategem, **„dem Strategem des leidenden Fleisches"**, wird Mitgefühl erzeugt, indem man sich selbst eine Verletzung zuführt oder eine solche simuliert.

Nach dem fünfunddreißigsten Strategem, **„dem Verkettungsstrategem"**, werden mehrere, je nach Situation passende Strategeme gleichzeitig angewandt.

Gemäß dem sechsunddreißigsten Strategem, **„Weglaufen ist das beste"**, wird eine Kapitulation als vollständige Niederlage angesehen, die zu einem Gesichtsverlust führt. Weglaufen wird hingegen als taktisches Verhalten angesehen, da ein späterer Sieg immer noch möglich ist.

Harro von Senger unterteilt die 36 chinesischen Strategeme in sechs Gruppen (vgl. Senger 2009, S. 43, 69, 96, 105, 180, 192): in die Strategeme der **Ausmünzung/Ausnutzung** (17 Strategeme: 2, 4, 5, 12, 14, 15, 16, 17, 18, 19, 20, 22, 23, 28, 30, 31, 33), der **Verschleierung** (7 Strategeme: 1, 3, 6, 8, 10, 24, 25), der **Vorspiegelung** (5 Strategeme: 7, 27, 29, 32, 34), der **Flucht** (4 Strategeme: 9, 11, 21, 36), der Enthüllung (2 Strategeme: 13, 26), der **Strategemverkettung** (1 Strategem: 35).

## 2.5 Verhaltensökonomik

### 2.5.1 Grundlagen

Die Analyse von Entscheidungsproblemen unter Berücksichtigung von Verzerrungen ist Gegenstand der Verhaltensökonomik, um die sich der Wirtschaftsnobelpreisträger von 2002, Daniel **Kahneman**, und Amos **Tversky** (1937–1996) große Verdienste erworben haben (vgl. Kahneman 2011). Die Verhaltensökonomik befasst sich mit dem Entscheidungsverhalten von Menschen in ökonomischen Zusammenhängen. In den Wirtschaftswissenschaften sind zwar Fachrichtungen bekannt wie „Wirtschaftsingenieurwesen", „Wirtschaftsgeschichte", „Wirtschaftsgeographie", „Wirtschaftsinformatik", „Wirtschaftsrecht", „Wirtschaftsphilosophie", „Wirtschaftsethik", „Wirtschaftspsychologie", „Wirtschaftssoziologie",

„Wirtschaftspädagogik", „Wirtschaftsethnologie" oder „Wirtschaftskommunikation", in einer verhaltenswissenschaftlichen Perspektive wirtschaftswissenschaftlicher Inhalte wird diese sprachliche Symmetrie allerdings durchbrochen: Die **„Wirtschaftsethologie"** (vgl. griechisch: „ethos" – „Gewohnheit", „Verhalten") wird in der Volkswirtschaftslehre zumeist als **„Verhaltensökonomik"** oder **„Behavioural Economics"** bezeichnet.

▶ Die **Verhaltensökonomik** berücksichtigt bei Entscheidungen *kognitive* **Defizite**.

In der Betriebswirtschaftslehre wird den jeweiligen Anglizismen für betriebliche Funktionen das Attribut „behavioural" vorangestellt, wenn eine *wirtschaftsethologische* Perspektive im Vordergrund einer Untersuchung steht, so zum Beispiel bei „Behavioural Finance", „Behavioural Investment" oder „Behavioural Operations Management". *Ökonomisch* sind weniger die Inhalte der Verhaltens*ökonomik* als vielmehr ihre Anwendungsgebiete. Inhaltlich können diese Erkenntnisse der Grundlagenforschung zugeordnet werden, decken sie doch auf, *wie* Menschen im Allgemeinen ihre Umwelt *tatsächlich* wahrnehmen, Erkenntnisse gewinnen, kommunizieren und Entscheidungen treffen. Daher gehört dieses Grundlagenwissen auch zum Repertoire anderer Wissenschaften wie der Erkenntnistheorie, Wissenschaftstheorie, Entscheidungstheorie, kognitiven Psychologie, Soziologie, Politologie, Kommunikationstheorie und Rhetorik.

### 2.5.2 Homo heuristicus versus homo oeconomicus

#### 2.5.2.1 Biases und Noise

Die Verhaltensökonomik ist eine Ausrichtung der Volkswirtschaftslehre, die vom eindimensionalen Kalkül des **homo oeconomicus absieht**, der – rational handelnd – seinen Nutzen (privater Haushalt) beziehungsweise seinen Gewinn (Unternehmer) zu maximieren sucht. Diese idealisierte Welt von Arrow und Debreu (vgl. Arrow und Debreu 1954) vernachlässigt empirisch beobachtbare Verzerrungen (vgl. Akerlof 1976, S. 599–617). Um das *tatsächliche* Verhalten der Marktteilnehmer in der Realität besser zu interpretieren, werden vor allem *psychologische* und *soziologische*, für die staatlichen Akteure auch *politologische* Erkenntnisse berücksichtigt, die menschliches Verhalten umfassend erklären. Diese Erkenntnisse werden vorwiegend **experimentell** gewonnen. Die **induktive** Methode, bei der vom Besonderen – den *spezifischen* Experimenten – auf das Allgemeine – die *generellen* ökonomischen Zusammenhänge – geschlossen wird, ist gleichzeitig ein Kritikpunkt an der Verhaltensökonomik, können doch ethologische Experimente nicht nur Verzerrungen messen, sondern – beabsichtigt oder unbeabsichtigt – selbst verzerrt sein. Durchführung und Interpretation der Ergebnisse hängen zudem nicht nur von systematischen Verzerrungen („biases") ab, sondern auch von unsystematischem Rauschen („noise"), die beide die menschliche Wahrnehmungs- und Urteilsfähigkeit beeinträchtigen.

▶ **Definition**  Ein „**bias**" ist eine *vorhersehbare* **Verzerrung**, die auf einem *systematischen* **Erwartungsfehler** beruht und daher kalkulierbar ist.

„**Noise**" (**Rauschen**) ist eine *nicht-vorhersehbare* **Verzerrung**, die auf einem *unsystematischen* **Erwartungsfehler** beruht und daher nicht kalkulierbar ist.

Entgegen einem weitverbreiteten, gleichwohl falschen Eindruck spielen verhaltenswissenschaftliche Ansätze bereits seit über einem halben Jahrhundert nicht nur in der Betriebswirtschaftslehre, sondern auch in der Volkswirtschaftslehre eine bedeutende Rolle, die auch in der Spitzenforschung entsprechend gewürdigt worden sind. Dies zeigt allein die lange Liste der (zumindest teilweise) wirtschaftsethologisch ausgerichteten Nobelpreisträger, die Richard Thaler – selbst preisgekrönter Verhaltensökonom – in seiner Nobelpreisvorlesung nennt (vgl. Thaler 2017, S. 513, Fußn. 16): Kenneth Arrow (1972), Maurice Allais (1988), Amartya Sen (1998), Daniel Mc Fadden (2000), George Akerlof (2001), Michael Spence (2001), Joseph Stiglitz (2001), Daniel Kahneman (2002), Thomas Schelling (2005), Elinor Ostrom (2009), Peter

Diamond (2010), Alvin Roth (2012), Robert Shiller (2013), Jean Tirole (2014), Angus Deaton (2015), Richard Thaler (2017).

Auch zahlreiche ältere Quellen belegen, dass die ökonomische Zunft keineswegs so eindimensional denkt, wie oft kolportiert wird. Selbst die „**Chicago Boys**", marktrigide Ökonomen, in deren Modellen der homo rationalis eine große Rolle spielt, haben immer wieder deutlich gemacht, dass *rationale* Erwartungen (vgl. Muth 1961, S. 315–335) *nicht* menschliches Verhalten *beschreiben*, sondern nur eine *Methode* darstellen, mit der ein *rational* Handelnder als Referenz für einen *realistisch* Handelnden analysiert wird. So schreibt beispielsweise der Nobelpreisträger Gary Stanley Becker (1930–2014) in seiner Nobel Prize lecture (Becker 1992, S. 38):

> „… the economic approach I refer to does not assume that individuals are motivated solely by selfishness or gain. It is a **method of analysis, not an assumption** (Hervorh. durch RR) about particular motivations. … Behavior is driven by a much richer set of values and preferences."

Dass in der Realität nicht nur das Selbstinteresse eine Rolle spielt, sondern vielfältige Werte menschliches Verhalten prägen, ist also auch den Apologeten der rationalen Erwartungsbildungshypothese bewusst. Vernunftgeleitetes Verhalten ist unter anderem dadurch eingeschränkt, dass der Mensch Restriktionen hinsichtlich seines Einkommens, seiner Zeit, seiner Erinnerungs- und Kalkulationsfähigkeiten unterliegt. Mit zunehmender Differenzierung und Diversifikation von Gütern nimmt die Bedeutung der **Zeit** zu, weil umfassende Entscheidungen über eine immer weniger überschaubare Gütermenge immer mehr Zeit binden. Kognitive Defizite sind dafür verantwortlich, dass Entscheidungen verzerrt sind.

### 2.5.2.2 Kognitive Defizite
Die Verhaltensökonomik bedient sich der *kognitiven* **Psychologie** (Kognitionspsychologie), die *Erkenntnis*prozesse (vgl. lateinisch: „cognoscere" – „erkennen", „verstehen"; „procedere" – „voranschreiten") analysiert. Inzwischen werden auch Methoden der *Neuro*psychologie (vgl. griechisch: „neuron" – „Nerv"; „psyche" – „Seele";

„logos" – „Wort", „Verstand") eingesetzt, beispielsweise *Tomographien*, bildgebende Verfahren zur Identifikation der Gehirnregionen, die sich für bestimmte Aktivitäten verantwortlich zeichnen (vgl. griechisch: „tome" – „Schnitt", „graphein" – „schreiben"), *Enzephalographien*, Verfahren zur Messung elektromagnetischer Aktivität im Gehirn (vgl. griechisch: „enkephalos" – „Gehirn"), sowie *Spektroskopien*, physikalische Verfahren zur Analyse von Strahlung (vgl. lateinisch „spectrum" – „Erscheinung"; „copia" – „Menge").

Der Neuropsychologe Vyacheslav R. Karolis, der unter anderem an der Sorbonne und in Oxford geforscht hat, der italienische Neurologe Maurizio Corbetta aus Padua sowie Michel Thibaut de Schotten, französischer Experte im funktionalen Neuroimaging und Neuromapping, bestätigen in einem Aufsatz in der renommierten wissenschaftlichen Zeitschrift „Nature Communications", dass das menschliche Gehirn grundsätzlich einer Arbeitsteilung folgt (vgl. Karolis et al. 2019, S. 1–9): Das **Prinzip der Lateralisation** (vgl. lateinisch: „latus" – „Seite") beschreibt die *funktionale* **Asymmetrie** der beiden **Gehirnhälften**, die vordergründig auf bestimmte Aktivitäten **spezialisiert** sind (Karolis et al. 2019, S. 1):

> „Functional lateralisation is a fundamental principle of the human brain."

Dass die beiden Hemisphären des Gehirns (vgl. griechisch: „hemisys" – „halb"; „sphaira" – „Kugel") grundsätzlich eine **„Arbeitsteilung"** von Funktionen vornehmen und das Gehirn somit **asymmetrisch** aktiviert wird, ist eine wissenschaftlich bewährte Hypothese. Die Stärke der Verbindung zwischen beiden Gehirnhälften durch die Millionen von Nervenfasern des corpus callosum, des Hirnbalkens, ist jedoch bisher noch nicht vollumfänglich erforscht. Zwei Hypothesen sind in der neurophysiologischen Forschung anerkannt: Die **inter-hemisphärische *Unabhängigkeits*hypothese** geht davon aus, dass die evolutorische Vergrößerung des Gehirns zu einer effizienten Lateralisierung und damit Spezialisierung von Funktionen geführt hat, während die **inter-hemisphärische** *Wettbewerbs*hypothese von einer stärkeren Verknüpfung beider Hemisphären durch den Hirnbalken ausgeht. Trotz

jahrzehntelanger Forschungen zum Neuroimaging mit immer besserer technischer Ausstattung kann bis heute keine evidenzbasierte Aussage über die jeweilige Validität dieser beiden Hypothesen vorgenommen werden (Karolis et al. 2019, S. 2):

> „... the mechanisms that sustain functional lateralisation, and related inter-hemispheric communication, remain debated ... Preliminary anatomical and functional magnetic resonance imaging (fMRI) studies provide support for both theories. However, the small range of functions investigated and shortcomings in the methods often limit the interpretability of the findings. Overall, the generalisation of these theories and findings to the whole brain's functional organisation remains unknown."

Ein Teil der Studien stützt die eine, ein anderer Teil die andere inter-hemisphärische Hypothese. Gründe für diese unterschiedlichen Ergebnisse und Schlussfolgerungen sind unter anderem systematische Verzerrungen wie der **„publication bias"** (vgl. Karolis et al. 2019, S. 6), der dazu führt, dass empirische Studien, die klare, vor allem *scheinbar* neue Ergebnisse für die eine beziehungsweise die andere Hypothese liefern, eher veröffentlicht werden als Studien mit ambivalenten Ergebnissen. Die mangelnde **Replizierbarkeit** empirischer Studien, die gleichbedeutend mit einer mangelnden **Falsifizierbarkeit** ist, wird auch durch **p-hacking** erreicht: Es wird solange nach synthetischen Korrelationen gesucht, bis ein statistischer Zusammenhang empirisch belegt werden kann, der sich außerhalb der typischen Signifikanzwahrscheinlichkeit p von mindestens 95 Prozent befindet: Wer lange genug forscht, wird schließlich auf einen der fünf von einhundert Fällen stoßen, in denen die Ergebnisse denjenigen der *herrschenden* Lehre widersprechen (vgl. Ioannidis 2005; Ritchie 2020).

Präferenzen sind nicht stabil, sondern kontextabhängig. Was präferiert wird, ist auch davon abhängig, wie schnell eine Information verfügbar ist (**„availability bias"**): Die *kognitive* **Leichtigkeit** („cognitive ease", „cognitive fluency"), mit der die Assoziationen abgerufen werden, hängt davon ab, was einem zuvor durch den Kopf gegangen ist (vgl. Tversky und Kahneman 1973, S. 207–232; Kahneman 2012, S. 81): Erleichtert werden Assoziationen durch entsprechende Vorstellungen, Erfahrungen und eine positive Grundstimmung. Die Leichtigkeit selbst ist charakterisiert durch ein müheloses Verständnis. Die spontane Akzeptanz ist gekennzeichnet als wahrer Gedanke durch Vertrautheit und positive Gefühle (vgl. Kahneman 2012, S. 82).

▶ Die *kognitive* **Leichtigkeit**, mit der Informationen abgerufen werden, bestimmt in erheblichem Ausmaß die Bedeutung dieser Informationen (**„availability bias"**).

Ständiges Wiederholen (vgl. lateinisch: „ad nauseam" – „bis zum Erbrechen") *falscher* Aussagen kann bewirken, dass diese geglaubt werden (vgl. Kahneman 2012, S. 85), sodass ein **Ad-nauseam-Effekt (Mere-Exposure-Effekt)** auftritt, dessen Wirkmächtigkeit der Sozialpsychologe Robert Boleslaw Zajonc (1923–2008) aufgezeigt hat (vgl. Zajonc 1968, S. 1–27, 2001, S. 224–228): Permanente Wiederholung sorgt für Vertrautheit und erhöht die seelische und soziale Stabilität.

Im Angesicht des Reaktorunglücks in Fukushima (2011) waren die Gefahren der friedlichen Nutzung der Kernenergie „verfügbar" und führten von heute auf morgen zum Atomausstieg. Im Angesicht des Krieges in der Ukraine (2022) und der impliziten russischen Drohung des Einsatzes von Nuklearwaffen wurde von heute auf morgen eine beispiellose Aufrüstung beschlossen und von der Mehrheit der Bevölkerung unterstützt, die noch wenige Tage vorher eher dem Slogan „Frieden schaffen ohne Waffen" angehangen hatte. Erst mit dem Krieg in der Ukraine wurde den meisten Deutschen die starke Abhängigkeit Deutschlands von russischem Gas, russischem Öl und russischer Kohle ins Gedächtnis gerufen, obwohl diese Abhängigkeit und ihre möglichen Implikationen auch vorher „denk-bar" gewesen sind. Der Krieg transportierte diesen Zusammenhang von der abstrakten auf die konkrete Ebene. Eine erfolgreiche Wirtschaftspolitik sollte daher ihre wichtigsten abstrakten Ziele konkretisieren. ◀

Neben *systematischen* **Verzerrungen (biases)** spielen auch *unsystematische* **Verzerrungen (noise)** – im Deutschen als „Rauschen" bezeichnet – eine große Rolle für die Validität von Urteilen und Forschungsergebnissen (vgl. Kahneman et al. 2021a). Daniel Kahneman, der weltweit einflussreichste Kognitionspsychologe, Cass R. Sunstein, Harvard-Jurist und früherer Kommunikationsberater des ehemaligen US-Präsidenten Obama, sowie der Pariser Entscheidungsforscher Olivier Sibony schreiben in ihrem 2021 erschienenen, bahnbrechenden Buch „Noise" (Kahneman et al. 2021b, S. 12, 13):

> „Besonders stark ist Noise in der Psychiatrie, wo subjektive Einschätzungen bei der Diagnose offensichtlich eine wichtige Rolle spielen."
> „Personalverantwortliche, die Vorstellungsgespräche führen, schätzen dieselben Bewerberinnen und Bewerber sehr unterschiedlich ein. Auch werden die Leistungen derselben Mitarbeiter höchst unterschiedlich bewertet, und die Bewertung hängt stärker von der Person des Beurteilenden als von der zu beurteilenden Leistung ab."

Noise entsteht aufgrund unsystematischer Verzerrungen durch entscheidungsirrelevante Aspekte: Ob der Entscheider gut oder schlecht gelaunt ist, ob er satt oder hungrig ist, ob das Wetter angenehm oder unangenehm ist, alle drei Fragen beeinflussen die Entscheidungen auch von Experten, obwohl sie sachlich irrelevant sind.

▶ Eine wichtige wirtschaftspolitische Aufgabe besteht darin, **Entscheidungshygiene**, die Freiheit von „biases" und „noise", herzustellen: Big data schlägt in der Regel die Empfehlung einzelner Experten.

Ein bedeutendes Untersuchungsobjekt der Verhaltensökonomik sind die *kognitiven* **Verzerrungen**, die ökonomischen **Vorhersagen** (Urteilen) zugrunde liegen (vgl. Kahneman und Tversky 1973, S. 237–251; Tversky und Kahneman 1974, S. 1124–1131). Da das Feld der Behavioural Economics sowohl von Ökonomen als auch von Psychologen bestellt wird, offenbart sich manchmal ein Mangel an terminologischer Konsistenz: So weist beispielsweise Thaler darauf hin (vgl. Thaler 2017, S. 490), dass der ökonomische Terminus der **„Vorhersage"** („prediction",

„forecast") dem psychologischen Terminus des **„Urteils"** („judgement") entspricht. Ökonomische Vorhersagen basieren oft auf Erwartungswerten, für die zwar *zufällige* („random") Erwartungsfehler nach dem Gesetz der Großen Zahlen (vgl. Bernoulli 1713) unbedenklich sind, *systematische* **Erwartungsfehler** jedoch zu *vorhersehbaren* **Verzerrungen** führen. Die Verhaltensökonomik stellt die *systematischen* Erwartungsfehler in den Vordergrund, die bereits ex ante im Entscheidungsprozess zu berücksichtigen sind, weil ansonsten die *tatsächlichen* Ergebnisse von den *beabsichtigten* Ergebnissen abweichen. *Unsystematische* **Erwartungsfehler** wie **Rauschen (noise)** führen zu *nichtvorhersehbaren* **Verzerrungen**.

Beispielsweise vernachlässigt der traditionelle Utilitarismus (vgl. Bentham 1907; Mill 1863; Sidgwick 2011) den **Transaktionsnutzen** („transaction utility"), der positiv ist, wenn ein Konsument weniger zahlt als erwartet (vgl. Thaler 2017, S. 494). Daher ist es in der Tat ein Unterschied, ob der aktuelle Preis *allein* oder *zusammen* mit seinem früheren höheren Preis ausgezeichnet wird. Auf ähnliche Weise ist auch zu erklären, warum viele Menschen – sogar wider besseres Wissen – *versunkene* **Kosten** („sunk cost") als entscheidungsrelevant betrachten: Entscheiden sie sich für die Fortsetzung eines ineffizienten Projekts, das bereits hohe Ausgaben verschlungen hat, entledigen sie sich des Eingeständnisses, mit diesem Projekt einen Fehler begangen zu haben.

### Öffentliche Prestige-Bauten

Beispiele für die Berücksichtigung versunkener Kosten als entscheidungsrelevante Kosten sind die Hamburger Elbphilharmonie, der Berliner Flughafen BER oder der Stuttgarter Hauptbahnhof, deren Weiterbau trotz jahrzehntelanger Planungs- und Bauphasen sowie explodierender Kosten mit Hinweis auf bereits geleistete hohe Investitionen gerechtfertigt worden ist. Die Fortführung derartiger Projekte kann sich selbstverständlich lohnen, wie das Opernhaus Sydneys belegt: Dieses inzwischen zum UNESCO-Weltkulturerbe gekürte Opernhaus, das mit zehnjähriger Verspätung und mehr als zehnmal höheren Kosten als geplant im Jahr 1973 fertiggestellt worden war, hat aufgrund seiner weltweiten Attraktivität die geleisteten Investitionen mehr als ausgeglichen. ◄

Als *Begründung* für die Fortführung eines im Ansatz gescheiterten Projekts sind versunkene Kosten entscheidungs*irrelevant*, da diese Kosten bei beiden Alternativen (Fortführung/Baustopp) bereits angefallen sind. Entscheidungs*relevant* bei der Wahl zwischen Alternativen sind nur die Kosten, die sich *unterscheiden*, beispielsweise die Kosten für die *Fortsetzung* eines Bauprojekts im Vergleich zu den Kosten eines *neuen* Projekts.

Ein Grund für die immer wieder auftretenden Kostenexplosionen öffentlicher Bauprojekte ist im **„winner's curse"** zu erkennen, im **„Fluch des Gewinners"** (vgl. Friedman 1956, S. 104–112; Capen et al. 1971, S. 641–653; Oren and Williams 1975, S. 1072–1079; Wicklund und Brehm 1976; Bazerman and Samuelson 1983, S. 618–634; Thaler 1988, S. 191–202): Dieser „Fluch" stellt ein *systemimmanentes* **Paradoxon** dar: Wer eine Ausschreibung gewinnen möchte, muss in der Regel einen Preis bieten, der seine Kosten nicht deckt, weil er ansonsten keine Chance hat, den Zuschlag zu erhalten. Die *durchschnittlichen* Kostengebote aller Bieter mögen zwar, wenn von strategischem Verhalten abgesehen wird, nicht unterhalb der tatsächlichen Kosten liegen. Weil aber der Niedrigstbietende den Zuschlag erhält, ist die Wahrscheinlichkeit hoch, dass zumindest er die tatsächlichen Kosten unterschätzt und am Ende mit dem öffentlichen Träger nachverhandelt. Zudem tragen kognitive Dissonanzen, die bewusste Fehleinschätzungen nicht revidieren (vgl. Festinger 1957; Wicklund und Brehm 1976), sowie bei längerfristigen Bauprojekten auch Kostensteigerungen und Inflation dazu bei, dass die Endrechnung höher ausfällt als das Anfangsgebot.

### Auktionen

Auf Auktionen zahlt der Meistbietende typischerweise zu viel: Die durchschnittlichen Höchstgebote aller Bieter liegen zwar üblicherweise unterhalb des Marktwertes. Da der

Meistbietende aber gewinnt, ist die Wahrscheinlichkeit hoch, dass zumindest er den Marktwert überschätzt und am Ende über seinen „Gewinn", der sich später als Verlust herausstellt, „flucht". ◄

Kahneman und Tversky sind auch die Begründer der Neuen Erwartungstheorie, der Prospect-Theorie.

### 2.5.2.3 Prospect-Theorie

Wichtige Arbeiten zu den **rationalen Erwartungen** haben der Nobelpreisträger von 1995, Robert Lucas, sowie der Nobelpreisträger von 2011, Thomas Sargent, verfasst (vgl. Lucas 1972, S. 103–124; Sargent 1973, S. 429–472). Die Theorie rationaler Entscheidungen – auch „Rational Choice Theory" genannt – vereinnahmt den rationalen Kalkül des homo oeconomicus. Dieser ist in der Lage, alle relevanten Informationen zu finden, bis der Grenznutzen einer zusätzlichen Informationseinheit gleich ist den Grenzkosten der Beschaffung derselben. Hierbei handelt es sich allerdings um eine Prae-Posteriori-Analyse (vgl. Richert 2021d, S. 6), bei der „Späteres" „vorweg" genommen wird: Der Nutzen einer Information lässt sich erst erkennen, *nachdem* die Information beschafft worden ist, aber nicht schon vorher. Daher ist die Annahme ökonomisch-rationaler Erwartungen nicht überzeugend. Die beiden israelischen Psychologen Kahneman und Tversky entwickelten die **Prospect-Theorie** (vgl. Kahneman und Tversky 1979, S. 263–291), die vom Vorliegen kognitiver Dissonanzen ausgeht. Diese „Neue Erwartungstheorie" berücksichtigt *systematische, prognostizierbare* **Entscheidungsfehler** der Marktakteure.

Bereits in den neoklassisch geprägten fünfziger Jahren des 20. Jahrhunderts wies der amerikanische Nobelpreisträger Herbert Alexander Simon (1916–2001) auf Beschränkungen der Rationalität hin und betonte, dass Menschen nur einer *beschränkten* Rationalität (*„bounded rationality"*) folgen könnten (vgl. Simon 1957, S. 198). Beschränkt ist die Rationalität des Menschen, weil ihm biologische und psychische Grenzen bei der Beschaffung, Verarbeitung und Auswertung von Informationen gesetzt sind (vgl.

Simon 1955, S. 99). Simon geht davon aus, dass die Fehler zwar oft, aber *zufällig* auftreten, sodass sie gemäß dem Gesetz der Großen Zahlen nicht die Repräsentativität des Entscheidungsverhaltens beeinträchtigen. Somit sind nach Simon die Annahme (beschränkt-) rationaler Erwartungen sowie die Orientierung am Erwartungswert eines Ereignisses aus einer Makro-Perspektive für eine Entscheidungssituation angemessen.

▶ Die Kernaussage der **Prospect-Theorie**, der **„Neuen Erwartungstheorie"**, lautet: Entscheidungsirrtümer treten nicht zufällig auf, sondern menschliche Entscheidungen zeichnen sich durch kognitive Defizite aus, die *vorhersehbar* (vgl. lateinisch: „prospicere" – „in die Ferne schauen") sind und sich in der Summe nicht ausgleichen. Somit sind **Verzerrungen** auch in der Makro-Perspektive nicht zu vermeiden, sondern der **Normalfall**.

Um durch die Prospect-Theorie ein realistisches Verhalten der Marktteilnehmer zu beschreiben und daraus passgenaue wirtschaftspolitische Handlungsempfehlungen abzuleiten, sind diese kognitiven Verzerrungen im Entscheidungsprozess zu berücksichtigen. Marktakteure orientieren sich an **Heuristiken** (vgl. griechisch: „heuriskein" – „finden"), also an Daumenregeln, die aus Erfahrung gewonnen („gefunden") werden und die menschlichen Defizite an Wissen und Zeit berücksichtigen.

#### „Heureka!"
Der griechische Mathematiker Archimedes (287-212 v. Chr.) rief „heureka" („Ich habe es gefunden"), als er sein Archimedisches Prinzip entdeckte, nach dem der Auftrieb eines Körpers in einer Flüssigkeit oder in einem Gas genauso groß ist wie das Gewicht der verdrängten Wasser- beziehungsweise Gasmenge.

Der **homo** *heuristicus* versucht in einer *impliziten Partial*analyse, eine *gute* Lösung zu *finden*. Er verfolgt ein *Satisfizierungsziel*.

Der **homo** *oeconomicus* versucht in einer *expliziten Total*analyse, für alle denkbaren Fälle die jeweils *optimale* Lösung zu *berechnen*. Er verfolgt ein *Optimierungsziel*, das zumeist ein *Maximierungsziel* ist.

Für diese Methoden werden in der Literatur die Begriffe

- „**System 1**" beziehungsweise „**System 2**" (vgl. Stanovich und West 2000, S. 645–665; Kahneman 2002, S. 450–453),
- „**ökologisch-rational**" beziehungsweise „**konstruktivistisch-rational**" (vgl. Smith 2002, S. 502–561; derselbe 2003, S. 465–508) sowie
- ubiquitär „**heuristisch**" beziehungsweise „**algorithmisch**" verwendet.

Sprachlich sind diese Bezeichnungen allerdings nicht optimal: „System 1" und „System 2" sind inhaltsleer. Zwar ist „konstruktivistisch" ein adäquater Begriff, „ökologisch" weckt aber in diesem Kontext die falschen Assoziationen (Umweltorientierung). Die Antonyme „algorithmisch" und „heuristisch" überzeugen ebenfalls nicht, da sie einem Kategorienfehler (Juxtaposition) unterliegen.

▶ Ein **Algorithmus** ist ein Verfahren, das für jeden denkbaren Fall eine Lösung bereitstellt.

Diese Anforderung ist jedoch auch erfüllbar, wenn ein Verfahren auf einer Heuristik beruht. Unter Berücksichtigung von Opportunitätskosten und Unsicherheiten über sich ergebende Folgen kann es durchaus rational sein, gänzlich auf eine komplexe Problemanalyse zu verzichten.

▶ Eine **Heuristik** ist eine aus der Erfahrung gewonnene Daumenregel, die aufgrund kognitiver Defizite des Menschen eine Komplexitätsreduktion bewusst in Kauf nimmt.

Die entscheidenden Unterschiede zwischen der einen und der anderen Methode liegen daher nicht in den Antworten auf die Fragen, ob diese Methoden rational sind oder nicht, beziehungsweise, ob sie einen Algorithmus darstellen oder nicht. *Beide* Methoden können rational sein und Algorithmen darstellen, *beiden* Methoden kann es an beidem mangeln: Sind erfahrungsgemäß die Transaktionskosten einer Entscheidung auf Basis ausgefeilter Algorithmen höher als auf Basis einfacher Heuristiken, ohne dass dieser höhere Aufwand durch ein entsprechend besseres

Ergebnis ausgeglichen wird, ist zu rechtfertigen, dass der homo heuristicus ein homo *rationalis* ist (vgl. auch Gigerenzer 1991, S. 83–115; Gigerenzer und Brighton 2009, S. 107–143; Gigerenzer 2010, S. 733–743; Gigerenzer et al. 2011), während der homo oeconomicus ein homo *irrationalis* ist.

Ausschlaggebend für den Unterschied zwischen beiden epistemologischen Methoden ist der Grad an **Komplexitäts***reduktion*. Deshalb werden die Gegensatzpaare „reduktionistisch" – „holistisch", „automatisch" – „reflexiv" oder „implizit denkend" – „explizit denkend" für den homo heuristicus im „ökologischen System 1" beziehungsweise für den homo oeconomicus im „konstruktivistischen System 2" bevorzugt.

▶ *Implizites* Denken erfolgt automatisch und wird im *prozeduralen* Gedächtnis gespeichert, *explizites* Denken ist reflexiv und erfordert die Verknüpfung von Arbeitsgedächtnis und *deklarativem* Gedächtnis.

In Tab. 2.22 werden einige Merkmale impliziten sowie expliziten Denkens und Entscheidens gegenübergestellt.

**Tab. 2.22** Merkmale impliziten und expliziten Denkens und Entscheidens

| implizites Denken | explizites Denken |
|---|---|
| automatisch | reflexiv, deliberativ |
| reduktionistisch | holistisch |
| System 1 | System 2 |
| schnelles Denken | langsames Denken |
| ökologisch-rational | konstruktivistisch-rational |
| emotional, intuitiv, impulsiv | rational |
| einfach | komplex |
| mühelos | mühevoll |
| kohärent, assoziativ | statistisch |
| metaphorisch | abstrakt |
| adaptierend | kalkulierend |
| satisfizierend | optimierend |
| verzerrt | unverzerrt |
| repräsentativ | probabilistisch |
| nicht vigilant | vigilant |
| nicht skeptisch | skeptisch |

[Eigene Darstellung, teilweise in Anlehnung an Kahneman 2012, S. 25, 26, 136]

Dass der Mensch zu schnellen Entscheidungen fähig ist, lässt sich auch evolutorisch erklären: In weniger als zwei Sekunden – eine bekannte Studie schreibt von 0,33 bis 1,67 Sekunden (vgl. Todorov et al. 2009, S. 813–833) – erkennen Menschen allein am **Gesichtsausdruck** eines Fremden zwei Eigenschaften, von denen ihr Überleben abhängen kann (vgl. Todorov et al. 2008, S. 119–127; Todorov 2017):

1. seine **Vertrauenswürdigkeit**, also ob der Fremde Freund oder Feind ist,
2. seine **Dominanz**, also ob der Fremde über eine bedrohliche Stärke verfügt oder nicht.

In präzivilisatorischer Zeit war die Gefahr groß, dass sich ein Fremder einem Menschen in bösartiger Absicht näherte. Schnell musste entschieden werden, in welchem Modus (Kampf, Flucht, Freundschaft) man dem Fremden begegnen sollte. Diese Ergebnisse wurden auch neurophysiologisch mithilfe der Magnetresonanztomographie bestätigt (vgl. Todorov et al. 2008, S. 119–127). Selbst Wahlergebnisse hängen weniger vom Wahlprogramm als vom Ort der Wahl (vgl. Berger et al. 2008, S. 8846–8849) und noch mehr von der Mimik der jeweiligen Kandidaten ab (vgl. Todorov et al. 2005, S. 1623–1626). Allerdings dürfen diese Forschungsergebnisse nicht überschätzt werden (vgl. Todorov et al. 2015, S. 519–545). Denn es ist möglich, dass sie ihrerseits einen Halo-Effekt (Salienzeffekt) widerspiegeln, weil der in Studien zu beobachtende Proband sich seines Beobachtetseins bewusst ist.

### 2.5.3 Nudging und Sludging

#### 2.5.3.1 Libertärer Paternalismus

Durch **Nudging** (vgl. Thaler und Sunstein 2008; Benartzi et al. 2017, S. 1041–1055) werden Menschen dazu „angestoßen" (vgl. englisch: „nudge" – „Schubs", „Denkanstoß"), ihr Verhalten in eine bestimmte Richtung zu verändern, ohne dass Gebote oder Verbote verfügt oder Restriktionen geändert werden. Diese Art der Verhaltenssteuerung entspricht einem *libertären* Paternalismus (vgl. Thaler und Sunstein 2003, S. 175–179; Sunstein

und Thaler 2003, S. 1159–1202) in Form subtiler Appelle, denen „freiwillig" (vgl. lateinisch: „libertas" – „Freiheit") gefolgt werden soll. Der Staat beansprucht für sich die fürsorgliche Vaterrolle (vgl. lateinisch: „pater" – „Vater"). In kommunikationstheoretischer Terminologie handelt er aus dem übergeordneten „Eltern-Ich", während seine Adressaten nach der Transaktionstheorie die Rolle des untergeordneten „Kind-Ichs" einnehmen (vgl. Berne 1964; Harris 1967).

▶ **Nudges** sind „Anschubser", durch die das Verhalten der Menschen „freiwillig" in eine bestimmte Richtung gelenkt werden soll.

Zu einem erfolgreichen Nudging gehört die *Wahl*architektur („choice architecture"), nach der die Individuen ihre Entscheidungen treffen sollen. **Nudges** sind unter anderem *automatische Teilnahmen*: Ist beispielsweise jeder Mensch *automatisch* Organspender, sofern er nicht ausdrücklich widerspricht, wird die Zahl der Organspender um ein Vielfaches höher sein als in einer Wahlarchitektur, in der ein Organspender seine Bereitschaft zur Organspende *explizit* erklären muss. In Deutschland spenden pro Jahr nur etwa eintausend Menschen nach ihrem Tod ihre Organe. Da ein postmortaler Spender im Durchschnitt über drei Organe spendet, liegt die Zahl der Organtransplantationen höher, erreicht aber nicht die Zahl derjenigen, die auf einer Warteliste für Spenderorgane – zumeist Nieren – stehen (vgl. Statista 2021a).

Auch *künftige* Änderungen („save more tomorrow") können Individuen „anschubsen", da Menschen langfristig zu größerer Selbstkontrolle fähig sind als kurzfristig (vgl. Thaler und Benartzi 2004, S. 392–406; Thaler 2017, S. 508). Zum Beispiel verhalten sich jüngere Menschen träge, wenn sie „ab morgen" oder „ab nächster Woche" für ihre Alterssicherung sparen sollen, weil ihr Renteneintritt noch in ferner Zukunft liegt. Schafft der Staat jedoch Anreize zu langfristigem Sparen für die Zeit im Ruhestand, wie er dies in Deutschland beispielsweise für kinderreiche Familien mit der Riesterrente tut, reagieren auch jüngere Menschen auf diese „Anschubser".

Weil Nudging bedeutet, dass die Politik die Menschen „zu ihrem Glück zwingen" möchte, ist Nudging aus *deontologischer* (pflichtenethischer) Sicht nicht unumstritten. Treten positive Folgen auf, ist Nudging aus *teleologischer* (folgenethischer) Sicht zu rechtfertigen, solange nicht jedes Mittel den Zweck heiligt.

### Das Für und Wider die Corona-Maßnahmen

In der Corona-Krise folgte die Politik dem Prinzip des Nudging: *Ablehnende* Kritik an den Corona-Maßnahmen ist **deontologisch** orientiert, indem sie auf Einschränkungen individueller Rechte und Handlungsmöglichkeiten sowie auf den sozialen Druck hinweist, der auf Abweichler ausgeübt wird. *Zustimmende* Kritik ist insofern **teleologisch** begründet, als dass der Paternalismus durch das Sinken der Infektions-, Hospitalisierungs-, Letalitäts- und Mortalitätsraten sowie durch den Schutz des Gesundheitssystems vor einem Zusammenbruch wegen Überlastung gerechtfertigt wird. ◄

Die Probleme des Nudging ähneln denen des Konzepts meritorischer („guter") und demeritorischer („schlechter") Güter: Danach sollte der Konsum meritorischer Güter subventioniert, der Konsum demeritorischer Güter besteuert werden.

Der **Nanny-State-Index** (vgl. englisch: „nanny" – „Kindermädchen") zeigt ein Ranking von Staaten in Abhängigkeit von der Stärke ihres paternalistischen Verhaltens in Bezug auf bestimmte Nahrungs- und Genussmittel. Nach diesem Index ist Deutschland das freieste Land, was den Genuss von Nahrungsmitteln (Fast Food) und Soft Drinks (1/3), Alkohol (1/3), Tabak (1/6) und E-Zigaretten (1/6) anbelangt. Norwegen hingegen gilt als stärkster Nanny State, in dem die Regierung auf paternalistische Weise beispielsweise durch Verbote, spezielle Verbrauchsteuern oder Nudges die Konsumentensouveränität stärker lenkt (vgl. NSI 2021, S. 11). Allerdings kann dieses Ergebnis auch so gedeutet werden, dass deutsche Behörden zu wenig für die Gesundheitsprophylaxe ihrer Bürger tun.

Beim Nudging spielt das Konzept der *psychologischen* **Eigentümerschaft** eine besondere Rolle. Danach ist eine personalisierte Werbung für wirtschaftspolitische Maßnahmen erfolgreicher, wenn Menschen sich mit ihnen persönlich identifizieren (vgl. Pierce et al. 2001, S. 298–310; Jami et al. 2021, S. 698–715; Peck et al. 2021, S. 33–89).

**Psychologische Eigentümerschaft**
In einem Feldversuch in Bad Nauheim wurden für eine Impfkampagne unterschiedliche Anschreiben an private Haushalte versendet. Es gab ein nicht-personalisiertes und ein personalisiertes Anschreiben (Keppeler et al. 2021, S. 36–37):

„Eine Impfung gegen das Corona-Virus ist … der entscheidende Hebel …"
„**IHRE** Impfung gegen das Corona-Virus ist … **IHR persönlicher Beitrag** [Hervorh. durch RR] und der entscheidende Hebel …"

Die zweite Kampagne, in der die psychologische Eigentümerschaft explizit herausgestellt worden war, führte zu einer größeren Zahl Impfwilliger.

Stehen teure wirtschaftpolitische Maßnahmen wie der Ausstieg aus der Verwendung fossiler Energieträger auf der Tagesordnung, können positive *abstrakte* Folgen dieser Maßnahmen – Aufhalten des Klimawandels, Erhöhung der Versorgungssicherheit – auch personalisiert, vorzugsweise mit visueller Unterstützung, wiedergegeben werden. Wenn deutlich gemacht wird, dass jeder Einzelne mit seinen höheren Energieausgaben *konkret* einen Eisbären im Nordpolarmeer retten oder durch den Verzicht auf Öl-, Gas- und Kohleimporte die Kriegskasse eines Despoten verkleinern kann, wird die gewünschte Reaktion eher erfolgen.

Bereits 1960 erkannte der spätere Nobelpreisträger Thomas Schelling die hohe Bedeutung des **Framing** über Anker („focal points") und kontextbezogene Information (vgl. Schelling 1960). Framing bedeutet, dass ein „Rahmen" abgesteckt, ein Pflock eingeschlagen, ein Anker geworfen wird („anchoring"), um einen Referenzpunkt herzustellen. Der Rahmen („frame"), in den eine Information eingebettet ist, beinflusst das Entscheidungsverhalten in erheblicher Weise (vgl. Simon 1986, S. 25–40).

Framing gibt es in vielfältigen Formen (vgl. Tversky und Kahneman 1974, S. 1124–1131; 1981, S. 453–458; Northcraft und Neal 1987, S. 84–97; Jacowitz und Kahneman 1995, S. 1161–

1166; Mussweiler und Strack 2000, S. 1038–1052; LeBoeuf und Shafir 2006, S. 393–406). Eine Form des Framing stellt die **mentale Buchführung** (**„mental accounting"**) dar (vgl. Thaler 1985, S. 199–214; Thaler und Johnson 1990, S. 643–660; Thaler 1999, S. 183–206; Thaler 2017, S. 495): Menschen rechnen ihre Ersparnisse und Ausgaben bestimmten Kategorien zu: So sparen sie Geld für ihre Rente, ihr neues Lastenfahrrad, ihre Kollektion von Räuchermännchen oder ihre Reise nach Spitzbergen. Es entsteht der Eindruck, als könne Altersvorsorge nur über entsprechende *„Renten*versicherungen" betrieben werden, nicht aber über Aktien, die den Zweck der Alterssicherung nicht in ihrem Namen tragen. Höhere „Gesundheitsausgaben" oder „Bildungsinvestitionen" führen nicht unweigerlich zu besserer Gesundheit beziehungsweise zu höherer Bildung, wenn sie ineffizient eingesetzt werden. Der – 1991 zunächst auf ein Jahr befristete, aber erst nach 30 Jahren (für 90 Prozent der Einkommen- und Lohnsteuerpflichtigen) abgeschaffte – „Solidaritätszuschlag" appelliert an die „Solidarität", die Widerstand moralisch zu diskreditieren versucht, wirkt jedoch genauso wie eine „Steuererhöhung", die Widerstand legitim erscheinen lässt.

### 2.5.3.2 Rechtsstaatliche und ökonomische Vorbehalte

Ein *gutgemeintes* **Nudging** kann sich als *schlechtgemeintes* **Sludging** (vgl. englisch: „sludge" – „Schlamm") entpuppen (vgl. Thaler 2017, S. 512). Daher spielt die Beachtung des Rechtsstaatsprinzips mit starken, unabhängigen Gerichten eine entscheidende Rolle dafür, ob Nudging beispielsweise in einer Krisensituation wie einer Pandemie ermöglicht werden soll oder nicht.

Das **Rechtsstaatsprinzip** wird zwar in der Verfassung nicht explizit genannt wie die Prinzipien der Demokratie, der Republik, des Sozialstaats und des Bundesstaats. Gleichwohl kann dieses konstituierende Prinzip der staatlichen Ordnung der Bundesrepublik Deutschland aus dem Grundgesetz abgeleitet werden (Art. 20 Abs. 3 GG):

> „Die Gesetzgebung ist an die verfassungsmäßige Ordnung, die vollziehende Gewalt und die Rechtsprechung sind an Gesetz und Recht gebunden."

Um zu vermeiden, dass wie im Nationalsozialismus Gerichte Entscheidungen fällen, die sich offenkundig gegen die Menschenrechte richten, aber durch ein Gesetz „gedeckt" sind, sind die Exekutive und die Legislative nach dem Grundgesetz nicht nur an das „Gesetz", sondern auch an das „Recht" gebunden, das sicherstellt, dass ein menschenrechtswidriges Gesetz keine Rechtsgrundlage für ein Urteil sein kann.

Das **Rechtsstaatsprinzip** verlangt:

1. Rechtsbindung der Gewalten / Vorrang der Verfassung (vgl. Art. 20 Abs. 2 GG):
   Alle Gewalten sind an Recht und Gesetz gebunden.
2. Vorrang des Gesetzes (vgl. Art. 20 Abs. 3 GG):
   Ein staatlicher Eingriff darf nicht gegen ein Gesetz verstoßen.
3. Vorbehalt des Gesetzes (vgl. Art. 1 Abs. 3 + Art. 2 Abs. 1 GG):
   Ein staatlicher Eingriff darf nicht ohne ein Gesetz erfolgen.
4. Rechtssicherheit (vgl. Art. 103 Abs. 2 GG):
   Es gilt Vertrauensschutz, bei Strafen ein Rückwirkungsverbot.
5. Verhältnismäßigkeit (Übermaßverbot):
   Ein staatlicher Eingriff muss *geeignet, erforderlich* und *angemessen* sein. Das Prinzip der Verhältnismäßigkeit erfordert immer eine Rechtsgüterabwägung.
6. Rechtsschutz (vgl. Art. 19 Abs. 4 GG):
   Gegen einen staatlichen Eingriff können Rechtsmittel eingelegt werden.

Zwischen Wählern und Politikern besteht eine Prinzipal-Agenten-Beziehung: Der Souverän – in ökonomischer Terminologie: der „Prinzipal" – ist das Volk (Art. 20 Abs. 2 Satz 1 GG):

> „Alle Staatsgewalt geht vom Volke aus."

Exekutive, Legislative und Judikative nehmen die Rolle von „Agenten" ein, die im Auftrag des Volkes agieren. Grundsätzlich gilt das Prinzip der **Gewaltenteilung** (Art. 20 Abs. 2 Satz 2 GG):

> „[Die Staatsgewalt] wird vom Volke in Wahlen und Abstimmungen und durch besondere Organe der Gesetzgebung, der vollziehenden Gewalt und der Rechtsprechung ausgeübt."

**Gewaltenverschränkung**, eine Durchbrechung dieses Prinzips, beispielsweise durch den Erlass einer Rechtsverordnung durch die Exekutive, ist verfassungsrechtlich möglich, aber an bestimmte Bedingungen geknüpft (Art. 80 Abs. 1 GG):

> „Durch Gesetz können die Bundesregierung, ein Bundesminister oder die Landesregierungen ermächtigt werden, Rechtsverordnungen zu erlassen. Dabei müssen Inhalt, Zweck und Ausmaß der erteilten Ermächtigung im Gesetze bestimmt werden. Die Rechtsgrundlage ist in der Verordnung anzugeben. Ist durch Gesetz vorgesehen, dass eine Ermächtigung weiter übertragen werden kann, so bedarf es zur Übertragung der Ermächtigung einer Rechtsverordnung."

Eine von der Exekutive (Regierungen) und Legislative (Parlamente) unabhängige judikative Instanz (Gerichte) ist erforderlich, um im Zweifelsfall zu entscheiden, ob eine Maßnahme das **Verhältnismäßigkeitsprinzip** verletzt oder nicht. Im Extremfall obliegt diese Entscheidung dem höchsten Gericht eines Landes, in Deutschland dem Bundesverfassungsgericht in Karlsruhe.

Es bestehen aber nicht nur rechtliche, sondern auch ökonomische Vorbehalte gegenüber Sludges. Denn wer sich langfristig als ein „sludge free" Kooperationspartner erweist, erwirbt eine hohe **Reputation** und damit ein hohes Vertrauen seiner Kooperationspartner. Dies zahlt sich in der Regel auch wirtschaftlich aus. „Markt und Moral" gehen an dieser Stelle eine Symbiose zum wechselseitigen Vorteil ein.

---

**Nudging bei Impfungen**

Der erste vertrauenswürdige Impfstoff gegen SARS-CoV-2 wurde in Deutschland entwickelt. Bevor dieses Vakzin jedoch in Deutschland (und in den anderen EU-Ländern) zugelassen wurde, verging mehr Zeit als in einigen anderen Ländern. Der Grund war die Einhaltung der hohen Anforderungen an die Prüfung eines Impfstoffs, weil ohne Impfpflicht ein Nudging erforderlich ist, um große Teile der Bevölkerung dazu zu bewegen, sich „freiwillig" impfen zu lassen. Stellt sich das Nudging aufgrund gravierender Mängel dieses Impfstoffs später als Sludging heraus, ist der Reputationsverlust hoch und wirkt sich auch auf die *generelle* Impfbereitschaft negativ aus. Deshalb ist es möglich, dass beispielsweise die verzögerte Zulassung eines Impfstoffs kurzfristig zwar Nachteile aufweist, weil erst später mit dem Impfen begonnen wird, langfristig diesen Nachteil aber mehr als ausgleicht, wenn sich aufgrund des größeren Vertrauens mehr Menschen impfen lassen und dadurch die Infektions- und Letalitätsraten in der Bevölkerung niedriger sind. ◄

Staatliche Investitionen stellen ein probates Mittel zum Nudging dar.

### 2.5.3.3 Förderung staatlicher Investitionen

Investitionen spielen eine besondere Rolle für die wirtschaftliche Entwicklung eines Landes, weil sie Initialzündungen und Multiplikatoreffekte auslösen und so eine besonders starke Wirkung auf die gesamtwirtschaftliche Nachfrage und das gesamtwirtschaftliche Angebot ausüben (vgl. Richert 2021c, S. 50–60). Ob paternalistische Eingriffe des Staates als Nudging oder als Sludging bewertet werden, hängt auch davon ab, inwieweit staatliche Investitionen ihre Ziele besser erreichen als private Investitionen. Analog zum juristischen **Verhältnismäßigkeitsprinzip** sollte die Frage gestellt werden, ob staatliche Ausgaben

1. geeignet,
2. erforderlich,
3. angemessen

sind.

Für die Prüfung der **Eignung** ist zu ermitteln, ob die angestrebten Maßnahmen *zielkonform* sind. Wenn beispielsweise die Bildungspolitik der Länder aufgrund verordneter Intransparenz bei Bildungsvergleichen unter mangelndem Wettbewerb oder unter mangelnder Attraktivität für ein – quantitativ wie qualitativ – ausreichendes Lehrpersonal leidet, sind Investitionen in eine bessere Ausstattung der Klassenzimmer oder in immer detailliertere Spezifizierungen von Lehrplänen kein geeignetes Mittel, um die beiden erstgenannten Probleme zu lösen.

Für die Prüfung der **Erforderlichkeit** sind *Opportunitätskosten* in Rechnung zu stellen. Um dem allokativen Ziel ökonomischer *Effizienz*, aber auch dem *Subsidiariätsprinzip* gerecht zu werden, ist zu untersuchen, ob geplante staatliche Maßnahmen auch von privaten Trägern übernommen werden können. Der Nachweis, dass eine staatliche Investition effektiv ist, reicht nicht aus. Denn Effektivität bedeutet nur, dass man durch eine bestimmte Maßnahme seinem Ziel näherkommt, berücksichtigt jedoch nicht, welcher Mitteleinsatz dazu erforderlich ist. Effizient hingegen ist eine Maßnahme, wenn sie das ökonomische Prinzip erfüllt, wenn folglich bei *gegebener* Zielgröße der Mitteleinsatz *minimiert* beziehungsweise bei *gegebenem* Mitteleinsatz die Zielgröße *maximiert* wird.

Für die Prüfung der **Angemessenheit**, die sich in einem *Übermaßverbot* niederschlägt, ist zu untersuchen, ob die avisierten Maßnahmen ein adäquates Niveau erreichen und weder ein Zuviel noch ein Zuwenig staatlichen Einflusses darstellen. Beispielsweise kann eine expansive Fiskalpolitik über ihr Ziel hinausschießen, wenn sie zuviel private Nachfrage verdrängt, zu Inflation führt oder die Solidität der öffentlichen Finanzen untergräbt.

Der Anteil der **Bruttoanlageinvestitionen** (Bruttoinvestitionen minus Vorratsinvestitionen) am BIP liegt in Deutschland im mehrjährigen Durchschnitt bei zwanzig Prozent (vgl. Destatis 2021b, S. 13). Privaten Investitionen kommt eine erheblich höhere Bedeutung zu als öffentlichen Investitionen.

▶ In Deutschland sind die privaten **Bruttoanlageinvestitionen** ungefähr achtmal so hoch wie die öffentlichen (vgl. Destatis 2021b, S. 36).

Weil der Staat in erster Linie Ersatzinvestitionen tätigt, liegen die staatliche Nettoanlageinvestitionen (Bruttoanlageinvestitionen minus Abschreibungen), die das Produktionspotential erweitern, seit Mitte der neunziger Jahre nur im einstelligen Milliardenbereich und tragen daher kaum zum BIP teil. Seit der Jahrtausendwende sind die öffentlichen Nettoanlageinvestitionen durchschnittlich in jedem zweiten Jahr sogar negativ, wie Tab. 2.23 verdeutlicht.

Unübersehbar ist der Einbruch der Nettoinvestitionen in Deutschland seit Beginn der Europäischen Wirtschafts- und Währungsunion: Der Anteil privater Nettoanlageinvestitionen am BIP hat sich schlagartig auf drei Prozent halbiert, unter anderem weil der Wettbewerbsvorteil einer von Investoren präferierten starken Währung seit Beginn der Währungsunion nicht mehr Alleinstellungsmerkmal des DM-Blocks ist, sondern der gesamten Eurozone zum Vorteil gereicht. Dadurch verlagerten sich die Investitionen von den – auch vor Beginn der Währungsunion – währungsstabilen Hochlohnländern zu den vormals währungsinstabilen Niedriglohnländern, die sich ihres währungspolitischen Wettbewerbsnachteils entledigt hatten. Allerdings spiegeln sinkende Investitionsquoten zum Teil auch den Übergang von kapitalintensiver Industrieproduktion zu arbeitsintensiver Dienstleistungsproduktion wider.

Die Zahlen legen nahe, dass sich ein erfolgreiches Nudging stärker an privaten Investitionen orientieren sollte, die ein Vielfaches der staatlichen Investitionen ausmachen.

### 2.5.4 Verlustaversion

#### 2.5.4.1 Asymmetrisches Risikoverhalten

Eines der bedeutendsten Merkmale typischen menschlichen Verhaltens ist die **Verlustaversion** (vgl. Kahneman und Tversky 1979, S. 263–291): Menschen empfinden einen Verlust stärker als einen Gewinn („loss aversion"/„profit-loss bias"), wie Kahneman und Tversky in ihrer Prospect-Theorie darlegen (vgl. Kahneman und Tversky 1979, S. 273). Eine Wirtschaftspolitik, die das Vermeiden von Verlusten aufzeigt, findet daher eher Zustimmung als eine Wirtschaftspolitik, die sich auf das Aufzeigen möglicher Gewinne konzentriert.

Der Verhaltensökonomik gebührt das Verdienst, dieses asymmetrische Risikoverhalten gegenüber Gewinnen und Verlusten mit den Methoden experimenteller Ökonomik wissenschaftlich

**Tab. 2.23**  Staatliche und private Anlageinvestitionen in Deutschland

| | Bruttoanlageinvestitionen | | | | Nettoanlageinvestitionen | | | |
| | staatlich | | privat | | staatlich | | privat | |
| | Summe in Mrd. € | BIP-Anteil in % | Summe in Mrd. € | BIP-Anteil in % | Summe in Mrd. € | BIP-Anteil in % | Summe in Mrd. € | BIP-Anteil in % |
|---|---|---|---|---|---|---|---|---|
| 1991 | 50 | 3,1 | 345 | 21,8 | +12 | +0,8 | 137 | 8,6 |
| 1992 | 55 | 3,3 | 374 | 22,0 | +15 | +0,9 | 147 | 8,6 |
| 1993 | 54 | 3,1 | 367 | 21,0 | +12 | +0,7 | 124 | 7,1 |
| 1994 | 54 | 2,9 | 388 | 21,2 | +10 | +0,5 | 134 | 7,3 |
| 1995 | 50 | 2,6 | 396 | 20,9 | +5 | +0,3 | 132 | 6,9 |
| 1996 | 49 | 2,5 | 394 | 20,5 | +4 | +0,2 | 122 | 6,3 |
| 1997 | 46 | 2,3 | 398 | 20,3 | +1 | 0,0 | 118 | 6,0 |
| 1998 | 47 | 2,3 | 413 | 20,5 | +1 | +0,1 | 125 | 6,2 |
| 1999 | 49 | 2,4 | 425 | 20,7 | +4 | +0,2 | 129 | 6,3 |
| 2000 | 49 | 2,3 | 439 | 20,8 | +3 | +0,1 | 129 | 6,1 |
| 2001 | 49 | 2,3 | 424 | 19,5 | +2 | +0,1 | 103 | 4,7 |
| 2002 | 48 | 2,2 | 394 | 17,9 | +1 | 0,0 | 66 | 3,0 |
| 2003 | 47 | 2,1 | 385 | 17,4 | −1 | 0,0 | 53 | 2,4 |
| 2004 | 44 | 1,9 | 388 | 17,2 | −4 | −0,2 | 49 | 2,2 |
| 2005 | 44 | 1,9 | 392 | 17,1 | −5 | −0,2 | 48 | 2,1 |
| 2006 | 49 | 2,0 | 424 | 17,8 | −1 | 0,0 | 70 | 2,9 |
| 2007 | 49 | 2,0 | 452 | 18,1 | −3 | −0,1 | 81 | 3,2 |
| 2008 | 54 | 2,1 | 463 | 18,2 | −0,2 | 0,0 | 76 | 3,0 |
| 2009 | 58 | 2,4 | 413 | 16,9 | +3 | +0,1 | 16 | 0,7 |
| 2010 | 60 | 2,4 | 441 | 17,2 | +3 | +0,1 | 36 | 1,4 |
| 2011 | 63 | 2,3 | 486 | 18,0 | +3 | +0,1 | 67 | 2,5 |
| 2012 | 61 | 2,2 | 497 | 18,1 | −1 | 0,0 | 63 | 2,3 |
| 2013 | 61 | 2,2 | 498 | 17,7 | −2 | −0,1 | 52 | 1,8 |
| 2014 | 61 | 2,1 | 525 | 17,9 | −4 | −0,1 | 66 | 2,2 |
| 2015 | 65 | 2,1 | 541 | 17,9 | −2 | −0,1 | 65 | 2,2 |
| 2016 | 69 | 2,2 | 568 | 18,1 | −0,1 | 0,0 | 78 | 2,5 |
| 2017 | 73 | 2,2 | 593 | 18,2 | +1 | 0,0 | 83 | 2,6 |
| 2018 | 80 | 2,4 | 629 | 18,8 | +4 | +0,1 | 94 | 2,8 |
| 2019 | 86 | 2,5 | 662 | 19,2 | +6 | +0,2 | 102 | 3,0 |
| 2020 | 90 | 2,7 | 645 | 19,4 | +9 | +0,3 | 69 | 2,1 |

[in Anlehnung an: Destatis 2021b, S. 36; eigene Rundungen]

fundiert zu haben. Kahneman selbst schreibt (Kahneman 2012, S. 369):

> „Das Konzept der Verlustaversion ist zweifellos der wichtigste Beitrag der Psychologie zur Verhaltensökonomik".

Die Berücksichtigung der Verlustaversion hat für einen Paradigmenwechsel wirtschaftswissenschaftlicher Analyse gesorgt, die über die beiden Modellziele des Beschreibens und Erklärens ökonomischer Phänomene hinausgeht und sich den beiden anderen Modellzielen des Vorhersagens ökonomischer Effekte und des Gestaltens wirtschaftspolitischer Maßnahmen verschrieben hat: Menschen verhalten sich typischerweise **risikoscheu**, wenn sie **Gewinne** erzielen können. Beispielsweise bevorzugen die meisten eine Situation, in der sie mit hundertprozentiger Wahrscheinlichkeit € 100 erhalten, gegenüber einer Situation, in der sie mit jeweils fünfzigprozentiger Wahrscheinlichkeit € 202 oder € 0 erhalten, obwohl der Erwartungswert im zweiten Fall mit € 101 höher ist als derjenige im ersten Fall.

▶ **Verlustaversion** ist ein zentrales Phänomen menschlichen Verhaltens.

Marktakteure unterliegen einer nominalen Verlustaversion und legen bei Entscheidungen unter Risiko ein stärkeres Augenmerk darauf, mögliche Verluste zu vermeiden als mögliche Gewinne zu erzielen. Kahnemans und Tverskys berühmte **hypothetische Wertefunktion** („hypothetical value function") zeigt einen Verlauf mit sinkenden Grenzwerten für Gewinne und steigenden Grenzwerten für Verluste (vgl. Kahneman und Tversky 1979, S. 279, Abb. 3). Die Verlustaversion ist ungefähr doppelt so hoch wie die Gewinnfreude: Ein mit fünfzigprozentiger Wahrscheinlichkeit in Aussicht gestellter Gewinn muss bei Entscheidungsindifferenz ungefähr doppelt so hoch sein wie ein mit fünfzigprozentiger Wahrscheinlichkeit in Aussicht gestellter Verlust (vgl. Novemsky und Kahneman 2005, S. 119–128). Ausschlaggebend für den Nutzen eines Gutes ist somit nicht dessen absolute Höhe, sondern vielmehr die Differenz zum bisherigen Nutzen. Daher kommt dem Referenzpunkt eine entscheidende Bedeutung zu.

## 2.5.4.2 Status quo als Referenzpunkt

Ein oft gewählter **Referenzpunkt** ist der Status quo. Kahneman und Tversky greifen auf eine Erkenntnis zurück, die bereits der Portfoliotheoretiker und spätere Nobelpreisträger Harry Max Markowitz formuliert hat: Entscheidend für den Nutzen ist nicht die Höhe des Vermögens, sondern die *erwartete* Änderung des Vermögens (vgl. Markowitz 1952, S. 151–158). Verlustaversion bewirkt, dass die Vorliebe für das bewährte Alte gegenüber dem unsicheren Neuen unverhältnismäßig stark ausgeprägt ist. Es kommt zu einem **„status-quo bias"** (vgl. Kahneman et al. 1991, S. 193–206). Dadurch sinkt die Veränderungsbereitschaft. Unsicherheiten werden als Bedrohung, nicht als Herausforderung wahrgenommen. Viele sind nicht bereit, für ein hohes Einkommen den „Preis" von Freizeitmangel und Stress zu zahlen. Sie sind aber bereit, diesen „Preis" zu zahlen, wenn sie bereits viel verdienen und ihr hohes Einkommen halten möchten. In der Regel werden hohe Risiken in Kauf genommen, um einen Status quo zu bewahren, jedoch nur geringe Risiken, um einen gleichwertigen Status quo zu erreichen (vgl. Tversky und Kahneman 1991, S. 1039–1061).

---

**Es kommt auf die Perspektive an**

Während Anfang der zwanziger Jahre des 21. Jahrhunderts viele Menschen darüber klagten, dass sie aufgrund der Corona-bedingten Schließungen (Lockdowns) auf Restaurant-Besuche und Urlaubsreisen verzichten mussten, hätten sich „Trümmerfrauen" Ende der vierziger Jahre des 20. Jahrhunderts glücklich geschätzt, wenn sie sich und ihre Kinder in der Nachkriegszeit nur annähernd so gut hätten ernähren und medizinisch versorgen lassen können wie dies auch arme Menschen in Deutschland während der Corona-Pandemie tun konnten. ◀

Mikroökonomisch bedeutet die Abhängigkeit vom Status quo, dass ein Indifferenzkurvensystem, das Gütermengenkombinationen gleichen Nutzens auf derselben und Gütermengenkombinationen unterschiedlichen Nutzens auf anderen Indifferenzkurven platziert, inkonsistent ist, weil der Nutzen einer bestimmten Gütermengenkombination von der ursprünglichen Mengenkombination beider Güter abhängt (vgl. Kahneman 2012, S. 356). Positiv interpretiert bedeutet dies, dass eine Steigerung des Nutzens oder Glücks (vgl. Richert 1996) allein dadurch erzielt werden kann, dass der Referenzpunkt auf ein niedrigeres Niveau verschoben wird.

Entschieden sich die Vereinten Nationen heute dafür, die fünf Ständigen Mitglieder des UN-Sicherheitsrates zu bestimmen, spräche wenig dafür, dass sie sich auf die gegenwärtigen Ständigen Mitglieder, die USA, China, Russland, das Vereinigte Königreich und Frankreich, verständigten. Es gäbe mehrere andere Länder, deren prioritäre Berücksichtigung vor den drei europäischen Mitgliedern plausibel gerechtfertigt werden könnte. Dies soll exemplarisch an Indien angedeutet werden: Indien hat nicht wie Russland einen souveränen, von den UN anerkannten Staat überfallen, hat eine Einwohnerzahl, die ungefähr so hoch ist wie diejenige Chinas, viermal höher als diejenige der USA, zehnmal höher als diejenige Russlands und über zwanzigmal höher als diejenige des Vereinigten Königreichs und Frankreichs, ist nach Kaufkraftparitäten die drittgrößte Volkswirtschaft der Welt, ist eine der wenigen Atommächte und daher viel eher prädestiniert, eine hervorgehobene Rolle in der globalen Sicherheitspolitik zu spielen als die drei europäischen Mittelmächte, deren weltpolitischer Einfluss seit den Zeiten der „Sowjetunion", des „British Empire" beziehungsweise der „Grande Nation" erheblich gesunken ist. Aufgrund des „status-quo bias" spielt die Verschiebung der politischen und ökonomischen Gewichte seit dem Ende des Zweiten Weltkriegs für die Besetzung des UN-Sicherheitsrats mit fünf Ständigen Mitgliedern jedoch keine Rolle.

Der **Endowment-Effekt** tritt auf, wenn Menschen besonders stark an etwas hängen, das sie bereits haben.

Dem **Endowment-Effekt** (vgl. Thaler 1980, S. 39–60), dem Streben nach **Besitzstandswahrung**, wird von den meisten Forschern eine hohe Validität attestiert (vgl. Knetsch und Sinden 1984, S. 507–521; Knetsch 1989, S. 1277–1284; Kahneman et al. 1990, S. 1325–1348, dieselben 1991, S. 193–206; Kahneman 2012, S. 356–368; Thaler 2017, S. 489), auch wenn seine Evidenz

ebenso von den konkreten Laborbedingungen abhängt (vgl. Plott und Zeiler 2007, S. 1449–1466; Birnbaum 2018, S. 11–27). Daher ist **Widerstand** gegen einen volkswirtschaftlich gebotenen **Strukturwandel** auch mit dem Endowment-Effekt und mit der Verlustaversion zu erklären.

### Der Wert eines Smartphones

Ist jemand weder bereit, sein eigenes Smartphone für weniger als € 300 zu verkaufen, noch bereit, für ein anderes gebrauchtes Smartphone gleicher Qualität mehr als € 200 auszugeben, ist er dem Endowment-Effekt verfallen: Der Wert des Smartphones, das er bereits besitzt, wird höher veranschlagt als der Wert eines gleichwertigen Smartphones, das er noch nicht besitzt. Dies bedeutet jedoch, dass ihm das gleiche Smartphone zur selben Zeit am selben Ort sowohl weniger als € 200 (beim Kauf) als auch mehr als € 300 (beim Verkauf) wert ist. Der gerade noch zu akzeptierende minimale Verkaufspreis, der den Verlust des Smartphones mit sich bringt, ist höher als der gerade noch zu akzeptierende maximale Kaufpreis für den Erwerb desselben. ◄

Die Verlustaversion impliziert, dass wirtschaftspolitische Wohltaten, sofern sie denn eingeführt werden, auf lange Sicht angelegt sein sollten. Überlegt eine Regierung beispielsweise, das Kindergeld zu erhöhen, sollte sie sich auch fragen, ob diese Kindergelderhöhung langfristig beibehalten werden kann. Kann sie es nicht, ist die Gefahr groß, bei Eltern große Enttäuschung hervorzurufen: Steigt das Kindergeld um monatlich € 5 pro Kind, was den deutschen Staat bei etwa 16 Millionen Kindern und jungen Erwachsenen, für die Kindergeld gezahlt wird (vgl. Destatis 2021a) pro Jahr immerhin etwa eine Milliarde Euro kostet, und wird diese Erhöhung einige Jahre später zurückgenommen, wird die Mehrheit diesen Verlust stärker beklagen als wenn sie gleichbleibend ein Kindergeld ohne diese Erhöhung bezogen hätte.

Menschliche Enttäuschungen, die beispielsweise aufgrund nicht eingehaltener Zusagen entstehen, sind wirkmächtiger als positive menschliche Überraschungen. Demokratien leiden darunter, dass Politiker, die Wahlen gewinnen wollen, **Wahlkampfversprechen** abgeben, die sie nicht einhalten können. Daher sind Enttäuschungen über gewählte Politiker programmiert, in gewisser Weise sogar systemimmanent.

## 2.6    Serendipitätsprinzip

### 2.6.1  Grundlagen

Das Serendipitätsprinzip ist ein Prinzip, das „Unerwartetes" erwartet und flexible Reaktionen zulässt. Interne wie externe Effekte lassen sich nicht immer ex ante bestimmen: Beispielsweise erstreckt sich der Nutzen der Luft- und Raumfahrtindustrie nicht nur auf selbigen Bereich. In der Vergangenheit wurden in der Luft- und Raumfahrtforschung Erfindungen gemacht, die sich für andere Lebensbereiche nutzbar machen ließen. Durch Zufall wurden beispielsweise Penicillin oder die Röntgenstrahlen entdeckt. Die Suche nach dem Rezept für die Herstellung von Gold oder die Suche nach dem Elixier für das ewige Leben haben zwar bislang noch nicht zum ersehnten Erfolg geführt. Jedoch wurden auf dieser Suche unzählige Entdeckungen gemacht, die der Menschheit von Nutzen waren (vgl. Andel 1994, S. 633) und dadurch zu positiven **Serendipitätseffekten** führten. Eine Liste bemerkenswerter Entdeckungen und Erfindungen, die zufällig gemacht worden sind, geht in die Tausende (vgl. Andel 1994, S. 637).

**Ein persisches Märchen**
Der Begriff „**Serendipität**" entstammt der persischen Mythologie: In einem Märchen (vgl. Andel 1994, S. 632–633) zogen einst die drei Prinzen des Königs von Serendip, des heutigen Sri Lankas, in die weite Welt hinaus und bestaunten die Wunder derselben. Auf ihrer Reise entlang eines Kamelpfads erschlossen sie sich aufgrund *gründlicher* Beobachtungen und *scharfsinniger* Schlussfolgerungen – beides elementare Kennzeichen der Serendipität – sieben hervorstechende Merkmale eines Kamels, das sie nie gesehen hatten. Als sie später diese Eigenschaften dem nach seinem Kamel suchenden Eigentümer schilderten, ließ dieser sie einsperren, weil er die drei Prinzen aufgrund ihrer zutreffenden Beschreibungen für die Diebe seines Paarhufers hielt. Erst nachdem der Eigentümer sein Kamel wohlbehalten wiedergefunden hatte, entließ er seine Gefangenen wieder in die Freiheit.

Das Prinzip der Serendipität lässt sich bis zu einem vorsokratischen Philosophen zurückverfolgen: Der Naturphilosoph und Misanthrop **Heraklit** (ca. 540/520 – ca. 480/460 v. Chr.), der im damals von Persern beherrschten Ephesos an der zentralen Küste Ioniens, der heutigen Westtürkei, gelebt hat, schreibt in seinem Fragment 18 (zitiert in Huber 1996, S. 41):

> „Wenn das Unerwartete nicht erwartet wird, wird man es nicht entdecken, da es dann unaufspürbar ist und unzugänglich bleibt." [„Eàn mè élpetai anélpiston, ouk exheurései, anexereúneton, eòn kaì áporon."]

Auch der libanesische Epistemologe und Schriftsteller Nassim Nicholas Taleb hebt die Bedeutung *unvorhergesehener*, aber wichtiger Ereignisse (vgl. Taleb 2007), die hohe Unsicherheit und Unbeständigkeit realer Phänome (vgl. Taleb 2012) sowie die Selbstüberschätzung („overconfidence bias") von Beratern und Politikern (vgl. Taleb 2018) hervor.

Für das Auftreten von Serendipitätseffekten ist der Zufall eine, aber nicht die einzige Voraussetzung: Derjenige, der ein bestimmtes Phänomen beobachtet, muss

- anpassungsfähig (**a**daptiv),
- aufmerksam (**v**igilant),
- intellektuell fähig (**i**ntelligent),
- beharrlich (**p**ersistent),
- einfühlsam (**e**mpathisch),
- widerstandsfähig (**r**esilient)

sein, um nach reiflicher Überlegung auch gegen Widerstände die entsprechenden rationalen und emotionalen Schlussfolgerungen aus einer unerwarteten, aber beachteten Beobachtung zu ziehen. Er muss sich sozusagen wie „eine Viper" (Akronym: „a viper") durch das Dickicht einzelner Informationen schlängeln, um aus diesem Mosaik ein neues Gesamtbild zu erstellen. Das **Serendipitätsprinzip** ist die Kunst, Unerwartetes zu nutzen. Dabei hilft die wissenschaftliche Methode der **Abduktion**: Während die **Deduktion** („Herabführung") der Schluss vom Allgemeinen auf das Besondere und die **Induktion** („Hineinführung") der Schluss vom Besonderen auf das Allgemeine ist, stellt die Abduktion („Hinwegführung") darauf ab, ungewöhnliche Ergebnisse nicht als Ausnahme einer etablierten Hypothese anzusehen, sondern jene zum Anlass zu nehmen, die ursprüngliche Hypothese zu hinterfragen und gegebenenfalls anzupassen. Unverkennbar ist die schöpferische wissenschaftliche Leistung, die dahintersteckt, um einer modifizierten Hypothese zur Bewährung im Sinne Poppers zu verhelfen (vgl. Popper 1994, S. 47–59, 198–226).

▶ Gemäß dem **Serendipitätsprinzip** werden Rahmenbedingungen geschaffen, welche erstens die Entdeckung von etwas **Unerwartetem**, zweitens präzise **Beobachtungen**, drittens kohärente **Schlussfolgerungen** ermöglichen.

Die Bedeutung der **Freiheit** für die Serendipität fasst der US-amerikanische Nobelpreisträger für Chemie (1932), Irving Langmuir (1881–1957), mit dem Titel seiner Monographie in folgende Worte (Langmuir 1956):

> „Freedom, the opportunity to profit from the Unexpected."

Die Bereitstellung öffentlicher Mittel für die *Grundlagen*forschung kann durch das Serendipitätsprinzip gerechtfertigt werden. Unternehmern werden viele Freiheiten eingeräumt. Dabei stellen sich oft Ergebnisse ein, an die vorher niemand gedacht hat, ja hat denken können. Positive Serendipitätseffekte werden unter anderem deshalb unterschätzt, weil Erklärungsmuster für die entdeckten Ergebnisse a posteriori hinzugefügt werden können, auch wenn sie a priori gar nicht bedacht worden sind. Eine marktwirtschaftliche Ordnung mit sozialer Absicherung stellt eine gute Voraussetzung für ein Umfeld dar, in dem Serendipitätseffekte auftreten. Genutzt werden müssen diese Voraussetzungen allerdings von den Menschen. Sind diese jedoch alt und träge,

- verlangen sie zunehmend nach mehr Sicherheit, anstatt die Chancen der Freiheit zu nutzen;
- rufen sie bei Problemen reflexartig nach staatlicher und stattlicher Unterstützung, anstatt auf Selbstverantwortung zu setzen;

- nehmen sie Risiken als Bedrohungen wahr, anstatt sie als Herausforderungen zu interpretieren;
- verfolgen sie die Sicherung eigener Pfründe und Besitzstände, anstatt sich mit *offenen* (Markt-) Ergebnissen „spontaner Ordnungen" zu arrangieren;
- bevorzugen sie, die Zukunft zu planen, anstatt sich auf Unerwartetes einzulassen;
- orientieren sie sich an *stationärer* Effizienz für den erwarteten „Normalfall", anstatt sich an *adaptiver* Effizienz für alle möglichen Fälle auszurichten.

Dadurch gehen potentielle Serendipitätseffekte verloren. Ob die oben genannten Eigenschaften auf die alternde deutsche Gesellschaft – nach der japanischen immerhin die zweitälteste der Welt – zutreffen, ist einigen Nachdenkens wert. Wie schwer es einer alten, risikovermeidenden, in Wohlstand lebenden Gesellschaft fällt, die eigene Komfortzone zu verlassen, haben die Corona-Pandemie und der Krieg in der Ukraine offengelegt.

Der griechische Philosoph Platon (427-347 v. Chr.) schreibt in seinem „Menon", einem Dialog über die Tugend, den sein akademischer Lehrer Sokrates (470-399 v. Chr.) und der Militärführer Menon von Pharsalos (423-400) führen (Platon 2021, 80d–e):

> „Und auf welche Weise willst du denn dasjenige suchen, Sokrates, von dem du überhaupt nicht weißt, was es ist? Denn als welches besondere von allem, was du nicht weißt, willst du es dir denn vorlegen und so suchen? Oder wenn du es auch noch so gut träfest, wie willst du denn erkennen, dass es dieses ist, was du nicht wusstest?"
>
> „Ich verstehe, was du sagen willst, Menon! Siehst du, was für einen streitsüchtigen Satz du uns herbeibringst? Dass nämlich ein Mensch unmöglich suchen kann, weder, was er weiß, noch, was er nicht weiß. Nämlich weder, was er weiß, kann er suchen, denn er weiß es ja, und es bedarf dafür keines Suchens weiter, noch, was er nicht weiß, denn er weiß ja dann auch nicht, was er suchen soll."

Zu den kulturellen Voraussetzungen, die dem Serendipitätsprinzip förderlich sind, zählen vor allem Werte, die sich seit der Zeit der (europäischen) Aufklärung – langsam, aber sichtbar – vor allem in den (ehemals) protestantisch geprägten Ländern durchgesetzt haben:

- Säkularismus, die Trennung geistlicher und weltlicher Macht,
- Egalitarismus, die Gleich*berechtigung*, nicht Gleichheit aller,
- Individualismus, die Betrachtung des Menschen als einzigartige Persönlichkeit,
- Meritokratie, die den sozialen Aufstieg aufgrund eigener Verdienste ermöglicht,
- Autonomie, die Selbstbestimmtheit und -verantwortung für das eigene Leben,
- Legalismus, die Herrschaft des Rechts, nicht der Person,
- Institutionalismus, die Existenz unabhängiger Institutionen,
- Liberalismus, die Freiheit des Denkens, Redens und Handelns,
- Anthropozentrismus, die Zuschreibung unveräußerlicher Rechte für jeden Menschen,
- Pluralismus, die Toleranz gegenüber vielfältigen Denk- und Handlungsweisen,
- Universalismus, die Verwirklichung *allgemeiner*, nicht partikularer Interessen,
- Rationalismus, Skeptizismus, Kritizismus, das Vertrauen auf vernunftgeleitete Argumente.

Der wirtschaftliche Aufschwung des Deutschen Reichs, der seit den achtziger Jahren des 19. Jahrhunderts immer mehr an Fahrt aufnahm, führte dazu, dass Deutschland das britische Empire überholte und am Vorabend des Ersten Weltkriegs nach den USA zur zweitgrößten Volkswirtschaft der Welt aufgestiegen war. Durch die Reichsgründung entstand ein Binnenmarkt mit zunehmender, Transaktionskosten senkender Standardisierung, einer einheitlichen Währung mit einem wachsenden, den Zugang zu Krediten erleichternden Kapitalmarkt. Die negativen Folgen der Wirtschaftskrise von 1873 verflogen relativ schnell. Die Briten versuchten ihre sinkende ökonomische Bedeutung durch die obligatorische Herkunftsbezeichnung **„Made in Germany"** zu retten, schadeten sich damit aber nur selbst, weil „Made in Germany" zu einem globalen Gütesiegel avancierte. Immer mehr Menschen fanden Teilnahme und Teilhabe an der wirtschaftlichen und sozialen Entwicklung. Die naturwissenschaftliche Forschung gelangte an die Weltspitze: Zwischen 1901, dem ersten Jahr der Vergabe eines Nobelpreises, und 1932, dem letzten Jahr vor der Machtergreifung der Nationalsozialisten, wurden 26 deutsche Naturwissenschaftler mit dem Nobelpreis für Chemie (15) beziehungsweise Physik (11) ausgezeichnet.

## 2.6.2 Serendipität versus Ambiguitätsaversion

Das Ausschöpfen aller Serendipitätseffekte wird durch eine signifikante **Ambiguitätsaversion** der meisten Menschen beeinträchtigt: Ambiguität bedeutet Mehrdeutigkeit (vgl. lateinisch „ambo" – „beide"; „ambiguitas" – „Zweideutigkeit", „Mehrdeutigkeit") und ist mit Unsicherheiten verbunden.

**Irrationales Verhalten aufgrund einer Ambiguitätsaversion**

Das Phänomen der Ambiguitätsaversion lässt sich gut in Anlehnung an das **Ellsberg-Paradoxon** beschreiben (vgl. Ellsberg 1961, S. 643–669; Dobelli 2014, S. 125–126):

In zwei abgedeckten Urnen liegen jeweils 100 Kugeln, die rot oder schwarz sind. Für Urne A ist die Verteilung der Kugeln bekannt: 50 Kugeln sind rot, 50 Kugeln schwarz. Für Urne B ist die Verteilung der Kugeln unbekannt, sodass sie 0 bis 100 rote beziehungsweise 100 bis 0 schwarze Kugeln enthalten kann.

Nun soll eine rote Kugel gezogen werden. Ein rational Handelnder entscheidet sich für die Urne, in der er die meisten roten Kugeln vermutet. Aufgrund der Ambiguitätsaversion entscheiden sich die meisten Menschen für Urne A, weil sie dann wissen, wie viele rote und schwarze Kugeln sich in dieser Urne befinden. Das Ergebnis des Ellsberg-Paradoxons ändert sich aber auch dann nicht, wenn zunächst in Urne B gegriffen wird und keine Wahrscheinlichkeiten zugeordnet werden können.

Nachdem die erste Kugel wieder zurückgelegt worden ist, folgt als zweite Aufgabe, nunmehr eine schwarze Kugel zu ziehen. Aus demselben Grund wie oben würden die meisten Menschen versuchen, diese Kugel ebenfalls aus Urne A (beziehungsweise B) zu fischen. Dieses Verhalten ist jedoch nicht rational: Denn wer beim Ziehen der roten Kugel Urne A wählt, tut dies als rational Handelnder dann, wenn er davon ausgeht, dass in Urne A mehr rote Kugeln zu finden sind als in Urne B. Dies bedeutet jedoch gleichzeitig, dass er davon ausgeht, dass in Urne B mehr schwarze Kugeln sind als in Urne A. Deshalb müsste er in der zweiten Aufgabe versuchen, die schwarze Kugel in Urne B zu finden.

Haben Menschen zwei Optionen, von denen die eine *risikobehaftet* ist, das heißt Wahrscheinlichkeiten zugeordnet werden können, und die andere *ungewiss* ist, das heißt Wahrscheinlichkeiten nicht zugeordnet werden können, entscheiden sie sich zumeist für die erste Option.

Aufgrund der Ambiguitätsaversion investieren Wissenschafts- und Forschungspolitiker in *konkrete* Forschungsprogramme und -projekte und vertrauen auf die *Planbarkeit* und *Kommunizierbarkeit* erwarteter Ergebnisse. Eine derartige Politik ist leichter durchzusetzen, weil sie klare, vorstellbare Ergebnisse suggeriert. Ergebnisklarheit, selbst wenn sie nur vorgespielt werden kann, erleichtert sowohl die Rechtfertigung für die Finanzierung als auch für die Evaluation, die zeitkonsistent vorgenommen werden kann. Jedoch können Opportunitätskosten nicht berücksichtigt werden, weil andere Optionen als die konkret ausgewiesenen nicht als förderungswürdig eingestuft worden sind. Die Vernachlässigung von Opportunitätskosten wird einer **aktivistischen Politik ("action bias")** nicht angelastet, weil viele Menschen sich dagegen sträuben, abstrakt über andere vage Möglichkeiten nachzudenken, wie die Popularität des zur Denkfaulheit anregenden Reims „Hätte, hätte, Fahrradkette" unterstreicht. Das Ausblenden von Konjunktiven ist Balsam für die Seele, aber Gift für den analytischen Verstand. Denn ohne Konjunktive sind die meisten Fehler nicht zu identifizieren. Eine mangelnde Identifikation von Fehlern geht zulasten einer profunden Evaluation. So steigt das Risiko, dass Fehler wiederholt werden.

Um eine erfolgreiche Programm- beziehungsweise Projektakquise zu betreiben, sind in der Realität ausführliche Zielbeschreibungen von Vorteil. Damit schafft der Staat Anreize zu einer **Prae-Posteriori-Analyse**, die aus logischen Gründen scheitert, weil sie „vorher" (vgl. lateinisch: „prae" – „vor[zeitig]") ein Wissen vorzugeben vermag, das sie erst „später" (vgl. lateinisch: „posterior" – „der Spätere") kennen kann (vgl. Richert 2021a, S. 6).

**Ambiguitätskompetenz** zeigt sich in der Fähigkeit, mit Uneindeutigkeiten, Unsicherheiten, Ungewissheiten, Unvollkommenheiten, Unvorhersehbarkeiten sachlich umzugehen.

Nach dem **Serendipitätsprinzip** sollte der Staat weniger in die *konkrete* Programm- und Projektforschung, sondern mehr in die *Grundlagen*forschung investieren und auf die (unbekannten) Forschungsergebnisse vieler kreativer Köpfe vertrauen. Eine derartige Politik ist jedoch schwieriger durchzusetzen, weil sie ergebnisoffen ist. Ergebnisoffenheit erschwert jedoch aus den folgenden drei Gründen eine angemessene Evaluation der Grundlagenforschung:

1. Eine Evaluation orientiert sich an *vorher* definierten Zielen, nicht an zufällig erreichten Zielen, die außerhalb des geförderten Programms beziehungsweise Projekts liegen. *Externe* **Effekte** bleiben unberücksichtigt.
2. Eine Evaluation erfolgt innerhalb einer mittleren Frist. *Langfristige* **Effekte**, die für die Nachhaltigkeit einer Politik wichtiger sind als kurz- und mittelfristige Wirkungen, bleiben unberücksichtigt.
3. **Interdependenzen**, die sich aus Übertragungs- und Rückwirkungseffekten ergeben, bleiben unberücksichtigt.

## 2.7 Zusammenfassung und Aufgaben

### 2.7.1 Zusammenfassung

1. Die **deskriptive Entscheidungstheorie** zeigt auf, wie Entscheidungen realiter getroffen *werden*. Die **präskriptive (normative) Entscheidungstheorie** erläutert, wie Entscheidungen rational getroffen werden *sollen*.
2. Der **Aktionsraum** enthält alle vom Entscheider zu beeinflussenden **Aktionen (Optionen, Handlungsmöglichkeiten)**.
3. Der **Zustandsraum** enthält alle vom Entscheider nicht zu beeinflussenden **Umweltzustände**.
4. Die **Ergebnismatrix** enthält alle **Ergebnisse (Konsequenzen)**, die sich aus der Kombination der Aktionen mit den Umweltzuständen ergeben.
5. Die **Entscheidungsmatrix (Nutzenmatrix** beziehungsweise **Schadensmatrix)** enthält

alle *bewerteten* Ergebnisse (Konsequenzen), die sich aus der Kombination der Aktionen mit den Umweltzuständen ergeben.

6. Bei der **(optimistischen) Maximax-Regel** wird das **Maximum aller Maxima** der jeweiligen Handlungsoptionen gewählt.

7. Bei der **(optimistischen) Leximax-Regel** wird bei jeweils gleichen Maxima mehrerer Handlungsoptionen die Handlungsoption mit dem höchsten zweitbesten (gegebenenfalls drittbesten, viertbesten, …) Wert gewählt.

8. Bei der **(pessimistischen) Maximin-Regel (Wald-Regel)** wird das **Maximum aller Minima** der jeweiligen Handlungsoptionen gewählt.

9. Bei der **(pessimistischen) Leximin-Regel** wird bei jeweils gleichen Minima mehrerer Handlungsoptionen die Handlungsoption mit dem höchsten zweitschlechtesten (gegebenenfalls drittschlechtesten, viertschlechtesten, …) Wert gewählt.

10. Die **Hurwicz-Regel (Optimismus-Pessimismus-Regel)** stellt einen Ausgleich zwischen der optimistischen Maximax-Regel und der pessimistischen Maximin-Regel her, indem das bestmögliche Ergebnis mit einem Optimismus-Parameter und das schlechtestmögliche Ergebnis mit einem Pessimismus-Parameter gewichtet wird.

11. Die (pessimistische) **Savage-Niehans-Regel (Regel des geringsten Bedauerns)** berücksichtigt die Opportunitätskosten einer Entscheidung. Gemäß dieser Regel wird versucht, den maximalen *potentiellen* Schaden zu minimieren, der entstehen kann, wenn nicht die jeweils optimale Aktion für jeden Umweltzustand gewählt worden ist.

12. Bei der **Laplace-Regel** wird die Aktion mit dem höchsten Erwartungswert unter der Annahme *gleicher* Eintrittswahrscheinlichkeiten gewählt.

13. Bei der **Bayes-Regel ($\mu$-Regel)** wird die Aktion mit dem höchsten Erwartungswert unter der Annahme *ungleicher* Eintrittswahrscheinlichkeiten gewählt.

14. Bei der **$\mu$-$\sigma$-Regel** wird die Aktion mit dem höchsten Erwartungswert unter der Annahme *ungleicher* Eintrittswahrscheinlichkeiten unter Berücksichtigung der jeweiligen *Standardabweichungen* gewählt.

15. Das **Gefangenen-Dilemma** zeigt eine Dilemma-Situation mit einer **Inkonsistenz** von *individueller* und *kollektiver* **Rationalität**: Entscheidungen gemäß *individueller* Rationalität liefern für *beide* Seiten ein schlechteres Ergebnis und sind daher nicht *kollektiv* rational. An die Stelle von „Win-win"-Entscheidungen treten „Lose-lose"-Entscheidungen.

16. *Strategische* **Ziele** sind langfristige Ziele, in denen sich zudem die antizipierten Aktionen und Reaktionen anderer Staaten, internationaler Organisationen oder privater international tätiger Marktteilnehmer widerspiegeln.

17. *Taktische* **Ziele** sind mittelfristige Ziele, die über das wirtschaftspolitische Alltagsgeschäft hinausgehen, aber noch nicht die strategische Ausrichtung beeinflussen.

18. *Operative* **Ziele** sind kurzfristige Ziele, die oft eher nach Dringlichkeit als nach Relevanz für die wirtschaftspolitische Strategie gesetzt werden.

19. **Strategische Kohärenz** liegt vor, wenn sich die Maßnahmen aus den operativen Zielen, diese aus den taktischen Zielen, diese aus den strategischen Zielen ableiten lassen.

20. Die *allgemeinen externen* **Umweltbedingungen** erfassen folgende Dimensionen: politisch-institutionell, rechtlich, realwirtschaftlich, monetär, sozial, ökologisch, kulturell, technisch.

21. Die *spezifischen externen* **Umweltbedingungen** erfassen Porters fünf treibende Kräfte der Wettbewerbsfähigkeit: die jeweilige Macht der Zulieferer, der *aktuellen* Wettbewerber, der *potentiellen* Wettbewerber, der Konsumenten sowie der Substitute.

22. Die *internen* **Umweltbedingungen** erfassen die Ressourcen sowie die Wertschöpfungs- und Lieferketten.

23. Eine für die Wettbewerbsfähigkeit *wichtige* **Ressource** ist wertvoll, knapp, nichtimitierbar und nicht-substituierbar.

24. Eine *gute* **Wertschöpfungs- und Lieferkette** zeichnet sich dadurch aus, dass sie sowohl die Produktivität und damit die internationale Wettbewerbsfähigkeit als auch die Resilienz erhöht.

25. In einer **GAP-Analyse** werden die Wahrnehmungslücke, Entwicklungslücke, Leistungs-

lücke, Kommunikationslücke und zentrale Lücke untersucht.

26. In einer **SWOT-Analyse** werden die durch die Politik beeinflussbaren *Stärken* und *Schwächen* sowie die durch die Politik nicht beeinflussbaren *Chancen* und *Risiken* untersucht.

27. In einer **TOWS-Analyse** wird aus einer Kombination von Stärken und Chancen eine *Maximax*-Strategie abgeleitet, aus einer Kombination von Stärken und Risiken eine *Maximin*-Strategie, aus einer Kombination von Schwächen und Chancen eine *Minimax*-Strategie, aus einer Kombination von Schwächen und Risiken eine *Minimin*-Strategie.

28. Beim **Benchmarking** wird die inländische Volkswirtschaft mit einer anderen Volkswirtschaft verglichen, die als „Best-Practice"-Maßstab angesehen wird.

29. Eine **Innovationsstrategie** verfolgt ein *neues* Produkt, eine **Imitationsstrategie** ein *gleiches* Produkt, eine **Adaptionsstrategie** ein *ähnliches* Produkt.

30. Mit einer **Kostenführerschaftsstrategie** verteidigt eine Volkswirtschaft ihre internationale Wettbewerbsfähigkeit im *Preiswettbewerb*, mit einer **Differenzierungsstrategie** im *Qualitätswettbewerb*, mit einer **Nischenstratgie** im Wettbewerb um *Marktsegmente*.

31. Deutschland liegt an der Spitze des **Nation Brand Index (NBI)**, in deren Spitzengruppe sich ausnahmslos wohlhabende, freiheitliche Länder befinden.

32. Bei der *ressourcenorientierten* **Diversifikation** wird auf bereits *existierende* Ressourcen zurückgegriffen, bei der *nicht-ressourcenorientierten* **Diversifikation** erfolgt die Integration *vorgelagert* auf der Beschaffungsseite beziehungsweise *nachgelagert* auf der Absatzseite.

33. Die Jahrtausende alten **36 Strategeme** des Tan Daoji stellen „Kriegslisten" dar, welche die wirtschaftspolitische Strategie Chinas beeinflussen.

34. Die **Verhaltensökonomik** berücksichtigt bei Entscheidungen *kognitive* Defizite.

35. Ein **„bias"** ist eine *vorhersehbare* Verzerrung, die auf einem *systematischen* Erwartungsfehler beruht und daher kalkulierbar ist.

36. **„Noise" (Rauschen)** ist eine *nicht-vorhersehbare* Verzerrung, die auf einem *unsystematischen* Erwartungsfehler beruht und daher nicht kalkulierbar ist.

37. Die *kognitive* **Leichtigkeit**, mit der Informationen abgerufen werden, bestimmt in erheblichem Ausmaß die Bedeutung dieser Informationen („availability bias").

38. Eine wichtige wirtschaftspolitische Aufgabe besteht darin, **Entscheidungshygiene**, die Freiheit von „biases" und „noise", herzustellen: Big data schlägt in der Regel die Empfehlung einzelner Experten.

39. Die Kernaussage der **Prospect-Theorie**, der **„Neuen Erwartungstheorie"**, lautet: Entscheidungsirrtümer treten nicht zufällig auf, sondern menschliche Entscheidungen zeichnen sich durch kognitive Defizite aus, die *vorhersehbar* sind und sich in der Summe nicht ausgleichen. Somit sind **Verzerrungen** auch in der Makro-Perspektive nicht zu vermeiden, sondern der **Normalfall**.

40. Ein **Algorithmus** ist ein Verfahren, das für jeden denkbaren Fall eine Lösung bereitstellt.

41. Eine **Heuristik** ist eine aus der Erfahrung gewonnene Daumenregel, die aufgrund kognitiver Defizite des Menschen eine Komplexitätsreduktion bewusst in Kauf nimmt.

42. *Implizites* **Denken** erfolgt automatisch und wird im *prozeduralen* Gedächtnis gespeichert, *explizites* **Denken** ist reflexiv und erfordert die Verknüpfung von Arbeitsgedächtnis und *deklarativem* Gedächtnis.

43. **Nudges** sind „Anschubser", durch die das Verhalten der Menschen „freiwillig" in eine bestimmte Richtung gelenkt werden soll.

44. In Deutschland sind die privaten **Bruttoanlageinvestitionen** ungefähr achtmal so hoch wie die öffentlichen.

45. **Verlustaversion** ist ein zentrales Phänomen menschlichen Verhaltens.

46. Der **Endowment-Effekt** tritt auf, wenn Menschen besonders stark an etwas hängen, das sie bereits haben.

47. Gemäß dem **Serendipitätsprinzip** werden Rahmenbedingungen geschaffen, welche erstens die Entdeckung von etwas **Unerwartetem**, zweitens präzise **Beobachtungen**,

drittens kohärente **Schlussfolgerungen** ermöglichen.

48. **Ambiguitätskompetenz** zeigt sich in der Fähigkeit, mit Uneindeutigkeiten, Unsicherheiten, Ungewissheiten, Unvollkommenheiten, Unvorhersehbarkeiten sachlich umzugehen.

## 2.7.2  Wiederholungsfragen

1. Was versteht man unter dem Kritischen Rationalismus Poppers? Lösung Abschn. 2.1
2. Welche Entscheidungsregel kommt einem risikofreudigen Optimisten, welche einem risikoscheuen Pessimisten und welche einem Risikoneutralen entgegen? Lösung Abschn. 2.2
3. Was bedeutet Nash-Gleichgewicht? Lösung Abschn. 2.3
4. Wodurch unterscheiden sich in der SWOT-Analyse Stärken und Schwächen einerseits von Chancen und Risiken andererseits? Lösung Abschn. 2.3
5. Welche Vor- und Nachteile bieten eine Innovations-, Imitations- und Adaptionsstrategie? Lösung Abschn. 2.3
6. Welche Vor- und Nachteile bieten eine Kostenführerschaft, Produktdifferenzierung, Nischenstrategie? Lösung Abschn. 2.3
7. Wann begann Chinas wirtschaftlicher Aufschwung? Lösung Abschn. 2.4
8. Was ist ein Strategem? Lösung Abschn. 2.4
9. Was bedeuten Nudging und Sludging? Lösung Abschn. 2.5
10. Was bedeutet das Serendipitätsprinzip? Lösung Abschn. 2.6

## 2.7.3  Aufgaben

**Aufgabe 1**
Nennen Sie die klassischen Entscheidungsregeln, bei denen die Verlustaversion des Entscheiders in besonderer Weise berücksichtigt wird.

**Aufgabe 2**
Erläutern Sie, welche Optionen sich für eine Volkswirtschaft bieten, die aufgrund hoher Lohnkosten nicht in der Lage ist, die Strategie der (internationalen) Kostenführerschaft zu verfolgen.

**Aufgabe 3**
Erläutern Sie, inwiefern der Säkularismus eine bedeutende Rolle für die wirtschaftliche Entwicklung spielt.

## 2.7.4  Lösungen

**Lösung zu Aufgabe 1**
Gemäß der Maximin-Regel sowie der Leximin-Regel entscheidet man sich für die Variante, bei der das jeweils schlechtestmögliche Ergebnis im Vergleich zu den anderen Handlungsoptionen am besten ausfällt, gemäß der Savage-Niehans-Regel für die Handlungsoption, bei welcher das maximal mögliche Bedauern am geringsten ausfällt.

**Lösung zu Aufgabe 2**
Hohe Lohnkosten tragen zu hohen Arbeitskosten bei, die neben den Lohnkosten auch die Lohnnebenkosten wie Sozialversicherungsbeiträge enthalten. Durch höhere Lohnkosten sind ceteris paribus auch die gesamten Kosten höher. Wenn die hohen Lohnkosten nicht durch entsprechend hohe Arbeitsproduktivitäten ausgeglichen werden, ist die Volkswirtschaft einem Preiswettbewerb nicht gewachsen. In diesem Fall bieten sich eine Differenzierungs- oder eine Nischenstrategie an: Bei einer Differenzierungsstrategie werden die Produkte leicht modifiziert, sodass sie den konkurrierenden Produkten nicht mehr gleichen, sondern nur noch ähneln (Adaption). Bei einer Nischenstrategie bedient ein Land mit neuen Produkten (Innovation) Marktnischen. In beiden Fällen ist der Preiswettbewerb geringer.

**Lösung zu Aufgabe 3**
Säkularismus bedeutet die Trennung von geistlicher und weltlicher (politischer) Macht. Nur seine Extremform, der Laizismus, verbannt alles Religiöse, beispielsweise religiöse Symbole, aus dem öffentlichen Raum. In einem säkularen Land dürfen Menschen religiös sein, die staatliche Ordnung soll aber nicht maßgeblich durch die Werte einer bestimmten Religion beeinflusst werden. Dadurch gibt es weniger religionsbedingte Restriktionen für unternehmerische Aktivitäten. Es ist auch mit einem weniger konformistischen Verhalten zu rechnen, sodass eine Pluralität in

Verbindung mit einem hohen Grad an religiöser Toleranz einen guten Nährboden für den Wettbewerb der Ideen und damit für die wirtschaftliche Entwicklung bietet.

## Literatur

Akerlof, G. A. (1976). The economics of "caste and of the rat race and other woeful tales. *Quarterly Journal of Economics, 90* (4), 599–617.

van Andel, P. (1994). Anatomy of the unsought finding. Serendipity: Origin, history, domains, traditions, appearances, patterns and programmability. *British Journal for the Philosophy of Science, 45* (2), 631–648.

Aristoteles (2016). *Organon*. 4. Aufl., Berlin: Holzinger.

Arrow, K. J. & Debreu, G. (1954). Existence of an equilibrium for a competitive economy. *Econometrica, 22* (3), 265–290.

Bacon, F. (1597). *Meditationes sacrae*. London: Hooper.

Bacon, F. (1620). *Novum organon scientarum*. London: John Bill.

Barbara, S. & Jackson, M. (1988). Maximin, leximin, and the protective criterion: Characterizations and comparisons. *Journal of Economic Theory, 46* (1), 34–44.

Bazerman, M. H. & Samuelson, W. F. (1983). I won the auction but don't want the prize. *Journal of Conflict Resolution, 27* (4), 618–634.

Becker, G. S. (1992). The economic way of looking at life. *Nobel Prize lecture*, 38–58. https://www.nobelprize.org/uploads/2018/06/becker-lecture.pdf. Zugegriffen am 03.04.2020.

Beiser, Vince (2021). *Sand. Wie uns eine wertvolle Ressource durch die Finger rinnt*. München: Oekom.

Benartzi, Sh., Beshears, J., Milkman, K. L., Sunstein, C. R., Thaler, R. H., Shankar, M., Tucker-Ray, W., Congdon, W. J. & Galing, St. (2017). Should governments invest more in nudging? *Psychological Science, 28* (8), 1041–1055.

Bentham, J. (1907). *Introduction to the principles of morals and legislation*. Oxford: Clarendon Press. Erstveröffentlichung 1789.

Berger, J., Meredith, M. N. & Wheeler, S. Ch. (2008). Contextual priming: Where people vote affects how they vote. *Proceedings of the National Academy of Sciences, 105* (26), 8846–8849.

Berne, E. (1964). *Games people play*. New York City: Random House.

Bernoulli, J. (1713, postum). *Ars conjectandi. Tractatus de seriebus infinitis*. Basel: Thurneisen.

Birnbaum, M. H. (2018). Empirical evaluation of third-generation prospect theory. *Theory and Decision, 84* (1), 11–27.

Capen, E. C., Clapp, R. V. & Campbell, W. M. (1971). Competitive bidding in high-risk situations. *Journal of Petroleum Technology, 23* (6), 641–653.

CCPI (2021). Climate change performance index. Results. Bonn: German Watch, New Climate Institute, Climate Action Network International.

Dess, G., McNamara, G., Eisner, A. & Lee, S.-H. (2020). *Strategic management*. 10. Aufl., New York City: McGraw Hill. Erstveröffentlichung 2004.

Destatis (2021a). *Anzahl der Kinder, für die Kindergeld gezahlt wurde*. Wiesbaden: Statistisches Bundesamt. https://www.destatis.de/DE/Themen/Gesellschaft--Umwelt/Soziales/Elterngeld/Tabellen/anzahl-kinder-kindergeld.html. Zugegriffen am 13.01.2022.

Destatis (2021b). *Volkswirtschaftliche Gesamtrechnungen. Arbeitsunterlage Investitionen*. Statistisches Bundesamt. https://www.destatis.de/DE/Themen/Wirtschaft/Volkswirtschaftliche-Gesamtrechnungen-Inlandsprodukt/Publikationen/Downloads-Inlandsprodukt/investitionen-pdf-5811108.pdf?__blob=publicationFile. Zugegriffen am 04.08.2021.

Destatis (2022). *Rangfolge der Handelspartner im Außenhandel der Bundesrepublik Deutschland*. Außenhandel, Fachserie 7 (1). Wiesbaden: Statistisches Bundesamt. https://www.destatis.de/DE/Themen/Wirtschaft/Aussenhandel/Tabellen/rangfolge-handelspartner.pdf?__blob=publicationFile. Zugegriffen am 16.03.2022.

DHI (2018). *Digital health index. Smart health systems. Digitalisierungsstrategien im internationalen Vergleich*. Gütersloh: Bertelsmann-Stiftung.

DIW (2020). *Sozio-ökonomisches Panel*. Berlin: Deutsches Institut für Wirtschaftsforschung. https://www.diw.de/de/diw_01.c.412809.de/presse/glossar/sozio_oekonomisches_panel_soep.html. Zugegriffen am 11.02.2020.

Dobelli, R. (2014). *Die Kunst des klaren Denkens*. 3. Aufl., München: dtv. Erstveröffentlichung 2011.

Downs, A. (1957a). An economic theory of democracy. New York City: Harper and Row.

Downs, A. (1957b). An economic theory of political action in a democracy. Journal of Political Economy, 65 (2), 135-150.

Ellsberg, D. (1961). Risk, ambiguity and the Savage axioms. *Quarterly Journal of Economics, 75* (4), 643–669.

European Patent Office (2021). *Patent index. European patent applications. European patent application per country of origin*. https://www.epo.org/about-us/annual-reports-statistics/statistics/2020/statistics/patent-applications.html#tab2. Zugegriffen am 01.03.2022.

Festinger, L. (1957). *A theory of cognitive dissonance*. Stanford: Stanford University Press.

Flood, M. M. (1952). *Some experimental games*. Research memorandum 789. Santa Monica: RAND Corporation.

Fortune (2021). *Global 500*. https://fortune.com/global500/. Zugegriffen am 19.08.2021.

Friedman, L. (1956). A competitive bidding strategy. *Operations Research, 4* (1), 104–112.

Friedman, M. (1960). A program for monetary stability, Fordham University Press, New York.

Friedman, M. (1962). *Capitalism and freedom*. Chicago: Chicago University Press.

Gigerenzer, G. (1991). How to make cognitive illusions to disappear. *European Review of Social Psychology, 2* (1), 83–115.

Gigerenzer, G. (2010). Personal reflections on theory and psychology. *Theory and Psychology, 20* (6), 733–743.

Gigerenzer, G. & Brighton, H. (2009). Homo heuristicus: Why biased minds make better inferences. *Topics in Cognitive Science, 1* (1), 107–143.

Gigerenzer, G., Hertwig, R. & Pachur, Th. (Hrsg.) (2011). *Heuristics: The foundations of adaptive behaviour.* Oxford: Oxford University Press.

Gilbert, D. T., Morewedge, C. K., Risen, J. L. & Wilson, T. D. (2004). Looking forward to looking backward. The misprediction of regret. Academia, 15 (5), 346–350, https://www.academia.edu/12850644/Looking_Forward_to_Looking_Backward_The_Misprediction_of_Regret?auto=citations&from=cover_page. Zugegriffen am 24.12.2021.

Harris, Th. A. (1967). *I'm OK, You're OK.* New York City: Harper and Collins.

von Hayek, F. A. (1937). Economics and knowledge. *Economica, 4* (13), 33–54.

von Hayek, F. A. (1944). *The road to serfdom.* Chicago: University of Chicago Press.

von Hayek, F. A. (1945a). *Der Weg zur Knechtschaft.* Zürich: Rentsch.

von Hayek, F. A. (1945b). The use of knowledge in society. *American Economic Review, 35* (4), 519–530.

von Hayek, F. A. (1960). *The constitution of liberty.* London: Routledge.

von Hayek, F. A. (1974). The pretence of knowledge. *Nobel Prize lecture.* https://www.nobelprize.org/prizes/economic-sciences/1974/hayek/lecture/. Zugegriffen am 31.03.2020.

von Hayek, F. A. (1996). *Die Anmaßung von Wissen.* Neue Freiburger Studien. Tübingen: Mohr Siebeck.

Huber, M. St. (1996). *Heraklit. Der Werdegang des Weisen.* Bochumer Studien zur Philosophie, 24. Amsterdam: Grüner.

Hurwicz, L. (1951a). *The generalized Bayes-minimax principle: A criterion for decision-making under uncertainty.* Cowles Commission discussion paper Statistics, 355. Chicago: Cowles Commission.

Hurwicz, L. (1951b). *A class of criteria for decision-making under ignorance.* Cowles Commission discussion paper Statistics, 356. Chicago: Coles Commission.

Hurwicz, L. (1951c). *Aggregation as a problem in decision-making under ignorance of uncertainty.* Cowles Commission discussion paper Statistics, 357. Chicago: Coles Commission.

Hurwicz, L. (1951d). *Optimality criteria for decision making under ignorance.* Cowles Commission discussion paper Statistics, 370. Chicago: Cowles Commission.

Ioannidis, J. P. A. (2005). Why most research results are false. *Plos Medicine, 2* (8), e124. https://doi.org/10.1371/journal.pmed.0020124. Zugegriffen am 20.05.2021.

Ipsos (2019). *Ipsos public affairs. Anholt Ipsos nation brands index (NBI).* https://www.ipsos.com/sites/default/files/anholt-ipsos-nation-brands-index.pdf. Zugegriffen am 11.03.2022.

Ipsos (2021). *Germany maintains top "nation brand" ranking, Canada and Japan overtake the UK to round out the top three.* https://www.ipsos.com/en/nation-brands-index-2021. Zugegriffen am 11.03.2022.

Jacowitz, K. E. & Kahneman, D. (1995). Measures of anchoring in estimation tasks. *Personality and Social Psychology Bulletin, 21* (11), 1161–1166.

Jami, A., Kouchaki, M. & Gino, F. (2021). I own, so I help out: How psychological ownership increases prosocial behavior. *Journal of Consumer Research, 47* (5), 698–715.

Kahneman, D. (2002). Maps of bounded rationality: A perspective on intuitive judging and choice. *Nobel Prize lecture,* 449–489, https://www.nobelprize.org/uploads/2018/06/Kahneman-lecture.pdf. Zugegriffen am 03.04.2020.

Kahneman, D. (2011). *Thinking, fast and slow.* London: Allen Lane.

Kahneman, D. (2012). *Schnelles Denken, langsames Denken.* München: Penguin.

Kahneman, D., Knetsch, J. L. & Thaler, R. H. (1990). Experimental tests of the endowment effect and the Coase theorem. *Journal of Political Economy, 98* (6), 1325–1348.

Kahneman, D., Knetsch, J. L. & Thaler, R. H. (1991). Anomalies: The endowment effect, loss aversion and status quo bias. *Journal of Economic Perspectives, 5* (1), 193–206.

Kahneman, D., Sibony, O. & Sunstein, C. R. (2021a). *Noise. A flaw in human judgement.* New York City: Little, Brown Spark.

Kahneman, D., Sibony, O. & Sunstein, C. R. (2021b). *Noise. Was unsere Entscheidungen verzerrt und wie wir sie verbessern können.* München: Siedler.

Kahneman, D. & Tversky, A. (1973). On the psychology of prediction. *Psychological Review, 80* (4), 237–251.

Kahneman, D. & Tversky, A. (1979). Prospect theory: An analysis of decision under risk. *Econometrica, 47* (2), 263–291.

Karolis, V. R., Corbetta, M. & de Schotten, M. Th. (2019). The architecture of functional lateralisation and its relationship to callosal connectivity in the human brain. *Nature Communications, 10* (1417), 1–9.

Keppeler, F., Sievert, M. & Jilke, S. (2021). *How local government vaccination campaigns can increase willingness to get vaccinated against Covid-19: A field experiment on psychological ownership.* https://papers.ssrn.com/sol3/papers.cfm?abstract_id=3905470. Zugegriffen am 25.08.2021.

Knetsch, J. L. (1989). The endowment effect and evidence of nonreversible indifference curves. *American Economic Review, 79* (5), 1277–1284.

Knetsch, J. L. & Sinden, J. A. (1984). Willingness to pay and compensation demanded: Experimental evidence of an unexpected disparity in measures of value. *Quarterly Journal of Economics, 99* (3), 507–521.

Langmuir, I. (1956). *Freedom, the opportunity to profit from the unexpected.* Schenectady, New York City: General Electric Corporate Research and Development Publications.

Laplace, P.-S. (1812). *Théorie analytique des probabilités.* Paris: Courcier.

Lawson, R. A. & Clark, J. R. (2010). Examining the Hayek-Friedman hypothesis on economic and political freedom. *Journal of Economic Behavior and Organization, 74* (3), 230–239.

LeBoeuf, R. A. & Shafir, E. (2006). The long and short of it: Physical anchoring effects. *Journal of Behavioral Decision Making, 19* (4), 393–406.

Lucas, R. E. (1972). Expectations and the neutrality of money. *Journal of Economic Theory, 4* (2), 103–124.

Machiavelli, Niccolò (1995). *Il Principe. Der Fürst*. Stuttgart: Reclam. Erstveröffentlichung 1513.

Markowitz, H. M. (1952). The utility of wealth. *Journal of Political Economy, 60* (2), 151–158.

Mill, J. St. (1863). *Utilitarianism*. London: Parker, son, and Bourne.

Mühlhahn, K. (2019). *Making China modern. From the great Qing to Xi Jinping*. Cambridge, Mass.: Harvard University Press.

Mühlhan, K. (2021). *Geschichte des modernen China. Von der Qing-Dynastie bis zur Gegenwart*. München: Beck.

Mussweiler, Th. & Strack, F. (2000). The Use of category and exemplar knowledge in the solution of anchoring tasks. *Journal of Personality and Social Psychology, 78* (6), 1038–1052.

Muth, J. F. (1961). Rational expectations and the theory of price movements. *Econometrica, 29* (3), 315–335.

Nash, J. F. (1950). *Non-cooperative games*. Dissertation. Princeton: Princeton University Press.

von Neumann, J. & Morgenstern, O. (1944). *Theory of games and economic behaviour*. Princeton: Princeton University Press.

Niehans, J. (1948). Zur Preisbildung bei ungewissen Erwartungen. *Swiss Journal of Economics and Statistics (Schweizerische Zeitschrift für Volkswirtschaft und Statistik), 84* (5), 433–456.

Northcraft, G. B. & Neal, M. A. (1987). Experts, amateurs, and real estate: An anchoring-and-adjustment perspective on property pricing decisions. *Organizational Behavior and Human Decision Process, 39* (1), 84–97.

Novemsky, N. & Kahneman, D. (2005). The boundaries of loss aversion. *Journal of Marketing Research, 42* (2), 119–128.

NSI (2021). *Nanny State Index*. Christopher Snowden, Institute of Economic Affairs (Hrsg.). London: European Policy Information Center (Epicenter). http://nannystateindex.org/wp-content/uploads/2021/05/NannyStateIndex-final.pdf. Zugegriffen am 03.02.2022.

Olivier, J. G. J. & Peters, J. A. H. W. (2020). *Trends in global $CO_2$ and total greenhouse gas emissions*. Report 2019. Den Haag: PBL Netherlands Environmental Assessment Agency. https://www.pbl.nl/sites/default/files/downloads/pbl-2020-trends-in-global-co2-and-total-greenhouse-gas-emissions-2019-report_4068.pdf. Zugegriffen am 17.11.2021.

Oren, M. E. & Williams, A. C. (1975). On competitive bidding. *Operations Research, 23* (6), 1072–1079.

Peck, J., Kirk, C. P., Luangrath, A. W. & Shu, S. B. (2021). Caring for the commons. Using psychological ownership to enhance stewardship behavior for public goods. *Journal of Marketing, 85* (2), 33–49.

Pierce, J. L., Kostova, T. & Dirks, K. T. (2001). Toward a theory of psychological ownership in organizations. *Academy of Management Review, 26* (2), 298–310.

Platon (2021). *Menon*. Stuttgart: Reclam. Erstveröffentlichung ca. 380 v. Chr.

Plott, Ch. R. & Zeiler, K. (2007). Exchange asymmetries incorrectly interpreted as evidence of endowment effect theory and prospect theory? *American Economic Review, 97* (4), 1449–1466.

Popper, K. (1935). *Logik der Forschung. Zur Erkenntnistheorie der modernen Naturwissenschaft*. Wien: Springer.

Popper, K. (1994). *Logik der Forschung*. 10. Aufl., Tübingen: Mohr. Erstveröffentlichung 1935.

Porter, M. E. (1980). *Competitive strategy: Techniques for analyzing industries and competitors*. New York City: Free Press.

Porter, M. E. (1996). What is strategy? *Harvard Business Review, 11–12*, 61–78.

Rawls, J. B. (1971). A theory of justice. Cambridge, Mass.: Harvard University Press.

Richert, R. (1996). *Eudaimonistische Wirtschaftstheorie*. Frankfurt a. M. et al.: Peter Lang.

Richert, R. (2021a). *Grundlagen der Volkswirtschaftslehre aus globaler Sicht*. Reihe Wiwi: klipp & klar. Wiesbaden: Springer Gabler.

Richert, R. (2021b). *Internationale Wirtschaftsbeziehungen*. Reihe Wiwi: klipp & klar. Wiesbaden: Springer Gabler.

Richert, R. (2021c). *Makroökonomik*. Reihe Wirtschaft: Schnell erfasst. 2. Aufl., Berlin: Springer Gabler. Erstveröffentlichung 2007.

Richert, R. (2021d). *Mikroökonomik*. Reihe Wirtschaft: Schnell erfasst. 2. Aufl., Berlin: Springer Gabler. Erstveröffentlichung 2010.

Ritchie, St. (2020). *Science fictions. Exposing fraud, bias, negligence and hype in science*. London: Random House.

Roth, A. E. (1993). On the early history of experimental economics. *Journal of the History of Economic Thought, 15* (2), 184–209.

Rottenstreich, Y. & Hsee, Ch. K. (2001). Money, kisses, and electric shocks: On the affective psychology of risk. *Psychological Science, 12* (3), 185–190.

Sargent, Th. J. (1973). Rational expectations, the real rate of interest, and the natural rate of unemployment. *Brookings Papers on Economic Activity, 2*, 429–472.

Savage, L. J. (1951). The theory of statistical decision. *Journal of the American Statistical Association, 46* (253). 55–67.

Sen, A. (1980). Equality of what? In St. M. McMurrin (Hrsg.). *The Tanner lectures on human values, Bd. 1*, 195–220. Salt Lake City, Utah: University of Utah Press.

von Senger, H. (2009). *36 Strategeme für Manager*. 3. Aufl., München: Piper. Erstveröffentlichung 2004.

von Senger, H. (2011). *36 Strategeme. Lebens- und Überlebenslisten aus drei Jahrtausenden*. Frankfurt a. M.: Fischer.

Sidgwick, H. (2011). *The methods of ethics*. Cambridge: Cambridge University Press. Erstveröffentlichung 1874.

Simon, H. (2009). *Hidden champions of the 21st century*. Heidelberg et al.: Springer Dordrecht.

Simon, H. (2012). *Hidden champions. Aufbruch nach Globalia. Die Erfolgsstrategien unbekannter Weltmarktführer*. Frankfurt a. M. und New York City: Campus. Erstveröffentlichung 1996.

Simon, H. (2021). *Hidden champions. Die neuen Spielregeln im chinesischen Jahrhundert*. Frankfurt a. M. und New York City: Campus.

Simon, H. A. (1955). A Behavioral Model of Rational Choice. *Quarterly Journal of Economics, 69* (1), 99–118.

Simon, H. A. (1957). *Models of man*. New York City: Wiley.

Simon, H. A. (1986). *Rationality in psychology and economics*. In R. M. Hogarth & M. E. Reder (Hrsg.). Rational choice. The contrast between economics and psychology, 25–40. Chicago: University of Chicago Press.

Schelling, Th. C. (1960). *The strategy of conflict*. Cambridge, Mass.: Harvard University Press.

Sinus-Institut (2020). *Die Sinus-Milieus in Deutschland 2020*. https://www.sinus-institut.de/sinus-loesungen/sinus-milieus-deutschland/. Zugegriffen am 11.02.2020.

Smith, V. L. (2002). Constructivist and ecological rationality in economics. *Nobel Prize lecture*, 502–561. https://www.nobelprize.org/uploads/2018/06/smith-lecture-2.pdf. Zugegriffen am 03.04.2020.

Smith, V. L. (2003). Constructivist and ecological rationality in economics. *American Economic Review, 93* (3), 465–508.

Stanovich, K. E. & West, R. F. (2000). Individual differences in reasoning. Implications for the rationality debate. *Behavioral and Brain Sciences, 23* (5), 645–665.

Statista (2021a). *Anzahl der postmortalen Organspender in Deutschland in den Jahren von 1998 bis 2020*. https://de.statista.com/statistik/daten/studie/70873/umfrage/anzahl-der-postmortalen-organspender-in-deutschland/. Zugegriffen am 17.11.2021.

Statista (2021b). *Deutsche Rohölimporte nach ausgewählten Exportländern in den Jahren 2013 bis 2020*. https://de.statista.com/statistik/daten/studie/2473/umfrage/rohoelimport-hauptlieferanten-von-deutschland/. Zugegriffen am 16.03.2022.

Statista (2021c). *Weltweiter Maschinenbau-Umsatz in den Jahren 2006 bis 2020*. https://de.statista.com/statistik/daten/studie/237376/umfrage/geschaetzter-umsatz-im-maschinenbau-weltweit/. Zugegriffen am 08.08.2021.

Statista (2021d). *Wichtigste Länder weltweit nach Umsatz im Maschinenbau in den Jahren 2018 bis 2020*. https://de.statista.com/statistik/daten/studie/154143/umfrage/umsatz-im-maschinenbau-2009-nach-laendern/. Zugegriffen am 08.08.2021.

Sunstein, C. R. & Thaler, R. H. (2003). Libertarian paternalism is not an oxymoron. *The University of Chicago Law Review, 70*, 1159–1202.

Sunzi (2017). *Die Kunst des Krieges*. Frankfurt a. M. et al.: Insel Verlag.

Taleb, N. N. (2007). *The black swan. The impact of the highly improbable*. New York City: Random House.

Taleb, N. N. (2012). *Antifragile. How to live in a world we don't understand*. New York City: Random House.

Taleb, N. N. (2018). *Skin in the game. Hidden asymmetrics in daily life*. New York City: Random House.

Thaler, R. H. (1980). Toward a positive theory of consumer choice. *Journal of Economic Behavior and Organization, 1* (1), 39–60.

Thaler, R. H. (1985). Mental accounting and consumer choice. *Marketing Science, 4*, 199–214.

Thaler, R. H. (1988). The winner's curse. *Journal of Economic Perspectives, 2*(1), 191–202.

Thaler, R. H. (1999). Mental accounting matters. *Journal of Behavioral Decision Making, 12* (3), 183–206.

Thaler, R. H. (2017). From cashews to nudges: The evolution of behavioral economics. *Nobel Prize lecture*, 488–515. https://www.nobelprize.org/uploads/2018/01/thaler-lecture.pdf. Zugegriffen am 03.04.2020.

Thaler, R. H. & Benartzi, Sh. (2004). Save more tomorrow: Using behavioral economics to increase employee saving. *Journal of Political Economy, 89* (2), 392–406.

Thaler, R. H. & Johnson, E. J. (1990). Gambling with the house money and trying to break even: The effects of prior outcomes on risky choices. *Management Science, 36* (6), 643–660.

Thaler, R. H. & Sunstein, C. R. (2003). Libertarian paternalism. *American Economic Review, 93* (2), 175–179.

Thaler, R. H. & Sunstein, C. R. (2008). *Nudge: Improving decision about health, wealth and happiness*. New Haven, CT: Yale University Press.

Todorov, A. (2017). *Face value: The irresistible influence of first impressions*. Princeton & Oxford: Princeton University Press.

Todorov, A., Baron, S. G. & Oostenhof, N. N. (2008). Evaluating face trustworthiness: A model-based approach. *Social Cognitive and Affective Neuroscience, 3* (2), 119–127.

Todorov, A., Mandisotza, A. N., Goren, A. & Hall, C. C. (2005). Inference of competence from faces predict election outcomes. *Science, 308* (5728), 1623–1626.

Todorov, A., Olivola, Ch. Y., Dotsch, R. & Mende-Siedlecki, P. (2015). Social attributions from faces: Determinants, consequences, accuracy, and functional significance. *Annual Review of Psychology, 66*, 519–545.

Todorov, A., Pakrashi, M. & Oostenhof, N. N. (2009). Evaluating faces on trustworthiness after minimal time exposure. *Social Cognition, 27* (6), 813–833.

Tversky, A. & Kahneman, D. (1973). Availability: A heuristic for judging frequency and probability. *Cognitive Psychology, 5* (2), 207–232.

Tversky, A. & Kahneman, D. (1974). Judgement under uncertainty: Heuristics and biases. *Science, 185* (4157), 1124–1131.

Tversky, A. & Kahneman, D. (1981). The framing of decisions and the psychology of choice. *Science, 211* (4481). 453–458.

Tversky, A. & Kahneman, D. (1991). Loss aversion in riskless choice: A reference-dependent model. *Quarterly Journal of Economics, 106* (4), 1039–1061.

Wald, A. (1939). Contributions to the theory of statistical estimation and testing hypotheses. *Annals of Mathematical Statistics, 10* (4), 299–326.

Wald, A. (1945). Statistical decision functions with minimize the maximum risk. *Annals of Mathematical Statistics, 46* (2), 265–280.

Wald, A. (1950). *Statistical decision function.* New York City: Wiley.

WDCR (2021). *IMD World digital competitiveness ranking.* Lausanne und Singapur: Institute for Management Development: IMD World Competitiveness Center.

Weber, M. (2017). *Die protestantische Ethik und der Geist des Kapitalismus.* Stuttgart: Reclam. Erstveröffentlichung 1905.

Wicklund, R. A. & Brehm, J. W. (1976). *Perspectives on cognitive dissonance.* Hillsdale: Lawrence Erlbaum.

WTR (2021). *IMD World talent ranking. Scoring countries across three factors of investment and development, readiness and appeal.* Lausanne und Singapur: Institute for Management Development: IMD World Competitiveness Center.

Zajonc, R. B. (1968). Attitudinal effects of mere exposure. *Journal of Personality and Social Psychology, 9* (2), 1–27.

Zajonc, R. B. (2001). Mere exposure: A gateway to the subliminal. *Current Directions in Psychological Science, 10* (6), 224–228.

Zeelenberg, M., van den Bos, K., van Dijk, E. & Pieters, R. (2002). The inaction effect in the psychology of regret. Journal of Personality and Social Psychology, 82. 314–327.

# Politökonomische Grundlagen

**3**

**Zusammenfassung**

In den politökonomischen Grundlagen wird gezeigt, wie politische Kalküle die Wirtschaftspolitik eines Landes beeinflussen: Für den Wählerstimmen maximierenden Politiker sind die Präferenzen des Medianwählers sowie der politische Konjunkturzyklus von zentraler Bedeutung. Bürokraten und andere Interessengruppen verfolgen zum Teil Ziele, die den kollektiven Zielen einer Volkswirtschaft zuwiderlaufen. Rentenstreben und anreizinkompatible Regulierungen sorgen für mangelnde Effizienz wirtschaftspolitischen Handelns. Lösungen, die für eine tragfähige Schulden- und eine nachhaltige Klimapolitik erforderlich sind, stehen Zeitinkonsistenzen entgegen, sofern positive Effekte erst langfristig zu erwarten sind, Kosten hingegen bereits kurz- und mittelfristig anfallen. Auch wenn ihre Bedeutung aufgrund des hohen Abstraktionsgrades, der für universalistische Prinzipien charakteristisch ist, oft unterschätzt wird, so gehört der Schutz privater Eigentums- und Verfügungsrechte zu einer der wichtigsten Aufgaben der Wirtschaftspolitik.

## 3.1 Einführung

**Lernziele: Beschreiben, Erklären, Interpretieren, Beurteilen**

- des methodologischen Individualismus (Schumpeter),
- der ökonomischen Theorie der Demokratie (Downs),
- der ökonomischen Theorie der Bürokratie (Niskanen),
- der ökonomischen Theorie der Interessengruppen (Olson),
- der ökonomischen Theorie der Regulierung (Stigler),
- der ökonomischen Theorie des Rentenstrebens (Tullock, Buchanan),
- der ökonomischen Theorie politischer Konjunkturzyklen (Nordhaus),
- von Zeitinkonsistenzen (Prescott/Kydland).

Die **ökonomische Theorie der Politik** wird auch „**Neue Politische Ökonomik**" oder „**Public Choice Theory**" genannt. Sie untersucht poli-

© Springer Fachmedien Wiesbaden GmbH, ein Teil von Springer Nature 2022
R. Richert, *Wirtschaftspolitik klipp & klar*, WiWi klipp & klar,
https://doi.org/10.1007/978-3-658-38146-2_3

tische Entscheidungen aus der Perspektive eines Politikers, der seinen *individuellen* Nutzen zu maximieren sucht. Dabei gelten folgende Annahmen:

1. **methodologischer Individualismus** statt methodologischer Korporatismus,
2. **Satisfizierungsziele** statt Maximierungsziele,
3. **beschränkt-rationales Verhalten** statt vollkommen rationales Verhalten,
4. **opportunistisches Verhalten** statt altruistisches Verhalten.

Es wird ein methodologischer Individualismus unterstellt (vgl. Schumpeter 1908), wonach Politiker *ihre* Wählerstimmen, Budgets oder Macht unter dem Deckmantel *kollektiver* Ziele zu maximieren suchen. Menschen streben nicht nach „größtmöglichen" („maximalen") Zielen, sondern geben sich mit bestimmten Zielniveaus „zufrieden". Sie verfolgen ein **Satisficing** (vgl. lateinisch: „satis" – „genug"; lateinisch: „facere" – „machen"), das Erfüllen von Ansprüchen („to satisfy" – „befriedigen" + „to suffice" – „genügen"). Entscheidungsprozesse sind nicht vollkommen rational, sondern unterliegen aufgrund der defizitären menschlichen Psyche und Physis signifikanten Beschränkungen (vgl. North 1978, S. 963–978).

▶ Die ökonomische Theorie der **Politik** geht von einem methodologischen Individualismus aus, wonach Politiker unter dem Deckmantel *kollektiver* Interessen ihre *individuellen* Interessen verfolgen.

Werden die Früchte ihrer Arbeit unabhängig vom Einsatz des Einzelnen gleichverteilt, werden die meisten Individuen sich weniger mühen, als wenn ihnen ein größerer Anteil des Kuchens zusteht. Sie denken nicht nur an „den anderen" – *„altruistisches"* Verhalten –, sondern versuchen „Gelegenheiten" zu ergreifen, in denen sie sich selbst besserstellen – *„opportunistisches"* **Verhalten** –, insbesondere dann, wenn keine Transparenz über die *individuellen* Leistungsbeiträge besteht (vgl. Brunner und Meckling 1977, S. 70–85).

Die ökonomische Theorie der Politik fasst einige politökonomische Dogmen zusammen, von denen die wichtigsten eine Erläuterung verdienen. Diese sind die:

- ökonomische Theorie der Demokratie (Downs),
- ökonomische Theorie der Bürokratie (Niskanen),
- ökonomische Theorie der Interessengruppen (Olson),
- ökonomische Theorie der Regulierung (Stigler),
- ökonomische Theorie des Rentenstrebens (Tullock, Buchanan),
- ökonomische Theorie politischer Konjunkturzyklen (Nordhaus),
- Zeitinkonsistenzen (Prescott/Kydland).

Eine Wirtschaftspolitik, die ökonomischer Rationalität widerspricht, wird oft nachvollziehbar, wenn Aspekte der ökonomischen Theorie der Politik einbezogen werden.

## 3.2  Ökonomische Theorie der Demokratie

### 3.2.1  Grundlagen

Die **ökonomische Theorie der Demokratie** geht auf die Veröffentlichung des gleichnamigen Werkes des US-amerikanischen Politologen und Ökonomen Anthony **Downs** (1930–2021) zurück (vgl. Downs 1957a, b, S. 135–150). Sie analysiert in einer Demokratie getroffene Entscheidungen. Downs untersucht nicht nur das Wahlverhalten individueller, sondern auch kollektiver Akteure wie Parteien.

▶ Gemäß der ökonomischen Theorie der **Demokratie** orientiert sich ein stimmenmaximierender Politiker an den Präferenzen des Medianwählers.

Stimmenmaximierende Parteien orientieren sich am **Medianwähler**, der beispielsweise in einem Links-Rechts-Schema genauso viele Wähler links wie rechts von sich weiß. Denn nur so sind

Parteien in der Lage, eine knappe Mehrheit für ihren Wahlsieg zu erringen. Politiker sind demzufolge nicht Überzeugungstäter, welche die Bevölkerung von Inhalten zu überzeugen suchen, sondern sie ordnen ihre Programme den Präferenzen des Medianwählers unter, um die Wahl zu gewinnen. Ist der Medianwähler nicht von einem sinnvollen Programm zu überzeugen, bieten Politiker Programme an, deren inhaltliche Schwächen sie in Kauf nehmen, sofern sie durch diese für den Medianwähler attraktiveren Programme ihre jeweiligen Wahlchancen steigern.

## Medianwähler

Die „Christdemokratisierung" SPD-geführter Bundesregierungen zeigte sich zum Beispiel unter Bundeskanzler Schröder (1998–2005) in der „Agenda 2010" oder in der „Rechtsverschiebung" der sozialdemokratischen Partei hin zur „Neuen Mitte", unter Bundeskanzler Scholz (seit 2021) im Sondervermögen zur Aufrüstung der Bundeswehr. Die „Sozialdemokratisierung" CDU-geführter Bundesregierungen unter Bundeskanzlerin Merkel (2005–2021) wurde beispielsweise sichtbar in der Einführung eines Elterngeldes, eines Mindestlohnsatzes, einer „Rente mit 63", einer „Respektrente", von Frauenquoten in Aufsichtsräten, im Ausbau außerfamiliärer Betreuungseinrichtungen für Kinder, in der Erweiterung des „Ehekonzepts" oder in einer liberalen Zuwanderungspolitik. Die „Ergrünung" CDU-geführter Bundesregierungen schlug sich im rigorosen Ausstieg aus der Kernenergie und im Rückbau von Kohlekraftwerken nieder. Die Dominanz des näher am Medianwähler liegenden „realpolitischen" Flügels der Grünen gegenüber ihrem fundamentalistischen Flügel zeigte sich im ersten Kampfauftrag der Bundeswehr im Kosovo (1999) unter dem grünen Außenminister Joschka Fischer und in der militärischen Unterstützung der Ukraine (2022) unter der grünen Außenministerin Annalena Baerbock. Unter der ersten bundesrepublikanischen Dreierkoalition wurden das Kanzleramt sowie die Ministerämter für die SPD und für die Grünen überproportional oft an – im Vergleich zu den gewählten Mitgliedern des Bundestags dieser beiden Parteien – „rechte", der Mitte näherstehende Personen vergebe. Die FDP betrieb über viele Jahrzehnte hinweg eine Politik, die um den Medianwähler „pendelte", indem sie eine Rechts- und Justizpolitik links der Mitte und eine Wirtschaftspolitik rechts der Mitte propagierte. ◄

Nicht selten werden *Partikular*interessen von **Meinungsführern** bedient, die einen nachhaltigen Einfluss auf den Medianwähler ausüben. Sind die politischen Programme jedoch zu stark an den Interessen des Medianwählers ausgerichtet, besteht die Gefahr, dass die Wahlbeteiligung aufgrund der mangelnden Profilschärfe der Parteien sinkt und die politischen Ränder gestärkt werden.

Wichtige Annahmen in Downs' Theorie der repräsentativen Demokratie sind die:

a. Existenz von genau zwei Parteien beziehungsweise Parteilagern;
b. vollständige Information über die Parteiprogramme;
c. Eindimensionalität der Parteiprogramme (z. B. „links" versus „rechts");
d. Orientierung der Politiker an ihren Wahlerfolgen (Stimmenmaximierung);
e. Orientierung der Wähler an ihren egoistischen Präferenzen;
f. permanente Wahlen.

Richten sich beide Parteien am Medianwähler aus, sind ihre Parteiprogramme zum Verwechseln ähnlich. Dann entscheidet der Zufall über den Wahlausgang.

Sind die oben genannten Annahmen nicht erfüllt, ist das Gleichgewicht instabil:

a. Bei mehr als zwei Parteien kommt es zu strategischem Verhalten.
b. Die meisten Wähler informieren sich nicht über die Parteiprogramme, weil diese in Koalitionsregierungen ohnehin verwässert werden. Wähler werden nicht vollständig informiert und haben hohe Informationskosten zu

tragen. Sie analysieren keine Parteiprogramme, sondern orientieren sich an wenigen Indikatoren, z. B. an der erwarteten Arbeitslosenrate, an erwarteten Mindestlöhnen, an der Sicherheit ihrer Rente oder an klimapolitischen Auflagen.

c. Mehrdimensionalen Parteiprogrammen liegen mehrgipflige Präferenzordnungen zugrunde, sodass gemäß dem Arrow-Paradoxon (vgl. Arrow 1950, S. 328–346, 1951) konsistente kollektive Entscheidungen nicht zu erwarten sind.

d. Nicht alle Politiker streben nach Stimmenmaximierung, es gibt auch Idealisten/Ideologen unter ihnen, die nach der vermeintlich besten Ordnung streben, auch wenn ihre Vorstellungen keine Mehrheit finden.

e. Nicht alle Wähler streben nach maximaler Umsetzung ihrer *egoistischen* Präferenzen, sondern sind zumindest bis zu einem gewissen Grad auch *altruistisch* orientiert.

f. Werden Wahlen nicht permanent abgehalten, verfügt die Regierung über ein zeitlich befristetes Monopol, das sie ausnutzen kann.

Die Orientierung am Medianwähler birgt für ein Land wie Deutschland mit seiner alten Bevölkerung wirtschafts- und sozialpolitische Risiken. Wer in Deutschland seinen 47. Geburtstag feiert, gehört noch zur jüngeren Hälfte der Bevölkerung, wer im Niger seinen 16. Geburtstag feiert, bereits zur älteren Hälfte. Während das Medianalter in Afrika bei 20 Jahren, in der Welt bei 30 Jahren und in Europa bei 40 Jahren liegt, sind die Deutschen mit einem Medianalter von 48 Jahren nach den Japanern und vor den Italienern die ältesten Menschen der Welt, wenn man vom steuerpolitisch verzerrten Medianalter der Monegassen (55 Jahre) einmal absieht (vgl. World Factbook 2021; Statista 2022a).

Dabei gibt es signifikante Altersunterschiede von über fünf Jahren zwischen „jungen" Bundesländern wie Hamburg und Berlin sowie „alten" Bundesländern, die allesamt durch die „neuen" Bundesländer verkörpert werden (vgl. Statista 2021g). Die knapp 14 Millionen (vgl. Statista 2021c) Minderjährigen (mit oder ohne deutsche Staatsangehörigkeit) dürfen ebenso wenig wählen wie die zwölf Millionen (voll- und minderjährigen) Einwohner, die nicht die deutsche

Staatsbürgerschaft haben (vgl. Statista 2021e). Die Zahl der Wahlberechtigten in Deutschland liegt bei etwa 60 Millionen Menschen. Weil die Wahlbeteiligung von einem Alter ab 21 Jahren bis zu einem Alter von 70 Jahren kontinuierlich steigt (vgl. Demografieportal 2021), ist das Gewicht der Älteren bei Wahlen noch höher als es ihr Anteil an den Wahlberechtigten ohnehin schon ist.

Bei den Bundestagswahlen 2021 (vgl. Bundeswahlleiter 2021; Statista 2021d) gehörte ein 53jähriger Wähler noch zur *jüngeren* Hälfte der Wähler. Von den Wählern waren:

- 20 % über 70 Jahre alt,
- 40 % über 60 Jahre alt,
- 60 % über 50 Jahre alt,
- 74 % über 40 Jahre alt,
- 86 % über 30 Jahre alt.

▶ Bei den Bundestagswahlen 2021 war der **Medianwähler** 53 Jahre alt.

Wie gravierend sich die Bevölkerungsstruktur in Deutschland geändert hat, zeigt das Verhältnis der **Jungen unter 20 Jahren** zu den **Alten über 65 Jahren**: Die Gruppe der Jungen war im Vergleich zur Gruppe der Alten (teilweise eigene Berechnungen auf Grundlage von bib 2021a, b; Destatis 2021d; Statista 2015, 2021b):

- zur Gründung des Deutschen Reichs 1871 neunmal größer,
- am Vorabend des Zweiten Weltkriegs 1939 viermal größer,
- zu Beginn der demographischen Wende 1970 doppelt so groß,
- seit 2010 kleiner.

Weil die USA nach dem Zweiten Weltkrieg im Gegensatz zu Deutschland nicht in Schutt und Asche darniederlagen, setzte der amerikanische Babyboom gleich nach dem Krieg ein und endete, als Deutschland den Gipfel seines Babybooms erreichte (1946–1964). In Deutschland wurden die Babyboomer zwischen 1954 und 1967 geboren. Die „segensreichen" Jahre für die Rentenversicherung, in denen geburtenschwache

Nachkriegsjahrgänge in den Ruhestand getreten sind, sind vorbei: Zwischen **2020 und 2035** gehen die **Babyboomer** in den **Ruhestand**. In diesem Zeitraum werden – ceteris paribus – insgesamt 7 Millionen Menschen mehr in den Ruhestand eintreten als nachrückende Generationen in den Arbeitsmarkt. Gleich im Anschluss daran ist aufgrund des **demographischen Echos** ein Jahrzehnt mit wenigen Geburten zu erwarten, weil die künftigen Mütter den geburtenschwächsten Jahrgängen entstammen, die Deutschland jemals gehabt hat: Zwischen 2005 und 2013 wurden jährlich weniger als 700.000 Babys geboren (vgl. Statista 2021b). Deutschland muss sich folglich auf ein **Vierteljahrhundert (2020–2045)** einrichten, in dem es sich in einer **demographisch angespannten Lage** befindet.

Der systemwidrige Zuschuss aus dem Bundeshaushalt für die Rentenversicherung von über 100 Milliarden Euro, der etwa 30 Prozent des Bundeshaushalts (ohne Neuverschuldung) ausmacht, wird sich erhöhen, um die Steigerungen der Rentenausgaben zu verschleiern. Zunehmende Verteilungskonflikte um knappe finanzielle Ressourcen sind daher zu erwarten. Diese Konflikte werden auch an den Wahlurnen entschieden, an denen sich die Gewichte immer mehr hin zu den Alten verschieben. 2040 werden die Jungen unter 20 Jahren nur noch doppelt so viele sein wie die sehr Alten über 80 Jahre. Ein Jahrhundert zuvor waren es aufgrund einer höheren Geburtenrate und einer deutlich niedrigeren Lebenserwartung noch dreißigmal so viele (vgl. bib 2021b). Der Anteil der Alten an den Wahlberechtigten wird zunehmen, und die dies antizipierenden Politiker werden sich gemäß der ökonomischen Theorie der Demokratie an einem Medianwähler orientieren, dem als Mittfünfziger an einer Politik für die Alten gelegen ist, die – gemessen an seiner Lebenserwartung – nach 30 Jahren kollabieren „darf".

▷ Die deutschen **Babyboomer** gehen zwischen 2020 und 2035 in den Ruhestand.

Der **Altenquotient** zeigt, wie viele Senioren über 65 Jahre auf 100 Menschen zwischen 20 und 65 Jahren entfallen. Zwischen 1950 und 1979 stieg dieser Quotient von 16 auf 27. Weil dann immer mehr Babyboomer in die Altersklasse der erwerbsfähigen Bevölkerung kamen, sank der Altenquotient bis 1991 auf 24. Seitdem steigt er wieder und lag 2020 bei 37, in Hamburg und Berlin bei etwa 30, in den Bundesländern Sachsen-Anhalt, Sachsen und Thüringen bei annähernd 50 (vgl. Destatis 2022). In der Dekade zwischen 2020 und 2030 wird der Altenquotient in ganz Deutschland voraussichtlich um mehr als ein Viertel auf 47 steigen (vgl. Destatis 2021a).

Das Problem der demographischen Wende liegt in der fragilen Zukunftsfähigkeit der deutschen Wirtschafts- und Sozialordnung: Der homo oeconomicus senior ist im Vergleich zum homo oeconomicus iunior in der Regel

- besitzstandswahrend,
- weniger innovativ,
- weniger risikofreudig,
- weniger an Investitionen als an ökonomischen Renten orientiert,
- weniger anpassungsfähig,
- weniger langfristig orientiert.

Diese Eigenschaften einer an Lebensjahren alten Gesellschaft sind Hindernisse für wirtschaftliche Entwicklung.

### 3.2.2 Politische Stabilität

#### 3.2.2.1 Fragile States Index (FSI)
Die Fragilität staatlicher Ordnungen wird nicht nur durch eine alternde, lethargische Bevölkerung hervorgerufen, sondern hat auf internationalem Parkett diverse Ursachen. Der **Fragile States Index (FSI)** ist ein Index zur Messung politischer, wirtschaftlicher und sozialer Stabilität, die eine wichtige Rahmenbedingung für wirtschaftliche Entwicklung darstellen (vgl. FSI 2021). Der FSI setzt sich aus über 100 Indikatoren zusammen, die sich in einem Dutzend Schlüsselindikatoren zusammenfassen lassen (vgl. FSI 2021, S. 40–48):

I. **Indikatoren** für den *institutionellen Zusammenhalt* („Cohesion Indicators")
   1. Sicherheit staatlicher Institutionen („security apparatus")

2. Spaltung staatlicher Institutionen aufgrund ethnischer, religiöser oder tribalistischer Diskriminierung („factionalised elites")
3. soziale Spaltung („group grievance")

II. **Wirtschaftliche Indikatoren** („Economic Indicators")
1. wirtschaftlicher Abstieg („economic decline")
2. ungleiche Entwicklung („uneven development")
3. Flucht und brain drain („human flight and brain drain")

III. **Politische Indikatoren** („Political Indicators")
1. staatliche Legitimation („state legitimacy")
2. öffentliche Infrastruktur und Dienstleistungen („public services")
3. Menschenrechte und Rechtsstaat („human rights and rule of law")

IV. **Sozial- und Querschnitts**indikatoren („Social and Cross-Cutting Indicators")
1. demographischer Druck („demographic pressures")
2. Auslands- und Binnenflüchtlinge („refugees and internally displaced persons")
3. ausländische Interventionen („external intervention")

An der **Spitze** der Staaten mit der höchsten politischen, wirtschaftlichen und sozialen Stabilität stehen die Länder mit **egalitären Kulturen** (vgl. FSI 2021, S. 6): Sämtliche fünf skandinavischen Länder (Island, Norwegen, Schweden, Dänemark, Finnland), sämtliche fünf egalitären mitteleuropäischen Länder (Niederlande, Luxemburg, Deutschland, Schweiz, Österreich) sowie vier der sechs angelsächsischen Länder (Irland, Kanada, Australien, Neuseeland). Die beiden größten angelsächsischen Staaten, die Vereinigten Staaten und das Vereinigte Königreich, sowie das einzige egalitäre lateinamerikanische Land, Costa Rica, und das einzige egalitäre asiatische Land, Israel, schneiden zwar etwas schlechter ab, gehören aber immer noch zum politisch stabilsten Viertel aller Länder. Die hierarchisch geprägten Länder werden vom konfuzianischen Vorzeigestaat Singapur angeführt.

Deutschland überzeugt vor allem durch (vgl. FSI 2021, S. 49):

- sein sehr hohes Maß an staatlicher Legitimation (III.1),
- seinen hervorragend ausgeprägten Rechtsstaat mit der Gewährleistung der Menschenrechte (III.3),
- Freiheit von ausländischen Interventionen mit einem sehr hohen Grad an Autonomie, weil Deutschland als Mittelmacht weitgehend unabhängig von anderen Ländern agieren kann (IV. 3).

Zwei Schlüsselindikatoren, welche die Stabilität Deutschlands beeinträchtigen, sind (vgl. FSI 2021, S. 49):

- die zunehmende soziale Spaltung (I. 3),
- das damit zusammenhängende Flüchtlingsproblem, das im Herbst 2015 durch die Öffnung der Grenzen eine andere Dimension angenommen hat (IV. 2).

Weltweit genießt die Mehrheit der Länder keine hohe Stabilität, sondern wird als fragil angesehen. In Asien gibt es nur wenige sehr stabile Länder – neben Israel die drei wohlhabenden Staaten Singapur, Japan und Süd-Korea. Botswana ist das einzige Land des afrikanischen Festlands, dessen Stabilität nicht kritisch gesehen wird (vgl. FSI 2021, S. 6–7). Während der Präsidentschaft Trumps verschlechterte sich der Fragile-States-Index für die Vereinigten Staaten so stark wie in keinem anderen der 179 betrachteten Länder (vgl. FSI 2019, S. 6, 2021, S. 9). Bezogen auf die Dekade der 2010er-Jahre wurden die USA allerdings noch von einigen anderen Ländern übertroffen: Libyen, das sich seit dem Ausbruch des Arabischen Frühlings 2011 von einem Hort der (auch touristischen) Stabilität zu einem faktisch geteilten Land gewandelt hat; das von einem Bürgerkrieg heimgesuchte Syrien; Mali, wo extremistische Gruppen marodierend durch die Dörfer ziehen; Venezuela, das an der Holländischen Krankheit (der einseitigen Fokussierung auf Erdöl) und an marxistischen Experimenten gescheitert ist; der Jemen, dessen Bürgerkrieg zu einem Stellvertreterkrieg zwischen der sunnitischen Führungsmacht Saudi-Arabien und der schiitischen Führungsmacht Iran mit der Unterstützung Katars eskaliert ist; Brasilien, das von großen Korruptionsskandalen seiner Regierungsmitglieder und Parlamentarier erschüttert ist; Mosambik, das unter gewaltbereiten und -tätigen Islamisten leidet. Seit dem Ausbruch des Ukraine-Krieges (2022) werden sich mit Russland und der Ukraine auch die beiden flächenmäßig größten Staaten Europas in dieser untersten Kategorie wiederfinden.

Der FSI-Index zeigt in eindrücklicher Weise, wie wichtig politische, wirtschaftliche und soziale Stabilität für die wirtschaftliche Entwicklung eines Landes sind. Unter den TOP 40 befindet sich kein einziges ärmeres Land. Dieser Index bestätigt aber auch, wie wirkungsvoll egalitäre Strukturen sowohl für die Stabilität als auch für die wirtschaftliche Prosperität eines Landes sind.

Tab. 3.1 zeigt den Fragile State Index (vgl. FSI 2021, S. 6–7). Die Länder sind klassifiziert in:

1. sehr tragfähig („very sustainable"), Ränge 1–6;
2. tragfähig („sustainable"), Ränge 7–17;
3. sehr stabil („very stable"), Ränge 18–28;
4. stabiler („more stable"), Ränge 29–42;
5. stabil (im offiziellen Bericht fälschlicherweise auch als „more stable" tituliert), Ränge 43–62;
6. gefährdet („warning"), Ränge 63–90;
7. erhöht gefährdet („elevated warning"), Ränge 91–123;
8. hochgefährdet („high warning"), Ränge 124–148;
9. alarmierend („alert"), Ränge 149–170;
10. hochalarmierend („high alert"), Ränge 171–176;
11. höchstalarmierend („very high alert"), Ränge 177–179.

### 3.2.2.2 Politisch stabile Länder

Die stabilsten Länder der Güteklassen eins („sehr tragfähig") und zwei („tragfähig") sind in Tab. 3.1 dargestellt.

Die stabilsten 14 Länder sind ausnahmslos wohlhabende Staaten mit egalitären Kulturen.

**Tab. 3.1** Fragile States Index (FSI) I: Stabilste Länder

| Rang | Land | Index |
| --- | --- | --- |
| 1 | Finnland | 16,2 |
| 2 | Norwegen | 16,6 |
| 3 | Island | 18,0 |
| 4 | Neuseeland | 18.4 |
| 5 | Dänemark | 18,8 |
| 6 | Schweiz | 19,9 |
| 7 | Luxemburg | 21,1 |
| 8 | Schweden | 21,4 |
| 9 | Kanada | 21,7 |
| 10 | Australien | 21,8 |
| 11 | Irland | 22,2 |
| 12 | Niederlande | 24,1 |
| 13 | Deutschland | 24,8 |
| 14 | Österreich | 26,1 |
| 15 | Singapur | 26,6 |
| 16 | Portugal | 26,8 |
| 17 | Slowenien | 28,2 |

[Vgl. FSI 2021, S. 6]

### 3.2.2.3 Politisch fragile Länder

Fast 30 Staaten gelten als noch fragiler als Nord-Korea, dessen mangelhafte politische Stabilität aufgrund seiner kommunistischen, totalitaristischen politischen Ordnung offensichtlich ist. Die fragilsten Länder der schlechtesten drei Güteklassen neun („alarmierend"), zehn („hochalarmierend") und elf („höchstalarmierend") liegen hauptsächlich in Afrika, wie Tab. 3.2 zeigt. Ausnahmen sind einige besonders fragile arabische Staaten, die von (Bürger- und Stellvertreter-) Kriegen gezeichnet sind und bereits als „gescheiterte Staaten" („failed states") angesehen werden: Das Schlusslicht bildet der gar nicht mehr so „glückliche" Jemen, der in der Antike Teil der ehemaligen Arabia Felix, des „glücklichen Arabiens", gewesen ist. Syrien gilt nach einem länger als eine Dekade währenden Bürgerkrieg ebenso als gescheiterter Staat wie Afghanistan nach über zwei Dekaden Krieg sowie der Irak, der schon immer als „künstliches", uneinheitliches Staatengebilde zahlreicher schiitischer, sunnitischer und kurdischer Stämme angesehen worden ist. Das südostasiatische Myanmar ist seit der Verurteilung der Friedensnobelpreisträgerin Aung San Su Kyi wieder eine Militärdiktatur. Das einstmals wohlhabende

**Tab. 3.2** Fragile States Index (FSI) II: Fragilste Länder

| Rang | Land | Index |
|------|------|-------|
| 150 | Nord-Korea | 90,0 |
| 151 | Pakistan | 90,5 |
| 152 | Elfenbeinküste | 90,7 |
| 153 | Guinea-Bissau | 92,0 |
| 154 | Kongo (Republik) | 92,4 |
| 155 | Venezuela | 92,6 |
| 156 | Uganda | 92,9 |
| 157 | Myanmar | 93,8 |
| 158 | Mosambik | 93,9 |
| 159 | Niger | 96,0 |
| 160 | Irak | 96,2 |
| 161 | Mali | 96,6 |
| 162 | Libyen | 97,0 |
| 162 | Eritrea | 97,0 |
| 164 | Burundi | 97,1 |
| 165 | Kamerun | 97,2 |
| 166 | Guinea | 97,4 |
| 167 | Haiti | 97,5 |
| 168 | Nigeria | 98,0 |
| 169 | Äthiopien | 99,0 |
| 170 | Simbabwe | 99,1 |
| 171 | Afghanistan | 102,1 |
| 172 | Sudan | 105,2 |
| 173 | Tschad | 105,8 |
| 174 | Zentralafrikanische Republik | 107,0 |
| 175 | Kongo (Demokratische Republik) | 108,4 |
| 176 | Süd-Sudan | 109,4 |
| 177 | Syrien | 110,7 |
| 178 | Somalia | 110,9 |
| 179 | Jemen | 111,7 |

[Vgl. FSI 2021, S. 7]

Venezuela leidet unter der rigorosen kommunistischen Politik. Pakistan gilt als Brutstätte islamistischen Terrors.

Alle Länder dieser unteren Kategorien sind arm und hierarchisch geprägt.

### 3.2.2.4 G-20 und Deutschlands wichtigste Handelspartner

Die **Gruppe der Zwanzig (G-20)** wurde nach der Finanzkrise in Asien (1997–1999) ins Leben gerufen. Ihr gehören die wichtigsten entwickelten und aufstrebenden Volkswirtschaften der Welt an. Diese sind verantwortlich für (vgl. G-20 2022):

- 60 % der Weltbevölkerung,
- 75 % des Welthandels,
- 80 % des globalen BIP.

Die G-20 hat folgende Mitglieder (vgl. G-20 2022):

- die Europäische Union;
- die fünf – zu Kaufkraftparitäten – größten europäischen Volkswirtschaften: Deutschland, Russland, das Vereinigte Königreich, Frankreich und Italien;
- die fünf größten asiatischen Volkswirtschaften: China, Indien, Japan, Indonesien und Südkorea;
- die drei großen nordamerikanischen Volkswirtschaften: USA, Kanada und Mexiko;
- die beiden größten südamerikanischen Volkswirtschaften: Brasilien und Argentinien;
- Südafrika als einziges Land Afrikas;
- die Türkei und Saudi-Arabien;
- Australien.

Gemessen am Außenhandelswert sind die **deutschen Nachbarländer** – mit Ausnahme der kleinen Nachbarn Dänemark und Luxemburg – nach **China** und den **USA** die **wichtigsten Handelspartner** Deutschlands (vgl. Destatis 2021b, c). Deshalb verdienen diese Staaten eine besondere Berücksichtigung, auch wenn sie nicht zur G-20 gehören, wie es bei den Niederlanden, Belgien, der Schweiz, Österreich, Polen und Tschechien der Fall ist.

Tab. 3.3 zeigt die Stabilität beziehungsweise Fragilität der Gruppe der 20 sowie der wichtigsten Handelspartner Deutschlands. Die eine Hälfte dieser Länder gilt als stabil, die andere Hälfte als fragil:

- Als (sehr) tragfähige Staaten gelten die Schweiz, Kanada, Australien, die Niederlande, Deutschland und Österreich.
- Ein sehr hohes Maß an Stabilität weisen Belgien, Japan, Frankreich, Süd-Korea und Tschechien auf.
- Ein hohes Maß an Stabilität zeigt sich im Vereinigten Königreich, in Polen, den Vereinigten Staaten, in Italien und annähernd in Argentinien.
- Als fragile Staaten gelten alle fünf BRICS-Länder, China, Südafrika, Russland, Brasilien und Indien, die größte arabische Volkswirtschaft, Saudi-Arabien, sowie drei aufstrebende

**Tab. 3.3** Fragile States Index (FSI) III: G 20 und Deutschlands wichtigste Handelspartner

| Rang | Land | Index |
|------|------|-------|
| 6 | Schweiz | 19,9 |
| 9 | Kanada | 21,7 |
| 10 | Australien | 21,8 |
| 12 | Niederlande | 24,1 |
| 13 | Deutschland | 24,8 |
| 14 | Österreich | 26,1 |
| 18 | Belgien | 31,0 |
| 19 | Japan | 32,2 |
| 21 | Frankreich | 32,5 |
| 21 | Süd-Korea | 32,5 |
| 27 | Tschechien | 39,3 |
| 30 | Vereinigtes Königreich | 41,5 |
| 33 | Polen | 43,1 |
| 37 | USA | 44,6 |
| 39 | Italien | 45,2 |
| 43 | Argentinien | 50,1 |
| 81 | Indonesien | 67,6 |
| 85 | China | 68,9 |
| 87 | Saudi-Arabien | 69,7 |
| 90 | Mexiko | 69,9 |
| 91 | Südafrika | 70,0 |
| 106 | Russland | 73,6 |
| 110 | Brasilien | 75,8 |
| 114 | Indien | 77,0 |
| 123 | Türkei | 79,7 |

[Vgl. FSI 2021, S. 6–7]

Volkswirtschaften mit insgesamt einer halben Milliarde Einwohnern: Indonesien, Mexiko und die Türkei.

In Tab. 3.3 ist zu erkennen, dass keine der großen aufstrebenden Volkswirtschaften eine hohe Stabilität aufweist, sodass die Nachhaltigkeit ihres Wirtschaftswachstums auf fragilem politischen Fundament steht. In diesen neun „emerging economies", in denen die Hälfte der Menschheit lebt, fehlt es an einer stringenten Ordnungspolitik.

### 3.2.3  Frieden

#### 3.2.3.1 Global Peace Index (GPI)
Der **Global Peace Index (GPI)** ist ein Maß für **Frieden**. Ermittelt wird dieser Index vom Institute for Economics and Peace, das seinen Hauptsitz in Australien (Sydney) hat. In den 163 im Global Peace Index erfassten Ländern leben 99,7 Prozent der Weltbevölkerung (vgl. GPI 2021, S. 2).

Der Global Peace Index erfasst 23 qualitative und quantitative Kriterien (vgl. GPI 2021, S. 75), die drei Bereichen („domains") zugeordnet werden (vgl. auch GPI 2021, S. 86–88):

1. Nationale und internationale Konflikte („ongoing domestic and international conflict"),
2. Soziale Sicherheit („societal safety and security"),
3. Militarisierung („degree of militarisation").

Für den ersten ersten Bereich **„Nationale und internationale Konflikte"** werden verschiedene Maßgrößen verwendet wie Anzahl, Dauer, Intensität und Zahl der Toten dieser Konflikte sowie die Qualität der internationalen Beziehungen. Der zweite Bereich **„Soziale Sicherheit"** wird operationalisiert durch Faktoren wie die *wahrgenommene* und *ermittelte* Kriminalität, die Wahrscheinlichkeit für gewalttätige Demonstrationen, die Bevölkerungsanteile der Gefängnisinsassen, der Geflüchteten (innerhalb eines Landes sowie ins Ausland) und des Sicherheitspersonals sowie den Grad politischer Stabilität und terroristischer Bedrohung. Die dritte Variable **„Militarisierung"** wird quantifiziert durch den Anteil der Militärausgaben am BIP, den Bevölkerungsanteil des militärischen Personals, der Höhe der Rüstungsexporte, der finanziellen Beteiligung an UN-Friedensmissionen, der Höhe des nuklearen Arsenals sowie dem Zugang zu Waffen.

Seit 2008 führt Island die Liste der Länder an, die in friedlichen Verhältnissen leben (vgl. GPI 2021, S. 2). Der Global Peace Index (GPI) ist in Tab. 3.4 dargestellt (vgl. GPI 2021, S. 9). Unter den Top 20 sind neben den drei angelsächsischen Ländern Neuseeland, Kanada und Australien sowie den beiden konfuzianisch geprägten Ländern Singapur und Japan 15 europäische Staaten zu finden.

In Tab. 3.5 (vgl. GPI 2021, S. 10) sind die Länder zu sehen, die vor dem Krieg in der Ukraine am wenigsten befriedet gewesen sind.

Kein einziges der durch Unfrieden gekennzeichneten Länder ist ein reiches Land.

**Tab. 3.4** Global Peace Index (GPI) I: Länder in Frieden

| Rang | Land | Index |
|---|---|---|
| 1 | Island | 1,100 |
| 2 | Neuseeland | 1,253 |
| 3 | Dänemark | 1,256 |
| 4 | Portugal | 1,267 |
| 5 | Slowenien | 1,315 |
| 6 | Österreich | 1,317 |
| 7 | Schweiz | 1,323 |
| 8 | Irland | 1,326 |
| 9 | Tschechien | 1,329 |
| 10 | Kanada | 1,330 |
| 11 | Singapur | 1,347 |
| 12 | Japan | 1,373 |
| 13 | Finnland | 1,402 |
| 14 | Norwegen | 1,438 |
| 15 | Schweden | 1,460 |
| 16 | Australien | 1,470 |
| 17 | Deutschland | 1,480 |
| 17 | Kroatien | 1,480 |
| 19 | Ungarn | 1,494 |
| 20 | Belgien | 1,496 |

[Vgl. GPI 2021, S. 9]

**Tab. 3.5** Global Peace Index (GPI) II: Länder in Unfrieden

| Rang | Land | Index |
|---|---|---|
| 144 | Kolumbien | 2,694 |
| 145 | Kamerun | 2,700 |
| 146 | Nigeria | 2,712 |
| 147 | Libanon | 2,797 |
| 148 | Mali | 2,813 |
| 149 | Türkei | 2,843 |
| 150 | Pakistan | 2,868 |
| 151 | Nord-Korea | 2,923 |
| 152 | Venezuela | 2,934 |
| 153 | Sudan | 2,936 |
| 154 | Russland | 2,993 |
| 155 | Zentralafrikanische Republik | 3,131 |
| 156 | Libyen | 3,166 |
| 157 | Kongo (DR) | 3,196 |
| 158 | Somalia | 3,211 |
| 159 | Irak | 3,257 |
| 160 | Süd-Sudan | 3,363 |
| 161 | Syrien | 3,371 |
| 162 | Jemen | 3,407 |
| 163 | Afghanistan | 3,631 |

[Vgl. GPI 2021, S. 10]

**Tab. 3.6** Global Peace Index (GPI) III: G-20 und Deutschlands wichtigste Handelspartner

| Rang | Land | Index |
|---|---|---|
| 6 | Österreich | 1,317 |
| 7 | Schweiz | 1,323 |
| 9 | Tschechien | 1,329 |
| 10 | Kanada | 1,330 |
| 12 | Japan | 1,373 |
| 16 | Australien | 1,470 |
| 17 | Deutschland | 1,480 |
| 20 | Belgien | 1,496 |
| 21 | Niederlande | 1,506 |
| 24 | Polen | 1,524 |
| 32 | Italien | 1,652 |
| 33 | Vereinigtes Königreich | 1,658 |
| 42 | Indonesien | 1,783 |
| 55 | Frankreich | 1,868 |
| 57 | Süd-Korea | 1,877 |
| 68 | Argentinien | 1,945 |
| 100 | China | 2,114 |
| 122 | Vereinigte Staaten | 2,337 |
| 123 | Südafrika | 2,344 |
| 125 | Saudi-Arabien | 2,376 |
| 128 | Brasilien | 2,430 |
| 135 | Indien | 2,553 |
| 140 | Mexiko | 2,620 |
| 149 | Türkei | 2,843 |
| 154 | Russland | 2,993 |

[Vgl. GPI 2021, S. 9–10]

In Tab. 3.6 sind die Länder der G-20 sowie Deutschlands wichtigste Handelspartner zu sehen. In dieser Liste war Russland bereits vor dem Ukraine-Krieg 2022 das am stärksten in militärische Auseinandersetzungen involvierte Land der G-20 und der wichtigsten Handelspartner Deutschlands (beispielsweise in Tschetschenien, Georgien, auf der Krim, in der Ostukraine, in Syrien, Transnistrien, Aserbaidschan, Belarus, Kasachstan). Unabhängig von einer politischen Bewertung sind dies handelshemmende Aktivitäten.

In Tab. 3.6 ist zu erkennen, dass alle BRICS- und ITS-Länder mit Ausnahme Indonesiens nicht als Länder angesehen werden können, in denen ein stabiler Frieden herrscht.

Seit 1949 ermittelt das schwedische Stockholm International Peace Research Institute (SIPRI) weltweit die Höhe der Militärausgaben (vgl. SIPRI 2021). Der globale Anteil der Militärausgaben am Bruttoinlandsprodukt hat sich seit dem Ende des Kalten Krieges der Nachkriegszeit innerhalb von drei Dekaden auf ein Drittel reduziert: Lag dieser Anteil Anfang der sechziger Jahre noch bei über sechs Prozent, so liegt er seit den neunziger Jahren zwischen zwei und zweieinhalb Prozent. Dies bedeutet allerdings nicht, dass die Militärausgaben gesunken sind. Denn während derselben Zeitspanne war das Wirtschaftswachstum sehr hoch. Relativ am höchsten sind die Militärausgaben in der arabischen Welt. Aber auch arme Länder wie Indien weisen überdurchschnittlich hohe Militärausgaben auf (vgl. Statista 2021a). Dies zeigt, dass Armutsbekämpfung nicht nur an Änderungen des Ausgaben*niveaus*, sondern auch an Änderungen der Ausgaben*struktur* ansetzen kann. Politökonomisch ist jene jedoch populärer als diese. Denn im ersten Fall können die politisch Verantwortlichen in Entwicklungsländern ihre finanziellen Forderungen an die reichen Länder richten, wärend sie im zweiten Fall ihre Haushaltsführung selbst auf den Prüfstand stellen müssen.

### 3.2.3.2 Positive Peace Index (PPI)

Neben dem Global Peace Index ermittelt das Institute for Economics and Peace (IEP) auch den **Positive Peace Index (PPI)**. „**Negativer**" **Frieden** ist die Abwesenheit von Gewalt und von Furcht vor Gewalt. „**Positiver**" **Frieden** ist das Schaffen von Haltungen, Institutionen und Strukturen, die Frieden schaffen (vgl. GPI 2021, S. 61–62). Die Faktoren für positiven Frieden korrelieren positiv mit wichtigen *sozioökonomischen* **Faktoren** wie dem Volkseinkommen, dem Wohlstand und der Resilienz einer Volkswirtschaft (vgl. GPI 2021, S. 60–72).

Folgende acht Säulen positiven Friedens beschreiben die Wirkungsweise sozioökonomischer Systeme (vgl. GPI 2021, S. 62). Die originale Terminologie des Institute for Economics and Peace (IEP) ist in Klammern angegeben:

1. gute Regierungsführung („well-functioning government"),
2. gute wirtschaftliche Rahmenbedingungen („sound business environment"),
3. Sicherung der Eigentums- und Verfügungsrechte („acceptance of the rights of others"),
4. gute internationale Beziehungen („good relations with neighbours"),
5. freie und unabhängige Information („free flow of information"),
6. Bildung („high levels of human capital"),
7. niedrige Korruption („low levels of corruption"),
8. Ex-ante- und Ex-post-Gerechtigkeit („equitable distribution of resources").

Diese acht Säulen des positiven Friedens können als *ordnungspolitische* **Ziele** einer nachhaltigen Wirtschaftspolitik angesehen werden.

## 3.3 Ökonomische Theorie der Bürokratie

### 3.3.1 Grundlagen

Die **ökonomische Theorie der Bürokratie** wurde von William **Niskanen** (1933–2011) entwickelt (vgl. Niskanen 1971). Der methodologische Individualismus schlägt sich darin nieder, dass Mitarbeiter der Verwaltung („Bürokratie") nicht kollektive, sondern *individuelle* Ziele verfolgen, zum Beispiel die Maximierung ihres Budgets, ihres Ansehens, ihrer Macht oder ihres Einkommens. Da Bürokraten aufgrund *asymmetrischer* **Informationsverteilung** Wissensvorsprünge gegenüber ihnen übergeordneten, aber schlechter informierten Politikern haben, sind sie imstande, ihre Situation auszunutzen („Wissen ist Macht"). Im Gegensatz zu **Ideologen**, die ihrer Idee auch dann noch treu bleiben, wenn ihnen dadurch Nachteile entstehen, zeichnen sich **Opportunisten** dadurch aus, dass sie Gelegenheiten, die ihnen Vorteile versprechen, zweckorientiert und prinzipienlos nutzen (vgl. Brunner und Meckling 1977, S. 70–85). Diese Situation entspricht der Marktform eines **bilateralen Monopols**, da *ein* Politiker Leistungen *eines* Bürokraten nachfragt.

▶ Gemäß der ökonomischen Theorie der **Bürokratie** haben Bürokraten einen Anreiz, ihr Budget und ihr Budgetresiduum zu maximieren.

Wenn zudem eine Intransparenz administrativer Leistungen und Kosten besteht, für die es weder Konkurrenzangebote noch Kontrollen durch Privateigentümer oder Kapitalmärkte gibt, und Behörden nicht gewinnorientiert, sondern bedarfsdeckend handeln sollen, gibt es bei behördlichem Versagen keinen Ausleseprozess (vgl. Haucap 2021, S. 16). Deshalb mangelt es an Anreizkompatibilität: Der Bürokrat hat keinen Anreiz, mit öffentlichen Mitteln sparsam umzugehen. Effiziente Verwaltung schlägt sich nicht in Einkommenserhöhungen für den Bürokraten nieder. Stattdessen versucht der Bürokrat, sein Budget und sein Budgetresiduum zu maximieren. Unter einem **Budgetresiduum** werden **Nebenleistungen** verstanden wie eine repräsentative Personal- und Büroausstattung, teure Geschäftssessen, hohes Prestige, Macht oder Möglichkeiten zur Patronage.

### Budgetresidua durch Drittmittel

Eine Bewerbung um Drittmittel für Forschungsprojekte kann sinnvoll sein, um Stellen für wissenschaftliche Mitarbeiter zu finanzieren. Dies erhöht die Personalausstattung, ist prestigeträchtig, steigert den Einfluss und schafft Möglichkeiten, dass diese Mitarbeiter zum Teil auch projektferne Aufgaben erledigen. ◄

Nicht nur aufgrund zusätzlicher Aufgaben, sondern auch aufgrund des Eigeninteresses der Bürokraten stieg in den meisten Ländern im Zuge ihrer wirtschaftlichen Entwicklung die Staatsquote.

### 3.3.2  Staatsquote

Die **Staatsquote** misst das Verhältnis der Staatsausgaben zum BIP. Sie enthält die Ausgaben der Gebietskörperschaften (Bund, Länder und Gemeinden) sowie der Sozialversicherungsträger, aber nicht diejenigen der öffentlichen Unternehmen. Eine klare Abgrenzung zwischen *investiven* und *konsumtiven* staatlichen Ausgaben ist unmöglich. Selbst eine kreditfinanzierte Steuersenkung für Unternehmen kann als investiv angesehen werden, da dadurch den Unternehmern mehr Investitionsmöglichkeiten geboten werden (vgl. Felbermayr et al. 2021, S. 16).

Die Bedeutung der Staatsquote ist seit dem Ende des 19. Jahrhunderts gestiegen (vgl. Statista 2022e): Nach Einführung der gesetzlichen Krankenversicherung (1883), Unfallversicherung (1884) und Rentenversicherung (1889) lag die deutsche Staatsquote 1890 bei 13 Prozent, 1910 bei 15 Prozent. In der Zwischenkriegszeit stieg sie rasant bis auf 37 Prozent (1939). Nach dem Zweiten Weltkrieg verharrte sie bis 1960 bei etwa 30 Prozent, um dann in den siebziger Jahren des 20. Jahrhunderts auf ein ähnlich hohes Niveau wie heute anzusteigen. In den USA war die Staatsquote immer niedriger als in Deutschland, in den skandinavischen Ländern erreichte sie in den neunziger Jahren des 20. Jahrhunderts Spitzenwerte von 60 Prozent, in Schweden sogar von 70 Prozent.

Seit der Wiedervereinigung bewegt sich die deutsche Staatsquote um 45 Prozent herum. 2020 überschritt sie coronabedingt die 50-Prozent-Marke (vgl. Statista 2022f). Die deutsche Staatsquote ist niedriger als die durchschnittliche Staatsquote der Europäischen Wirtschafts- und Währungsunion und als diejenige der Europäischen Union (vgl. Statista 2022c). Abgesehen von einigen kleinen Südseestaaten (Nauru, Tuvalu, Kiribati, Osttimor, Mikronesien, Marshallinseln) und Kuwait haben Frankreich und Griechenland die höchsten Staatsquoten der Welt (vgl. Statista 2022b).

Tab. 3.7 zeigt die jeweiligen Staatsquoten der EU im ersten Jahr der Corona-Pandemie (vgl. Statista 2022d).

Irland weist die mit Abstand niedrigste Staatsquote aller EU-Länder auf. Die Grüne Insel ist, der angelsächsischen Tradition folgend, sehr auf die Privatwirtschaft ausgerichtet.

### 3.3.3  Korruption

Ist der Staat stark in die wirtschaftlichen Aktivitäten eines Landes eingebunden, besteht die Gefahr von Korruption. Die internationale Organisation Transparency International versucht seit den neunziger Jahren das Ausmaß der wahrgenommenen Korruption im öffentlichen Sektor zu quantifizieren (vgl. CPI 2022). Der **Corruption Perceptions Index (CPI)** ist das Ergebnis einer

**Tab. 3.7** Staatsquoten in der EU

| Rang | Land | Staatsquote in % |
|------|------|------------------|
| 1 | Frankreich | 62,1 |
| 2 | Griechenland | 60,7 |
| 3 | Belgien | 60,0 |
| 4 | Österreich | 57,9 |
| 5 | Italien | 57,3 |
| 6 | Finnland | 56,7 |
| 7 | Kroatien | 55,4 |
| 8 | Dänemark | 54,0 |
| 9 | Schweden | 52,9 |
| 10 | Spanien | 52,3 |
| 11 | Slowenien | 52,0 |
| 12 | Ungarn | 51,6 |
| **13** | **Deutschland** | **51,1** |
| 14 | Polen | 48,7 |
| 15 | Portugal | 48,4 |
| 16 | Niederlande | 48,1 |
| 17 | Slowakei | 48,0 |
| 18 | Luxemburg | 47,8 |
| 19 | Tschechien | 47,5 |
| 20 | Malta | 46,6 |
| 21 | Zypern | 46,3 |
| 22 | Estland | 45,1 |
| 23 | Lettland | 43,6 |
| 24 | Litauen | 43,5 |
| 25 | Bulgarien | 42,9 |
| 26 | Rumänien | 42,4 |
| 27 | Irland | 28,4 |
| | **Euro-19** | **54,1** |
| | **EU-27** | **53,4** |

[Vgl. Statista 2022d]

**Tab. 3.8** Corruption Perceptions Index (CPI) I: Länder mit der geringsten wahrgenommenen Korruption im öffentlichen Sektor

| Rang | Land | CPI 2021 |
|------|------|----------|
| 1 | Dänemark | 88 |
| 1 | Finnland | 88 |
| 1 | Neuseeland | 88 |
| 4 | Norwegen | 85 |
| 4 | Singapur | 85 |
| 4 | Schweden | 85 |
| 7 | Schweiz | 84 |
| 8 | Niederlande | 82 |
| 9 | Luxemburg | 81 |
| 10 | Deutschland | 80 |

[Vgl. CPI 2022]

**Tab. 3.9** Corruption Perceptions Index (CPI) II: Länder mit der höchsten wahrgenommenen Korruption im öffentlichen Sektor

| Rang | Land | CPI 2021 |
|------|------|----------|
| 169 | Burundi | 19 |
| 169 | Kongo | 19 |
| 169 | Turkmenistan | 19 |
| 172 | Äquatorialguinea | 17 |
| 173 | Libyen | 17 |
| 174 | Afghanistan | 16 |
| 174 | Nord-Korea | 16 |
| 174 | Jemen | 16 |
| 177 | Venezuela | 14 |
| 178 | Somalia | 13 |
| 178 | Syrien | 13 |
| 180 | Süd-Sudan | 11 |

[Vgl. CPI 2022]

Metastudie, einer Studie über Studien zur Korruption im öffentlichen Sektor, die von Organisationen mit hoher Reputation durchgeführt worden sind. Ein Korruptionswahrnehmungsindex von mindestens 80 gilt als gut, einer zwischen 60 und 79 als mäßig bis schlecht, einer von unter 60 als sehr schlecht. In der Regel landen in den jährlich aktualisierten CPI-Listen weniger als 10 Prozent aller Länder in der „guten" Kategorie (ab 80), dafür aber etwa 80 Prozent der Länder in der schlechtesten Kategorie (< 60).

Tab. 3.8 zeigt die Länder, in denen das Ausmaß wahrgenommener Korruption im öffentlichen Sektor am geringsten ist (vgl. CPI 2022).

Deutschland gehört zu den Top Ten, zu den wenigen Ländern, in denen das Ausmaß der wahrgenommenen Korruption noch auf einem akzeptablen Niveau verharrt. In dieser Spitzengruppe liegen egalitär geprägte Länder und Singapur. Sie zeigen, wie Korruption erfolgreich bekämpft werden kann: In den egalitär geprägten Ländern bestehen im Gegensatz zu den hierarchisch geprägten Ländern weniger Möglichkeiten zur Korruption, weil es weniger Personen gibt, die etwas für einen tun können. In Singapur halten die hohen Gehälter für öffentlich Bedienstete, insbesondere die weltweit höchsten Ministergehälter, die Versuchung zu korrumpierendem Verhalten in Grenzen.

Tab. 3.9 zeigt die Länder, in denen das Ausmaß wahrgenommener Korruption im öffentlichen Sektor am höchsten ist.

Alle Länder mit einem hohen Ausmaß an Korruption sind arm. Dies ist ein Indiz dafür, dass eine korrupte Verwaltung die wirtschaftliche Entwicklung eines Landes hemmt.

## 3.4 Ökonomische Theorie der Interessengruppen

### 3.4.1 Grundlagen

Die **ökonomische Theorie der Interessengruppen (Lobbying)** geht auf den Amerikaner Mancur **Olson** (1932–1998) zurück (vgl. Olson 1965). Olson stellt das Problem der **Rationalitätenfalle** zwischen *individueller* und *kollektiver* **Rationalität** ins Zentrum seiner wissenschaftlichen Überlegungen. Neben dem Problem des **Trittbrettfahrens** (free riding) sieht er das **triviale Beitragsproblem** (vgl. March und Simon 1958): Beispielsweise hat ein Wähler geringe Anreize, bei einer Wahl seine Stimme abzugeben, da diese in einer Demokratie nur einen verschwindend kleinen Anteil am Wahlergebnis hat.

---

**Beitragsproblem und Wahlbeteiligung**

Die Wahlbeteiligung bei den Landtagswahlen zwischen 2017 und 2021 lag in den 16 Bundesländern zwischen 75 % (Berlin) und 60 % (Sachsen-Anhalt). In den neuen Bundesländern verzichtete jeder dritte Wahlberechtigte auf den Gang zur Wahlurne (vgl. Statista 2021l) – nur drei Jahrzehnte nach dem Fall der Mauer, den so mancher unter Gefahr von Leib und Leben erkämpft hatte, um in einer Demokratie zu leben. ◄

---

Durch das Setzen **selektiver Anreize** kann es einem Politiker jedoch gelingen, wahlmüde Bürger zum Urnengang zu bewegen. Dies führt zu **Lobbying**. Lobbys sind Interessengruppen, die ihre eigenen Ziele verfolgen. So fallen kollektive Entscheidungen nicht immer im Interesse des Kollektivs aus, sondern bedienen oftmals **Partikularinteressen**.

Positiv am Lobbyismus ist die Bereitstellung von Informationen zu geringen Kosten. Negativ am Lobbyismus ist die Verzerrung von Informationen. **Kleine, homogene** Gruppen haben einen **Vorteil** gegenüber *großen*, *heterogenen* Gruppen: Ihre Fähigkeit, Interessengruppen (pressure groups) zu bilden, ist stärker ausgeprägt.

▶ Gemäß der ökonomischen Theorie der **Interessengruppen** sind Lobby-Gruppen erfolgreich, weil sie besser informiert sind und sich als kleine Gruppe besser organisieren können als die Mehrheit.

Die Außenhandelspolitik eines Landes liefert ein gutes Beispiel für **Lobbyismus**: Obwohl protektionistische Maßnahmen in der Regel die Wohlfahrt einer Volkswirtschaft schmälern, sind sie überaus populär (vgl. Richert 2021b, S. 39–72). Dies ist auf zwei bedeutende Gründe zurückzuführen:

1. Die **Gruppe** der Nutznießer von Freihandel, nämlich die Konsumenten eines Landes, ist **groß** und daher **schlechter organisierbar**, während die Gruppe derjenigen, die durch Freihandel ihre Privilegien verlieren, nämlich die ineffizient produzierenden Unternehmer desselben Landes, klein und damit besser organisierbar ist.

2. Der *Pro-Kopf*-**Verlust** durch Protektionismus ist unter den Konsumenten in der Regel gering, weil er sich auf die vielen Köpfe der Verbraucher verteilt, die deshalb nur geringe Anreize haben, sich gegen Handelsrestriktionen zur Wehr zu setzen. Demgegenüber sorgt ein hoher, durch Freihandel bedingter *Per-capita*-Verlust für die wenigen ineffizienten Unternehmer dafür, dass sie große **Anreize** haben, eine Handelsliberalisierung durch politische Einflussnahme zu hintertreiben.

▶ **Europäische „Bananenrepublik"**
Werden Bananen, wie in der Europäischen Union in den neunziger Jahren geschehen, aufgrund von Importquoten für Drittländer teurer (vgl. Fuhrmann und Richert 1996, S. 1116–1121), machen die Mehrkosten nur einen geringen Anteil im Budget eines repräsentativen privaten Haushalts aus. Für an sich nicht wettbewerbsfähige spanische Produzenten, deren Bananenernte nicht viel mehr als ein Hundertstel der indischen

Produktion ausmacht (vgl. Statista 2021h) war die Entscheidung zwischen den Alternativen Freihandel oder Protektionismus jedoch von existentieller Bedeutung.

Eine schwerwiegende Folge von Lobbying ist die Verzerrung politischer Entscheidungen zulasten der Mehrheit.

## 3.4.2 Holländische Krankheit

Lobbying kann dazu beitragen, dass eine Volkswirtschaft sich zu sehr auf einen wichtigen Sektor konzentriert und dabei andere Sektoren vernachlässigt. Dies kann zum Ausbruch der Holländischen Krankheit führen, die am Beispiel der Ölindustrie erläutert wird:

Die globale Erdöl*produktion* liegt bei 100 Millionen Fass (159 l) pro Tag. Dies sind fast sechs Billionen Liter pro Jahr. Somit werden für jeden erwachsenen Erdenbürger pro Jahr im Durchschnitt etwa 1000 Liter Erdöl gefördert. Die 15 größten Erdöl*produzenten* der Welt mit einem Marktanteil von 90 Prozent, gemessen an ihrer jeweiligen Förderung in Fass pro Tag ("barrel per day", bpd), sind in Tab. 3.10 dargestellt.

Unter den vier größten **Erdöl*produzenten*** der Welt befindet sich nur ein arabisches Land. Texas

**Tab. 3.10** Die 15 größten Erdölproduzenten der Welt

| Rang | Land | in Millionen bpd 2021 |
|------|------|------------------------|
| 1 | USA | 19 |
| 2 | Saudi-Arabien | 12 |
| 3 | Russland | 12 |
| 4 | Kanada | 6 |
| 5 | Irak | 5 |
| 6 | China | 5 |
| 7 | Vereinigte Arabische Emirate | 4 |
| 8 | Iran | 4 |
| 9 | Brasilien | 4 |
| 10 | Kuwait | 3 |
| 11 | Norwegen | 2 |
| 12 | Mexiko | 2 |
| 13 | Katar | 2 |
| 13 | Nigeria | 2 |
| 13 | Kasachstan | 2 |

[Vgl. Statista 2021f]

allein produziert mehr Erdöl als jedes arabische Land mit Ausnahme Saudi-Arabiens. Der nach Alaska zweitgrößte US-Staat förderte 2020 etwa soviel Erdöl wie der Irak und der Iran zusammen. Unter den 15 größten Erdöl*produzenten* der Welt befinden sich nur sechs Länder des Mittleren Ostens, die nur für ein Drittel der weltweiten Ölförderung sorgen. Die Großen Drei der Erdöl*produktion*, die USA, Saudi-Arabien und Russland, sorgen für 40 Prozent der weltweiten Öl*förderung*, die Top Ten für 70 Prozent (vgl. IG 2020).

Die größten **Erdöl*konsumenten*** sind die großen Volkswirtschaften der Welt, die sich durch eine bedeutende industrielle Produktion auszeichnen (vgl. World Population Review 2022): die USA, China, Indien, Japan, Russland, Saudi-Arabien, Brasilien, Süd-Korea, Deutschland und Kanada. Diese zehn Länder haben einen Anteil am globalen Erdölverbrauch von 60 Prozent. Allein auf die USA (20 %) und auf China (12 %) entfällt ein Drittel des weltweiten Erdölkonsums.

Es wird zwischen – nach heutigem Stand technisch und wirtschaftlich **förderbaren** – **Erdöl*reserven*** und – nach heutigem Stand technisch oder wirtschaftlich **nicht förderbaren** – **Erdöl*ressourcen*** unterschieden. Über die mit Abstand größten Erdöl*reserven* verfügen Venezuela und Saudi-Arabien, gefolgt von Kanada, den vier wichtigsten Ölstaaten des Mittleren Ostens, Iran, Irak, Kuwait, Vereinigte Arabische Emirate, sowie Russland (vgl. Statista 2021i).

Zahlreiche erdölproduzierende Länder leiden an der **Holländischen Krankheit**: Dieser Begriff stammt aus den sechziger Jahren. 1963 erschlossen die Niederlande mit dem Groninger Erdgasfeld eines der größten Gasfelder der Welt. Auf diesen Feldern wurde 60 Jahre lang Gas gefördert, bis die Produktion schließlich eingestellt wurde, weil das Fracking immer wieder lokale Erdbeben ausgelöst hatte. Der Verlauf der Holländischen Krankheit war folgender: Die hohen Gasvorkommen sorgten für hohe Gasexporte und damit für hohe Exporterlöse. Dadurch änderte sich die Anreizstruktur der niederländischen Volkswirtschaft:

*Erstens* kam es zu einem **Verlust** der **Wettbewerbsfähigkeit** *anderer* **Branchen**, weil zum einen die hohen Lohnsätze in der Gasindustrie *generell* zu **Lohnsteigerungen** führten und zum anderen der *einseitige* **Fokus** auf die Gaswirtschaft eine mangelhafte Ausstattung *anderer* Industrien mit Human- und Sachkapital nach sich zog.

*Zweitens* kam es zu einem **Verlust** der *internationalen* **Wettbewerbsfähigkeit** der Niederlande, weil die hohen Exporterlöse zu Nettokapitalimporten führten, die eine *reale* Aufwertung des Guldens hervorriefen und dadurch bei – in inländischer Währung gemessenen – sinkenden Export- und steigenden Importpreisen – die Terms of Trade, das Preisverhältnis von Exportgütern zu Importgütern, verschlechterten.

▶ Ein Land leidet unter der **Holländischen Krankheit**, wenn es sich auf die Ausbeutung seiner großen Rohstoffvorkommen konzentriert, dabei andere Wirtschaftssektoren vernachlässigt und dadurch seine (internationale) Wettbewerbsfähigkeit einbüßt.

Zur Krise kam es, als in den 1980er-Jahren sowohl die Gaspreise sanken als auch die Gasreserven auf dem Groninger Feld abnahmen. Die Niederlande waren in den sechziger und siebziger Jahren zwar *stationär* **effizient**, aber **nicht** *adaptiv* **effizient**. Sie hatten ihre Anpassungsfähigkeit verloren und konnten daher nicht schnell genug reagieren, als sich der Weltmarkt änderte. Mit Ausnahme der USA, Kanadas und Chinas leiden alle großen Erdölproduzenten unter der Holländischen Krankheit. Auch andere Staaten wie Australien und Südafrika, die zwar nicht mit großen Erdölreserven, aber mit anderen wirtschaftlich verwertbaren Ressourcen gesegnet sind, sind infiziert. Zu den Schwerkranken zählen Venezuela, Nigeria und Russland.

**Venezuela** ist ein Beispiel für die drastischen Folgen, die sich ergeben können, wenn sich zur Infektion mit der Holländischen Krankheit noch Korruption und eine sozialistische Misswirtschaft gesellen. Noch Ende der fünfziger Jahre lag das venezolanische Pro-Kopf-Einkommen ungefähr auf (bundes)deutschem Niveau. Die exzessive Ausrichtung auf die Ölförderung führte dazu, dass der Großteil des Staatshaushalts und der Exporterlöse aus Öleinnahmen bestanden. In den beiden Ölkrisen 1973/1974 (nach dem Jom-Kippur-Krieg in Israel) sowie 1979/1980 (nach der Islamischen Revolution im Iran) vervielfachten sich die Ölpreise (von knapp \$ 4 auf gut \$ 11 beziehungsweise von knapp \$ 15 auf knapp \$ 40 pro Fass).

Bis Anfang der achtziger Jahre war Venezuela ein prosperierendes Land. Der starke Ölpreisverfall seit 1982, der 1986 mit einem Preis von unter \$ 10 seinen Tiefpunkt erreichte, mündete bereits in wirtschaftliche Schwierigkeiten Venezuelas. Aber zu Hugo Chavez' (1998–2013) Amtsantritt förderte Venezuela immer noch 3,5 Millionen Barrel pro Tag, und ab 2002 stiegen die Ölpreise deutlich. Dann ließ der sozialistische Staatslenker neben eintausend anderen Unternehmen auch den Ölkonzern Petróleos de Venezuela verstaatlichen und den inländischen Ölkonsum subventionieren. Benzin war für weniger als 1 Euro-Cent pro Liter zu haben, eine Cola-Dose an der Tankstelle war teurer als eine Tankfüllung. Im Tal der venezolanischen Wirtschafts- und Währungskrise konnte man 2018 – theoretisch – 10.000 l Benzin für einen Euro-Cent kaufen (vgl. FAZ 2018, S. 15). Ökonomische Fehlanreize, hohe Korruption, volatile Ölpreise und eine schlechte Regierungsführung sorgten unter Chavez' Nachfolger Maduro für den Ruin des Landes. Hunger und ein **„brain drain"**, der in die Millionen geht, lassen das Land nicht nur finanziell, sondern auch intellektuell ausbluten. Daran konnte auch die Einrichtung eines „Vizeministeriums für das höchste soziale Glück des venezolanischen Volkes" im Jahr 2013 nichts ändern (vgl. Cárdenas 2014, S. 47–54).

Auch einige afrikanische Länder sind mit Rohstoffen gesegnet, dennoch – oder gerade deshalb – arm: Im nigerianischen Niger-Delta, in seiner Ausdehnung mit dem vietnamesischen Mekong-Delta oder mit dem Bundesland Bayern vergleichbar, liegen die größten bekannten Ölvorkommen Afrikas. Der Kongo ist nicht nur mit zahlreichen Goldminen gesegnet, sondern verfügt im Kupfergürtel im Süden der Demokratischen Republik an der Grenze zu Sambia über mehr als die Hälfte aller weltweit bekannten Kobaltvorkommen. Kobalt, ein Nebenprodukt von Kupfer und Nickel, wird für Lithium-Ionen-Batterien elektrisch betriebener Fahrzeuge benötigt. Für ein Elektro-Auto müssen viereinhalb bis fünfzehn Kilogramm Kobalt gefördert werden (vgl. BGR 2021, S. 3, Tab. 1). Die Industrie zur Gewinnung dieses Metalls liegt im Kongo überwiegend in den Händen chinesischer Unternehmen, die in diesem von Korruption und Bürgerkrieg geplagten Land das Vakuum gefüllt haben, das Compliance-regulierte westliche Unternehmen durch ihren Weggang hinterlassen hatten.

Erfolgversprechende **Therapien** zur Linderung der Symptome der Holländischen Krankheit sind die Diversifikation der Volkswirtschaft und die Bildung von Rücklagen. Die Vereinigten Arabischen Emirate sind ein Vorzeigebeispiel für die erste Therapie, Norwegen ist ein Vorzeigebeispiel für die zweite Therapie:

Seit den ersten Ölfunden 1960 hat sich die Bevölkerung der 1971 unabhängig gewordenen **Vereinigten Arabischen Emirate** bis 2020 von 100.000 auf 10 Millionen Einwohner verhundertfacht. Fast 90 Prozent der Einwohner sind Ausländer. Die größte Bevölkerungsgruppe – weit vor den Arabern – bilden die vier Millionen Inder, aber auch Bengalen, Pakistani und Ägypter sind jeweils in Millionenstärke in den Emiraten vertreten. Filipinos und Perser kommen zusammen ebenfalls auf über eine Million Einwohner. Die Emirate versuchen durch **Diversifikation** ihre Volkswirtschaft breiter aufzustellen. Die Bauwirtschaft, das produzierende Gewerbe, das Finanzwesen und der Tourismus sind zu wichtigen Standbeinen dieser wirtschaftlich liberalsten Volkswirtschaft der arabischen Welt geworden. Zwei Fluggesellschaften mit höchster Reputation, die Emirates (seit 1985) aus Dubai und Etihad (seit 2003) aus Abu Dhabi, dazu zwei Billigfluggesellschaften, Air Arabia (seit 2003) aus Schardscha und flydubai (seit 2008) aus Dubai, machen die Emirate nicht nur zu einem weltweiten Drehkreuz des Flugverkehrs, sondern auch zu einem Big Player in der Flugzeugindustrie. Vor Ausbruch der Corona-Krise lag der Anteil der Öl- und Gaswirtschaft am BIP nur noch bei 30 Prozent.

**Norwegens** erstes Ölfeld „Ekofisk" wurde 1969 von der US-amerikanischen Ölfördergesellschaft Phillips unter dem Meeresboden der Ostsee etwa 300 km vor der norwegischen Küste entdeckt. Mit dem Beginn der Erdölförderung 1971 begann der norwegische Öl- und Gas-Boom, der das Land am Nordkap zu einem der reichsten Länder der Welt machte. Norwegen versucht den Gefahren der Holländischen Krankheit durch seinen staatseigenen, 1990 ins Leben gerufenen „Norway Government Pension Fund Global" zu trotzen. Durch diesen größten Staatsfonds der Welt wird die gegenwärtige Injektion der hohen Exporterlöse in die norwegische Volkswirtschaft und somit eine mögliche Infektion mit der Holländischen Krankheit verhindert, weil das Fondsvermögen im Ausland angelegt ist. Zudem sorgen diese Finanzanlagen mit einer Marktkapitalisierung in Billionenhöhe für ein ansehnliches Polster, um die fünf Millionen Norweger im Fall sinkender Ölpreise und nachlassender Ölnachfrage nachhaltig abzusichern.

Weitere Auswege aus der Holländischen Krankheit bieten:

1. Strukturreformen,
2. Änderungen der *realen* Wechselkurse,
3. Transferzahlungen.

**Strukturreformen** sind das Instrument, das als einziges die Wettbewerbsfähigkeit nachhaltig erhöht, aber kurz- und mittelfristig eine Bereitschaft zu Opfern erfordert. Politökonomische Fehlanreize, die beispielsweise aufgrund von Zeitinkonsistenzen existieren, verringern die Attraktivität dieser ökonomisch sinnvollen und nachhaltigen Maßnahmen.

Der *reale* **Wechselkurs** $e_{real}$ ergibt sich aus dem Produkt aus dem nominalen Wechselkurs $e_{nominal}$ und dem Quotienten aus dem inländischen Preisniveau $P_H$ („H" für „Home" – „Inland") zum ausländischen Preisniveau $P_F$ („F" für „Foreign" – „Ausland"):

$$e_{real} = e_{nominal} \times P_H / P_F$$

Der reale Wechselkurs müsste für „kranke" Länder sinken und für „gesunde" Länder steigen. Dies gelingt über

a. Preissenkungen in „kranken" Ländern,
b. Preiserhöhungen in „gesunden" Ländern,

c. Abwertungen der Währungen „kranker" Länder,
d. Aufwertungen der Währungen „gesunder" Länder.

Alle vier Möglichkeiten bergen Probleme:

**Preissenkungen** in „kranken" Ländern verringern die Erlöse und erhöhen somit den Druck, Kosten zu senken. Kostensenkungen sind jedoch mit Schwierigkeiten verbunden: So ist davon auszugehen, dass Gewerkschaften Widerstand gegen Lohnsatzsenkungen leisten.

**Preiserhöhungen** in „gesunden" Ländern erhöhen die Erlöse und somit den Druck, die Löhne zu erhöhen, sofern die Güter weiterhin abgesetzt werden können. Dies führt zu steigenden Faktorpreisen und unterminiert aufgrund steigender Lohnstückkosten die internationale Wettbewerbsfähigkeit.

**Abwertungen** der Währungen „kranker" Länder sind langfristig nicht erfolgreich und verschleppen nur die erforderlichen Strukturmaßnahmen, wie der Elastizitätsansatz, der Absorptionsansatz, empirische Ergebnisse (vgl. Richert 2021b, S. 88–125), aber auch politökonomische Zusammenhänge belegen. Für Länder einer Währungsunion sind Abwertungen gar nicht möglich, weil innerhalb der Währungsunion die hypothetischen Wechselkurse fix sind und der Wechselkurs einer gemeinsamen Währung gegenüber Drittwährungen in allen Ländern der Währungsunion der gleiche ist. Daher kann ein einzelnes Land mit seinen Abwertungswünschen nicht ausscheren.

Für **Aufwertungen** der Währungen „gesunder" Länder gilt analog das gleiche. Hinzu kommt die direkte Wirkung steigender Exportpreise, die einen Rückgang der Exportgütermenge und somit einen Rückgang der inländischen Produktion und Beschäftigung sowie des inländischen Einkommens nach sich ziehen können. Zudem müssten eine Auf- oder Abwertung einer Währung ad hoc ohne Ankündigung durchgeführt werden, weil ansonsten mit Kapitalflucht und einer Destabilisierung der Finanzmärkte zu rechnen ist (vgl. Sinn 2020, S. 70).

**Transferzahlungen** sind das Instrument, für das sich die Politik entschieden hat. Monetäre Transfers stärken allerdings destabilisierende Phänomene wie:

- die Verteidigung monetärer und nichtmonetärer Pfründe,
- Fehlanreize zur Besitzstandswahrung statt Anreize zu Strukturreformen,
- Klientelismus, der eigene Wählergruppen bei der Vergabe der Transfers bevorzugt,
- Korruption,
- intellektuelle und produktive Passivität aufgrund direkter Hilfe anstelle indirekter Hilfe („Hilfe zur Selbsthilfe"),
- Rentenstreben, wenn Transferzahlungen einen signifikanten Anteil des Gesamteinkommens ausmachen,
- Trittbrettfahrerverhalten,
- moralische Wagnisse (moral hazard),
- adverse Selektion,
- Zeitinkonsistenzen.

Der **intra-afrikanische Handel** ist mit einem Anteil von einem Sechstel am gesamten Außenhandel afrikanischer Länder kaum größer als der Handel der 55 afrikanischen Staaten mit China und nur halb so groß wie ihr Außenhandel mit der EU (vgl. Statista 2021k). In den anderen großen Erdteilen weist der intra-kontinentale Außenhandel hingegen deutlich höhere Anteile am gesamten kontinentalen Außenhandel auf, die von der Hälfte (Amerika) über 60 Prozent (Asien) bis zu zwei Dritteln (Europa) reichen. Der geringe intra-afrikanische Handel kann nicht allein der Kolonialisierung zugeschrieben werden, die in den meisten afrikanischen Ländern in den ersten beiden Jahrzehnten nach dem Zweiten Weltkrieg endete. Kapital ist in der Regel auch nicht der Engpassfaktor (vgl. Lucas 1990, S. 92–96): Entwicklungsländer weisen überwiegend Nettokapital*exporte*, nicht Nettokapital*importe* auf. Gründe für den Mangel an wirtschaftlicher Entwicklung sind vor allem das rigorose Verfolgen der Interessen der wirtschaftlichen Eliten, zudem schlecht ausgebildete Arbeitskräfte, ungesicherte Eigentumsrechte an Boden und anderen Vermögenstiteln sowie weitere Defizite der Wirtschaftsordnung wie mangelnder Wettbewerb, schwache Institutionen (vgl. Alfaro et al. 2005, 2008,

S. 347–368), Überschuldung (vgl. Reinhardt und Rogoff 2004, S. 53–58), eine schlechte Regierungsführung und Korruption. Die Ausbeutung der Rohstoffe Afrikas scheitert oft auch an einer mangelhaften Infrastruktur: Beispielsweise misst die Nord-Süd-Ausdehnung Mosambiks entlang der Küste mit 2800 km in etwa die Entfernung zwischen der dänischen Hauptstadt Kopenhagen und der griechischen Hauptstadt Athen. Innerhalb Mosambiks gibt es jedoch keine adäquate Verkehrsinfrastruktur für Nord-Süd-Verbindungen, sodass die Gasfelder des Nordens nur schwer von der Hauptstat Maputo im Süden kontrolliert werden können. Interne Faktoren wie das hohe Ausmaß der Korruption (vgl. CPI 2022) und eine mangelnde Bereitschaft zur Kooperation sind weitere Gründe für eine Wirtschaftspolitik, die Partikularinteressen bedient. Sechs Siebtel aller Beschäftigten in Afrika arbeiten im informellen Sektor (vgl. UNCTAD 2021, S. 48), ein Drittel aller afrikanischen Haushalte leben unterhalb der extremen Armutsgrenze (vgl. UNCTAD 2021, S. 171). Starke Lobbys verhindern Wettbewerb und führen dadurch Menschen in die Armut, selbst wenn deren Länder mit Ressourcen gesegnet sind.

## 3.5   Ökonomische Theorie der Regulierung

### 3.5.1   Grundlagen

Im Zentrum der ökonomischen Theorie der Regulierung steht die Sicherung der langfristigen **Wettbewerbsfähigkeit**. Bei mangelndem Wettbewerbsdruck kann es nämlich trotz stationärer – für einen bestimmten Zeitpunkt gegebener – Effizienz zu einer „X-Ineffizienz" (vgl. Leibenstein 1966, S. 392) kommen, wenn die durchschnittlichen Kosten höher als notwendig sind: Für gegebene Kosten wird der Ertrag zwar maximiert, sodass das ökonomische Prinzip der (stationären) Effizienz eingehalten wird. Aber die Kosten selbst könnten bei entsprechendem Wettbewerbsdruck und entsprechender Mitarbeitermotivation

gesenkt werden, sodass das Produktionspotential nicht ausgeschöpft wird und volkswirtschaftliche Ressourcen verschwendet werden.

Die **ökonomische Theorie der Regulierung** geht auf den Chicago-Ökonomen George **Stigler** (1911–1991) zurück (vgl. Stigler 1971, S. 3–18), der für seine Arbeiten auf diesem Gebiet 1982 mit dem Nobelpreis ausgezeichnet worden ist. Stigler kritisiert zwar Leibensteins Konzept der X-Ineffizienz (vgl. zur kontroversen Diskussion der X-Effizienz in der American Economic Review: Leibenstein 1966, S. 392–415, 1978a, S. 203–211; 1978b, S. 328–332; Stigler 1976, S. 213–216), begründet Regulierungspolitik aber ebenfalls normativ.

▶  **Wichtig**
In einer Volkswirtschaft kommt es zu **Marktversagen** aufgrund

* natürlicher Monopole,
* asymmetrischer Informationsverteilung,
* externer Effekte.

Regulative Eingriffe sind aus der Not geboren, um die negativen Folgen des Marktversagens in Schach zu halten. Stigler betont, dass darüber hinaus ein gewisses Maß an Regulierung auch von privaten Akteuren selbst nachgefragt wird, um die Funktionsfähigkeit eines Marktes sicherzustellen. Somit wird der **Ordnungspolitik**, wie sie sich in der Sozialen Marktwirtschaft niederschlägt, eine hohe Bedeutung beigemessen. Bei asymmetrischer Informationsverteilung sind Konsumenten beispielsweise nicht in der Lage, Qualitäten korrekt wahrzunehmen.

**Kennzeichnungspflichten**

Marktregulierende Maßnahmen wie die Kennzeichnungspflicht der Inhaltsstoffe von Lebensmitteln oder die obligatorischen Hinweise auf „Risiken und Nebenwirkungen" von Medikamenten sind geboten, weil die Verbraucher ansonsten nur ungenügend informiert sind. ◀

In einer international verflochtenen Weltwirtschaft sind Art und Ausmaß der Regulierung bedeutende Determinanten internationaler Wettbewerbsfähigkeit. Rein quantitative Analysen, welche die Wirtschaftswissenschaften in die Nähe der präzisen Naturwissenschaften zu rücken versuchen, unterschätzen die Komplexität des Marktes und seiner Teilnehmer. Friedrich August von Hayek (1899–1992), österreichisch-britischer Philosoph, Ökonom, Jurist und Politologe, sieht die Gefahr, dass in der wirtschaftswissenschaftlichen Forschung Relevantes, aber Nicht-Messbares durch Irrelevantes, aber Messbares verdrängt wird. In seiner Nobelpreisvorlesung sagt er dazu (von Hayek 1974):

> „Unlike the position that exists in the physical sciences, in economics and other disciplines that deal with essentially complex phenomena, the aspects of the events to be accounted for about which we can get quantitative data are necessarily limited and may not include the important ones … in the study of such complex phenomena as the market, which depend on the actions of many individuals, all the circumstances which will determine the outcome of a process … will hardly ever be fully known or measurable. …
>
> And because the effects of these facts in any particular instance cannot be confirmed by quantitative evidence, they are simply disregarded by those sworn to admit only what they regard as scientific evidence: they thereupon happily proceed on the **fiction** that the **factors** which **they can measure** are the **only ones** that are **relevant** [Hervorh. durch RR]. …
>
> On this standard there may thus well exist better 'scientific' evidence for a false theory, which will be accepted because it is more 'scientific', than for a valid explanation, which is rejected because there is no sufficient quantitative evidence for it. …
>
> It seems to me that this failure of the economists to guide policy more successfully is closely connected with their propensity to imitate as closely as possible the procedures of the brilliantly successful physical sciences – an attempt which in our field may lead to outright error. It is an approach, which has come to be described as the ‚scientistic' attitude …"

Diese mangelnde Fähigkeit, die Welt in all ihrer Komplexität zu erfassen, ist der Grund von Hayeks, warum eine Regulierungspolitik davon ausgehen sollte, dass der Markt bei all seiner Unvollkommenheit grundsätzlich die Interdependenzen menschlicher Interaktionen besser zu regeln versteht als eine Regierung, die sich anmaßt, etwas

zu wissen, was sie gar nicht wissen kann (vgl. Hayek 1974, vgl. auch derselbe 1937, S. 33–54, 1944, 1945a, b, 1996). Der Markt ist aufgrund der **Teilnahme und Teilhabe** aller Menschen eher in der Lage, Detailwissen zu erlangen, als politische oder akademische Experten es sind. Weil letztlich keiner genau wissen kann, welche Informationen in den Preisen verarbeitet sind, ist es aus logischen Gründen unmöglich, „Abweichungen" von gleichgewichtigen Güterpreisen oder Lohnsätzen zu ermitteln und zu „korrigieren". Staatliche Regulierung sollte daher das Ziel verfolgen, die Funktionsfähigkeit der Märkte herzustellen beziehungsweise zu gewährleisten sowie Marktunvollkommenheiten zu reduzieren.

▷ Gemäß der ökonomischen Theorie der **Regulierung** soll der Staat eine Rahmenordnung schaffen, die sich nicht aus einer staatlichen „Anmaßung von Wissen" speist, sondern die Teilnahme und Teilhabe aller ermöglicht.

In den Worten des einflussreichen Protagonisten der Österreichischen Schule (von Hayek 1974):

> „It is indeed the source of the superiority of the market order, and the reason why, when it is not suppressed by the powers of government, it regularly displaces other types of order that in the resulting allocation of resources more of the **knowledge of** *particular* **facts** will be utilized which exists only **dispersed among** *uncounted* **persons,** than any one person can possess. But because we, the observing scientists, can thus never know all the determinants of such an order, and in consequence also cannot know at which particular structure of prices and wages demand would everywhere equal supply, we also cannot measure the deviations from that order; nor can we statistically test our theory that is the deviations from that 'equilibrium' system of prices and wages …
>
> I **prefer** *true* but *imperfect* **knowledge** … to a **pretence** of *exact* **knowledge** that is likely to be false [Hervorh. durch RR]."

Den Markt hält der Advokat neoliberaler Wirtschaftspolitik für ein Kommunikationssystem, das besser funktioniert als alle anderen Kommunikationssysteme der Welt, weil es, „gesteuert wie durch eine unsichtbare Hand" (vgl. Smith

2010, 2018a, b, c), in der Lage ist, Myriaden von Informationseinheiten so zu kombinieren, dass sie ein sinnvolles Ganzes ergeben. Einzelne Entscheider sind dazu nicht in der Lage. Deshalb ist eine wichtige Eigenschaft eines Regulators Demut („humility"), nämlich Demut gegenüber all dem Wissen, das Millionen von Marktteilnehmern haben. Damit verbindet sich das Eingeständnis eines Kontrollverlusts, der nach von Hayek jedoch gar nicht verhindert werden kann, weil ein kontrolliertes Beherrschen dieser Informationsflüsse, Übertragungs- und Rückwirkungseffekte nicht möglich ist. Möglich ist nur das Design einer Rahmenordnung, durch welche die Koordination der Informationen indirekt gesteuert wird. Die Politik erliegt allerdings oft einem „overconfidence bias", indem sie sich anmaßt, Nicht-Steuerbares steuern und Nicht-Vorhersehbares vorhersehen zu können. Unterstützt wird sie dabei durch eine Öffentlichkeit, die aufgrund ihrer Ambiguitätsaversion mit Unsicherheiten nicht umzugehen weiß und den scheinbar rettenden Strohhalm willfährig ergreift, den ihr die Politik in Form eines Politicking reicht. Der Wirtschaftsnobelpreisträger von 1974 formuliert es in seiner Nobel Lecture mit folgenden Worten (von Hayek 1974):

> „He will therefore have to use what knowledge he can achieve, not to shape the results as the craftsman shapes his handiwork, but rather to cultivate a growth by providing the appropriate environment, in the manner in which the gardener does this for his plants … The recognition of the insuperable limits to his knowledge ought indeed to teach the student of society a lesson of humility which should guard him against becoming an accomplice in men's fatal striving to control society – a striving which makes him not only a tyrant over his fellows, but which may well make him the destroyer of a civilization which no brain has designed but which has grown from the free efforts of millions of individuals."

Die Schlussworte seiner Nobelpreisrede betonen die mangelhaften Prognosefähigkeiten, sodass es besser ist, sich auf die Ergebnisoffenheit der Marktergebnissse einzustellen (von Hayek 1974):

> „… our capacity to predict will be confined to such general characteristics of the events to be expected and not include the capacity of predicting particular individual events."

Regulierungen und andere staatliche Eingriffe haben oft ambivalente Wirkungen: Beispielsweise ist die Frage, ob **Wirtschaftshilfe** den **Migrationsdruck** mindert, in zwei Schritten zu beantworten (vgl. Berthélemy et al. 2009, S. 1589–1599; Clemens und Postel 2018, S. 667–693): Nimmt der Wohlstand in *sehr* armen Ländern zu, steigt zunächst auch die Auswanderung, weil die Menschen sich diese nunmehr leisten können. Erst ab einem bestimmten Einkommensniveau, das etwas mehr als die Hälfte des globalen Durchschnittseinkommens zu Kaufkraftparitäten ausmacht, nimmt der Wunsch auszuwandern ab. Ausschlaggebend für die Reduktion des Auswanderungsdrucks sind die Perspektiven, die jungen Menschen geboten werden, insbesondere die beruflichen. Entwicklungshilfe ohne die Schaffung von Arbeitsplätzen ist keine nachhaltige Entwicklungshilfe (vgl. Dreher et al. 2019, S. 127–147).

Nach dem **Harris-Todaro-Modell** (vgl. Todaro 1969, S. 138–148; Stiglitz 1969, S. 1–27; Harris und Todaro 1970, S. 126–142;) lassen sich Landarbeiter nicht vom Risiko urbaner Arbeitslosigkeit abhalten, wenn sie eine Chance auf höhere Löhne in der Stadt sehen. Es kommt zur Landflucht. In dualistischen Volkswirtschaften, die durch unterschiedlich weit entwickelte städtische und ländliche Räume gekennzeichnet sind, steigt in urbanen Regionen die Arbeitslosenrate aufgrund dieser Zuwanderung. In sehr armen Ländern führen nach der Effizienzlohntheorie *hohe*, nicht – wie von der neoklassischen Arbeitsmarkttheorie angenommen – niedrige Lohnsätze zu Produktivitätssteigerungen (vgl. Leibenstein 1957, S. 91–103). Denn ansonsten ist das Risiko hoch, dass insbesondere Leistungsträger ihre bisherige Unternehmung verlassen, um eine besser bezahlte Arbeitsstelle anzunehmen.

Der wohl einflussreichste Sozialphilosoph des 20. Jahrhunderts, John Rawls (1921–2002), fordert als wichtige wirtschaftspolitische Regulierungsaufgabe neben einer rechtsstaatlichen und demokratischen politischen Ordnung auch eine sozialstaatliche Ordnung (vgl. Höffe 2021, S. 18), allerdings unter der Maßgabe, dass sie der Freiheit dient (vgl. Rawls 1993), wie es in der **US-amerikanischen Unabhängigkeitserklärung** zum Ausdruck kommt: Diese garantiert allen Bürgern das **„***Streben* **nach Glück"** („*pursuit* **of happiness"**). In der Präambel der 1776 verfassten Unabhängigkeitserklärung steht geschrieben (National Archives, 2018):

> „We hold these truths to be self-evident, that all men are created equal, that they are endowed by their Creator with certain unalienable rights, that among these are Life, Liberty and the pursuit of Happiness."

Zu beachten ist, dass sich die Garantie auf das *Streben* („pursuit") nach Glück, nicht auf das Glück selbst („happiness") bezieht. In ihrem Streben nach ihrem individuellen Glück sind die Bürger vor Autokraten geschützt, die vorgeblich das Glück ihres Volkes verfolgen, jenes aber gleich selbst – unter dem Deckmantel kollektiver Ziele – definieren.

Ebenso betont der frühere Harvard-Philosoph als ersten Gerechtigkeitsgrundsatz in seinem bahnbrechenden Werk zur Theorie der Gerechtigkeit (vgl. Rawls 1971) die Ex-ante-Gerechtigkeit, die auf gleiche Grundfreiheiten und Startbedingungen abstellt (vgl. Richert 2021a, S. 97–99). Explizit werden in seinem zweiten Gerechtigkeitsgrundsatz **Ungleichheiten** akzeptiert. Diese sind allerdings nur dann zu rechtfertigen, wenn zum einen die **Chancengleichheit** über Freiheits- und Mitwirkungsrechte gewahrt bleibt und zum anderen das **Differenzprinzip** erfüllt ist, das nicht nur gewisse, sondern *maximale* Vorteile für die Schlechtestgestellten einfordert. Im Differenzprinzip schlägt sich die Korrektivfunktion der Ex-post-Gerechtigkeit nieder (vgl. Richert 2021a, S. 98, Tab. 4.2).

In ärmeren Ländern besteht ein negativer statistischer Zusammenhang zwischen Wohlstand und dem Grad der Ungleichheit, in reicheren Ländern hingegen ein positiver. In Deutschland stieg der **Gini-Index** für die Einkommensverteilung zwischen 1995 und 2005 – auch unter der Rot-Grünen Koalition (1998–2005) – von 26 auf 29, blieb aber unter der Kanzlerschaft Angela Merkels (2005–2021) weitgehend stabil. Zunehmende finanzielle Unterschiede in den Industrieländern, sowohl in Bezug auf Stromgrößen (Einkommen) als auch in Bezug auf Bestandsgrößen (Vermögen), beruhen unter anderem auf folgenden Faktoren:

Gutbezahlte **Arbeitsplätze** erfordern eine höhere Qualifikation. Die Geringqualifizierten der Industrieländer sind nicht in der Lage, diese Arbeitsplätze zu erhalten. Arbeitsplätze mit geringeren Anforderungen sind in der Vergangenheit abgewandert. Daher zahlen die Geringqualifizierten in den Industrieländern den Preis dafür, dass durch die Globalisierung die Armut in Entwicklungs- und Schwellenländern zwischen 1990 und 2015 in einem zuvor nie gekannten Ausmaß gesunken ist.

**Demographische** Gründe sind ebenfalls eine Ursache für Einkommensungleichheiten: Denn die Ungleichheit der Einkommen nimmt mit steigender Beschäftigungsdauer zu. Während die vielen Babyboomer ihre letzten Arbeitsjahre absolvieren, in denen innerhalb ihrer Alterskohorte die Einkommensunterschiede am größten sind, rücken nur halb so viele Junge auf den Arbeitsmarkt nach, unter denen die Einkommensunterschiede geringer sind.

Die **Niedrigzinspolitik** der EZB und die dadurch bedingten steigenden Vermögenspreise forcieren die Ungleichheit der Vermögen. Zum einen legen eher die Reichen als die Armen ihre Gelder in Aktien an und profitieren von steigenden Aktienkursen, zum anderen profitieren nur (im Durchschnitt reichere) Haus- und Wohnungseigentümer von steigenden Immobilienpreisen, nicht (im Durchschnitt ärmere) Mieter.

### 3.5.2 Institutionen

Der US-amerikanische Ökonom Douglass Cecil **North** (1920–2015) gilt zusammen mit seinem Landsmann Robert William **Fogel** (1926–2013) als Begründer der **Kliometrie**, der **Neuen Geschichtswissenschaft**. „Klio" – auch: „Kleió" – ist als Muse der Geschichtsschreibung eine der neun Musen der antiken Mythologie. Die kliometrische Forschung versucht, historische Erkenntnisse mit quantitativen Methoden (vgl. griechisch: „métron" – „Maß") zu gewinnen und dann ihre Ergebnisse in einen theoretischen Zusammenhang zu stellen. Für ihre wirtschaftshistorischen Arbeiten wurde beiden Ökonomen 1993 der Nobelpreis verliehen. In seiner

Nobelpreisrede (vgl. North 1993b) weist North auf die Defizite traditioneller ökonomischer Forschung hin, die zwar durch formale Eleganz und scheinbare Präzision besticht, aber die Friktionen und die Dynamik der realen Welt ausblendet. Dieser Modellplatonismus (vgl. Albert 1967, S. 331–332) vernachlässigt zwei Phänomene, die neben dem **technischen Fortschritt** und dem **Humankapital** für die wirtschaftliche Leistungsfähigkeit einer Volkswirtschaft von nicht zu unterschätzender Bedeutung sind: Zum einen ist dies der **institutionelle Rahmen**, dessen Einfluss North als einer der wegweisenden Vertreter der – inzwischen nicht mehr so „Neuen" – Institutionenökonomik (vgl. Commons 1934; North 1981, 1984, S. 255–264, 1993a, S. 11–23, 1993b, 1994, S. 359–368) immer wieder betont, zum anderen die **Zeit** und damit die Geschichte, deren Wirkung er als Kliometriker anerkennt (North 1993b, I):

> „That [neoclassical, RR] theory in the pristine form that gave it mathematical precision and elegance modeled a frictionless and static world. When applied to economic history and development it focused on **technological development** and more recently **human capital investment**, but ignored the incentive structure embodied in institutions that determined the extent of societal investment in those factors. In the analysis of economic performance through time it contained two erroneous assumptions: one that **institutions** do not matter and two that **time** does not matter [Hervorh. durch RR]."

Die **Anreizstruktur** wird **durch Institutionen bestimmt**. Diese wiederum werden durch die Politik bestimmt. Somit ist es eine tragende Aufgabe der Wirtschaftspolitik, eine Anreizstruktur zu schaffen beziehungsweise zu schützen, in der Anreizkompatibilität zwischen den individuellen Zielen der Gesellschaftsmitglieder und den kollektiven Zielen der Gesellschaft besteht. Ein anreizkompatibles institutionelles Arrangement, das auch informelle Strukturen berücksichtigt, sorgt dafür, dass die Transaktionskosten für ökonomische Aktivitäten sinken (vgl. Coase 1960, S. 1–44). Da jene in einer Welt, die nicht friktionslos ist, relativ hoch sind, wirkt sich eine Reduktion der Transaktionskosten in erheblicher Weise positiv auf die Effizienz aus.

Institutionen verkörpern (vgl. North 1990b; derselbe 1993b, II, VII,1):

- formale Regeln (Verfassungen, Gesetze, andere Rechtsnormen),
- informelle Regeln (Verhaltensnormen, Verhaltenskodizes [codes of conduct], Konventionen),
- Maßnahmen zur Durchsetzung der Regeln (automatische und diskretionäre Sanktionen).

*Formale* **Regeln** lassen sich auch kurzfristig ändern: Die massiven rechtlichen Eingriffe, die im Zuge der Corona-Krise im Jahr 2020 in allen Staaten dieser Welt teilweise innerhalb weniger Stunden beschlossen worden sind, sind Beispiele für die hohe Flexibilität, die scheinbar zementierte Rechtsnormen in sich tragen.

Substantielle *informelle* **Regeln** sind kurzfristig nicht flexibel. Sie haben ihren Ursprung in kulturellen Eigenschaften, die typischerweise Dekaden, zum Teil Jahrhunderte benötigen, bis sie sich grundlegend verändert haben werden. Kulturelle Werte hemmen die *adaptive* **Effizienz** – die Fähigkeit zur optimalen Anpassung in *probabilistischer* Analyse – selbst dann, wenn sie der *stationären* **Effizienz** – der Fähigkeit zur optimalen Ressourcenallokation in *deterministischer* Analyse – förderlich sind. Formale Regeln können sich auch revolutionär, informelle Regeln nur evolutionär ändern. Informelle Regeln sind nicht zu unterschätzen: Wird zum Beispiel versucht, das im Westen erfolgreiche Modell einer marktwirtschaftlichen Ordnung als Best-Practice-Variante auf ein arabisches Land, in dem tribale Strukturen vorherrschen, zu übertragen, ist es möglich, dass sich dieser Analogieschluss als Fehlschluss entpuppt: Eine im Stammesdenken gefangene Kultur sträubt sich gegen die inhärente Anonymität des Marktes, ohne die jedoch ein „gleichberechtigender" Markt nicht optimal funktionieren kann. Der anonyme Markt ist nicht nur aus ökonomischem, sondern auch aus ethischem Blickwinkel gut, weil er die Rolle des Außenseiters stärkt, der durch seine eigenen Ideen, seine Kreativität, Beharrlichkeit, Leistungsfähigkeit erfolgreich sein kann, ohne auf persönliche Beziehungen oder auf eine gute Herkunft angewiesen zu sein. Diese *meritokratische* **Kultur** ist keine Kultur der Zuschreibung („attribution"), sondern eine der Leistung („achievement"). Zudem wird das Eigeninteresse durch die anderen Marktteilnehmer diszipliniert und gegebenenfalls sanktioniert. Eine dezentrale Steuerung durch den Markt reduziert hierarchisch geprägte Machtstrukturen. Unterschiedliche Grade an **Gemeinsinn**, an der Bereitschaft, Steuern und andere Abgaben zu entrichten, oder am **Vertrauen**, das in einer Gesellschaft ohne großes Risiko dem anderen entgegengebracht werden kann, münden in unterschiedliche Ergebnisse einer individualistisch orientierten Marktwirtschaft.

▶ *Stationäre* **Effizienz** gilt für eine bestimmte Raum-Zeit-Stelle, *adaptive* **Effizienz** optimiert die Anpassungsfähigkeit für unterschiedliche Szenarien in der Zukunft.

Die *glaubwürdige* **Durchsetzbarkeit** formaler wie informeller Regeln entscheidet darüber, ob diese Regeln nur scheinbar oder anscheinend wirkmächtig sind. Automatische Sanktionsmechanismen erweisen sich dabei gegenüber „Runden Tischen", „Task Forces", „Expertenräten" oder anderen Gremien mit wohlklingenden Namen im Vorteil, weil jene für Transparenz über mögliche Sanktionen sorgen und gleichzeitig Chancen auf ein Umgehen derselben vereiteln. Hingegen verhindern diskretionäre Entscheidungen über Sanktionen aus logischen Gründen die Transparenz sowie Stabilität von Regeln und unterminieren die Anreizkompatibilität, wenn Regelbrecher auf Nachsicht und Milde hoffen können.

Diesbezüglich ist Ordnungspolitik gefordert. Erforderlich sind Organisationen, die für die Schaffung, Sicherung und Durchsetzung *transparenter*, *stabiler* und *angemessener* Regeln sorgen. **Institutionen** sind die **Spielregeln**, **Organisationen** die **Spieler** (vgl. North 1993b, III). Politische Strukturen weisen in besonderer Weise Friktionen auf (vgl. North 1990a, S. 355–367, derselbe 1993b, II): Die Wähler haben nur geringe Anreize, sich zu informieren, da ihre einzelne Stimme nicht viel zählt, sodass ein Anreiz-

Beitrag-Problem (vgl. March und Simon 1958) auftritt. Politische Entscheidungen sind oft auch zu komplex, um sie zu verstehen. Das Angebot politischer Leistungen beschränkt sich auf Versprechen, deren Einhaltung gar nicht in der alleinigen Macht eines einzelnen Politikers liegt.

Viele Kulturen haben nicht die Institutionen, die anonyme Interaktionen in einer arbeitsteiligen Wirtschaft erlauben (vgl. North 1993b, V). Diese **Anonymität** der **Marktakteure** ist es aber gerade, die eine hochgradige **Arbeitsteilung** erlaubt und hohe **Produktivitätsfortschritte** ermöglicht. Persönliche Beziehungen mögen aus sozialen Gründen erstrebenswert sein, bei Markttransaktionen verhindern sie die hohe Effizienz, die durch die Vernachlässigung persönlicher Präferenzen und die dadurch erzielte Gleichbehandlung aller Marktteilnehmer hervorgerufen wird. Denn indem beispielsweise bei homogenen Gütern nur die Preise als ausschlaggebende Variable Anbieter und Nachfrager zusammenbringen, brauchen keine persönlichen Informationen über die Marktteilnehmer eingeholt zu werden, sodass Transaktionskosten gespart werden.

Von Hayek betont die hohe Bedeutung des über Generationen akkumulierten *kollektiven* **Wissens** einer Kultur für die wirtschaftliche Entwicklung (vgl. Hayek 1960, S. 27). Die Genese dieses Wissens ist nicht nur von monetären Anreizen abhängig (vgl. North 1993b, V), sondern auch davon, inwieweit eine Gesellschaft bereit ist, die „Risiken und Nebenwirkungen" dieser Genese zu „ertragen": In einem kulturellen Umfeld, in dem Äußerungen von Skepsis, Kritik und Ideen zwar formal nicht verboten sind, faktisch aber an kulturellen Tabus oder Hierarchien scheitern, wird weniger Wissen hervorgebracht als in einer Kultur, in einem skeptischen, kritischen, ideenreichen Geist eine hohe Anerkennung gezollt wird.

Dass die Mehrheit der globalen „Hidden Champions", der auf dem Weltmarkt in Marktnischen führenden kleinen und mittleren Unternehmen, aus (dem südwestlichen) Deutschland stammt (vgl. Simon 2012, S. 48–82, 2009, 2021), hängt auch damit zusammen, dass sich dort eine Kultur des Tüftelns, des Nie-Zufriedenseins entwickelt hat, die noch heute, eine Sogwirkung erzeugt. Diese erklärt sich dadurch, dass innerhalb einer derartigen Kultur ein Wettbewerb an Ideen herrscht und dieses für Innovationen attraktive Umfeld auch entsprechende Köpfe an sich zieht. Auch China hat dies inzwischen erkannt. Die chinesische Regierung, die sonst eher auf Konformismus denn auf Non-Konformismus und Individualismus setzt, unterstützt seit 2021 das Ziel, bis Mitte der 2020er-Jahre über eintausend „Hidden Champions" hervorzubringen, die vor allem im Bereich der Schlüsseltechniken tätig sind.

Der MIT-Ökonom Daron Acemoglu und der Harvard-Ökonom James Robinson heben die hohe Bedeutung von Institutionen für die wirtschaftliche Prosperität eines Landes hervor. Diese unterteilen sie in zwei Arten: *Inklusive* **Institutionen** wie Rechtsstaatlichkeit, die Sicherung von Eigentums- und Verfügungsrechten oder die Unabhängigkeit der Justiz folgen **Universalinteressen**. *Extraktive* **Institutionen** folgen **Partikularinteressen** und schließen einen Großteil der Menschen von der Teilhabe aus (vgl. lateinisch: „extrahere" – „herausziehen"). Nur Privilegierte wie die Oligarchen autokratischer Systeme profitieren von extraktiven Institutionen (vgl. Acemoglu und Robinson 2012). Inklusive Institutionen wie Wettbewerb hingegen schützen vor der Macht „weniger Herrscher" (vgl. griechisch: „oligoi" – „wenige"; griechisch: „archeín" – „herrschen"), sichern eine Meritokratie, in der diejenigen erfolgreich sind, die sich „Verdienste" erwerben (vgl. lateinisch: „merere" – „sich verdient machen"; griechisch: „kratein" – „herrschen"), und sorgen für eine hohe Anpassungsfähigkeit und Resilienz (vgl. Brunnermeier 2021).

▶ *Inklusive* Institutionen folgen Universalinteressen, *extraktive* **Institutionen** Partikularinteressen.

Wie sehr formal inklusive Institutionen durch ihre zum Teil „extraktive" partikularistische Politik eine tragfähige Rahmenordnung gefährden können, wird am Beispiel der – offiziell dementierten, ökonomisch zementierten – monetären Staatsfinanzierung der Europäischen Zentralbank dokumentiert.

### 3.5.3 Monetäre Staatsfinanzierung

Seit Beginn der Eurokrise (2010) steht der Vorwurf im Raum, dass die EZB eine monetäre Staatsfinanzierung betreibe, die zur Erosion der monetären Stabilität beitrage.

▶ **Monetäre Staatsfinanzierung** liegt vor, wenn der Staat von der Zentralbank Kredite erhält, deren Konditionen (Zinssätze, Sicherheiten) er (zu seinen gunsten) beeinflussen kann.

Wenn Regierungen bedingungslos soviel Kredit erhalten, wie sie wünschen, sprechen Ökonomen von **„Helikoptergeld"**. Diesen Terminus führte der Wirtschaftsnobelpreisträger Milton Friedman (1912–2006) in die wirtschaftswissenschaftliche Terminologie ein (Friedman 1969, S. 4):

> „Let us suppose now that one day a helicopter flies over this community and drops an additional $ 1,000 in bills from the sky, which is, of course, hastily collected by members of the community. Let us suppose further that everyone is convinced that this is a unique event which will never be repeated."

Um den Vorwurf einer verbotenen *monetären* **Staatsfinanzierung** formal zu entkräften, werden Banken zwischengeschaltet, welche die Staatsanleihen zunächst erwerben, um sie dann – in der Regel innerhalb eines Monats – der EZB anzubieten (vgl. Afflatet 2019, S. 562–566; Sinn 2020, S. 75–76). *Formal* ist dies kein *unmittelbarer* Erwerb von Staatsschuldtiteln auf dem *Primär*markt, sondern nur ein *mittelbarer* auf dem *Sekundär*markt. *Ökonomisch* besteht jedoch aufgrund der Interdependenzen zwischen Primär- und Sekundärmärkten kein wesentlicher Unterschied, ob monetäre Finanzinstitute zwischengeschaltet werden oder nicht. Die Wirkung ist die gleiche, sodass die Bezeichnung „monetäre Staatsfinanzierung" gerechtfertigt ist, wenn auf den Wesensgehalt des **Verbots monetärer Staatsfinanzierung** im Artikel 123 des Vertrags zur Arbeitsweise der Europäischen Union (AEUV) Bezug genommen wird (Art. 123 Abs. 1 AEUV, Hervorh. durch RR):

> „Überziehungs- oder andere **Kreditfazilitäten bei der Europäischen Zentralbank oder den Zentralbanken der Mitgliedstaaten** ... für Organe,

Einrichtungen oder sonstige Stellen der Union, Zentralregierungen, regionale oder lokale Gebietskörperschaften oder andere öffentlich-rechtliche Körperschaften, sonstige Einrichtungen des öffentlichen Rechts oder öffentliche Unternehmen der Mitgliedstaaten **sind ebenso verboten wie der unmittelbare Erwerb von Schuldtiteln von diesen** durch die Europäische Zentralbank oder die nationalen Zentralbanken."

Aufgrund der eminent hohen Bedeutung des **Verbots** *monetärer* **Staatsfinanzierung** sowohl für die Währungsunion an sich als auch für die wirtschaftspolitische Diskussion über die Schuldenkrise werden im Folgenden einige Passagen aus dem Urteil des Bundesverfassungsgerichts vom 18. Juli 2017 (vgl. BVerfG 2017, Rn. 78) im Zuge der Klagen gegen das Public Sector Purchase Programme (PSPP) der Europäischen Zentralbank, eines Programms zum Ankauf von Staatsanleihen, wörtlich zitiert. Weil das Bundesverfassungsgericht zur Rechtfertigung seiner Rechtsauslegung an zahlreichen Stellen auf korresondierende Passagen aus dem Urteil des Europäischen Gerichtshofs vom 16. Juni 2015 verweist, werden auch diese Stellen wörtlich zitiert, um beide exponierten Primärquellen offenzulegen.

Auf dem **Primärmarkt** darf nach Auffassung des *Bundesverfassungsgerichts* **keine** *monetäre* **Staatsfinanzierung** über den Kauf von Staatsanleihen durchgeführt werden (BVerfG 2017, Rn. 78):

„Art. 123 Abs. 1 AEUV verbietet es der EZB und den Zentralbanken der Mitgliedstaaten, öffentlich-rechtlichen Körperschaften und Einrichtungen der Europäischen Union und der Mitgliedstaaten Überziehungs- oder andere Kreditfazilitäten zu gewähren oder unmittelbar von ihnen Schuldtitel zu erwerben."

Der Europäische Gerichtshof teilt die Auslegung des Bundesverfassungsgerichts (EuGH 2015, Rn. 94):

„Aus dem Wortlaut des Art. 123 Abs. 1 AEUV geht hervor, dass diese Bestimmung der EZB und den Zentralbanken der Mitgliedstaaten verbietet, öffentlich-rechtlichen Körperschaften und Einrichtungen der Union und der Mitgliedstaaten Überziehungs- oder andere Kreditfazilitäten zu gewähren oder unmittelbar von ihnen Schuldtitel zu erwerben."

Auf ein **Verschleierungsverbot** wird verwiesen, um eine Umgehung des *unmittelbaren* **Erwerbs** von Staatsanleihen zur monetären Staatsfinanzierung auszuschließen (BVerfG 2017, Rn. 78):

„Das ESZB darf … auch auf den Sekundärmärkten keine Staatsanleihen unter Voraussetzungen erwerben, die in der Praxis die gleiche Wirkung wie ein unmittelbarer Erwerb von Staatsanleihen von den öffentlich-rechtlichen Körperschaften und Einrichtungen der Mitgliedstaaten selbst hätten und auf diese Weise die Wirksamkeit des in Art. 123 Abs. 1 AEUV festgelegten Verbots in Frage stellten. … So dürfen Wirtschaftsteilnehmer, die möglicherweise Staatsanleihen auf dem Primärmarkt erwerben, nicht die Gewissheit haben, dass das ESZB diese Anleihen binnen eines Zeitraums und unter Bedingungen ankaufen würde, die es diesen Wirtschaftsteilnehmern ermöglichten, faktisch als Mittelspersonen des ESZB für den unmittelbaren Erwerb der Anleihen zu agieren."

Das Verschleierungsverbot unterstreicht auch der Europäische Gerichtshof (EuGH 2015, Rn. 97, 104):

„[97:] Gleichwohl kann das ESZB nicht rechtmäßig Staatsanleihen an den Sekundärmärkten unter Voraussetzungen erwerben, die seinem Tätigwerden in der Praxis die gleiche Wirkung wie ein unmittelbarer Erwerb von Staatsanleihen von den öffentlich-rechtlichen Körperschaften und Einrichtungenn der Mitgliedstaaten verleihen, und auf diese Weise die Wirksamkeit des in Art. 123 Abs. 1 AEUV festgelegten Verbots in Frage stellen. … [104:] „Indessen ist … hervorzuheben, dass das Tätigwerden des ESZB in der Praxis die gleiche Wirkung wie der unmittelbare Erwerb von Staatsanleihen von den öffentlich-rechtlichen Körperschaften und Einrichtungen der Mitgliedstaaten haben könnte, wenn die Wirtschaftsteilnehmer, die möglicherweise Staatsanleihen auf dem Primärmarkt erwerben, die Gewissheit hätten, dass das ESZB diese Anleihen binnen eines Zeitraums und unter Bedingungen ankaufen würde, die es diesen Wirtschaftsteilnehmern ermöglichten, faktisch als Mittelspersonen des ESZB für den unmittelbaren Erwerb dieser Anleihen von den öffentlich-rechtlichen Körperschaften und Einrichtungen des betreffenden Mitgliedstaats zu agieren."

Eine *gesunde* **Haushaltspolitik** ist geboten. Staaten dürfen bei der Gewährung von Krediten **keine Privilegien** gegenüber anderen Marktteilnehmern erhalten. Eine Bevorzugung zeigt sich beispielsweise darin, dass für öffentliche Kredite

Zinssätze künstlich niedrig gehalten werden oder dass die Anforderungen an Kreditsicherheiten ungewöhnlich schwach sind. Dazu äußert sich das Bundesverfassungsgericht (BVerfG 2017, Rn. 78):

> „Ziel des Art. 123 AEUV ist es, die Mitgliedstaaten dazu anzuhalten, eine gesunde Haushaltspolitik zu befolgen, indem vermieden wird, dass eine monetäre Finanzierung öffentlicher Defizite oder Privilegien [wie künstlich niedriger Zinssätze und geringer Anforderungen an Kreditsicherheiten, RR] der öffentlichen Hand auf den Finanzmärkten zu einer übermäßigen Verschuldung oder überhöhten Defiziten der Mitgliedstaaten führen."

Der Europäische Gerichtshof argumentiert ähnlich (EuGH 2015, Rn. 100):

> „Aus den Vorarbeiten für den Maastrichter Vertrag [zur Europäischen Union und zur Europäischen Wirtschafts- und Währungsunion, RR] ergibt sich, dass Art. 123 AEUV die Mitgliedstaaten dazu anhalten soll, eine gesunde Haushaltspolitik zu befolgen, indem vermieden wird, dass eine monetäre Finanzierung öffentlicher Defizite oder Privilegien der öffentlichen Hand auf den Finanzmärkten zu einer übermäßigen Verschuldung oder überhöhten Defiziten der Mitgliedstaaten führen."

**Negativanreize** zum Schuldenmachen sollen ausdrücklich vermieden werden (EuGH 2015, Rn. 111):

> „Jedenfalls wird durch die Merkmale eines Programms … ausgeschlossen, dass es als geeignet angesehen werden kann, den Mitgliedstaaten den Anreiz zur Verfolgung einer gesunden Haushaltspolitik zu nehmen."

**Künstlich niedrige Zinssätze** werden ausgeschlossen: (EuGH 2015, Rn. 113):

> „Diese Begrenzung des Tätigwerdens des ESZB bedeutet …, dass dieses Programm nicht in einer Weise durchgeführt werden kann, durch die eine Harmonisierung der Zinssätze für die Staatsanleihen der Mitgliedstaaten des Euro-Währungsgebiets unabhängig von den Unterschieden bewirkt würde, die sich aus der makroökonomischen Lage oder der Haushaltslage dieser Staaten ergeben."

Auch auf dem **Sekundärmarkt** darf über den Kauf von Staatsanleihen **keine monetäre Staatsfinanzierung** durchgeführt werden (BVerfG 2017, Rn. 78):

> „Ein Programm, das den Ankauf von Staatsanleihen auf dem Sekundärmarkt zum Gegenstand hat, muss daher mit hinreichenden Garantien versehen sein, um eine Beachtung des Verbots monetärer Staatsfinanzierung wirksam zu gewährleisten."

So sieht es auch der Europäische Gerichtshof (EuGH 2015, Rn. 102):

> „Folglich muss die EZB, … wenn sie Staatsanleihen an den Sekundärmärkten erwirbt, ihr Tätigwerden mit hinreichenden Garantien versehen, um sicherzustellen, dass es mit dem in Art. 123 Abs. 1 AEUV festgelegten Verbot der monetären Finanzierung in Einklang steht."

Die zahlreichen Verweise auf Rechtsnormen des höchsten deutschen Gerichts und des höchsten Gerichts der Europäischen Union verdeutlichen, dass *inklusive* Institutionen wie Rechtsnormen nicht nur geschaffen, sondern auch erhalten werden müssen, ohne ihren ursprünglichen Wesensgehalt aus der Verfassung zu „extrahieren".

### 3.5.4 Internationale Wettbewerbsfähigkeit

#### 3.5.4.1 Global Competitiveness Index (GCI)

Ziel wirtschaftspolitischer Regulierung ist die Stärkung der internationalen Wettbewerbsfähigkeit. Tab. 3.11 zeigt die Stärke der internationalen Wettbewerbsfähigkeit von **141 Ländern**, die das World Economic Forum (WEF) im **Global Competitiveness Index (GCI)** vor Ausbruch der Corona-Pandemie ermittelt hat (vgl. GCI 2019, S. xiii). Dieser Index setzt sich aus insgesamt 103 Kriterien zusammen, die folgenden zwölf Säulen zugeordnet werden können (vgl. GCI 2019, S. vii):

- Institutionen,
- Infrastruktur,
- Informations- und Kommunikationstechnik,
- makroökonomische Stabilität,
- Gesundheit,
- Bildung,
- Gütermärkte,
- Arbeitsmärkte,
- Finanzsystem,

- Marktgröße,
- wirtschaftliche Dynamik,
- Innovationen.

Tab. 3.11 enthält den gewichteten Durchschnitt aller 103 Kriterien dieser zwölf Säulen.

Die Länder mit der höchsten internationalen Wettbewerbsfähigkeit sind die freiheitlich geprägten westlichen Länder sowie die konfuzianisch geprägten ostasiatischen Länder Singapur, Hongkong, Japan, Taiwan, Süd-Korea sowie – mit etwas Abstand – das weniger freiheitlich geprägte China. Deutschland liegt auf einem respektablen siebten Platz. Außer China (28) kommen die aufstrebenden Volkswirtschaften nicht über das Mittelmaß hinaus: Dies gilt sowohl für die anderen vier BRICS-Staaten, Russland (43), Südafrika (60), Indien (68) und Brasilien (71), sowie für die ITS-Staaten Saudi-Arabien (36), Indonesien (50) und die Türkei (61). Darüber hinaus hat Russland seine (mäßige) internationale Wettbewerbsfähigkeit durch seinen Einmarsch in die ganze Ukraine (2022) auf Jahre, wenn nicht Jahrzehnte verspielt.

Die ökonomische Perspektivlosigkeit des afrikanischen Kontinents wird dadurch belegt, dass auf den letzten 38 Plätzen 35 afrikanische Länder liegen. Eine ähnlich schlechte Wettbewerbsfähigkeit wird nur drei nicht-afrikanischen Krisenländern bescheinigt: dem ärmsten Land Arabiens, dem Jemen (140), dem ärmsten Land Mittelamerikas, Haiti (138), dem ärmsten Land Südamerikas, Venezuela (133). Aus diesen Zahlen lässt sich für eine erfolgreiche Regulierungspolitik herauslesen, dass die Stärkung der internationalen Wettbewerbsfähigkeit ein hohes Potential für wirtschaftliche Prosperität bietet. Besonders wichtig ist die Tatsache, dass mehrere Mosaiksteinchen des Mosaiks internationaler Wettbewerbsfähigkeit nicht zusätzlicher finanzieller Mittel, sondern einer besseren Regierungsführung bedürfen: Unabhängige, korruptionsfreie, inklusive Institutionen, welche Eigentums- und Verfügungsrechte sowie rechtsstaatliches Handeln sichern sowie Anreize für Bildung und Innovationen setzen, bieten Ansatzpunkte für Wirtschaftswachstum und Armutsbekämpfung.

**Tab. 3.11** Global Competitiveness Index (GCI) ausgewählter Länder

| Rang | Land | Index |
|---|---|---|
| 1 | Singapur | 84,8 |
| 2 | USA | 83,7 |
| 3 | Hongkong | 83,1 |
| 4 | Niederlande | 82,4 |
| 5 | Schweiz | 82,3 |
| 6 | Japan | 82,3 |
| 7 | Deutschland | 81,8 |
| 8 | Schweden | 81,2 |
| 9 | Vereinigtes Königreich | 81,2 |
| 10 | Dänemark | 81,2 |
| 11 | Finnland | 80,2 |
| 12 | Taiwan | 80,2 |
| 13 | Süd-Korea | 79,6 |
| 14 | Kanada | 79,6 |
| 15 | Frankreich | 78,8 |
| 16 | Australien | 78,7 |
| 17 | Norwegen | 78,1 |
| 18 | Luxemburg | 77,0 |
| 19 | Neuseeland | 76,7 |
| 20 | Israel | 76,7 |
| 21 | Österreich | 76,6 |
| 22 | Belgien | 76,4 |
| 23 | Spanien | 75,3 |
| 24 | Irland | 75,1 |
| 25 | Vereinigte Arabische Emirate | 75,0 |
| 26 | Island | 74,7 |
| 27 | Malaysia | 74,6 |
| 28 | China | 73,9 |
| 29 | Katar | 72,9 |
| 30 | Italien | 71,5 |
| 36 | Saudi-Arabien | 70,0 |
| 43 | Russland | 66,7 |
| 50 | Indonesien | 64,6 |
| 59 | Griechenland | 62,6 |
| 60 | Südafrika | 62,4 |
| 61 | Türkei | 62,1 |
| 68 | Indien | 61,4 |
| 71 | Brasilien | 60,9 |
| 83 | Argentinien | 57,2 |
| 114–141 (außer 133, 138, 140) | Afrika | 49,7–35,1 |
| 133 | Venezuela | 41,8 |
| 138 | Haiti | 36,3 |
| 140 | Jemen | 35,5 |
| 141 | Tschad | 35,1 |

[Vgl. GCI 2019, S. xiii]

### 3.5.4.2 World Digital Competitiveness Ranking (WDCR)

Auch wenn der deutschen Volkswirtschaft generell eine hohe Wettbewerbsfähigkeit zugeschrieben wird, sind die Defizite im Bereich der digitalen Wettbewerbsfähigkeit spätestens während der Corona-Pandemie offengelegt worden. Das World Digital Competitiveness Ranking (WDCR) setzt sich aus insgesamt 52 Faktoren zusammen. Diese sind den folgenden drei Bereichen zugeordnet (vgl. WDCR 2021, S. 14, 15, 17):

* Wissen („knowledge"),
* technische Ausstattung („technology"),
* Zukunftsfähigkeit („future readiness").

Tab. 3.12 zeigt die Stärke der digitalen Wettbewerbsfähigkeit von **64 Ländern**, wie sie das IMD World Competitiveness Center im IMD World Digital Competitiveness Ranking (WDCR) ermittelt hat (vgl. WDCR 2021, S. 28–29).

An der Spitze liegen auch hier die wohlhabenden westlichen Länder sowie die ostasiatischen Staaten. Deutschland zählt auf Platz 18 der 64 betrachteten Länder noch zum ersten Drittel, aber nicht zur Spitzengruppe. Hinsichtlich seiner digitalen Wettbewerbsfähigkeit sind auch die Vereinigten Arabischen Emirate und China besser aufgestellt als die größte Volkswirtschaft Europas.

### 3.5.5 Wirtschaftliche Freiheit

#### 3.5.5.1 Index of Economic Freedom (IEF)

Der Index of Economic Freedom (IEF) misst ein Dutzend Freiheiten, die vier Kategorien zugeordnet werden (vgl. IEF 2021, S. 11–18):

1. Rechtsstaatlichkeit („rule of law"):
   a. Eigentums- und Verfügungsrechte („property rights")
   b. Rechtsdurchsetzung („judicial effectiveness")
   c. Integrität der Regierung („government integrity")
2. Staatsanteil („government size"):
   a. Steuerlast („tax burden")
   b. Staatsausgaben („government spending")
   c. Staatsschulden („fiscal health")

**Tab. 3.12** World Digital Competitiveness Ranking (WDCR) ausgewählter Länder

| Rang | Land | Index |
|---|---|---|
| 1 | USA | 100,000 |
| 2 | Hongkong | 96,576 |
| 3 | Schweden | 95,189 |
| 4 | Dänemark | 95,158 |
| 5 | Singapur | 95,137 |
| 6 | Schweiz | 94,939 |
| 7 | Niederlande | 93,309 |
| 8 | Taiwan | 92,243 |
| 9 | Norwegen | 91,295 |
| 10 | Vereinigte Arabische Emirate | 90,517 |
| 11 | Finnland | 90,134 |
| 12 | Süd-Korea | 89,724 |
| 13 | Kanada | 87,310 |
| 14 | Vereinigtes Königreich | 85,827 |
| 15 | China | 84,431 |
| 16 | Österreich | 80,877 |
| 17 | Israel | 79,584 |
| **18** | **Deutschland** | **79,334** |
| 19 | Irland | 79,156 |
| 20 | Australien | 78,683 |
| 21 | Island | 77,611 |
| 22 | Luxemburg | 77,358 |
| 23 | Neuseeland | 77,127 |
| 24 | Frankreich | 75,656 |
| 25 | Estland | 75,421 |
| 28 | Japan | 73,014 |
| 40 | Italien | 61,767 |
| 42 | Russland | 60,271 |
| 44 | Griechenland | 55,617 |
| 46 | Indien | 55,126 |
| 48 | Türkei | 52,837 |
| 51 | Brasilien | 51,478 |
| 56 | Mexiko | 48,736 |
| 60 | Südafrika | 43,641 |
| 61 | Argentinien | 43,639 |
| 62 | Mongolei | 40,693 |
| 63 | Botswana | 33,004 |
| 64 | Venezuela | 23,471 |

[Vgl. WDCR 2021, S. 28–29]

3. Effizienz der Regulierungen („regulatory efficiency"):
   a. Unternehmerische Freiheit („business freedom")
   b. Regulierung der Arbeitsmärkte („labor freedom")
   c. Monetäre Unabhängigkeit („monetary freedom")

4. Offenheit der Märkte („market openness"):
   a. Handelsfreiheit („trade freedom")
   b. Investitionsfreiheit („investment freedom")
   c. Regulierung der Finanzmärkte („financial freedom")

Tab. 3.13 zeigt den Grad wirtschaftlicher Freiheit, wie ihn die Heritage Foundation anhand des **Index of Economic Freedom (IEF)** für 178 Länder ermittelt (vgl. IEF 2021).

Sämtliche Länder der Spitzengruppe sind entweder reich oder haben in jüngerer Vergangenheit eine bemerkenswerte wirtschaftliche Entwicklung erfahren (Estland, Georgien, Litauen, Tschechien), sodass der enge Zusammenhang zwischen Freiheit und wirtschaftlichem Erfolg schwer zu leugnen ist (vgl. auch IEF 2021, S. 22). Der ökonomische Erfolg erstreckt sich dabei nicht nur auf hohe durchschnittliche Einkommen, sondern auch auf einen großen, zum Teil wachsenden Mittelstand sowie auf das – im internationalen Maßstab – relativ hohe Einkommensniveau ärmerer Haushalte.

Die freiheitlichen Defizite der **BRICS-Staaten** sind auch ein Grund dafür, warum die großen aufstrebenden Volkswirtschaften bis heute einen gehörigen Abstand zum Lebensstandard in den Wohlfahrtsstaaten Europas, Nordamerikas sowie Australiens und Neuseelands hinnehmen müssen. Brasiliens (143), Indiens (121) und Südafrikas (99) wirtschaftlicher Freiheit sind Grenzen durch das extrem hohe Ausmaß an Korruption ihrer politischen Mandatsträger gesetzt. Chinas (107) wirtschaftliche Freiheit wird insbesondere durch seine intensive politische Kontrolle eingeschränkt. Russland (92) hat seine bescheidenen ökonomischen Aussichten zur Jahrtausendwende nach seinen militärischen Einmärschen auf die Krim und in die Ostukraine (2014) bereits erheblich und nach seiner Invasion in das ganze osteuropäische Land (2022) gänzlich verspielt. Russland ist ein weiteres Beispiel für ein Land, das seine Volkswirtschaft auf Jahrzehnte hinweg selbst zugrunderichtet, weil die Freiheit einer auto- und kleptokratischen Ordnung unterworfen ist. Drei andere Beispiele (Nord-Korea, Venezuela, Kuba) liegen auf den letzten drei Plätzen des Rankings wirtschaftlicher Freiheit.

**Tab. 3.13**  Index of Economic Freedom (IEF) ausgewählter Länder

| Rang | Land | Index |
|---|---|---|
| 1 | Singapur | 89,7 |
| 2 | Neuseeland | 83,9 |
| 3 | Australien | 82,4 |
| 4 | Schweiz | 81,9 |
| 5 | Irland | 81,4 |
| 6 | Taiwan | 78,6 |
| 7 | Vereinigtes Königreich | 78,4 |
| 8 | Estland | 78,2 |
| 9 | Kanada | 77,9 |
| 10 | Dänemark | 77,8 |
| 11 | Irland | 77,4 |
| 12 | Georgien | 77,2 |
| 13 | Mauritius | 77,0 |
| 14 | Vereinigte Arabische Emirate | 76,9 |
| 15 | Litauen | 76,9 |
| 16 | Niederlande | 76,8 |
| 17 | Finnland | 76,1 |
| 18 | Luxemburg | 76,0 |
| 19 | Chile | 75,2 |
| 20 | USA | 74,8 |
| 23 | Japan | 74,1 |
| 24 | Süd-Korea | 74,0 |
| 25 | Österreich | 73,9 |
| 27 | Tschechien | 73,8 |
| **29** | **Deutschland** | **72,5** |
| 37 | Belgien | 70,1 |
| 41 | Polen | 69,7 |
| 56 | Indonesien | 66,9 |
| 63 | Saudi-Arabien | 66,0 |
| 64 | Frankreich | 65,7 |
| 68 | Italien | 64,9 |
| 76 | Türkei | 64,0 |
| 92 | Russland | 61,5 |
| 99 | Südafrika | 59,7 |
| 107 | China | 58,4 |
| 121 | Indien | 56,5 |
| 143 | Brasilien | 53,4 |
| 148 | Argentinien | 52,7 |
| 174 | Simbabwe | 39,5 |
| 175 | Sudan | 39,1 |
| 176 | Kuba | 28,1 |
| 177 | Venezuela | 24,7 |
| 178 | Nord-Korea | 5,2 |

[Vgl. IEF 2021, S. 6–10]

**Spitzenwerte** erzielt **Deutschland** für die (vgl. IEF 2021, S. 203):

- Integrität der Regierung,
- Staatsverschuldung,

- unternehmerische Freiheit,
- Handelsfreiheit,
- Investitionsfreiheit.

**Gute Werte** werden der größten Volkswirtschaft Europas bescheinigt für die:

- Eigentums- und Verfügungsrechte,
- monetäre Unabhängigkeit,
- Regulierung der Finanzmärkte.

**Mittelmäßig** wird die wirtschaftliche Freiheit eingeschätzt für die:

- Rechtsdurchsetzung,
- Steuerlast.

**Mäßig** schneidet Deutschland bei der Regulierung der *Arbeitsmärkte* ab.

**Schlecht** ist das Ergebnis für die *Staatsausgaben*, deren Höhe und mangelnde Effizienz in den Jahren 2018 bis 2020 kritisiert werden.

Insgesamt liegt Deutschland auf Rang 29.

### 3.5.5.2 Digital Health Index (DHI)

Die Digitalisierung gilt als die vierte industrielle Revolution und wird daher auch „Industrie 4.0" genannt.

Die *erste* **industrielle Revolution** – „*die* Industrielle Revolution" – setzte zum Ende des 18. Jahrhunderts ein. Sie war vor allem geprägt durch die **Mechanisierung** der Arbeit. Diese trat insbesondere nach den Patentierungen einer *effizienten* Dampfmaschine (1769) durch den schottischen Erfinder James Watt (1736–1819) und eines mechanischen Webstuhls (1785) durch den promovierten englischen Pfarrer Edmond Cartwright (1743–1823) ihren unaufhaltsamen Siegeszug an. Die „Industrie 1.0" erfolgte in einem Geistesklima, das unter anderem durch die Aufklärung, die amerikanische Unabhängigkeitsbewegung (1773–1776), die Französische Revolution (1789), die einsetzende Säkularisierung sowie die bahnbrechenden preußischen Reformen (1807–1815) durch den Freiherrn vom und zum Stein (1757–1831), den Fürsten von Hardenberg (1750–1822) und im Bildungswesen

durch Wilhelm von Humboldt (1767–1835) geprägt war.

Die *zweite* **industrielle Revolution** setzte zum Beginn des 20. Jahrhunderts ein und offenbarte sich in einer zunehmenden **Automatisierung**. Massenproduktion, Fließbandarbeit, eine wissenschaftliche Betriebsführung (Taylorismus) sowie eine anreizkompatible Instrumentalisierung des Humankapitals (Fordismus) sorgten dafür, dass sich vor allem in Nordamerika und Europa erstmals in der Menschheitsgeschichte ein breiter Mittelstand etablierte, der einen hohen Wohlstand genoss.

Die *dritte* **industrielle Revolution** begann um 1970 herum und war vor allem durch eine zunehmende *elektronische* Automatisierung und **Computerisierung** charakterisiert, die bei einfachen Tätigkeiten den Ersatz menschlicher Arbeitskraft forcierte, gleichzeitig aber mehr Arbeitsplätze schuf, die einer höheren fachlichen Qualifikation bedurften.

Die *vierte* **industrielle Revolution** nahm ihren Anfang bereits kurz vor der Jahrtausendwende mit dem Beginn des Internets. Die **Digitalisierung** sorgt für niedrige Grenzkosten der Beschaffung und Verarbeitung von Informationen, für schnell verfügbare und verknüpfbare Informationen, für niedrige Informationsasymmetrien (Barrierefreiheit) sowie für örtliche und zeitliche Ungebundenheit. Der US-amerikanische Nobelpreisträger Paul Romer betont die hohe Bedeutung von Investitionen in Forschung und Entwicklung, da technischer Fortschritt nicht eine exogene, sondern eine endogene Variable ist, die aktiv zu beeinflussen ist (vgl. Romer 1990, S. 71–102).

▶ Die erste **industrielle Revolution** ist gekennzeichnet durch eine Mechanisierung, die zweite durch eine Automatisierung, die dritte durch eine Computerisierung, die vierte durch eine Digitalisierung der Arbeit.

Im Zuge der Corona-Pandemie sind die Schwächen der Digitalisierung im deutschen Gesundheitswesen offengelegt worden. Der **Digital Health Index (DHI)**, der im Auftrag der Bertelsmann-Stiftung von der empirica Gesell-

schaft für Kommunikations- und Technologiefor-
schung durchgeführt wird (vgl. DHI 2018), zeigt,
inwieweit das Gesundheitssystem eines Landes
digitalisiert ist.

Der Digital Health Index ist in drei Sub-
Indizes unterteilt:

1. Politische Strategie („Policy-Aktivität und
   Strategie"),
2. Potentielle Nutzung („Technische Implemen-
   tierung und Readiness für Vernetzung und Da-
   tennutzung"),
3. Tatsächliche Nutzung („Tatsächliche Nutzung
   von Daten").

Zur politischen Strategie zählt unter anderem,
inwieweit die institutionellen, rechtlichen, finanziellen und ethischen Rahmenbedingungen
für die Umsetzung der Digitalisierung im Gesundheitswesen geschaffen worden sind. Die
potentielle Nutzung erfasst die technische Infrastruktur, die Software sowie die Verfügbarkeit
von Daten. Unter die tatsächliche Nutzung fallen insbesondere das Auslesen von Patientenda-
ten, aber auch der (medizinische und wissenschaftliche) Austausch.

Tab. 3.14 gibt einen Überblick über die 17 un-
tersuchten Länder (vgl. DHI 2018, S. 225, 231).
Anstelle des Vereinigten Königreichs ist nur Eng-

land aufgeführt, weil der 1946 eingeführte National Health Service (NHS) für England (55 Millionen Einwohner), Schottland (5 Millionen), Wales
(3 Millionen) und Nordirland (2 Millionen) ge-
trennt organisiert ist. Für die englische Gesundheitsversorgung sind zehn regionale Behörden sowie 151 lokale Gesundheitsdienste zuständig (vgl.
DHI 2018, S. 147).

In diesem Ranking schneidet Deutschland
schlecht ab. Polen ist das einzige Land, das hinter ihm liegt. Die Unzulänglichkeit der Digitalisierung wurde in der Corona-Krise bestätigt, in
der Gesundheitsämter mit Faxgeräten statt mit
gut vernetzten Rechnern ihren Informations-
austausch organisieren mussten. Es ist daher
folgerichtig, dass die Digitalisierung als eines
der wichtigsten strategischen Handlungsfelder
deutscher Wirtschaftspolitik identifiziert worden ist.

## 3.6    Ökonomische Theorie des Rentenstrebens

### 3.6.1    Grundlagen

Die **ökonomische Theorie des Rentenstrebens**
(rent seeking) wurde durch den US-Juristen Gordon **Tullock** (1922–2014) hoffähig (vgl. Tullock

**Tab. 3.14**  Digital Health Index (DHI)

| Rang | Land | Digital Health Index | Politische Strategie | Potentielle Nutzung | Tatsächliche Nutzung |
|------|------|----------------------|----------------------|---------------------|----------------------|
| 1 | Estland | 81,9 | 88,1 | 86,1 | 71,7 |
| 2 | Kanada | 74,7 | 87,3 | 71,6 | 65,3 |
| 3 | Dänemark | 72,5 | 80,8 | 66,0 | 70,6 |
| 4 | Israel | 72,4 | 78,5 | 69,5 | 69,4 |
| 5 | Spanien | 71,4 | 73,8 | 76,9 | 63,3 |
| 6 | England (NHS) | 70,0 | 78,1 | 72,5 | 59,3 |
| 7 | Schweden | 68,3 | 79,9 | 67,4 | 57,5 |
| 8 | Portugal | 67,2 | 72,0 | 68,6 | 60,9 |
| 9 | Niederlande | 66,1 | 85,2 | 51,8 | 61,2 |
| 10 | Österreich | 59,8 | 78,8 | 60,7 | 39,9 |
| 11 | Australien | 57,3 | 60,3 | 64,4 | 47,2 |
| 12 | Italien | 55,8 | 73,6 | 56,6 | 37,3 |
| 13 | Belgien | 54,7 | 73,8 | 53,7 | 36,6 |
| 14 | Schweiz | 40,6 | 63,9 | 44,0 | 14,0 |
| 15 | Frankreich | 31,6 | 39,9 | 33,2 | 21,7 |
| **16** | **Deutschland** | 30,0 | 42,2 | 30,1 | 15,8 |
| 17 | Polen | 28,5 | 48,0 | 25,9 | 11,8 |

[Vgl. DHI 2018, S. 225, 231]

1967, S. 224–232). Das Streben nach politischen Renten bedeutet, dass Menschen nach Einnahmen aus staatlichen Transfers trachten. Dies können Subventionen, Sozialversicherungsleistungen, Zölle oder andere Transfers sein. Unternehmer können zum Beispiel dadurch Wettbewerbsvorteile erlangen, dass es ihnen gelingt, Parlamentarier für sich einzunehmen, sodass jene für attraktive Subventionen stimmen. Tullock verweist in diesem Zusammenhang auf den mittlerweile einhundertjährigen Chicago Boy Arnold Carl Harberger, der als Erster gezeigt hat (vgl. Harberger 1959, S. 134–146), wie protektionistische Instrumente auf Kosten der Wohlfahrt eines Landes „regulierend" eingesetzt werden. Rentenstreben lohnt sich, solange die Opportunitätskosten des Rentenstrebens geringer sind als die Einnahmen, auf welche die Rentensucher hoffen können. Nimmt die Verlagerung von produktiven zu unproduktiven Aktivitäten Überhand, setzt sich ein **Gier-Effekt („voracity effect")** durch. Durch diese Fehlanreize zu unproduktiver Arbeit auf Kosten produktiver unternehmerischer Tätigkeit entstehen volkswirtschaftliche Wohlfahrtsverluste.

▶ Gemäß der **ökonomischen Theorie des Rentenstrebens** streben die Marktteilnehmer nach ökonomischen Renten, also nach Transfereinkommen (Fördermittel, Sozialleistungen).

Nach der **Lucas-Kritik** (vgl. Lucas 1976, S. 19–46) verändert die Durchführung einer wirtschaftspolitischen Maßnahme die dieser Maßnahme zugrundeliegende ökonomische Gesetzmäßigkeit, weil in der Folge rationale Marktteilnehmer ihre Erwartungen anpassen. Wird beispielsweise ein strauchelndes privates Unternehmen mit öffentlichen Mitteln subventioniert, steigt das Risiko, dass sich auch unter anderen Unternehmen eine Mentalität des Rentenstrebens ausbreitet: Anstatt alle unternehmerische Kraft auf die Schaffung beziehungsweise Erhaltung der Wettbewerbsfähigkeit zu richten, vertraut das Unternehmen auf einen „bail out" durch den Staat. Dadurch, dass nach Lucas die Marktteilnehmer nicht *stationären*, sondern *rationalen* Erwartungen folgen, sind insbesondere ökonometrische Modelle für wirtschaftspolitische Handlungsempfehlungen nur bedingt tauglich.

### 3.6.2 Solidarität

Transferzahlungen sind ökonomische Renten. Inwieweit die Umverteilung von Primäreinkommen zum Zwecke der Reduktion von Einkommensungleichheiten wirtschafts- und sozialpolitisch durchsetzbar ist, hängt auch von der Bereitschaft zur Solidarität gegenüber anderen ab. Für eine Redistributionspolitik spielt die Solidarität gegenüber *Fremden* die entscheidende Rolle, weil Solidarität gegenüber Familienmitgliedern, die in besonderem Maße in der islamisch und konfuzianisch geprägten Welt zu beobachten ist, auch in privaten Transfersystemen etabliert werden kann.

Seit 2010 veröffentlicht die Charities Aid Foundation (CAF) mit Unterstützung des Gallup-Instituts (vgl. WGI 2021, S. 17) den CAF **World Giving Index (WGI)**. Dieser Solidaritätsindex wird auf der Grundlage von über 1,6 Millionen Interviews ermittelt. Die interviewten Personen werden gefragt, ob sie im vergangenen Monat eine oder mehrere der folgenden Aktivitäten durchgeführt haben (vgl. WGI 2021, S. 4):

1. Hilfe für einen Fremden („helped a stranger, or someone you didn't know who needed help"),
2. Spende („donated money to a charity"),
3. ehrenamtliche Tätigkeit („volunteered your time to an organisation").

Tab. 3.15 zeigt den Solidaritätsindex (World Giving Index) in der Dekade vor dem Ausbruch der Corona-Pandemie (vgl. WGI 2019, S. 23–25). Im globalen Durchschnitt gibt jeder Zweite an, einem Fremden geholfen zu haben, jeder Dritte, Geld gespendet zu haben, und jeder Fünfte, ehrenamtlich tätig gewesen zu sein (vgl. WGI 2021, S. 11, Abb. 3).

Zu den sieben Ländern mit dem höchsten Solidaritätsindex gehören alle sechs angelsächsischen Länder, die USA, Neuseeland, Australien, Irland, Kanada und das Vereinigte Königreich, sowie Myanmar (Burma, Birma). Auf Platz acht folgen die Niederlande, deren Kultur, insbesondere Wirtschaftskultur, derjenigen der Angelsachsen am nächsten kommt. Auch wenn die angelsächsischen Länder sowie die Niederlande

**Tab. 3.15**  Solidaritätsindex (World Giving Index, WGI) ausgewählter Länder

| | WGI-Index Rang | in % | Fremdenhilfe Rang | in % | Spenden Rang | in % | Ehrenamt Rang | in % |
|---|---|---|---|---|---|---|---|---|
| USA | 1 | 58 | 3 | 72 | 11 | 61 | 5 | 42 |
| Myanmar | 2 | 58 | 49 | 49 | 1 | 81 | 3 | 43 |
| Neuseeland | 3 | 57 | 10 | 64 | 9 | 65 | 6 | 41 |
| Australien | 4 | 56 | 11 | 64 | 8 | 68 | 12 | 37 |
| Irland | 5 | 56 | 16 | 62 | 7 | 69 | 10 | 38 |
| Kanada | 6 | 55 | 9 | 64 | 10 | 63 | 11 | 37 |
| UK | 7 | 54 | 19 | 60 | 2 | 71 | 25 | 30 |
| Niederlande | 8 | 53 | 37 | 53 | 5 | 71 | 14 | 36 |
| Sri Lanka | 9 | 51 | 29 | 55 | 19 | 50 | 1 | 46 |
| Indonesien | 10 | 50 | 86 | 42 | 6 | 69 | 7 | 40 |
| Schweiz | 13 | 45 | 58 | 48 | 13 | 56 | 22 | 32 |
| Österreich | 15 | 45 | 36 | 53 | 15 | 53 | 32 | 27 |
| Dänemark | 16 | 44 | 42 | 52 | 12 | 58 | 50 | 22 |
| Liberia | 17 | 44 | 1 | 77 | 109 | 12 | 4 | 43 |
| **Deutschland** | **18** | **43** | **26** | **56** | **20** | **49** | **36** | **26** |
| Finnland | 25 | 41 | 41 | 52 | 27 | 42 | 31 | 28 |
| Luxemburg | 28 | 40 | 97 | 39 | 17 | 51 | 27 | 29 |
| Schweden | 29 | 40 | 46 | 51 | 14 | 55 | 96 | 13 |
| Belgien | 42 | 36 | 72 | 44 | 30 | 39 | 39 | 25 |
| Italien | 54 | 33 | 68 | 45 | 33 | 38 | 73 | 16 |
| Spanien | 58 | 32 | 45 | 51 | 46 | 30 | 76 | 16 |
| Frankreich | 66 | 30 | 108 | 36 | 55 | 27 | 33 | 27 |
| Brasilien | 74 | 28 | 63 | 46 | 67 | 22 | 84 | 15 |
| Indien | 82 | 26 | 113 | 34 | 62 | 24 | 63 | 19 |
| Portugal | 88 | 25 | 82 | 42 | 85 | 20 | 90 | 14 |
| Japan | 107 | 23 | 125 | 24 | 64 | 23 | 46 | 22 |
| Russland | **117** | 21 | 112 | 35 | 112 | 12 | 74 | 16 |
| Kroatien | **118** | 21 | 120 | 30 | 68 | 22 | 108 | 9 |
| Montenegro | **119** | 20 | 114 | 33 | 82 | 20 | 115 | 8 |
| Bulgarien | **120** | 19 | 107 | 36 | 98 | 16 | 124 | 5 |
| Litauen | **121** | 19 | 104 | 37 | 113 | 12 | 101 | 11 |
| Palästina | **122** | 19 | 101 | 38 | 120 | 10 | 111 | 8 |
| Serbien | **123** | 19 | 123 | 28 | 73 | 22 | 122 | 6 |
| Jemen | **124** | 17 | 92 | 41 | 123 | 6 | 123 | 5 |
| Griechenland | **125** | 16 | 109 | 36 | 122 | 7 | 119 | 6 |
| China | **126** | 16 | 119 | 31 | 116 | 11 | 125 | 5 |

[Vgl. WGI 2019, S. 23–25]

während der Corona-Pandemie etwas zurückge-fallen sind (vgl. WGI 2021, S. 18–20), sind die Spitzenwerte dieser Länder beeindruckend. Dass die angelsächsischen Länder bei diesem *altruistischen* Wert so sehr überzeugen, ist bemerkenswert, da sie die am stärksten *individualistisch geprägten Länder* sind. Der Index belegt, dass das Begriffspaar Individualismus – Kollektivismus nicht mit dem Begriffspaar Egoismus – Altruismus zu verwechseln ist.

▶ Im **World Giving Index (WGI)** schneiden individualistisch geprägte Länder deutlich besser ab als kollektivistisch geprägte. Zwischen 2010 und 2020 standen die USA an der Spitze dieses Solidaritätsindex. Das kommunistische China belegte den letzten Rang.

**Myanmar**, ein armes Land, in dem noch bis vor wenigen Jahren der landwirtschaftliche Sektor den größten Beitrag zum BIP geleistet hat, ist das einzige Land, das die Phalanx der angelsächsischen Hilfsbereitschaft durchbricht. Dies liegt weniger an seiner Vergangenheit als Teil des angelsächsischen Kolonialreichs, sondern vielmehr an der spezifischen Kultur der Burmesen: Im Alltag sind Solidarität und Fürsorge gegenüber Ärmeren kulturelle Pflicht, die bei Nicht-Einhaltung sozial sanktioniert werden. Großzügigkeit wird in diesem buddhistischen Land der traditionellen Schule des Theravada (Hinayana) von den Wohlhabenden in einem außergewöhnlich hohen Maße erwartet.

Das größte islamische Land der Welt, **Indonesien**, liegt ebenfalls in allen drei Dimensionen in der Spitzengruppe. In der Pandemie stiegen insbesondere die „freiwilligen" Zahlungen der „Armensteuer" („zakat"), die neben dem Glaubensbekenntnis („schahada"), den Gebeten („salat"), dem Fasten („saum") sowie der Wallfahrt nach Mekka („hadsch") eine der fünf Säulen des Islam bildet.

Die beiden letzten Ränge dieser globalen Rangliste mit insgesamt 126 Ländern belegen das größte kommunistische Land der Welt, China, sowie das bedeutendste Eurokrisenland Griechenland. Das zweitgrößte kommunistische Land der Welt, Russland, gehört ebenfalls zu den zehn Ländern mit dem niedrigsten WGI, von denen kein einziges reich ist. Kommunistische Länder, in denen in der Theorie eine Ideologie der Solidarität vertreten wird, liegen in der Realität am Antipoden ihres eigenen ideologischen Dogmas. Euroländer, die in der Eurokrise in besonderem Maße von der Solidarität anderer Länder profitieren, gehören selbst nicht zur Spitzengruppe der solidarischen Länder. Neben Griechenland (Platz 125) sind dies die ebenfalls hochverschuldeten Mittelmeeranrainer Portugal (88), Frankreich (66), Spanien (58) und Italien (54).

Die Länder, die dem Ideal einer Sozialen Marktwirtschaft am nächsten kommen, schneiden nicht so gut wie die angelsächsischen Staaten ab. Dies kann daran liegen, dass die Notwendigkeit privater Unterstützung in Ländern mit gut ausgebauten Sozialversicherungssystemen in weitaus geringerem Ausmaß besteht. Denn die ausgereiften und im internationalen Maßstab großzügigen Sozialversicherungssysteme der nord- und mitteleuropäischen Länder reduzieren den Druck und den Anreiz, als Privatperson zu intervenieren, wenn dies bereits die öffentliche Hand tut. Es kommt zu einem **„motivation crowding"**, dem Verdrängen intrinsischer Motivatoren durch extrinsische: Werden Bedürftige durch Sozialleistungen gut versorgt, nimmt die Bereitschaft zu privater Fürsorge ab. Es besteht die Gefahr, dass sich ein Klima der Gleichgültigkeit ausbreitet, weil aufgrund staatlicher Unterstützung jeder versorgt ist. Vor diesem Hintergrund schneiden die Wohlfahrtsstaaten Schweiz (13), Österreich (15), Dänemark (16), Deutschland (18), Finnland (25), Luxemburg (28) sowie Schweden (29) relativ gut ab. „Motivation crowding" ist ein Grund dafür, warum es in vielen islamischen Ländern keine gut ausgebauten Sozialversicherungssysteme gibt: Diese unterminieren nämlich die äußerst bedeutende religiöse Pflicht, Bedürftige zu unterstützen (zakat).

## 3.7 Ökonomische Theorie politischer Konjunkturzyklen

### 3.7.1 Grundlagen

Die **ökonomische Theorie politischer Konjunkturzyklen** wurde vom Yale-Professor und Wirtschaftsnobelpreisträger William Dawbney Nordhaus entwickelt (vgl. Nordhaus 1975, S. 169–190): In Demokratien, in denen sich Politiker in regelmäßigen Abständen Wahlen zu stellen haben, richten sich Politiker an einem sogenannten politischen Konjunkturzyklus aus (Nordhaus 1975, S. 169):

> „All such aspects of our economic life, and many more, are influenced by government policies. All involve choosing between present welfare and future welfare. In short, they are public investment decisions. Although the normative aspects of public investment criteria have been extensively studied, there is very little theory predicting government investment **behaviour** [Hervorh. d. RR] when governments are constrained by political realities."

▶ Gemäß der **ökonomischen Theorie politischer Konjunkturzyklen** richten Politiker ihr Verhalten an den Wahlzyklen aus: Kurz vor den Wahlen werden die Wohltaten verteilt, kurz nach den Wahlen die Lasten.

Der konjunkturelle Aufschwung sollte einige Monate vor den nächsten Wahlen einsetzen, die Hochkonjunktur unmittelbar vor den Wahlen erreicht sein. Einen wirtschaftlichen Abschwung oder gar eine ökonomische Depression lange vor den nächsten Wahlen braucht einen Politiker nicht zu beunruhigen, da die Wähler vergangene (gute wie schlechte) Leistungen abdiskontieren und vergesslich sind. Wahlentscheidend ist, was Politiker wenige Monate vor einer Wahl zu bieten haben, weniger, was sie in den dreieinhalb oder viereinhalb Jahren vorher geleistet haben. Deshalb ist auch das Spendenaufkommen der Parteien in Jahren, in denen Bundestagswahlen stattfinden, signifikant höher als in den anderen Jahren (vgl. Statista 2021m).

### Hochwasser und Wahlen

In der jüngeren Vergangenheit hatten bei Bundestagswahlen unvorhergesehene Ereignisse wie Hochwasser (2002, 2005, 2013, 2021) oder andere Umweltkatastrophen (Fukushima 2011) einen irrational hohen Einfluss auf das Wahlverhalten beziehungsweise auf einzelne Parteiprogramme („Energiewende"). ◄

Treten unmittelbar vor Wahlen ungewöhnliche Ereignisse auf, können sie die Wahlergebnisse entscheidend beeinflussen.

### 3.7.2 Politicking

Wenn wirtschaftliche oder soziale Ziele nur scheinbar das Handeln eines Wirtschaftspolitikers bestimmen, letztlich aber der politische Erfolg ausschlaggebend ist, unterliegt nicht nur die Wirtschaft selbst, sondern auch die Wirtschaftspolitik einem Konjunkturzyklus, der von Wahlterminen bestimmt wird.

▶ **Politicking** ist staatlicher Aktionismus, der vorgibt, kollektiven Zielen zum Zwecke des Allgemeinwohls zu dienen, tatsächlich aber individuellen politischen Zielen dient.

Eine aktive Beschäftigungspolitik, die noch vor den Wahlen die Arbeitslosenrate senkt, aber erst mit einer Zeitverzögerung nach den Wahlen zu einer höheren, negativ zu beurteilenden Inflationsrate führt, ist ein probates Mittel, Wähler für sich zu gewinnen. Dass diese Politik nicht nachhaltig ist, zeigt sich erst später, in der Regel zu einer Zeit, die nicht wahlentscheidend ist. Dieser politische Aktionismus (Politicking) führt zu zeitverzerrten Ergebnissen (action bias).

Finden in einem föderalen Staat wie Deutschland fast in jedem Jahr Wahlen statt, sei es zum Bundestag, zu den 16 verschiedenen Landesparlamenten oder zum Europäischen Parlament, ist die Gefahr groß, dass einem permanenten, kurzfristig orientierten Aktionismus Vorrang vor einer nachhaltigen Politik gegeben wird. Die Verwaltung, die in der Regel nicht wie Politiker nach Wahlen ausgetauscht wird, genießt hohen Einfluss: Sie ist in der Lage, durch den Umfang und die Qualität öffentlicher Leistungen, die sie anbietet, den politischen Konjunkturzyklus einer Regierung zu unterstützen oder zu sabotieren.

## 3.8 Zeitinkonsistenzen

### 3.8.1 Grundlagen

Bereits unmittelbar nach dem Ende des Zweiten Weltkriegs betont der liberale amerikanische Publizist und Keynes-Kritiker (vgl. Hazlitt 1959) Henry Hazlitt (1894–1993) in seinem millionenfach verlegten Bestseller „Economics in One Lesson" die hohe Bedeutung einer **zeitkonsistenten, universalistisch** ausgerichteten **Wirtschaftspolitik** (Hazlitt 1988, S. 17):

> „… [F]allacies all stem from one of two central fallacies, or both: that of looking only at the immediate consequences of an act or proposal, and that of looking at the consequences only for a particular group to the neglect of other groups."

Auch Wirtschaftspolitiker unterliegen dem Phänomen der **Prokrastination**, der „Kunst" des „Aufschiebens" (vgl. lateinisch: „procrastinare" – „aufschieben"): Zu erledigende Aufgaben, vor allem Entscheidungen, die von langfristiger Bedeutung sind, werden immer wieder aufgeschoben. Gute Vorsätze scheitern, wenn die wirtschaftspolitischen Zumutungen und Kosten in der kurzen Frist, die voraussichtlichen nachhaltigen Lösungen und Nutzen aber erst in der langen

Frist zu erkennen sind (vgl. Ariely und Wertenbroch 2002, S. 219–224).

▶ **Zeitinkonsistenz** liegt vor, wenn der relevante Zeithorizont eines Entscheiders kürzer ist
als der relevante Zeithorizont, der für die *nachhaltige* Lösung eines Problems erforderlich ist.

Zeitinkonsistentes Verhalten bedeutet die In-
kaufnahme langfristiger Nachteile um kurzfristi-
ger Vorteile willen.

### Rentenpolitik

Ein Politiker, dessen Zeithorizont in einer Demokratie mit dem Ende der Legislaturperiode
und den dann anstehenden Wahlen endet, hat
nur geringe Anreize, sich für eine nachhaltige
Finanzierung der Alterssicherung einzusetzen.
Langfristig mag diese Politik zwar durchaus
Anerkennung finden, kurz- und mittelfristig bedeutet sie aber, dass der Politiker seinen möglichen Wählern finanzielle Einbußen schmack-
haft machen muss, zum Beispiel in Form einer
Kürzung der Renten, Erhöhung der Rentenver-
sicherungsbeiträge oder Heraufsetzung des gesetzlichen Renteneintrittsalters. Diese negativen
Aspekte fallen in den für ihn relevanten Zeithorizont, während die positiven Wirkungen außerhalb seines relevanten Zeithorizonts liegen. ◀

Für ihre Arbeiten zur Zeitinkonsistenz teilen
sich der US-Amerikaner Edward Christian Prescott und der Norweger Finn Erling Kydland einen
Nobelpreis (2004). Die hohe Bedeutung einer
zeitkonsistenten Wirtschaftspolitik (vgl. Prescott
2004) und einer hohen Glaubwürdigkeit der Zentralbank, durch die ein relativ stabiler Konjunk-
turverlauf erzielt werden kann (vgl. Kydland und
Prescott 1977, S. 473–491; Kydland 2004), stehen im Zentrum ihrer Untersuchungen. Daraus
entwickelte sich insbesondere durch die Arbeiten
des früheren Harvard- und späteren Stanford-Pro-
fessors Alvin Eliot Roth, ebenfalls Nobelpreisträger (2012), eine Theorie des Marktdesigns (vgl.
Roth 2012). In dieser nehmen Ökonomen die
Rolle von Marktingenieuren ein und versuchen
ein Marktregime zu schaffen, das den jeweiligen

Anreizkompatibilitäten der Marktteilnehmer und
damit auch zeitkonsistentem Verhalten Rechnung
trägt. Der US-amerikanische UCLA-Professor
Lloyd Stowell Shapley (1923–2016), zusammen
mit Roth Nobelpreisträger (vgl. Shapley 2012,
S. 377–379), zeigt, wie wichtig die Freisetzung
von Innovationskraft und Kreativität für die wirtschaftliche Entwicklung ist. Diese beiden Fähigkeiten kommen am besten zum Tragen, wenn die
Wirtschaft subsidiär, nicht zentralistisch organisiert ist. So hat die historische Kleinstaaterei
Deutschlands das wirtschaftsfreundliche Subsidiaritätsprinzip unterstützt.

Wirtschaftspolitische Entscheidungen werden
von Regierungs- und Parlamentsmitgliedern getroffen, deren relevanter Zeithorizont in einer Demokratie mit dem Ende ihrer jeweiligen Legislaturperiode und den dann anstehenden Wahlen
endet. Mithin liegt der relevante Zeithorizont
der politischen Entscheider bei maximal vier
(z. B. Bundestagsabgeordnete) oder fünf Jahren
(z. B. Abgeordnete des Europaparlaments). Viele
wirtschaftspolitische Entscheidungen bedürfen
aber, sofern sie denn langfristig tragfähige Entscheidungen sein sollen, der Berücksichtigung
längerfristiger Zeithorizonte:

Zeitinkonsistenzen sind eines der bedeutendsten Probleme der Wirtschaftspolitik, wenn nicht
sogar das bedeutendste. Im Folgenden werden
zwei Beispiele der Europäischen Wirtschafts-
und Währungsunion dargestellt, die den unterschiedlichen Umgang mit Zeitinkonsistenzen illustrieren: Zunächst folgt mit dem bewusst
in Kauf genommenen Demokratiedefizit der
EZB ein Beispiel, wie systemimmanente Zeitinkonsistenzen reduziert werden können. Anschließend wird am Beispiel der Inflation erläutert, wie Zeitinkonsistenzen die zeitadäquate
Bekämpfung von Inflation verhindern können.

### 3.8.2  Zeitkonsistentes
Demokratiedefizit der EZB

Die **EZB** weist ein **Demokratiedefizit** auf, das
durchaus beabsichtigt ist: Als Rechtfertigung für
das Abweichen vom demokratischen Prinzip
„One (wo)man – one vote" kann auf die **Theorie**

**des Zweitbesten** zurückgegriffen werden. Die Theorie des Zweitbesten wird dem kanadischen Ökonomen Richard George Lipsey und dem amerikanisch-australischen Mathematiker und Linguisten Kelvin Lancaster (1924–1999) zugeschrieben (vgl. Lipsey und Lancaster 1956, S. 11–32), obwohl beide in ihrer Primärquelle selbst darauf hinweisen, dass es sich bei der Theorie des Zweitbesten nur um eine „Wiederentdeckung" („rediscovering") handelt (vgl. Lipsey und Lancaster 1956, S. 11), nicht um eine neue Erkenntnis. Die Erfahrung lehrt, dass Politiker, die wiedergewählt werden wollen, dem Ziel der Preisniveaustabilität eine geringere Bedeutung beimessen als nötig, weil die negativen Folgen einer Verfehlung dieses Ziels erst langfristig auftreten, Politiker in einer Demokratie jedoch kurz- und mittelfristige Ziele verfolgen.

Die weitgehende Beschränkung der EZB-Kompetenzen auf die Geldpolitik, die in der Rechtsquelle auch – nicht korrekt – als „Währungspolitik" bezeichnet wird – ist der Grund, warum das **Demokratiedefizit** der EZB aus Sicht des Bundesverfassungsgerichts gerechtfertigt ist (BVerfG 2017, Rn. 103):

> „Die Unabhängigkeit, die die EZB und die nationalen Notenbanken bei der Ausübung der ihnen übertragenen Befugnisse genießen …, stellt eine Durchbrechung der Anforderungen an die demokratische Legitimation politischer Entscheidungen dar. Das Bundesverfassungsgericht hat wiederholt festgestellt, dass die mit der Übertragung währungspolitischer Kompetenzen auf eine unabhängige Europäische Zentralbank einhergehenden Einflussknicke mit demokratischen Grundsätzen noch vereinbar sind, weil sie der erprobten und wissenschaftlich belegten Besonderheit der Währungspolitik Rechnung trägt, dass eine unabhängige Zentralbank den Geldwert und damit die allgemeine ökonomische Grundlage für die staatliche Haushaltspolitik eher sichert als Organe, die in ihrem Handeln von Geldmenge und Geldwert abhängen und auf die kurzfristige Zustimmung politischer Kräfte angewiesen sind. Diese verfassungsrechtliche Billigung der Unabhängigkeit der EZB begründet jedoch die Notwendigkeit **restriktiver Auslegung ihres Mandats** [Hervorh. durch RR]. Dieses ist auf den Bereich einer vorrangig stabilitätsorientierten Geldpolitik beschränkt und lässt sich **nicht auf andere Politikbereiche übertragen** [Hervorh. durch RR] (vgl. … Art. 88 Satz 2 GG …)."

Wird die Zentralbank auf das *vorrangige* **Ziel** der **Preisniveaustabilität** verpflichtet, weil eben dieses Ziel nicht Politikern überlassen werden soll, die sich einer (Wieder-) Wahl stellen müssen, ist die Einschränkung der demokratischen Legitimation gerechtfertigt, weil die **Verhältnismäßigkeit** gewahrt bleibt. Dem Ziel der Preisniveaustabilität wird folgerichtig der Vorrang vor allen anderen Sekundärzielen eingeräumt (Art. 127 Abs. 1 Satz 1 AEUV):

> „Das vorrangige Ziel des Europäischen Systems der Zentralbanken … ist es, die Preisstabilität zu gewährleisten."

Allerdings ist „Preis*stabilität*" minichten das Ziel, das die EZB verfolgen soll – ganz im Gegenteil: Nicht Preis*stabilität*, sondern Preis*flexibilität* ist eine notwendige Bedingung einer marktwirtschaftlichen Ordnung, da potentiellen Konsumenten durch flexible Preise die Knappheitssignale des Marktes übermittelt werden. Korrekt formuliert, verfolgt die EZB das Ziel der **Preis*niveau*stabilität**. Diese ist rein rechnerisch gegeben, wenn die gewichtete Summe aller Preissteigerungen der gewichteten Summe aller Preissenkungen entspricht. Um Qualitätsverbesserungen miteinzubeziehen und einen Puffer zur Deflation zu schaffen, hält die EZB zwei Prozent Inflation für besser als null Prozent.

Bei der Messung der Preisniveaustabilität orientiert sich die EZB am **Harmonisierten Verbraucherpreisindex** (HVPI), der die jährliche Veränderung der gewichteten Preise von Gütern ermittelt, die von privaten Haushalten erworben werden. „Harmonisiert" ist der Index insofern, als dass er länderübergreifend einheitliche Definitionen verwendet (vgl. Eurostat 2022).

Unter Punkt 5 ihrer 2021 modifizierten geldpolitischen Strategie (vgl. EZB 2021b), die in einem Dutzend Punkten erläutert wird, schreibt die EZB (EZB 2021a, Nr. 5):

> „Nach Auffassung des EZB-Rats kann Preisstabilität am besten gewährleistet werden, wenn er mittelfristig eine Inflationsrate von 2 % anstrebt. Der EZB-Rat versteht dieses Ziel als ein *symmetrisches* **Ziel** [Hervorh. durch RR]. Symmetrie bedeutet in diesem Zusammenhang, dass der EZB-Rat negative Abweichungen von diesem Zielwert als ebenso unerwünscht betrachtet wie positive."

Während das vormalige *asymmetrische* Inflationsziel eine Inflationsrate von unter zwei Prozent toleriert hat, eine Inflationsrate von über zwei Prozent hingegen nicht, toleriert das neue **symmetrische Inflationsziel** sowohl eine kleine Abweichung nach unten als auch eine nach oben. Die Erhöhung der Toleranzgrenze der Inflationsrate erleichtert die geldpolitische Rechtfertigung einer expansiven Geldpolitik, die mit niedrigen Zinssätzen und höheren Inflationsraten einhergeht.

Dass die EZB ihren Zielwert **nicht** als **Durchschnittswert** interpretiert, der zeitweilig über- oder unterschritten werden darf, solange er nur auf längere Sicht eingehalten wird, sondern als einen Wert, der grundsätzlich *jederzeit* einzuhalten ist, dient der Preisniveaustabilität. Allerdings wird wenige Zeilen später eingeräumt, dass „… geldpolitische Maßnahmen nötig …" sein können, die damit einhergehen, „dass die Inflation vorübergehend leicht über dem Zielwert liegt" (EZB 2021a, Nr. 6). Die *mittelfristige* Ausrichtung der geldpolitischen Strategie „… lässt Spielraum für unvermeidbare kurzfristige Abweichungen vom Inflationsziel …" (EZB 2021a, Nr. 7) zu.

Die Übertragung der Geldpolitik auf eine *unabhängige* EZB zum Zwecke der Preisniveaustabilität steht in Einklang mit dem **Verhältnismäßigkeitsprinzip**. Denn diese Übertragung ist:

1. *geeignet*, weil der Zentralbank die Instrumente zur Zielerfüllung – völkerrechtlich durch den AEUV abgesichert – zur Verfügung stehen;
2. *erforderlich*, weil demokratisch legitimierte Politiker aufgrund von Zeitinkonsistenzen dieses Ziel nicht zu erfüllen vermögen, was für die Vergangenheit empirisch gut belegt ist;
3. *angemessen*, weil der Zentralbank keine weiteren Aufgaben übertragen werden, sodass nicht gegen das Übermaßverbot verstoßen wird.

Bereits seit Beginn der Währungsunion gibt es das Sekundärziel der Unterstützung der „allgemeine[n] Wirtschaftspolitik in der Union"

(Art. 127 Abs. 1 Satz 2 AEUV). Mit ihrer neuen geldpolitischen Strategie, deren Kommunikation in der Corona-Pandemie unterging, kam es 2021 zu einem Paradigmenwechsel von erheblicher Tragweite, nämlich zu einer Ausweitung der Sekundärziele:

Soweit das Primärziel der Preisniveaustabilität dadurch nicht beeinträchtigt wird, fühlt sich die EZB namentlich folgenden **Sekundärzielen** verpflichtet (vgl. EZB 2021a, Nr. 1):

- „ausgewogenes Wirtschaftswachstum",
- „wettbewerbsfähige soziale Marktwirtschaft",
- „Vollbeschäftigung",
- „sozialer Fortschritt",
- „Umweltschutz und Verbesserung der Umweltqualität".

Die Übernahme nicht nur geld- und währungspolitischer, sondern auch wachstums-, wettbewerbs-, beschäftigungs-, sozial- sowie klimapolitischer Aufgaben durch ein Gremium, dessen Mitglieder nach ihrer Expertise in *geldpolitischen* Angelegenheiten ausgewählt werden, weckt Zweifel an der Einhaltung des Verhältnismäßigkeitsprinzips. Denn diese Erweiterungen sind

1. *nicht geeignet*, weil die Mitglieder des EZB-Rates für die sekundären Aufgabenbereiche nicht qualifiziert sind und der EZB die Instrumente zur Erreichung dieser Ziele fehlen;
2. *nicht erforderlich*, weil demokratisch gewählte Parlamente und Regierungen diese Aufgaben grundsätzlich erfüllen können;
3. *nicht angemessen*, weil einem demokratisch nur unzureichend legitimierten Gremium wie dem EZB-Rat Kompetenzen zugeschrieben werden, die erhebliche Auswirkungen auf den Souverän haben.

Es gilt zwar weiterhin der Primat der Preisniveaustabilität. Inwieweit eine Beeinträchtigung des Primärziels vorliegt, ist aber bis zu einem gewissen Grad Auslegungssache. Der Übergang von einem Inflationsziel „unter, aber nahe zwei

Prozent" zu einem Inflationsziel von „zwei Prozent" geht einher mit der Option, eine Niedrigzinspolitik auch dann noch rechtfertigen zu können, wenn die Inflationsrate für längere Zeit bei über zwei Prozent liegt. Erschwerend kommt hinzu, dass die Inflation in der Regel nicht sofort, also zum Zeitpunkt der Entscheidung über die Sekundärziele betreffenden Maßnahmen, auftritt, sondern erst später. Eine **Politisierung der EZB** lässt sich auch nicht vermeiden, wenn wichtige Mandatsträger vor oder nach ihrer Amtszeit als Direktoren der Europäischen Zentralbank in ihren hochverschuldeten Heimatländern Regierungsverantwortung übernommen haben beziehungsweise übernehmen: Beispielsweise wurde der frühere EZB-Präsident (2011–2019), Mario Draghi, 2021 italienischer Ministerpräsident, seine Nachfolgerin (seit 2019), Christine Lagarde, war vorher französische Wirtschafts- und Finanzministerin (2007–2011) sowie geschäftsführende IWF-Direktorin (2011–2019), EZB-Vize-Präsident Luis de Guindos spanischer Wirtschaftsminister (2011–2018).

### 3.8.3  Zeitinkonsistente Bekämpfung von Inflation

Seit dem Schwarzen Montag (19.10.1987), der den ersten Börsen-Crash der Bundesrepublik Deutschland eingeleitet hat, wird die Geldpolitik von der Fiskalpolitik dominiert: Geldpolitik orientiert sich nicht nur am Ziel der Preisniveaustabilität, sondern auch an finanzpolitischen Zielen wie niedrigen Zinssätzen für Schuldner. Die EU-Ökonomie befand sich nach dem Ausbruch der Eurokrise (2010) zeitweise in einer **Liquiditätsfalle** (vgl. Richert 2021c, S. 76–84), in welcher der Zinssatz nicht mehr signifikant sinken konnte: Produzenten, Konsumenten und monetäre Finanzinstitute präferierten die Haltung liquider Mittel. Der Grund für die Hortung von Zentralbankgeld lag darin, dass die Weitergabe von Krediten nur zu unattraktiv niedrigen Zinssätzen möglich war. Aufgrund des Vorliegens einer Liquiditätsfalle ist eine diskretionäre expansive Geldpolitik jedoch selbst aus keynesianscher Sicht unwirksam (vgl. Richert 2021c, S. 92–93).

Wird hingegen das avisierte Ziel nachhaltigen Wirtschaftswachstums erfüllt, besteht die Gefahr von Inflation, insbesondere dann, wenn die im Aufschwung zusätzlich geschaffene Nachfrage auf ein reduziertes Angebot trifft (vgl. Sinn 2020, S. 77–78, 88–89, 183). Diese Reduktion des Angebots kann auch pandemisch (Corona) oder politisch (Ukraine-Krieg) bedingte Gründe haben.

Die Corona-Krise war weniger eine **Nachfrage-** als eine **Angebotskrise**. Denn der wirtschaftliche Einbruch erfolgte weniger *unmittelbar* durch die Pandemie selbst, sondern vielmehr *mittelbar* durch die weltweiten Lockdowns, die vielerorts ein Angebot unterbinden sollten. Ein Konjunkturprogramm vermag – im keynesianischen Licht betrachtet – eine Nachfragekrise zu bekämpfen, jedoch nicht eine Angebotskrise, die einer angebotsorientierten Therapie bedarf. Die beiden Ölkrisen 1973/1974 sowie 1979/1980 waren Angebotskrisen, welche die Politik durch eine Nachfragepolitik zu bekämpfen versuchte. Resultat war die größte Inflation der über siebzigjährigen bundesrepublikanischen Geschichte. Das „lange" keynesianische Jahrzehnt zwischen 1970 und 1982, in dem die Inflationsraten – mit Ausnahme von 1978 – immer zwischen knapp vier und sieben Prozent (1973, 1974) gelegen haben (vgl. Statista 2021j), gilt als Wiege des deutschen Staatsschuldenproblems (vgl. Sinn 2020, S. 136–138).

Eine steigende **Inflation** kann zahlreiche Ursachen haben, unter anderem:

- Kappung effizienter Wertschöpfungs- und Lieferketten,
- steigende Güternachfrage aufgrund eines Nachholbedarfs nach Krisen (z. B. Corona-Krise),
- steigende Staatsnachfrage, insbesondere für die Energiewende („Greenflation"), für die Digitalisierung, für Sozialleistungen und den Ausbau der Infrastruktur,
- steigende Importpreise (z. B. volatile Rohstoff- und Energiepreise),
- steigende staatlich administrierte Preise (z. B. Mehrwertsteuer, spezielle Verbrauchsteuern, Grundsteuer, Grunderwerbsteuer, Abgaben, Gebühren, Beiträge, Emissionspreise),

- sinkendes Güterangebot (z. B. bei nachhaltiger Landwirtschaft),
- sinkendes Arbeitsangebot durch Eintritt der Babyboomer in den Ruhestand,
- Preis-Lohn-Spirale/Lohn-Preis-Spirale,
- Niedrigzinspolitik, dadurch steigende Vermögenspreise (z. B. für Immobilien),
- politische Instabilitäten (z. B. in Osteuropa: Ukraine, Russland, Belarus),
- negative Erwartungen für das Wirtschaftswachstum (z. B. aufgrund von Kriegen),
- Erwartungen für eine langfristige Inflation aufgrund einer kurzfristigen Inflation („self-fulfilling prophecy").

Droht die Gefahr einer Inflation, muss die EZB ihre zuvor erworbenen Staatspapiere verkaufen, um die Liquidität im Wirtschaftskreislauf zu reduzieren. Handelt es sich um hohe Werte, ist damit zu rechnen, dass die Kurse dieser Papiere sinken, was zu Abschreibungen führt. Dadurch steigen die Zinsen. Dies hat jedoch zur Folge, dass es für Krisenstaaten immer schwieriger wird, Kredite zu erhalten (vgl. Sinn 2020, S. 80). Diese Konsequenz ist antizipierbar. Wenn folglich Länder mit hohen Staatsschulden die Politik der EZB dominieren, ist aufgrund von Zeitinkonsistenzen nicht damit zu rechnen, dass das, was langfristig für die Tragfähigkeit der Schulden geboten ist, auch kurz- oder mittelfristig durchgeführt wird.

Die im Jahr 2013 gemachte, als **„taper tantrum"** (vgl. englisch: „to taper" – „sich verjüngen", „zurückgehen"; „tantrum" – „Wutanfall") in die Geschichtsbücher eingegangene *Ankündigung* des damaligen Präsidenten des US-amerikanischen Federal Reserve System (FED), Ben Bernanke, die Anleihekäufe des US-amerikanischen Zentralbanksystems stark zu reduzieren, um die bis dato lockere Geldpolitik zu beenden, hatte *reale* Folgen: Es kam zu Kursverlusten sowie zu Turbulenzen auf den Finanzmärkten. Einerseits ist die Ankündigung einer solchen Politik aus psychologischen Gründen zu vermeiden, andererseits ist eine derartige Politik aus ökonomischen Gründen unumgänglich, wenn öffentliche Schulden die Grenze ihrer Tragfähigkeit nicht überschreiten sollen.

### 3.8.4  Resistenz und Resilienz

Auch der Aufbau einer widerstandsfähigen Wirtschaftsordnung scheitert an Zeitinkonsistenzen: Die Kosten dafür fallen in der Gegenwart an, der Nutzen zeigt sich erst in der Zukunft, wenn er sich denn überhaupt zeigt. Die Corona-Pandemie (seit 2020) und der große Krieg in der Ukraine (2022) haben Deutschland gelehrt, dass auch nach Jahrzehnten einer „Bullerbü"-Atmosphäre unerwartete Katastrophen scheinbare Gewissheiten erschüttern können. Internationale Arbeitsteilung, Außenhandel, ausdifferenzierte Lieferketten und Abhängigkeiten bei der Versorgung mit Medikamenten und Rohstoffen haben durch Friktionen die Schwächen der bisherigen Wirtschaftspolitik in bezug auf die Versorgungssicherheit offengelegt. Ein Salienzeffekt (Halo-Effekt) ist unverkennbar, weil seit 2022 die meisten wahrgenommenen wirtschaftspolitischen Aktivitäten auf das Ziel einer resistenten und resilienten Volkswirtschaft ausgerichtet zu sein scheinen.

▶ **Resistenz** ist die Form *passiver* Widerstandsfähigkeit, bei der einem Angriff standgehalten wird, ohne sich selbst zu verändern (vgl. lateinisch: „resistere" – „stehenbleiben").

**Resilienz** ist die Form *aktiver* Widerstandsfähigkeit, bei der einem Angriff standgehalten wird, indem sich in einer kritischen Situation Körper und Geist um einer höheren Widerstandskraft willen selbst verändern, bevor sie wieder in ihren ursprünglichen Zustand „zurückspringen" (vgl. lateinisch: „resilire" – „zurückspringen").

Höhere Resilienz wird durch ein höheres Maß an Anpassungsfähigkeit erreicht. **Resilienz** kann daher als *adaptive* **Resistenz** begriffen werden, als eine psychische Widerstandskraft, die sich durch ein hohes Maß an Selbstdisziplin (Impulskontrolle) auszeichnet.

Für die Wirtschaftspolitik ergeben sich daraus folgende Schlussfolgerungen: Um die Widerstandsfähigkeit gegen Krisen zu erhöhen, sind die Folgen wirtschaftspolitischer Maßnahmen sowohl für die Resistenz als auch für die Resilienz zu erhöhen. Für eine Stärkung der Resilienz sind insbesondere Eigenschaften wie Eigeninitiative, Selbstverantwortung und Proaktivität zu fördern. Diese müssen geübt und daher zuvor eingefordert werden.

**Sozialleistungen**, die in erster Linie die Resistenz erhöhen, gehen manchmal zulasten der Resilienz:

- Wer krank ist, kann in Deutschland seit 1883 auf die **Krankenversicherung** (vgl. SGB V) vertrauen, sodass ceteris paribus Anreize zur Vorsorge sinken.
- Wer einen Arbeitsunfall erleidet, kann in Deutschland seit 1884 auf die **Unfallversicherung** (vgl. SGB VII) vertrauen, sodass ceteris paribus Anreize zur Vor- und Umsicht sinken.
- Wer alt ist, kann in Deutschland seit 1889 auf die **Rentenversicherung** (vgl. SGB VI) vertrauen, sodass ceteris paribus Anreize zur Ersparnisbildung sinken.
- Wer arbeitslos ist, kann in Deutschland seit 1927 auf die **Arbeitslosenversicherung** (vgl. SGB III) vertrauen, sodass ceteris paribus Anreize zu Bewerbungen um einen neuen Arbeitsplatz sinken.
- Wer pflegebedürftig ist, kann in Deutschland seit 1995 auf die **Pflegeversicherung** (vgl. SGB XI) vertrauen, sodass ceteris paribus Anreize zur Erhaltung der Gesundheit im Alter sinken.
- Wer arm ist, kann in Deutschland auf diverse Formen der **Sozialhilfe** (vgl. SGB XII) vertrauen, sodass ceteris paribus Anreize sinken, sich aus Eigeninitiative aus der Armut zu befreien.

Das **moralische Dilemma** besteht darin, dass die Unterstützung Bedürftiger in modernen Wohlfahrtsstaaten

- aus deontologischer Sicht als moralische Pflicht geboten ist,
- aus teleologischer Sicht die Resistenz gegenüber Schicksalschlägen erhöht,
- aus teleologischer Sicht die Resilienz gegenüber Schicksalsschlägen zum Teil untergräbt.

Für langfristiges Wachstum ist *adaptive* **Effizienz** noch wichtiger als *stationäre* **Effizienz**: Die Politik muss flexible institutionelle Strukturen schaffen beziehungsweise sichern, damit sie auf unvorhergesehene exogene Schocks adäquat reagieren kann (vgl. North 1993b, VII, 3). Gemäß der **Vulkantheorie** Herbert Gierschs (1921–2010) wird zunächst in die höchstproduktiven Regionen investiert, bevor die Investitionstätigkeiten und in ihrem Gefolge das Wirtschaftswachstum sich weiter in weniger produktive Regionen ausbreiten, ebenso wie Lava, die vom Vulkankrater in niedere Regionen fließt. So schreibt der frühere Präsident des renommierten Kieler Instituts für Weltwirtschaft (Giersch 1979, S. 31):

> „Ein Thünen-System gleicht einem Kegel, wenn wir das Produkt oder das Einkommen, das je Flächeneinheit erzielt wird, vertikal auftragen. … Der Thünen-Kegel wird zum Vulkan, wenn sich im Zentrum eine für Forschung, Entwicklung und Unternehmerleistung günstige soziale Atmosphäre entwickelt."

Die Stärke dieses **Trickle-down-Effekts** und damit die Frage, ob diese Initialzündung zu erhöhter wirtschaftlicher Konvergenz oder Divergenz führt, ist abhängig von der Innovationskraft der Pionierregion sowie von der Anpassungsfähigkeit der übrigen Regionen. Diese wird stark von der Regierungsführung geprägt („good/bad governance"). Die fließende Lava, die das Alte unter sich begräbt, lässt sich als Metapher für den Schumpeterschen „Prozess kreativer Zerstörung" interpretieren (vgl. Schumpeter 1964, S. 22–38).

Die Überforderung vieler Deutscher in der Corona-Pandemie trotz – im weltweiten Maßstab – hervorragender Rahmenbedingungen hat die mangelnde Resilienz einer Wohlstandsgesellschaft, die existentieller Probleme weitgehend entwöhnt gewesen ist, offengelegt: Die Wiege der Corona-Pandemie soll im chinesischen Wuhan liegen, einer 11-Millionen-Metropole, zentral zwischen den Metropolregionen Chongqing und Schanghai gelegen. Bereits um Weihnachten 2019 warnte der junge Augenarzt Li Wenliang vor einem neuen Virus, dem SARS-CoV-2, bevor er selbst sechs Wochen später an COVID-19 starb.

Die chinesische Regierung reagierte jedoch erst einen Monat später mit der Abriegelung Wuhans (Lockdown), um die Ausbreitung während des bevorstehenden chinesischen Neujahrsfestes zu verhindern, zu dem traditionell Hunderte Millionen Chinesen zu ihren Familien in alle Regionen Chinas reisen. Mutmaßlich gelangte das Virus über chinesische Gastarbeiter in die italienische Lombardei. Von dort breitete sich das Virus über den ganzen Kontinent aus, bevor es nach Nord- und Lateinamerika sowie nach Afrika überschwappte und als Pandemie im Frühjahr 2020 den ganzen Erdball (vgl. griechisch: „pan" – „ganz") umfasste. Innerhalb weniger Wochen brach der DAX um knapp 40 Prozent ein.

Bereits 2012, also über sieben Jahre vor dem Beginn der Corona-Pandemie, wurde die „Risikoanalyse ‚Pandemie durch Virus Modi-SARS'" im Deutschen Bundestag vorgestellt (vgl. Deutscher Bundestag 2012). Federführend war das Robert-Koch-Institut, beteiligt waren auch andere Bundesbehörden wie das Bundesamt für Bevölkerungsschutz und Katastrophenhilfe. Im Folgenden werden umfangreiche Passagen dieses Berichts zitiert (Deutscher Bundestag 2012, S. 5–6, 55–87), um den bemerkenswert „prophetischen" Charakter dieses Dokuments zu belegen. Diese Risikoanalyse ist ein empirischer Beleg dafür, dass sich wissenschaftlich fundierte Hinweise auf eine nicht unmittelbar bevorstehende, aber mögliche Gefahrenlage aufgrund von Zeitinkonsistenzen nur unzureichend in einer Politik *nachhaltiger* Vorsorge niederschlägt (Deutscher Bundestag 2012, S. 5–6, 55–87):

„[S. 5:] Das Szenario beschreibt ein außergewöhnliches Seuchengeschehen, das auf der Verbreitung eines neuartigen Erregers basiert. Hierfür wurde der zwar hypothetische, jedoch mit realistischen Eigenschaften versehene Erreger ‚Modi-SARS' zugrunde gelegt. Die Wahl eines SARS-ähnlichen Virus erfolgte u. a. vor dem Hintergrund, dass die natürliche Variante 2003 sehr unterschiedliche Gesundheitssysteme schnell an ihre Grenzen gebracht hat … [Fußnote 14:] Ein aktuelles Beispiel für einen neuauftretenden Erreger ist ein Coronavirus, welches eng mit SARS-CoV verwandt ist. Dieses Virus wurde seit Sommer 2012 bei sechs Patienten nachgewiesen, von denen zwei verstorben sind (Stand 26. November

2012). [S. 5:] Das Szenario beschreibt eine von Asien ausgehende, weltweite Verbreitung eines hypothetischen neuen Virus … Das Gesundheitswesen wird vor immense Herausforderungen gestellt, die nicht bewältigt werden können … Das Besondere an diesem Ereignis ist, dass es erstens die gesamte Fläche Deutschlands und alle Bevölkerungsgruppen [S. 6:] in gleichem Ausmaß betrifft, und zweitens über einen sehr langen Zeitraum auftritt. Bei einem Auftreten einer derartigen Pandemie wäre über einen Zeitraum von drei Jahren mit drei voneinander getrennten Wellen mit immens hohen Opferzahlen … zu rechnen … [S. 58:] Die Inkubationszeit … beträgt meist drei bis fünf Tage, kann sich aber in einem Zeitraum von zwei bis 14 Tagen bewegen … Die Symptome sind Fieber und trockener Husten, die Mehrzahl der Patienten hat Atemnot, in Röntgenaufnahmen sichtbare Veränderungen in der Lunge, Schüttelfrost, Übelkeit und Muskelschmerzen … Die Letalität ist mit 10 % der Erkrankten hoch, jedoch in verschiedenen Altersgruppen unterschiedlich stark ausgeprägt. Kinder und Jugendliche haben in der Regel leichtere Krankheitsverläufe mit Letalität von rund 1 %, während die Letalität bei über 65-[j]ährigen bei 50 % liegt … [J]üngere Patienten haben die Infektion oft schon nach einer Woche überwunden, während schwerer erkrankte, ältere Patienten rund drei Wochen im Krankenhaus versorgt werden müssen … Die Übertragung erfolgt hauptsächlich über Tröpfcheninfektion, da das Virus aber auf unbelebten Oberflächen einige Tage infektiös bleiben kann, ist auch eine Schmierinfektion möglich. [S. 59:] Zur Behandlung stehen keine Medikamente zur Verfügung … Ein Impfstoff steht ebenfalls für die ersten drei Jahre nicht zur Verfügung. Neben Einhaltung von Hygienemaßnahmen können Schutzmaßnahmen in dem Sinne also ausschließlich durch Absonderung Erkrankter bzw. Ansteckungsverdächtiger, sowie den Einsatz von Schutzausrüstung wie Schutzmasken, Schutzbrillen und Handschuhen getroffen werden. Absonderung, Isolierung und Quarantäne sind aber nur von begrenzter Wirksamkeit, da schon bei Beginn der Symptomatik eine sehr ausgeprägte Infektiosität besteht … Eine Übertragung findet insbesondere über Haushaltskontakte und im Krankenhausumfeld, aber auch in öffentlichen Transportmitteln, am Arbeitsplatz und in der Freizeit statt … [S. 60:] Das Ereignis beginnt im Februar in Asien, wird dort allerdings erst einige Wochen später in seiner Dimension/Bedeutung erkannt. Im April tritt der erste … Fall in Deutschland auf … [S. 61:] Es wird angenommen, dass jeder Infizierte im Durchschnitt drei Personen infiziert … Maßnahmen sind etwa Quarantäne von Kontaktpersonen …, die Behandlung von

hochinfektiösen Patienten in Isolierstationen, …
[S. 62:] Schulschließungen, Absagen von Groß-
veranstaltungen … [S. 64:] Zusätzlich erhöht sich
die Sterblichkeit … von Pflegebedürftigen, da sie
aufgrund der Überlastung des medizinischen und
des Pflegebereichs keine adäquate medizinische
Versorgung bzw. Pflege mehr erhalten können …
Infolge dieser Maßnahmen nehmen Neuerkrankungen ab, was zum Nachlassen der individuellen
Schutzmaßnahmen führt (aufgrund einer geringeren subjektiven Risikowahrnehmung), wodurch
wiederum die Zahl der Neuerkrankungen zu-
nimmt … [S. 65:] Die enorme Anzahl Infizierter
… übersteigt die vorhandenen Kapazitäten um
ein Vielfaches … Dies erfordert umfassende
Sichtung (Triage) und Entscheidungen, wer noch
in eine Klinik aufgenommen werden und dort behandelt werden kann und bei wem dies nicht
mehr möglich ist. Als Konsequenz werden viele
der Personen, die nicht behandelt werden können,
versterben … [Fußn. 7:] Bisher gibt es keine
Richtlinien, wie mit einem Massenanfall von Infi-
zierten bei einer Pandemie umgegangen werden
kann. Diese Problematik [der Triage, RR] erfordert komplexe medizinische, aber auch ethische
Überlegungen und sollte möglichst nicht erst in
einer besonderen Krisensituation betrachtet werden … [S. 73:] [I]m Gesundheitsbereich kommt
es zu überdurchschnittlich hohen Personalausfäl-
len (z. B. aufgrund erhöhter Ansteckungsgefahr,
psychosozialer Belastungen) bei gleichzeitig
deutlich erhöhtem Personalbedarf. Arzneimittel,
Medizinprodukte, persönliche Schutzausrüstun-
gen und Desinfektionsmittel werden verstärkt
nachgefragt … Aufgrund der hohen Sterberate
stellt auch die Beisetzung der Verstorbenen eine
große Herausforderung dar … [S. 79:] [W]eltweit
[können] Produktionsketten zum Erliegen kommen … Ausfälle im Bereich importierter Güter
und Rohstoffe [können] auch in Deutschland zu
spürbaren Engpässen und Kaskadeneffekten führen … Im vorliegenden Szenario wird davon ausgegangen, dass die Mehrheit der Bevölkerung
sich solidarisch verhält und versucht, die Auswirkungen des Ereignisses durch gegenseitige Unterstützung und Rücksichtnahme zu verringern …
Gleichwohl ist es nicht auszuschließen, dass eine
zunehmende Verunsicherung und das Gefühl,
durch die Behörden und das Gesundheitswesen
im Stich gelassen zu werden, aggressives und an-
tisoziales Verhalten fördert.“

Die Eintrittswahrscheinlichkeit dieses Szenarios
wurde als „bedingt wahrscheinlich“ eingestuft,
eine Wahrscheinlichkeit, bei der mit einem
einmaligen Auftreten innerhalb von 100 bis 1000
Jahren zu rechnen ist (vgl. Deutscher Bundestag
2012, S. 56).

### 3.8.4.1 Global Climate Risk Index (GCRI)

Zeitinkonsistenzen sind auch ein Grund für die
Vernachlässigung einer nachhaltigen Klimapolitik. Wieder gilt der Grundsatz, dass die Kosten in
der Gegenwart anfallen, die Früchte einer klimafreundlichen Wirtschaftspolitik jedoch erst in der
fernen Zukunft geerntet werden können. Zudem
sind die Risiken eines Klimawandels in hohem
Maße abstrakt und werden deshalb weniger in-
tensiv wahrgenommen. Nur erlebte Naturkatastro-
phen wie das Hochwasser an der Ahr (2021) sorgen für eine konkrete Visualisierung dieser
Gefahren und verleihen dadurch einer Politik, die
sich dem Ziel verschrieben hat, den Klimawandel
aufzuhalten, größeren Nachdruck. Im **Global
Climate Risk Index (GCRI)** schlagen sich klimabedingte Risiken nieder. Der GCRI berücksichtigt nur *klimabedingte* Wetterereignisse:
Stürme, Fluten, extreme Temperaturen, Hitze-
und Kältewellen. Andere Naturereignisse wie
Erdbeben, Vulkanausbrüche und Tsunamis werden in diesem Index vernachlässigt, weil sie auf
geologische, nicht klimatische Ursachen zurück-
geführt werden (vgl. GCRI 2021, S 27–28).

Die Daten des Global Climate Risk Index
stammen von der Münchner Rück (Munich Re),
der größten Rückversicherungsgesellschaft der
Welt. Gemessen werden bedeutende Folgen von
Klimakatastrophen (vgl. GCRI 2021, S 27–28):

- die Zahl der Toten,
- die Zahl der Toten pro 100.000 Einwohner,
- die finanziellen Verluste in US-Dollar nach je-
  weiliger Kaufkraftparität,
- die finanziellen Verluste im Verhältnis zum jeweiligen Bruttoinlandsprodukt.

Fast eine halbe Million Menschen, vor allem in
Entwicklungsländern, verloren in den ersten beiden Jahrzehnten nach der Jahrtausendwende ihr
Leben durch eine klimawandelbedingte Naturka-
tastrophe (vgl. GCRI 2021, S. 5). Der Index eines
Landes kann allerdings aufgrund des Gesetzes der
Kleinen Zahlen (vgl. Bortkewitsch 1898; Cohen
1962, S. 145–153) sehr stark variieren: Eine einzige Katastrophe kann ein Land in diesem Ranking weit nach vorne katapultieren. So waren

2019 ein Zyklon in Simbabwe und ein Hurrikan auf den Bahamas der Grund, dass diese beiden Länder zu den drei am stärksten betroffenen Staaten des Jahres 2019 gehörten, während sie ein Jahr zuvor noch auf den Rängen 132 beziehungsweise 135 gelegen hatten (vgl. GCRI 2021, S. 8).

Um sich einen Überblick darüber zu verschaffen, welche Staaten besonders von globalen Klimarisiken betroffen sind, müssen die Indizes mehrerer Jahre betrachtet werden. Der langfristige GCRI für die ersten zwei Dekaden des 21. Jahrhunderts zeigt zum einen, dass die Klimarisiken nicht nur in einer bestimmten Weltregion liegen, und zum anderen, dass zumeist ärmere Länder davon betroffen sind. Die höchsten Klimarisiken werden gesehen in (vgl. GCRI 2021, S. 13):

- Puerto Rico, einem der größeren US Territories,
- Myanmar, einem der ärmsten Länder Südostasiens,
- Haiti, dem ärmsten Land Lateinamerikas,
- den Philippinen, einem aufstrebenden südostasiatischen Inselreich,
- Mosambik, einem rohstoffreichen Land an der Ostküste Afrikas,
- den Bahamas, einem wohlhabenden Staat in der Karibik,
- Bangladesch und Pakistan, zwei armen, bevölkerungsreichen Ländern Südasiens,
- Thailand, einem aufstrebenden Land Südostasiens,
- Nepal, einem armen Königreich am Fuße des Himalaya.

Der Global Climate Risk Index (GCRI) untermauert den Handlungsbedarf einer klimafreundlichen Wirtschaftspolitik. Daher sind Zeitinkonsistenzen zu verringern. Dies könnte durch eine stärker regelorientierte Politik mit automatischen Sanktionsmechanismen gelingen. Solange aber die Entscheidungsmacht nicht bei Regeln, sondern bei Personen liegt, ist die Gefahr, dass sich eine kurz- und mittelfristig orientierte Wirtschaftspolitik auf Kosten einer nachhaltig orientierten Wirtschaftspolitik durchsetzt, hoch.

### 3.8.4.2 Nachhaltige Energieversorgung

Die Versorgungssicherheit mit Energie unterliegt aufgrund von Zeitinkonsistenzen ebenfalls dem Risiko der Vernachlässigung, wie die schwierige Embargopolitik des Westens gegenüber den russischen Gas-, Erdöl- und Kohleexporteuren gezeigt hat. Die Fähigkeit zur nachhaltigen Energieversorgung wird durch den **World Energy Trilemma Index (WETI)** und durch den **Energy Transition Index (ETI)** gemessen.

Beide Indizes beziehen sich auf das Energiedreieck (vgl. ETI 2020, S. 12; vgl. WETI 2020, S. 8).

▶ Das **Energiedreieck (Energie-Trilemma)** vereint die drei Anforderungen an eine *nachhaltige* Energieversorgung: Wirtschaftlichkeit, Umweltverträglichkeit, Versorgungssicherheit.

Das Energiedreieck ist insofern ein Trilemma, als dass es schwierig ist, alle drei Ziele simultan zu erfüllen.

Der **WETI** (vgl. WETI 2020) zeigt, wie gut das Energiedreieck erfüllt wird. 2020 war Deutschland unter den Top Ten vertreten, zu denen fast ausschließlich europäische Länder gehörten (vgl. WETI 2020, S. 12–13). Dass eine national erfolgreiche Politik gegen den Klimawandel nicht gleichbedeutend mit einer global erfolgreichen Politik ist, zeigt die hohe Bedeutung Chinas: Seit dem Jahr 2000 gingen in China *neue* Kohlekraftwerke ans Netz, deren Kapazitäten in Megawatt doppelt so hoch sind wie die Kapazitäten neuer Kohlekraftwerke im Rest der Welt. In den beiden Dekaden von der Jahrtausendwende bis zur Coronakrise schuf China *zusätzliche* Kapazitäten, die einhundertmal höher waren als die *zusätzlich* geschaffenen Kapazitäten neuer Kohlekraftwerke in Deutschland (vgl. Global Energy Monitor 2021).

Der **ETI** (vgl. ETI 2020) ergibt sich aus einem Wert für die Systemleistung („system performance imperatives") und einem Wert für die Fähigkeit zum Übergang in ein klimafreundliches Energiesystem („transition readiness enabling score").

Die **Fähigkeit** zur Klimaneutralität wird durch folgende Kriterien ermittelt (vgl. ETI 2020, S. 12):

1. Struktur des Energiesystems („energy system structure"),
2. Kapital und Investitionen („capital and investment"),
3. Regulierung und politisches Engagement („regulations and political commitment"),
4. Institutionen und Regierungsführung („institutions and governance"),
5. Infrastruktur und innovatives Geschäftsumfeld („infrastructure and innovative business environment"),
6. Humankapital und Teilhabe der Konsumenten („human capital and consumer participation").

Ein effektiver **Übergang** zur **Klimaneutralität** bedeutet (ETI 2020, S. 12):

> „An effective energy transition is a timely transition towards a more **inclusive, sustainable, affordable** and **secure** [Hervorh. durch RR] energy system that provides solutions to global energy-related challenges, while creating value for businesses and society, without compromising the balance of the energy triangle."

2020 standen die skandinavischen Länder und die Schweiz an der Spitze. Deutschland rangierte auf dem 20. Platz der 115 berücksichtigten Länder (vgl. ETI 2020, S. 13).

Beide Indizes, vor allem der WETI, in dem Deutschland sehr gut abschneidet, zeigen jedoch ihre Schwächen: Denn mögen auch zwei Ecken des Energiedreiecks, Wirtschaftlichkeit und Umweltverträglichkeit, von Deutschland relativ gut erfüllt worden sein, die dritte Ecke, Versorgungssicherheit, wurde es mitnichten. Wie sehr diese unterschätzt worden war, zeigte sich im Ukraine-Krieg für mehrere mitteleuropäische Staaten einschließlich Deutschlands, die alle eine unverantwortlich hohe Abhängigkeit von russischen Energieimporten zu verantworten hatten, die ihre politische und wirtschaftliche Handlungsfähigkeit stark einschränkte. In Finnland, Estland, Lettland und Litauen lag der Anteil russischen Gases bei 100 Prozent des nationalen Gasverbrauchs, in Bulgarien bei 98 Prozent, in Tschechien (88 %), der Slowakei (79 %), Slowenien (62 %), Ungarn (60 %) und Polen (60 %) bei weit über der Hälfte, in Italien (36 %) und Deutschland (35 %) bei über einem Drittel (vgl. FAZ 2022).

### 3.8.4.3 Klima-Club

Die Erdoberfläche ist eintausendvierhundertmal größer als die Fläche der Bundesrepublik Deutschland, die globale Landfläche immerhin vierhundertmal größer. Daher sollte das Ziel deutscher Klimapolitik, sofern sie den anthropogenen Klimawandel aufzuhalten versucht, nicht darin liegen, die Treibhausgase *innerhalb* Deutschlands zu vermindern, sondern darin, die Treibhausgase *weltweit* zu verringern. Seit 2004 ist China der größte Emittent von Treibhausgasen und hat inzwischen einen „Marktanteil" von einem Drittel. Seit den zwanziger Jahren dieses Jahrhunderts emittiert allein China mehr Treibhausgase als die USA, die EU, Indien, Russland und Japan zusammengenommen Die vier größten Emittenten, China (33 %), die USA (13 %), Indien (7 %) und Russland (5 %), stoßen deutlich mehr Treibhausgase aus als der Rest der Welt (vgl. Crippa et al. 2021, S. 4, 12, 114), werden aber auch von zwei Fünfteln der Weltbevölkerung bewohnt. Der Anteil Deutschlands (2 %) ist niedriger als derjenige Schanghais, der größten chinesischen Küstenstadt, in der 2021 der weltweit größte Emissionshandel für Kohlendioxid – das mit Abstand bedeutendste Treibhausgas – seine Pforten geöffnet hat. Exportnationen wie China und Deutschland produzieren auch für ausländische Nachfrager. Deshalb stellt sich die Frage, ob **Treibhausgasemissionen** den *Produzenten* oder den *Konsumenten* **zugerechnet** werden sollen. Denn ein Import von Gütern kann als indirekte Produktion oder als „Export" von Produktionsfaktoren angesehen werden. Ohne den Konsum von Gütern, deren Produktion mit dem Ausstoß von Treibhausgasen verbunden ist, gäbe es diese Produktion gar nicht.

In der Klimapolitik besteht ein **Kooperationsproblem**: Nationale Alleingänge sind ineffektiv: Reduziert Deutschland durch die Verwendung erneuerbarer Energien seine Kohlendioxidemissionen, so werden seine Emissionsrechte im seit 2005 durchgeführten europäischen Emissionshandel zu einem – wegen der geringeren Nachfrage – niedrigeren Preis von anderen Emittenten Europas aufgekauft. Diese haben dadurch Anreize, mehr Öl, Kohle und Gas zu verbrauchen. Ohne internationale Zusammenarbeit kann der nationale Ausbau erneuerbarer

Energien zu Verlagerungseffekten führen, welche die deutsche „Blase" besser aussehen lassen, jedoch keinen Einfluss auf die europäische „Blase" haben. Das Land, das eine teure klimafreundliche Politik betreibt, trägt die Kosten, den Nutzen haben aber auch alle anderen. Es kommt zu einem Trittbrettfahrerverhalten (free riding). Eine national orientierte Klimapolitik, die Anreize und Interdependenzen ausblendet, ist gut für das Gewissen, schafft aber Negativanreize für die ökonomische Realität. Die Emissionen sinken nur, wenn die Menge der handelbaren Emissionen in Europa reduziert wird. Ausschlaggebend für eine positive Wirkung im Kampf gegen den Klimawandel sind allein die zum Handel freigegebenen Mengenkontingente für Emissionen (vgl. Calel und Dechezlepêtre 2016, S. 173–191).

Unter dem 1997 verabschiedeten **Kyoto-Protokoll** (vgl. UN 1998; UNFCCC 2008) sowie unter den 2012 verhandelten, 2020 in Kraft getretenen Änderungen von Doha (vgl. UNCC 2012) ist ökologisches Trittbrettfahren (free riding) möglich: Länder profitieren von den Klimaschutzmaßnahmen *anderer* Staaten, ohne sich selbst an den Kosten zu beteiligen, weil diese Dokumente ein anreizinkompatibles Verhalten goutieren. North schreibt vom **„Westfälischen Dilemma"**, in Anlehnung an den Westfälischen Frieden zu Münster und Osnabrück, der 1648 den Dreißigjährigen Krieg beendete und den Nationen das Recht auf nationale Selbstbestimmung, internationale Gleichbehandlung sowie die Nicht-Einmischung in ihre inneren Angelegenheiten garantierte (vgl. Nordhaus 2015, S. 1340). Dieses Dilemma impliziert, dass man keine Regierung dazu zwingen kann, sich klimaökonomisch wohlfeil zu verhalten, auch wenn es geboten scheint, um der Menschheit ihr Überleben zu sichern. Da klimapolitische Maßnahmen auf dem Prinzip der Freiwilligkeit beruhen, müssen Anreize geschaffen werden, so viele Länder wie möglich „freiwillig" dazu zu bringen, ihre Wirtschaftspolitik auch an ökologischen Kriterien auszurichten.

Eine stabile internationale Kooperation ist zu erwarten, wenn dem **Prinzip der Reziprozität**, dem lex talionis, dem Gesetz der Vergeltung („Wie Du mir, so ich Dir") Rechnung getragen

wird. So kann die In-Group free riding sanktionieren und gleichzeitig Anreize für die Out-Group schaffen, einem Klima-Club beizutreten. Daher ist die Durchsetzung eines *globalen* (Minimum-) Preises für die Emissionen von Kohlendioxid erstrebenswert. Gehört dieser ins Reich der Illusionen, bietet sich als Kompromiss ein **Klima-Club** an (vgl. Buchanan 1965, S. 1–14; Sandler und Tschirhart 1980, S. 1481–1521; Nordhaus 2015, S. 1339–1370). Der Yale-Professor und Wirtschaftsnobelpreisträger von 2018, William Dawbney Nordhaus, definiert einen Club folgendermaßen (North 2015, S. 1340):

> „A club is a voluntary group deriving mutual benefits from sharing the costs of producing an activity that has public-good characteristics. The gains from a successful club are sufficiently large that members will pay dues and adhere to club rules in order to gain the benefits of membership."

Ein Club ist ein freiwilliger Verein, in dem die Kosten für Aktivitäten mit Eigenschaften öffentlicher Güter (Nicht-Ausschließbarkeit, Nicht-Rivalität), beispielsweise die Produktionskosten, geteilt werden.

▶ Ein **Klima-Club** ist ein freiwilliger Verein zum gegenseitigen Vorteil seiner Mitglieder, in dem die ökologischen Kosten der Produktion geteilt werden.

Wenn die monetären wie nicht-monetären (z. B. Reputation) Gewinne dieser Club-Mitgliedschaft hoch genug sind, sind Länder bereit, für die Mitgliedschaft einen Preis zu zahlen. Der Club stellt Anreizkompatibilität her (vgl. Nordhaus 2015, S. 1341).

Ein erfolgreicher Club zeichnet sich durch folgende vier Eigenschaften aus (vgl. Nordhaus 2015, S. 1340):

1. öffentliches Gut, das gemeinsam genutzt werden kann (z. B. gesunde Umwelt),
2. Kooperation zum wechselseitigen Vorteil (z. B. Verhinderung eines anthropogenen Klimawandels),
3. Sanktionen für Nicht-Mitglieder,
4. Stabilität der Mitgliedschaft.

Alle Mitglieder kooperieren gemäß dem Prinzip der **Reziprozität**: Entweder sie verpflichten sich auf die Einhaltung der für *alle* Club-Mitglieder festgelegten Mindestpreise für Kohlendioxidemissionen oder sie zahlen bei grenzüberschreitendem Handel entsprechende Aufschläge, um die Club-Mitglieder nicht durch einen verzerrten Wettbewerb zu benachteiligen. In einem funktionierenden Klima-Club bestehen somit keine Anreize zur Abwanderung energieintensiver Industrien. **Carbon Leakage**, das durch eine Verlagerung der Produktion ins weniger regulierte Ausland entsteht, wird dadurch verhindert: Auf Importgüter wird ein Preisaufschlag erhoben, der den jeweiligen Preisen der Kohlendioxidemissionen entspricht, den inländische Anbieter für die Produktion der gleichen Güter zahlen. Dieser ökologisch begründete **Importzoll** sorgt dafür, dass der Wettbewerb nicht zulasten von Unternehmen verzerrt wird, die sich klimaökonomisch vorbildlich verhalten.

Eine nachhaltige, global ausgerichtete Klimapolitik muss **Anreizkompatibilität** herstellen. Negative externe Effekte wie Emissionen von Treibhausgasen sind zu internalisieren und bepreisen. Die Förderung bestimmter Techniken durch nationalstaatliche oder supranationale Organisationen ist in den Worten von Hayeks eine Anmaßung von Wissen (vgl. Hayek 1974; vgl. auch derselbe 1937, S. 33–54, 1944, 1945a, b, 1996), die nicht gerechtfertigt werden kann. Die Teilnahme und Teilhabe vieler am Wettbewerb der Ideen bietet mehr Chancen für effiziente technische Entwicklungen und optimierte Prozesse als detaillierte staatliche Vorgaben. Dani Rodrik, ein türkischer Harvard-Professor für Wirtschaftspolitik, schreibt (Rodrik 2014, S. 485):

> „Government agencies need to be embedded in, but not in bed with, business. The right model lies between arm's length and capture."

Eine indirekte Lenkung über flexible Marktpreise schafft Anreize für jeden, sich klimakonform zu verhalten, während eine direkte Objektförderung andere Optionen ausschließt. Eine sozialpolitisch motivierte Unterstützung der Armen sollte eine anreizkompatible Subjektförderung sein, nicht eine Objektförderung mit ihren immanenten Fehlanreizen.

## 3.9 Theorie der Eigentums- und Verfügungsrechte

### 3.9.1 Grundlagen

Den Grundstein zur **Theorie der Verfügungsrechte (Property-Rights Theory)** legte Ronald Harry **Coase** (1910–2013), ein britischer, früher in den USA lehrender Wirtschaftsnobelpreisträger (vgl. Coase 1960, S. 1–44, 2007, S. 1–13). In der Theorie der Eigentums- und Verfügungsrechte wird unterschieden zwischen Rechten der Nutzung („usus"), der Änderung und Veräußerung („abusus") sowie der Aneignung von Erträgen („usus fructus").

Ändern sich durch staatliche Eingriffe die Eigentums- und Verfügungsrechte, ändert sich der Wert eines Gutes für den Eigentümer sowie für potentielle Käufer. Klar definierte Eigentums- und Verfügungsrechte bilden eine Voraussetzung für wirtschaftliches Wachstum. Ist diese Voraussetzung nicht erfüllt, verlieren andere wirtschaftspolitische Maßnahmen ihre Wirkmächtigkeit.

**Kataster**

Zwischen 1655 und 1656 erstellte William Petty (1623–1687) für die irischen Ländereien ein Kataster mit dem Namen „Down Survey". Petty gilt als Begründer der Ökonometrie und war bereits als Twen nicht nur ein Ökonom, der die Vorzüge der Arbeitsteilung ein Jahrhundert vor Adam Smith (1729–1790) beschrieben hatte (vgl. Petty 1682), sondern auch Professor für Anatomie in Oxford und Professor für Musik in London. Im Gegensatz zu diesem Genie tun sich griechische Politiker noch heute schwer mit der Einrichtung eines vollständigen Katasters: Seit dem Ende der osmanischen Herrschaft 1830 wird an einem Kataster gearbeitet, um das Eigentum an Grundstücken, Wäldern, Seen und Küsten nach Größe, Lage und Nutzungsart offiziell zu registrieren. Bis zum Beginn der Eurokrise (2010) wurden Immobilien zumeist mündlich vererbt. Bei Eigentumsstreitigkeiten mussten „Zeugen" die Vorgänge aus der Vergangenheit bestätigen. ◄

*Absolute* **Verfügungsrechte** wie Rechte an Privateigentum gelten gegenüber jedem. *Relative* **Verfügungsrechte** sind in einem Gläubiger-Schuldner-Verhältnis begründet. Für die Spezifikation und Zuweisung von Eigentums- und Verfügungsrechten entstehen einmalige Kosten, für deren Durchsetzung und Kontrolle permanente variable Kosten. Gemäß der **Theorie *relationaler* Verträge** können Verträge nicht alle denkbaren Bedingungen regeln, sondern müssen eine gewisse Flexibilität zulassen.

Die Herstellung von **Anreizkompatibilität** ist deshalb eine wichtige wirtschaftspolitische Aufgabe, weil Individuen für ihre individuellen Ziele härter arbeiten als für kollektive Ziele und zudem durch das Haftungsprinzip diszipliniert sowie im Fall eines Scheiterns sanktioniert werden. Deshalb sind gesicherte Eigentums- und Verfügungsrechte für eine dynamische, innovative Volkswirtschaft von erheblicher Bedeutung. Dies soll am Beispiel des Patentschutzes verdeutlicht werden, der in der Corona-Pandemie zu einer kontroversen Diskussion um den gebührenpflichtigen beziehungsweise gebührenfreien Erwerb von Lizenzen zur Produktion von Covid-19-Impfstoffen geführt hat:

Eine Aufhebung des Patentschutzes bedeutet nicht unweigerlich, dass dann andere Unternehmen den Impfstoff produzieren können. Denn der Pionierunternehmer kann nicht gezwungen werden, seine Betriebsgeheimnisse offenzulegen. Die LLDC (least developed countries), die 46 ärmsten Länder der Welt, genießen ohnehin eine besondere Behandlung durch das TRIPS-Abkommen, dem „Agreement on Trade-Related Aspects of Intellectual Property Rights", das auch für den pharmazeutischen Bereich gilt, ohne dass sie nennenswert nach Impfstoffen forschen oder Impfstoffe produzieren.

Der Engpass für die limitierten Produktions-*möglichkeiten* eines mRNA-Impfstoffs braucht nicht der **Patentschutz** zu sein. Einen Engpass können auch die Knappheit an Rohstoffen, an qualifiziertem Personal, an adäquaten Lagerstätten für die notwendige Kühlung des Vakzins oder Protektionismus sein. Zu berücksichtigen ist zudem der mögliche Reputationsschaden durch eine unsachgemäße Produktion, wenn die Herstellung dieses Impfstoffs leichtfertig in die Hände unqualifizierter Produzenten gegeben wird. Durch eine Aufhebung des Patentschutzes werden Negativanreize für die weitere Forschung an der Verbesserung des Impfschutzes geschaffen, sodass auf mittlere Sicht der Schutz gegenüber Mutanten des originären Virus auf der Strecke bleibt.

**Fehlanreize** entstehen auch für Kooperationen mit *mehreren* Unternehmen, wenn die Eigentumsrechte nicht eindeutig definiert sind, weil dann keine Klarheit darüber geschaffen werden kann, welchen Unternehmen welche jeweiligen Gewinnanteile zugesprochen werden sollen. Wirtschaftliche Kooperationen mehrerer Unternehmen haben jedoch bei der Entwicklung, der Herstellung und dem Vertrieb der Impfstoffe eine zentrale Rolle gespielt, wie die Kooperation des Mainzer Unternehmens Biontech mit dem US-amerikanischen Unternehmen Pfizer belegt, die auf dem Gebiet der Impfstoffe gegen Covid-19 in Deutschland Marktführer sind. Ohne einen verlässlichen Patentschutz verlieren nicht nur alteingesessene Unternehmen, sondern insbesondere Start-ups Möglichkeiten ihrer Finanzierung, weil ihre Investoren nicht auf hohe Renditen hoffen können. Lizenzverhandlungen mit Unternehmen, die nach dem Beginn einer Diskussion über das mögliche Aufweichen des Patentschutzes auf gebührenfreie Lizenzen hoffen können, werden ausgesetzt, sodass sich die avisierten Produktionsstarts verzögern.

Eine **Aufhebung** des **Patentschutzes** reduziert die Anreize, weiter zu forschen, um gegen Mutanten dieser Pandemie und künftiger Pandemien oder Epidemien gewappnet zu sein. 1855 verabschiedete das Königreich von Sardinien und Piemont ein Gesetz, das den Patentschutz von Medikamenten generell verbot. Die Faschisten unter Mussolini (1883–1945) weiteten 1939 den Geltungsbereich dieses Gesetzes auf das vereinigte **Italien** aus. Bis 1978 konnten italienische Pharmaunternehmen keinen Patentschutz für Medikamente oder für die Produktionsweise derselben geltend machen. Diese Politik sorgte dafür, dass sich die einst blühende italienische Pharmaindustrie von der Forschung und Entwicklung von Medikamenten verabschiedete und damit auch potentielle Forscherköpfe verlorengingen (vgl. FAZ 2021, S. 16).

Eine Alternative zur Patentierung ist die Monopolisierung der Impfstoffproduktion, eine Variante, die dem kollektiven Ziel umfassender Impfungen widerspricht, weil Monopole ihre Marktmacht erfahrungsgemäß ausnutzen. Stattdessen lässt unter Beibehaltung des Patentschutzes eine Verpflichtung zum Angebot von Lizenzen mögliche Produktionslücken ohne die Erosion der Eigentumsrechte leicht schließen. Eine weitere Option, armen Ländern Impfstoff zukommen zu lassen, ohne die Anreizkompatibilitäten zu missachten, ist die Einrichtung von **Konsortien** reicher Geberländer, die eine ex ante festgelegte Abnahme von Impfstoffmengen garantieren. Dies schlägt der Chicagoer Wirtschaftsnobelpreisträger von 2019, Michael Kremer, vor (vgl. Goodkin-Gould et al. 2020; Kremer et al. 2020a, b, S. 269–273; Kremer und Snyder 2020, S. 7–11).

### 3.9.2  Transaktionskostentheorie

Die Grundlagen der **Transaktionskostentheorie** legte ebenfalls Ronald **Coase** (1910–2013) in einem berühmten Aufsatz (vgl. Coase 1937, S. 386–405, 1988). Weiterentwickelt wurde die Transaktionskostentheorie vom Berkeley-Ökonomen Oliver Eaton **Williamson** (1932–2020), der 2009 den Nobelpreis erhalten hat (vgl. Willamson 1975, 1985, 2009, S. 455–476, 2010, S. 673–690).

In der Transaktionskostentheorie werden nicht nur die Produktions-, sondern auch die Transaktionskosten berücksichtigt, welche sich durch die Übertragung von Verfügungsrechten ergeben.

▶ **Transaktionskosten** entstehen im Zuge der Anbahnung, des Abschlusses, der Durchsetzung, Kontrolle und gegebenenfalls Änderung von Verträgen.

Transaktionskosten berücksichtigen demzufolge das nicht zu unterschätzende „Beiwerk" ökonomischer Transaktionen.

---

**Transaktionskosten**

Kosten der Anbahnung sind zum Beispiel die Informationskosten, die sich in der Suche, Beschaffung, Verarbeitung und Auswertung relevanter Informationen niederschlagen. Abschlusskosten sind beispielsweise in Honoraren für Notariate zu sehen. Kosten der Durchsetzung entstehen zum Beispiel durch Schulungen von Mitarbeitern. Zu den Kontrollkosten gehören beispielsweise Honorare für Juristen, die Vertragsverletzungen eruieren. Änderungskosten können zum Beispiel Kosten für Nachverhandlungen strittiger Vertragspunkte sein. ◀

Die Frage, wie eine effiziente Allokation sichergestellt wird, beantwortet Coase folgendermaßen: **Horizontale Transaktionen** sollen über den **Markt**, **vertikale Transaktionen** innerhalb **derselben Unternehmung** durchgeführt werden.

### 3.9.3  Coase-Theorem

Das **Coase-Theorem** befasst sich mit der **Internalisierung externer Effekte** (vgl. Coase 1937, S. 386–405, 1960, S. 1–44, 1988, 2007, S. 1–13). In der Beziehung zwischen zwei privaten Haushalten ist der Erfolg der Internalisierung externer Effekte in erster Linie von klaren Regeln über die Verfügungsrechte abhängig. Im Folgenden steht die Frage im Mittelpunkt, wie zwei Unternehmer, deren wirtschaftliche Aktivität sich auf die Produktion des jeweils anderen auswirkt, ihr Externalitätenproblem durch Verhandlungen lösen können. Da dem Dienstleistungssektor in modernen Volkswirtschaften die bei weitem höchste Bedeutung zukommt, wird dies anhand eines Beispiels aus dem tertiären Sektor erläutert.

---

**Kaffeehausatmosphäre und Harley-Davidson-Atmosphäre**

Ein Harley-Davidson-Händler ist darauf angewiesen, mehrmals am Tag Motorräder starten zu lassen, um potentiellen Kunden seine zum Verkauf stehenden Modelle vorzuführen. Ein Kaffeehausbetreiber auf der gegenüberliegenden Straßenseite der ansonsten kaum befahrenen Sackgasse präferiert Ruhe, um seinen Gästen die angenehme Atmosphäre einer „chill-out area" bieten zu können. Für dieses Lebensgefühl zahlen seine Kunden schließlich einen hohen Preis, wenn sie bereit sind, für eine Tasse Kaffee im Kaffeehaus etwa so viel Geld auszugeben wie für ein Pfund Kaffee im Supermarkt. Durch die Probefahrten mit den Harley-Davidson-Maschinen wird den Müßiggängern im Café ein externer Schaden zugefügt. Offensichtlich gelingt eine Internalisierung negativer externer Effekte durch die Fusion von Motorrad- und Kaffeehaus: In diesem Fall wägt der Geschäftsführer des diversifizierten Konzerns ab, inwieweit seine Zweirad-Sparte Probefahrten verringern oder auf Uhrzeiten verlegen kann, in denen sein Kaffeehaus weniger stark frequentiert wird. Die Berücksichtigung der Kalküle der Motorrad- und Koffeinliebhaber liegt im Interesse des Unternehmers, der seinen Gesamtgewinn aus beiden geschäftlichen Aktivitäten zu maximieren gedenkt. Somit entfällt der externe Effekt, da alle entscheidungsrelevanten Effekte innerhalb der Unternehmung auftreten. ◄

Zudem können externe Effekte die Allgemeinheit erfassen, die mit beiden Unternehmungen nichts zu tun hat. Es entstehen nicht nur private, sondern auch soziale externe Kosten.

### Teehausatmosphäre

Auch ein passionierter Tee trinkender Radfahrer fühlt sich durch die an- und abfahrenden schweren Maschinen dieser US-amerikanischen Kultmarke gestört. In diesem Fall löst eine Fusion des Motorrad- und des Kaffeehauses dieses Problem nicht, da der Radfahrer weder an einer „Harley" noch an einem „Latte" interessiert ist. ◄

Die sozialen Kosten müssen den Kosten gegenübergestellt werden, die durch die Reduktion der externen Effekte einschließlich ihrer Kontrollkosten anfallen. Das soziale Optimum ist erreicht, wenn die Grenzvermeidungskosten des Verursachers den sozialen Kosten der Allgemeinheit entsprechen. Die Grenzkosten der Kontrolle müssen für jede Unternehmung, die einen

Schaden verursacht, gleich hoch sein, da die Lösung ansonsten suboptimal ist. Liegen die Grenzkosten einer Unternehmung höher, könnte ein anderes Arrangement zur Verringerung des Schadens dazu beitragen, die Effizienz der Schadensreduktion zu erhöhen. Das heißt, entweder könnte mit gegebenem Aufwand ein geringeres Schadensniveau erzielt werden, oder ein gegebenes Schadensniveau könnte mit geringerem Aufwand erreicht werden, indem beispielsweise Schadensrechte gehandelt werden und die Unternehmung mit den höheren Grenzkosten der Schadensreduktion einer anderen Unternehmung mit geringeren Grenzkosten der Schadensreduktion ihre Schadensrechte abkauft.

▶ Gemäß dem **Coase-Theorem** sind externe Effekte zu internalisieren, indem dem Verursacher die entsprechenden externen Kosten beziehungsweise Nutzen zugerechnet werden.

Das Coase-Theorem vernachlässigt insbesondere Informationsasymmetrien, Transaktionskosten sowie die Kosten der Durchsetzung der Eigentums- und Verfügungsrechte. Sind diese in der Realität durchaus relevanten Phänomene von Bedeutung, ist die Gefahr des Scheiterns privater Verhandlungen groß. Dann muss auf staatliche Maßnahmen wie die Pigou-Steuer zurückgegriffen werden.

### 3.9.4  Externalitäten in Netzwerken

**Externalitäten in Netzwerken** liegen vor, wenn der Nutzen eines Gutes von der Anzahl anderer Nutzer abhängt. So entfalten soziale Netzwerke wie Facebook, Instagram, Twitter, Linkedin, Youtube oder TikTok erst dann ihren umfassenden Nutzen, wenn zahlreiche Menschen in diesen sozialen Netzwerken aktiv sind. Das Teilen von Informationen ist für viele umso attraktiver, je mehr Personen benachrichtigt werden.

▶ **Netzwerkeffekte** liegen vor, wenn der individuelle Nutzen der Teilnahme an einem Netzwerk mit der Zahl der Netzwerkteilnehmer steigt.

Der individuelle Kauf stellt einen positiven externen Effekt für alle anderen Netzwerkteilnehmer dar, weil er ihr Netzwerk vergrößert. Deshalb haben sie ein Interesse an weiteren Teilnehmern, denen der Zugang oft leichtgemacht wird.

**Jahresverträge**

Mobiltelephonkunden mit Jahresverträgen zahlen oft nur einen geringen Preis für ihr Mobiltelephon, wenn sie einen einjährigen Service-Vertrag abschließen, mit dem sie sich an ein bestimmtes Netzwerk binden. ◄

Bei geringer Gesamtnachfrage ist die Zahlungsbereitschaft niedrig, weil die Vorteile des Netzwerks noch nicht zum Tragen kommen. Mit steigender Gesamtnachfrage nimmt die Zahlungsbereitschaft weiterer Konsumenten zu. Bei sehr hoher Nachfrage ist die Zahlungsbereitschaft wieder niedrig, weil nun die Grenzkonsumenten zum Zuge kommen, die dem Netzwerk nicht die hohe Bedeutung schenken, die ihnen von denjenigen entgegengebracht wird, die sich dem Netzwerk bereits angeschlossen haben.

Bei Netzwerken besteht ein **Lock-in Problem**: Ein Systemwechsel verursacht hohe Kosten, sodass der Konsument bei seinem alten System verbleibt, auch wenn dieses weniger attraktiv ist als ein neues.

**Lock-in-Probleme**

IT-Nutzer halten an ihrem jeweiligen Betriebssystem fest, kleine Kinder an einem bestimmten Bausteintyp, und große Kinder meiden unterschiedliche Kindereisenbahnsysteme, um Kompatibilitätsprobleme zu umgehen. ◄

Um Kunden an ein System zu binden, sind deshalb die Preise für die ersten Einheiten sehr niedrig. Ist die Kundenbindung erfolgreich, springt der Kunde auch bei höheren Preisen für weitere Einheiten nicht ab, weil ihm die Kosten eines Systemwechsels zu hoch sind.

### 3.9.5  Pigou-Steuer

Die **Pigou-Steuer** (vgl. Pigou 1920) stellt einen Ansatz dar, dem Verursacher externer Schäden die Lasten der Schadensbeseitigung aufzubürden. Der Staat fordert eine Steuer, deren Höhe vom Ausmaß des Schadens abhängt. Der Steuersatz ist so zu bemessen, dass sich letztlich das optimale Schadensniveau ergibt. Ziel ist die **Internalisierung externer Kosten**. Die Pigou-Steuer ist eine **Lenkungssteuer**, weil ihr Hauptziel nicht darin besteht, dem Staat Einnahmen zu verschaffen, sondern darin, die wirtschaftlichen Aktivitäten der Marktakteure in bestimmte Bahnen zu lenken.

▶  Die **Pigou-Steuer** ist eine Steuer, die den *Verursacher* externer Kosten besteuert.

Problematisch an der Pigou-Steuer sind die Voraussetzungen ihres Erfolges: Das optimale Schadensniveau muss bekannt sein, um einen adäquaten Steuersatz festzulegen. Dann besteht für die Steuer jedoch keine Notwendigkeit, da Auflagen mit geringerem Verwaltungsaufwand zum selben Ergebnis führen. Ist das Schadensniveau nicht bekannt, ist die Pigou-Steuer nicht optimal. Somit stellt die Pigou-Steuer in der Regel eine second-best-Lösung dar: Wenn das optimale Schadensniveau nicht exakt ermittelt werden kann, so zumindest approximativ.

### 3.9.6  Clarke-Groves-Steuer

Eine Entscheidung über die Bereitstellung einer bestimmten Menge öffentlicher Güter wird in der Regel nicht von allen Gesellschaftsmitgliedern getragen. Deshalb muss diese Entscheidung in einer Abstimmung getroffen werden. Das Abstimmungsverfahren sollte so beschaffen sein, dass es die Präferenzen nicht verzerrt. Stehen vor der Abstimmung die Beträge fest, die jeder im Fall der Bereitstellung des öffentlichen Gutes zu zahlen hat, können diese Beiträge als jeweilige marginale Zahlungsbereitschaften interpretiert werden. Individuen können ihre Präferenzen gegenüber Dritten durchsetzen, müssen aber für die negativen externen Effekte eine extra Steuer zahlen. Soziale Kosten entstehen, wenn die marginalen Zahlungsbereitschaften kleiner sind als die Beiträge, welche die Individuen für das öffentliche Gut zu entrichten haben.

▶ Eine **Schlüsselperson** ist eine Person, die eine Entscheidung zum Kippen bringt.

Wenn ohne die Stimme einer Person die Entscheidung zulasten der Bereitstellung des öffentlichen Gutes ausfällt, mit Berücksichtigung der Präferenz dieser Person jedoch eine Mehrheit zugunsten der Bereitstellung des öffentlichen Gutes erreicht wird, ist diese Person eine Schlüsselperson. Dies gilt auch für den umgekehrten Fall, in dem es ohne die Schlüsselperson eine Mehrheit für, mit dieser Person eine Mehrheit gegen die Bereitstellung eines öffentlichen Gutes gibt.

Da die Schlüsselperson die Entscheidung zum Kippen bringt, kann sie als Verursacher sozialer Kosten für alle Individuen angesehen werden, die anders als die Schlüsselperson abstimmen. Diesen entstehen Nutzenverluste, die sie ohne die Schlüsselperson nicht in Kauf zu nehmen bräuchten. Gemäß dem Verursacherprinzip müssen diese sozialen Kosten der Schlüsselperson aufgebürdet werden, zum Beispiel durch eine Steuer. Solch eine Steuer ähnelt der Pigou-Steuer, die einen Beitrag zur Internalisierung externer Effekte leistet. Die Steuer, die für die Bereitstellung öffentlicher Güter von Schlüsselpersonen zu entrichten ist, ist die **Clarke-Groves-Steuer** (vgl. Clarke 1971, S. 17–33, 1972, S. 125–130; Groves 1973, S. 617–631). Sie fließt nicht an die anderen Akteure, sondern an den Staat, um die Entscheidungen der anderen nicht durch mögliche Zah-

lungen zu verzerren. Die Clarke-Groves-Steuer wird an folgendem Beispiel verdeutlicht:

Drei Gesellschaftsmitglieder vereinbaren im Fall der Bereitstellung eines öffentlichen Gutes, das Kosten in Höhe von 45 Geldeinheiten verursacht, die Kosten gleichmäßig aufzuteilen, sodass jeder 15 Einheiten zahlt, falls das öffentliche Gut bereitgestellt wird. Tab. 3.16 zeigt, wie die Clarke-Groves-Steuer ermittelt wird.

Eine Mehrheit, nämlich A und B, ist gegen die Bereitstellung des öffentlichen Gutes, weil ihre jeweilige Konsumentenrente – die Differenz zwischen ihrer marginalen Zahlungsbereitschaft und ihrem Beitrag – negativ ist. Gleichwohl lohnt sich die Bereitstellung, da die aggregierte Konsumentenrente bei 3 liegt.

Ist die Summe aller marginalen Zahlungsbereitschaften mindestens so groß wie es die Kosten der Bereitstellung eines öffentlichen Gutes sind, so ist die Produktion dieses öffentlichen Gutes Pareto-effizient.

Person A und Person B würden das öffentliche Gut nicht anschaffen wollen, sind aber keine Schlüsselpersonen: Denn die Konsumentenrente ohne A bei alleiniger Berücksichtigung von B und C beträgt 12, das Gut wird angeschafft. Mit A beträgt die Konsumentenrente 3, es wird also auch angeschafft. A ändert die kollektive Entscheidung nicht. Die aggregierte Konsumentenrente ohne B beträgt 6, mit B 3, sie ist in beiden Fällen positiv. Somit fällt in beiden Fällen – ob ohne oder mit Berücksichtigung von B – das Votum über die Bereitstellung des öffentlichen Gutes positiv aus.

C hingegen ist Schlüsselperson: Ohne C entscheidet sich die Mehrheit gegen die Bereitstellung des öffentliches Gutes, da die aggregierte Konsumentenrente bei – 12 liegt. Mit C jedoch kippt die Entscheidung zugunsten der Bereitstel-

**Tab. 3.16** Clarke-Groves-Steuer

| Person | Beiträge | marginale Zahlungsbereitschaft | Konsumentenrente | Clarke-Groves-Steuer |
|--------|----------|-------------------------------|------------------|----------------------|
| A | – 15 | + 6 | – 9 | 0 |
| B | – 15 | + 12 | – 3 | 0 |
| C | – 15 | + 30 | + 15 | – 12 |
| Summe | – 45 | + 48 | + 3 | – 12 |

[Eigene Darstellung]

lung des öffentlichen Gutes, weil die aggregierte Konsumentenrente nun positiv ist. Sie liegt bei 3. C muss die Clarke-Groves-Steuer als Kompensation für die jeweils negativen individuellen Konsumentenrenten der Akteure zahlen, die gegen die Entscheidung stimmen. C zahlt also insgesamt 12 (9 + 3) Geldeinheiten, vorzugsweise nicht an A oder B, da dies ihr Verhalten beeinflussen könnte, sondern an den Staat.

Alle Akteure haben Anreize, ihre wahren Präferenzen offenzulegen: A und B haben keinen Anreiz, ihre maximalen Zahlungsbereitschaften zu niedrig anzugeben, weil sie dann dem Risiko unterliegen, dass das öffentliche Gut nicht angeschafft wird, selbst wenn ihre wahren marginalen Zahlungsbereitschaften höher sind als die Beiträge, die sie zur Kofinanzierung des öffentlichen Gutes zu leisten haben. Bekunden sie höhere als ihre wahren maximalen Zahlungsbereitschaften, ist die Wahrscheinlichkeit höher, dass ein öffentliches Gut bereitgestellt wird, was beide nicht wollen. Erklären A und B, dass sie nichts für die Bereitstellung dieses Gutes zahlen wollen, weil es für sie angeblich überhaupt keinen Nutzen stiftet, sie aber nur mit allen Mitteln versuchen, die Bereitstellung zu verhindern, begeben sie sich in Gefahr, zu Schlüsselpersonen zu mutieren, welche die Clarke-Groves-Steuer zu zahlen haben.

C hat ebenfalls keinen Anreiz, zu niedrig zu pokern, um seine eventuell anfallende Clark-Groves-Steuer zu reduzieren, weil in diesem Fall die Gefahr besteht, dass das Gut gar nicht angeboten wird. Eine zu hoch bekundete marginale Zahlungsbereitschaft hingegen erhöht sein Risiko, Schlüsselperson und damit Steuerzahler zu werden.

Die Höhe der Clarke-Groves-Steuer ist unabhängig von den bekundeten Präferenzen der Schlüsselperson, da die Steuer von den marginalen Zahlungsbereitschaften derjenigen abhängt, die keine Schlüsselpersonen sind. Die Frage aber, ob jemand oder ob mehrere zu Schlüsselpersonen werden, hängt von ihren eigenen Präferenzen ab. Jeder Akteur stellt sich am besten, wenn er seine wahren Präferenzen offenlegt, weil er nur dann verhindert, dass er als potentielle Schlüsselperson eine Clarke-Groves-Steuer zu zahlen hat, die seine maximale Zahlungsbereitschaft übersteigt.

▶ Die **Clarke-Groves-Steuer** ist eine Steuer, welche die *Schlüsselperson* einer Entscheidung besteuert.

Die Umsetzung einer Clarke-Groves-Steuer bringt einige Probleme mit sich:

Dadurch dass die Beiträge, die jeder für die Bereitstellung des öffentlichen Gutes zu entrichten hat, vorher festgelegt werden, besteht ein Konflikt zwischen Allokations- und Distributionspolitik: Eine effiziente Allokation, die sich in der Bereitstellung der Pareto-effizienten Menge des öffentlichen Gutes niederschlägt, kann dem Gerechtigkeitsziel der Verteilungspolitik zuwiderlaufen, weil die Beiträge unabhängig von den jeweiligen marginalen Zahlungsbereitschaften der Individuen festgelegt sind. Deshalb könnte jemand mit einer sehr geringen marginalen Zahlungsbereitschaft für das öffentliche Gut vergleichsweise stark an der Kofinanzierung dieses Gutes beteiligt werden. Auch wenn die gewählte Menge des öffentlichen Gutes für keinen die Situation verschlechtert, braucht der Zahlungsschlüssel nicht unbedingt Pareto-effizient zu sein.

Weil die zu leistenden Beiträge aller Gesellschaftsmitglieder keine Auswirkung auf ihre Nachfrage haben dürfen, um Verzerrungen zu vermeiden, kann nur eine bestimmte Menge dieses öffentlichen Gutes optimal sein. Daraus resultiert, dass die Präferenzen aller Individuen quasilinear sein müssen. Diese Annahme reduziert jedoch den Anwendungsbereich einer Clarke-Groves-Steuer in erheblichem Maße.

Der Umstand, dass alle Schlüsselpersonen Steuern zu entrichten haben, reduziert ihr verfügbares Einkommen und damit auch ihren Konsum. Deshalb ist es möglich, dass die Aufteilung privater und öffentlicher Güter nicht Pareto-effizient ist. Je größer die Zahl der Entscheider, desto geringer ist die Wahrscheinlichkeit, Schlüsselperson zu werden. Deshalb kann dieses Argument für die Betrachtung einer Volkswirtschaft vernachlässigt werden.

Der **Shapley-Shubik-Index** (vgl. Shapley und Shubik 1954, S. 787–792), benannt nach dem US-amerikanischen Nobelpreisträger von 2012, Lloyd Stowell Shapley (1923–2016), und dem russischstämmigen US-amerikanischen For-scher Martin Shubik (1926–2018), ist ein Index, der misst, inwieweit jemand eine Entscheidung *maßgeblich* beeinflussen kann. Dieser Index zeigt, in wieviel Prozent der Fälle eine Person **Schlüsselperson** ist, die aufgrund ihrer Präferenzen eine Entscheidung zum Kippen bringen kann.

Der **Banzhaf-Index** (vgl. Banzhaf 1964–65, S. 317–343) misst die Bedeutung, die jemand als Schlüsselperson hat. Für jede erfolgreiche Koalition wird der Anteil einer einzelnen Person an allen Personen bestimmt, die eine Entscheidung zum Kippen bringen können. Sind es drei Personen, liegt sein Gewicht bei einem Drittel, ist er der Einzige, wird er mit dem Faktor Eins berücksichtigt.

### 3.9.7 Staatliche Plankommission der DDR

Auch die DDR liefert ein Beispiel dafür, dass eine Volkswirtschaft mit eingeschränkten privaten Eigentums- und Verfügungsrechten an den Anreizinkompatibilitäten seiner Wirtschaftsordnung scheitert. Aufgrund der Verwendung unterschiedlicher statistischer Methoden bei der Ermittlung ökonomischer Aggregate ist es schwierig, das Wirtschaftswachstum der DDR mit dem Wirtschaftswachstum der Bundesrepublik Deutschland zu vergleichen. Eine Metaanalyse verschiedener Studien lässt den Schluss zu, dass der westliche Teil Deutschlands zwischen 1950 und 1989 zweieinhalb bis fünfeinhalb Mal so stark gewachsen ist wie der östliche Teil. Die Produktivität der Volkswirtschaft der DDR lag am Vorabend des Falls der Mauer 1989 bei etwa 30 Prozent derjenigen der Bundesrepublik (vgl. Heske 2009, S. 228–229).

Zwischen 1965 und 1989 leitete Paul Schürer (1921–2010) die Staatliche Plankommission beim Ministerrat der DDR. Dieser Plankommission gehörte unter anderem der für den (offiziellen wie inoffiziellen) Außenhandel mit dem KA (kapitalistischen Ausland) verantwortliche Devisenbeschaffer der DDR, Alexander Schalck-Golodkowski (1932–2015), an. Zum Ende der DDR verfasste die Plankommission ein geheimes Dokument, in dem das ökonomische Scheitern

der DDR schonungslos beschrieben wurde. Ausdrücklich wurde darauf angewiesen, dass der Status der Geheimhaltung nicht geändert werden durfte. Auf diesem Dokument, das der Volkswirtschaft der DDR und der ihr zugrundeliegenden sozialistischen Wirtschaftsordnung ein verheerendes Zeugnis ausstellt, findet sich der Vermerk, dieses Geheimpapier bis Ende 1989 zu vernichten (vgl. Schürer et al. 1989, S. 2).

Diesen Plan vereitelte die Wiedervereinigung. Wegen der hohen historischen Bedeutung dieser Geheimen Verschlusssache sowie aufgrund der Tatsache, dass es sich bei diesem Dokument um eine Primärquelle höchsten Ranges handelt, werden im Folgenden mehrere Passagen wörtlich zitiert, die belegen, dass den Regierenden der DDR das ökonomische, aber auch das sozialpolitische Scheitern des Sozialismus bekannt gewesen ist. Auch mögliche Lehren, die aus diesem Fehlschlag zu ziehen waren, erkannte die Kommssion. Zahlreiche Stellen dieser Geheimen Verschlusssache lesen sich wie die Verteidigungsschrift einer marktwirtschaftlichen ("kapitalistischen") Ordnung, werden doch die entscheidenden Marktprinzipien (vgl. Richert 2021a, S. 84–89), Anreizkompatibilität, private Eigentums- und Verfügungsrechte, funktionsfähiger Wettbewerb, Preisflexibililät, Vertragsfreiheit und das Haftungsprinzip, in positiver Konnotation paraphrasiert.

Nach sozialistischen Lobpreisungen erkennt die Kommission, dass ihre Produkte in Schlüsselindustrien nicht wettbewerbsfähig sind (Schürer et al. 1989, S. 2):

> „Bedeutende Ergebnisse wurden bei der Anwendung von Schlüsseltechnologien erreicht. Wir haben in der Mikroelektronik als eines der wenigen Länder der Welt die Entwicklung und Produktion mikroelektronischer Bauelemente einschließlich eines wesentlichen Teils der dazu erforderlichen speziellen Produktionsausrüstungen für hochintegrierte Schaltkreise gemeistert. Dabei wird infolge des ungenügenden Standes der Arbeitsteilung ein breites Sortiment an mikroelektronischen Erzeugnissen entwickelt und produziert. Die Kosten für diese Erzeugnisse betragen z. Z. ein Mehrfaches des internationalen Standes. Ihr Einsatz in der Volkswirtschaft der DDR und im Export muss gegenwärtig mit über 3 Mrd. M pro Jahr gestützt werden. Die weitere Entwicklung verlangt dringend die Vertiefung der Kooperation, besonders mit der UdSSR."

Auch die Verschleißerscheinungen der Infrastruktur waren der Plankommission bekannt
(Schürer et al. 1989, S. 2):

> „… der Verschleißgrad des Autobahn- und Stra-
> ßennetzes ist hoch."

Die „Anmaßung von Wissen" (vgl. Hayek 1974,
vgl. auch derselbe 1937, S. 33–54, 1944, 1945a,
b, 1996), das die Politiker nicht haben, wird besonders an der Vernachlässigung von Interdependenzen deutlich (Schürer et al. 1989, S. 3, 4, 8):

> „[S. 3:] Infolge der Konzentration der Mittel [auf
> den Wohnungsneubau, RR] wurden zur gleichen
> Zeit dringendste Reparaturmaßnahmen nicht
> durchgeführt und in solchen Städten wie Leipzig,
> und besonders in Mittelstädten wie Görlitz u. a.
> gibt es tausende von Wohnungen, die nicht mehr
> bewohnbar sind. …
> [S. 4:] Dabei sind durch die Konzentration der
> Mittel auf den Wohnungs- und Gesellschaftsbau
> bestimmte, für die Versorgung der Bevölkerung
> wichtige Bereiche, wie das Gesundheitswesen,
> vernachlässigt worden. …
> [S. 8:] Die Stärkung der produktiven Akkumu-
> lation [Investitionen, RR] erfordert für die kom-
> mende Zeit eine Reduzierung der eingesetzten
> Ressourcen für den komplexen Wohnungsbau, der
> gegenwärtig 75 % aller Investitionen [i]n den
> nichtproduzierenden Bereichen beansprucht."

Die negativen Folgen einer überbordenden zentralen Planung wurden von der Plankommission
ebenfalls erkannt (Schürer et al. 1989, S. 3):

> „Die Feststellung, dass wir über ein funktionieren-
> des System der Leitung und Planung verfügen, hält
> jedoch einer strengen Prüfung nicht stand. Durch
> neue Anforderungen, mit denen die DDR konfron-
> tiert war, entstanden im Zusammenhang mit sub-
> jektiven Entscheidungen Disproportionen, denen
> mit einem System aufwendiger administrativer
> Methoden begegnet werden sollte. Dadurch entwi-
> ckelt sich ein übermäßiger Planungs- und Verwal-
> tungsaufwand. Die Selbständigkeit der Kombinate
> und wirtschaftlichen Einheiten sowie der Territo-
> rien wurde eingeschränkt."

Die Arbeitsproduktivität der DDR-Ökonomie lag
laut Aussage der Staatlichen Plankommission
deutlich unter derjenigen der bundesdeutschen
Volkswirtschaft. Dies bedeutet, dass der Verlust
der internationalen Wettbewerbsfähigkeit der
DDR zugegeben wurde (Schürer et al. 1989,
S. 3):

> „Im internationalen Vergleich der Arbeitsprodukti-
> vität liegt die DDR gegenwärtig um 40 % hinter
> der BRD zurück."

Die Verschuldung der DDR war so hoch, dass
eine Staatsinsolvenz zu befürchten war (Schürer
et al. 1989, S. 3):

> „Die Verschuldung im nichtsozialistischen Wirt-
> schaftsgebiet ist seit dem VIII. Parteitag [1971,
> also seit dem Machtwechsel von Walter Ulbricht
> zu Erich Honecker, RR] gegenwärtig auf eine
> Höhe gestiegen, die die Zahlungsfähigkeit der
> DDR in Frage stellt."

Für das Jahr 1990 wurde der wirtschaftliche und
politische Zusammenbruch der DDR erwartet, zu
dem es wegen des Falls der Mauer am 09.11.1989
früher gekommen ist (Schürer et al. 1989, S. 9):

> „Auch wenn alle diese Maßnahmen [notwendige
> Strukturreformen, RR] in hoher Dringlichkeit und
> Qualität durchgeführt werden, ist der … für die
> Zahlungsfähigkeit der DDR erforderliche NSW-
> Exportüberschuss [NSW = Nichtsozialistisches
> Wirtschaftsgebiet, RR] nicht sichtbar. 1985 wäre
> das noch mit großen Anstrengungen möglich ge-
> wesen. Heute besteht diese Chance nicht mehr.
> Allein ein Stoppen der Verschuldung würde im
> Jahre 1990 eine Senkung des Lebensstandards um
> 25–30 % erfordern und die DDR unregierbar ma-
> chen."

▶ Eine Geheime Verschlusssache belegt, dass
die Staatliche Plankommission beim Ministerrat der DDR den **wirtschaftlichen Zusammenbruch** der **DDR** für 1990 erwartet
hat.

Die öffentliche Verschuldung gegenüber dem
Westen stieg innerhalb von 18 Jahren nominal
um knapp 2500 Prozent, real (inflationsbereinigt)
um etwa 1200 Prozent (Schürer et al. 1989, S. 4):

> „Im Zeitraum seit dem VIII. Parteitag [1971, RR]
> wuchs insgesamt der Verbrauch schneller als die
> eigenen Leistungen. Es wurde mehr verbraucht als
> aus eigener Produktion erwirtschaftet wurde zu
> Lasten der Verschuldung im NSW [Nichtsozialisti-
> schen Wirtschaftsgebiet, RR], die sich von 2 Mrd.
> VM [Valutamark = Wert einer DM, RR] 1970 auf
> 49 Mrd. VM 1989 erhöht hat. Das bedeutet, dass
> die Sozialpolitik seit dem VIII. Parteitag nicht in
> vollem Umfang auf eigenen Leistungen beruht,
> sondern zu einer wachsenden Verschuldung im
> NSW führte."

Brisant war auch der Mangel an Devisen, weil die DDR über keine „harte" Währung verfügte (Schürer et al. 1989, S. 6):

> „Mit den geplanten Valutaeinnahmen 1989 werden nur etwa 35 % der Valutaausgaben insbesondere für Kredittilgungen, Zinszahlungen und Importe gedeckt. 65 % der Ausgaben müssen durch Bankkredite und andere Quellen finanziert werden. Das bedeutet, dass die fälligen Zahlungen von Tilgungen und Zinsen, d. h. Schulden mit neuen Schulden bezahlt werden. Zur Finanzierung der Zinsen müssen mehr als die Hälfte des Einnahmenzuwachses des Staatshaushaltes eingesetzt werden.
> Bei der Einschätzung der Kreditwürdigkeit eines Landes wird international davon ausgegangen, dass die Schuldendienstrate – das Verhältnis von Export zu den im gleichen Jahr fälligen Kreditrückzahlungen und Zinsen – nicht mehr als 25 % betragen sollte. … Die DDR hat, bezogen auf den NSW-Export, 1989 eine Schuldendienstrate von 150 %.
> Die Lage in der Zahlungsbilanz wird sich nach dem erreichten Arbeitsstand zum Entwurf des Planes 1990 weiter verschärfen."

Selbst die Einsicht, die Zahlungsunfähigkeit der DDR durch wirtschaftliche Strukturreformen abwenden zu können, führte nicht zu den folgerichtigen Maßnahmen, sondern wurde aus politischer Räson abgelehnt. Ein Handeln gemäß einer langfristig orientierten ökonomischen Rationalität wurde einem Handeln gemäß einer kurzfristig orientierten politischen Rationalität eines machiavellistischen Machterhalts (vgl. Machiavelli 1995) geopfert (Schürer et al. 1989, S. 7):

> „*Es ist eine grundsätzliche Änderung der Wirtschaftspolitik der DDR verbunden mit einer Wirtschaftsreform erforderlich.*"

Wider bessere Einsicht weigerte sich die Staatliche Plankommission, die auch von ihr erkannten notwendigen ordnungs- und prozesspolitischen Reformen einzuleiten (Schürer et al. 1989, S. 6–7):

> „[S. 6:] Die Konsequenz der unmittelbar bevorstehenden Zahlungsunfähigkeit wäre ein Moratorium (Umschuldung), bei der der internationale Währungsfond[s] bestimmen würde, was in der DDR zu geschehen hat. Solche Auflagen setzen Untersuchungen des IWF in den betreffenden Ländern zu Fragen der Kostenentwicklung, der Geldstabilität u. ä. voraus. Sie sind mit der Forderung auf den

> [S. 7:] Verzicht des Staates, in die Wirtschaft einzugreifen, der Reprivatisierung von Unternehmen, der Einschränkung der Subventionen mit dem Ziel, sie gänzlich abzuschaffen, den Verzicht des Staates, die Importpolitik zu bestimmen, verbunden. Es ist notwendig, alles zu tun, damit dieser Weg vermieden wird."

Die hohe Bedeutung der Produktivität und der Orientierung nicht nur am Bedarfs-, sondern auch am Leistungsprinzip wird durch die folgenden Ausführungen unterstrichen (Schürer et al. 1989, S. 7):

> „Es ist eine Umstrukturierung des Arbeitskräftepotentials erforderlich, um das Missverhältnis zwischen produktiven Kräften in der gesamten Wirtschaft und im Überbau zu beseitigen, d. h. drastischer Abbau von Verwaltungs- und Bürokräften sowie hauptamtlich Tätiger in gesellschaftlichen Organisationen und Einrichtungen.
> Als Grundlage der konsequenten Durchsetzung des sozialistischen Leistungsprinzips ist die Erhöhung der Einnahmen direkt an höhere Leistungen zu binden. Das erfordert zugleich für nicht erbrachte Leistungen, Schluderei und selbstverschuldete Verluste Abzüge vom Lohn und Einkommen."

Die hohe Bedeutung des Subsidiaritätsprinzips, einer *dezentralen* Planung, der Eigenverantwortung, des Haftungsprinzips, der Preisflexibilität, des Wettbewerbs sowie *unabhängiger* Institutionen, auch für die Gewinnung und Aufbereitung statistischer Daten, wird im folgenden Zitat deutlich (Schürer et al. 1989, S. 8):

> „Vorhandene Elemente einer bürokratischen Zentralisierung in Leitung und Planung, deren Bearbeitung und Lösung nicht in der Zentrale möglich und erforderlich sind, sind abzuschaffen und die Eigenverantwortung der Kombinate und Betriebe wesentlich zu erhöhen.
> Dazu gehören [die] Abschaffung der zentralen Planung und Abrechnung der Tagesmeldungen sowie der zentralen Dekaden- und Monatsplanung. … ist die Zahl der Staatsaufträge … einzuschränken. … Die Verantwortung der Kombinate und Betriebe für den Prozess der Plandurchführung ist als Voraussetzung für flexibles Regieren entsprechend den Bedürfnissen des inneren und äußeren Marktes … wesentlich zu erhöhen. … Die Übernahme von Klein- und Mittelbetrieben durch Kombinate bzw. ihre Auslastung durch zentral bilanzierte Auflagen ist einzustellen bzw. zu prüfen, wo sie wieder ausgegliedert werden können. … den ökonomischen Wirkungen von Angebot und Nachfrage und

entsprechender Preisbildung auf diesem Gebiet [Bedarfsdeckung an ‚Erzeugnissen der 1000 kleinen Dinge', RR] ist größerer Spielraum zu geben. ... Die Rolle des Geldes als Maßstab für Leistung, wirtschaftlichen Erfolg oder Misserfolg ist wesentlich zu erhöhen. ... Der Wahrheitsgehalt der Statistik und Information ist auf allen Gebieten zu gewährleisten."

Diese Zitate belegen, dass bei der Beurteilung der Transformation der DDR-Wirtschaft in eine international wettbewerbsfähige Region der wiedervereinigten deutschen Volkswirtschaft zu berücksichtigen ist, dass die DDR – auch nach eigener Einschätzung der Verantwortlichen – kurz vor der Staatsinsolvenz gestanden hat. Sie zeigen, wie eine Volkswirtschaft in den – wirtschaftlichen und moralischen – Abgrund gerissen werden kann, wenn sie konstitutive „Weisheiten" ökonomischer Praxeologie, darunter den Schutz individueller, klar definierter Eigentums- und Verfügungsrechte, auf dem Altar der Ideologie opfert.

## 3.10  Zusammenfassung und Aufgaben

### 3.10.1 Zusammenfassung

1. Die ökonomische Theorie der **Politik** geht von einem methodologischen Individualismus aus, wonach Politiker unter dem Deckmantel *kollektiver* Interessen ihre *individuellen* Interessen verfolgen.
2. Gemäß der ökonomischen Theorie der **Demokratie** orientiert sich ein stimmenmaximierender Politiker an den Präferenzen des Medianwählers.
3. Bei den Bundestagswahlen 2021 war der **Medianwähler** 53 Jahre alt.
4. Die deutschen **Babyboomer** gehen zwischen 2020 und 2035 in den Ruhestand.
5. Gemäß der ökonomischen Theorie der **Bürokratie** haben Bürokraten einen Anreiz, ihr Budget und ihr Budgetresiduum zu maximieren.
6. Gemäß der ökonomischen Theorie der **Interessengruppen** sind Lobby-Gruppen erfolgreich, weil sie besser informiert sind und sich als kleine Gruppe besser organisieren können als die Mehrheit.

7. Ein Land leidet unter der **Holländischen Krankheit**, wenn es sich auf die Ausbeutung seiner großen Rohstoffvorkommen konzentriert, dabei andere Wirtschaftssektoren vernachlässigt und dadurch seine (internationale) Wettbewerbsfähigkeit einbüßt.
8. In einer Volkswirtschaft kommt es zu **Marktversagen** aufgrund natürlicher Monopole, asymmetrischer Informationsverteilung, externer Effekte.
9. Gemäß der ökonomischen Theorie der **Regulierung** soll der Staat eine Rahmenordnung schaffen, die sich nicht aus einer staatlichen „Anmaßung von Wissen" speist, sondern die Teilnahme und Teilhabe aller ermöglicht.
10. *Inklusive* Institutionen folgen Universalinteressen, *extraktive* **Institutionen** Partikularinteressen.
11. *Stationäre* **Effizienz** gilt für eine bestimmte Raum-Zeit-Stelle, *adaptive* **Effizienz** berücksichtigt die Anpassungsfähigkeit bei denkbaren Unwägbarkeiten in der Zukunft.
12. **Monetäre Staatsfinanzierung** liegt vor, wenn der Staat von der Zentralbank Kredite erhält, deren Konditionen (Zinssätze, Sicherheiten) er (zu seinen gunsten) beeinflussen kann.
13. Die erste **industrielle Revolution** ist gekennzeichnet durch eine Mechanisierung, die zweite durch eine Automatisierung, die dritte durch eine Computerisierung, die vierte durch eine Digitalisierung der Arbeit.
14. Gemäß der ökonomischen Theorie des **Rentenstrebens** streben die Marktteilnehmer nach ökonomischen Renten, also nach Transfereinkommen (Fördermittel, Sozialleistungen).
15. Im **World Giving Index (WGI)** schneiden individualistisch geprägte Länder deutlich besser ab als kollektivistisch geprägte. Zwischen 2010 und 2020 standen die USA an der Spitze dieses Solidaritätsindex. Das kommunistische China belegte den letzten Rang.
16. Gemäß der ökonomischen Theorie **politischer Konjunkturzyklen** richten Politiker ihr Verhalten an den Wahlzyklen aus: Kurz vor den Wahlen werden die Wohltaten verteilt, kurz nach den Wahlen die Lasten.

17. **Politicking** ist staatlicher Aktionismus, der vorgibt, kollektiven Zielen zum Zwecke des Allgemeinwohls zu dienen, tatsächlich aber individuellen politischen Zielen dient.

18. **Zeitinkonsistenz** liegt vor, wenn der relevante Zeithorizont eines Entscheiders kürzer ist als der relevante Zeithorizont, der für die *nachhaltige* Lösung eines Problems erforderlich ist.

19. **Resistenz** ist die Form *passiver* Widerstandsfähigkeit, bei der einem Angriff standgehalten wird, ohne sich selbst zu verändern (vgl. lateinisch: „resistere" – „stehenbleiben").

20. **Resilienz** ist die Form *aktiver* Widerstandsfähigkeit, bei der einem Angriff standgehalten wird, indem sich in einer kritischen Situation Körper und Geist um einer höheren Widerstandskraft willen selbst verändern, bevor sie wieder in ihren ursprünglichen Zustand „zurückspringen" (vgl. lateinisch: „resilire" – „zurückspringen").

21. Das **Energiedreieck (Energie-Trilemma)** vereint die drei Anforderungen an eine *nachhaltige* Energieversorgung: Wirtschaftlichkeit, Umweltverträglichkeit, Versorgungssicherheit.

22. Ein **Klima-Club** ist ein freiwilliger Verein zum gegenseitigen Vorteil seiner Mitglieder, in dem die ökologischen Kosten der Produktion geteilt werden.

23. **Transaktionskosten** entstehen im Zuge der Anbahnung, des Abschlusses, der Durchsetzung, Kontrolle und gegebenenfalls Änderung von Verträgen.

24. Gemäß dem **Coase-Theorem** sind externe Effekte zu internalisieren, indem dem Verursacher die entsprechenden externen Kosten beziehungsweise Nutzen zugerechnet werden.

25. Die **Pigou-Steuer** ist eine Steuer, die den *Verursacher* externer Kosten besteuert.

26. Eine **Schlüsselperson** ist eine Person, die eine Entscheidung zum Kippen bringt.

27. Die **Clarke-Groves-Steuer** ist eine Steuer, welche die *Schlüsselperson* einer Entscheidung besteuert.

28. Eine Geheime Verschlusssache belegt, dass die Staatliche Plankommission beim Ministerrat der DDR für 1990 den **wirtschaftlichen Zusammenbruch** der **DDR** erwartet hat.

## 3.10.2 Wiederholungsfragen

1. Was versteht man unter einem methodologischen Individualismus? Lösung Abschn. 3.1

2. Welche Staaten zählen zu den politisch stabilen, welche zu den politisch fragilen? Lösung Abschn. 3.2

3. Welche EU-Länder haben eine höhere Staatsquote als Deutschland? Lösung Abschn. 3.3

4. Was versteht man unter der Holländischen Krankheit? Lösung Abschn. 3.4

5. Wodurch unterscheiden sich inklusive und extraktive Institutionen? Lösung Abschn. 3.5

6. Inwiefern verhindert eine „rent-seeking"-Ökonomie eine nachhaltige wirtschaftliche Entwicklung? Lösung Abschn. 3.6

7. Warum ist Politicking so populär? Lösung Abschn. 3.7

8. Wann liegt eine Zeitinkonsistenz vor? Lösung Abschn. 3.8

9. Wer soll eine Clarke-Groves-Steuer zahlen? Lösung Abschn. 3.9

10. Aus welchen Gründen stand die DDR nach Auffassung der Staatlichen Plankommission beim Ministerrat der DDR kurz vor der Zahlungsunfähigkeit? Lösung Abschn. 3.9

## 3.10.3 Aufgaben

**Aufgabe 1**
Vergleichen Sie die Einwohnerzahlen der EU-Länder mit ihren jeweiligen Abgeordnetenzahlen im Europäischen Parlament. Gilt für die Wahl zum Europäischen Parlament das demokratische Prinzip „one (wo)man – one vote" oder gilt auch hier (wie bei der EZB) ein Demokratiedefizit aufgrund der Erfolgsungleichheit der Wählerstimmen?

**Aufgabe 2**
Nennen Sie einige Länder, die unter der Holländischen Krankheit leiden.

**Aufgabe 3**
Erläutern Sie, warum sich Politiker gegen eine Reform der Rentenversicherung sträuben, obwohl das gegenwärtige System aufgrund der demographischen Entwicklung in Deutschland nicht mehr tragfähig ist?

## 3.10.4 Lösungen

**Lösung zu Aufgabe 1**

Es besteht keine Erfolgsgleichheit der Wählerstimmen zum Europäischen Parlament, weil jedes einzelne der 27 EU-Länder über ein unter-
schiedliches Stimmengewicht verfügt. Generell
sind die – nach Einwohnerzahl – größeren Länder schwächer repräsentiert als die kleineren: Die
fünf nach Einwohnerzahl größten EU-Länder –
Deutschland, Frankreich, Italien, Spanien und
Polen – haben doppelt so viele Einwohner wie
die übrigen 22 EU-Länder, stellen jedoch nur die
Hälfte aller Parlamentarier. Eine Stimme aus
Deutschland hat im Europäischen Parlament das
geringste Gewicht. Die Stimme eines Maltesers
zählt das Zehnfache, die eines Luxemburgers das
Achtfache, eines Zyprioten das Sechsfache, eines
Esten das Viereinhalbfache, die jeweiligen Stimmen eines Letten, Litauers und Slowenen zählen
mehr als das Dreifache, diejenigen eines Kroa-
ten, Iren, Slowaken, Finnen, Dänen und Bulgaren
mehr als das Doppelte, diejenigen eines Ungarn,
Portugiesen, Schweden, Griechen und Tschechen
fast das Doppelte der Stimme eines Deutschen.
Im Durchschnitt liegt das Stimmengewicht der
Einwohner anderer EU-Länder um 45 Prozent
höher als das der deutschen Wähler. Die Erfolgsungleichheit der Stimmen ist unsystematisch und
folgt keiner klaren Regel: Obwohl grundsätzlich
größere Länder ein geringeres Stimmengewicht
haben als kleinere, zählt eine Stimme des größeren Italiens mehr als eine des kleineren Spaniens,
eine Stimme des größeren Rumäniens mehr als
eine der kleineren Niederlande, eine Stimme des
größeren Bulgariens mehr als eine des kleineren
Dänemarks, eine Stimme des größeren Litauens
mehr als eine des kleineren Sloweniens.

**Lösung zu Aufgabe 2**

Unter der Holländischen Krankheit leiden zum
Beispiel Venezuela, Nigeria, Russland, Aserbaid-
schan, der Irak, Iran, Kuwait, Saudi-Arabien,
Turkmenistan und Kasachstan.

**Lösung zu Aufgabe 3**

Die wichtigsten Gründe sind Zeitinkonsistenzen
und die Präferenzen des Medianwählers: Zeitinkonsistenz liegt vor, weil die erforderlichen Maß-

nahmen einer Rentenreform zu Kosten in der
nahen Zukunft führen: Eine Erhöhung der Renten-
versicherungsbeiträge oder eine Verlängerung der
Lebensarbeitszeit stößt bei erwerbstätigen Wählern auf Ablehnung, eine Absenkung des Renten-
niveaus bei Rentnern. Die Hälfte der Wähler ist
mindestens Mitte fünfzig, sodass für die Mehrheit
der Wähler die Alterssicherung eine wahlentschei-
dende Frage ist. Dies antizipiert auch der Politiker
und schiebt die Lösung des Rentenproblems auf,
bis der Druck so groß ist, dass es zu einer Reform
kommen muss. Junge Wähler verfügen über ein zu
geringes Stimmengewicht, um ihre Präferenzen
für ein langfristig tragfähiges Rentensystem
durchzusetzen: In Deutschland ist nur jeder siebte
Wähler unter 30 Jahre alt.

## Literatur

Acemoglu, D. & Robinson, J. A. (2012). *Why nations fail.
The origins of power, prosperity, and poverty.* London:
Profile Books.

Afflatet, N. (2019). Staatsfinanzierung durch Geldpolitik.
*Wirtschaftsdienst, 99* (8), 562-566.

Albert, H. (1967). *Marktsoziologie und Entscheidungslo-
gik: Ökonomische Probleme in soziologischer Perspektive.* Soziologische Texte, 36. Neuwied et al.:
Luchterhand.

Alfaro, L., Kalemli-Özcan, S. & Volosovych, V. (2005).
*Why doesn't capital flow from rich to poor countries?
An empirical investigation,* NBER Working Paper
11901. Cambridge, Mass.: National Bureau of Economic Research.

Alfaro, L., Kalemli-Özcan, S. & Volosovych, V. (2008).
Why doesn't capital flow from rich to poor countries?
An empirical investigation. *Review of Economics and
Statistics, 90* (2), 347-368.

Ariely, D. & Wertenbroch, K. (2002). Procrastination,
deadlines, and performance: Self-control by precom-
mitments. *Psychological Science, 13* (3). 219-224.

Arrow, K. J. (1950). A difficulty in the concept of social
welfare. *Journal of Political Economy, 58* (4), 328-
346.

Arrow, K. J. (1951). *Social choice and individual values.*
New York City: Wiley.

Banzhaf, J. F. (1964-65). Weighted voting doesn't work. A
mathematical analysis. *Rutgers Law Review, 19*, 317-
343.

Berthélemy, J.-C., Beuran, N. & Maurel, M. (2009). Aid
and migration. Substitutes or compliments? *World Development, 37* (10), 1589-1599.

BGR (2021). *Kobalt. Informationen zur Nachhaltigkeit.*
Hannover: Bundesanstalt für Geowissenschaften und
Rohstoffe. https://www.deutsche-rohstoffagentur.de/
DE/Gemeinsames/Produkte/Downloads/Informatio-

nen_Nachhaltigkeit/kobalt.pdf?__blob=publication-File&v=3. Zugegriffen am 30.01.2022.

bib (2021a). *Altersaufbau der Bevölkerung in Deutschland*. Wiesbaden: Bundesinstitut für Bevölkerungsforschung. https://www.bib.bund.de/DE/Fakten/Fakt/B08-Altersaufbau-Bevoelkerung.html;jsessionid=FED1FC7D1A12E260170FFAD1B8E2ED86.1_cid380?nn=9991400. Zugegriffen am 14.10.2021.

bib (2021b). *Anteile der Altersgruppen unter 20 Jahren, ab 65 Jahre und ab 80 Jahre (1871-2060)*. Wiesbaden: Bundesinstitut für Bevölkerungsforschung. https://www.bib.bund.de/DE/Fakten/Fakt/B15-Altersgruppen-Bevoelkerung-1871-Vorausberechnung.html?nn=9991400. Zugegriffen am 14.10.2021.

von Bortkewitsch, L. (1898). *Das Gesetz der Kleinen Zahlen*. Leipzig: Teubner.

Brunner, K. & Meckling, W. H. (1977). The perception of man and the conception of government. *Journal of Money, Credit and Banking, 9* (1), 70-85.

Brunnermeier, M. K. (2021). *Die resiliente Gesellschaft. Wie wir künftige Krisen besser meistern können*. Berlin: Aufbau Verlag.

Buchanan, J. M. (1965). An economic theory of clubs. Economica, 32 (125), 1–14.

Bundeswahlleiter (2021). *Bundestagswahl 2021. 60,4 Millionen Wahlberechtigte*. Pressemitteilung 01/21 vom 17. Februar 2021. https://www.bundeswahlleiter.de/info/presse/mitteilungen/bundestagswahl-2021/01_21_wahlberechtigte-geschaetzt.html. Zugegriffen am 14.10.2021.

BVerfG (2017). *Beschluss des Zweiten Senats vom 18. Juli 2017 – 2 BvR 859/15, 2 BvR 980/16, 2 BvR 2006/15, 2 BvR 1651/15*. Karlsruhe: Bundesverfassungsgericht. https://www.bundesverfassungsgericht.de/SharedDocs/Entscheidungen/DE/2017/07/rs20170718_2bvr085915.html. Zugegriffen am 17.11.2021.

Calel, R. & Dechezlepêtre, A. (2016). Environmental policy and directed technological change: Evidence from the European carbon market. *Review of Economics and Statistics, 98* (1), 173-191.

Cárdenas, J. R. (2014). A nation divided. Venezuela's uncertain future. *World Affairs, 176* (6), 47-54.

Clarke, E. H. (1971). Multipart pricing of public goods. *Public choice, 11* (1), 17-33.

Clarke, E. H. (1972). *Multipart pricing of public goods: An example*. In: S. J. Mushkin (Hrsg.). Public prices for public products, 125-130. Washington D. C.: Urban Institute.

Clemens, M. A. & Postel, H. M. (2018). Deterring emigration with foreign aid: an overview of evidence from low-income countries. *Population and Development Review, 44* (4), 667-693.

Coase, R. H. (1937). The nature of the firm. *Economica, 4* (16), 386-405.

Coase, R. H. (1960). The problem of social cost. *Journal of Law and Economics, 3*, 1-44.

Coase, R. H. (1988). *The firm, the market and the law*. Chicago et al.: University of Chicago Press.

Coase, R. H. (2007). The problem of social cost. *Journal of Law and Economics, 56* (4), 1–13.

Cohen, J. (1962). The statistical power of abnormal-social psychological research: A review. Journal of Abnormal and Social Psychology, 65 (3), 145–153.

Commons, J. R. (1934). *Institutional economics. Its place in political economy*. New York City: Macmillan.

CPI (2022). *Corruption perceptions index*. Transparency International. https://www.transparency.org/en/cpi/2021. Zugegriffen am 26.02.2022.

Crippa, M., Guizzardi, D., Solazzo, E., Muntean, M., Schaaf, E., Monforti-Ferrario, F., Banja, M., Olivier, J. G. J., Grassi, G., Rossi, S. & Vignati, E. (2021). *GHG emissions of all world countries – 2021 Report*, EUR 30831 EN. Luxemburg: Publications Office of the European Union.

Demografieportal (2021). *Altersspezifische Wahlbeteiligung*. https://www.demografie-portal.de/DE/Fakten/wahlbeteiligung.html. Zugegriffen am 14.10.2021.

Destatis (2021a). *Anteil von Menschen im Rentenalter, die erwerbstätig sind, hat sich binnen 10 Jahren verdoppelt*. Pressemitteilung N 041 vom 24. Juni 2021. Wiesbaden: Statistisches Bundesamt. https://www.destatis.de/DE/Presse/Pressemitteilungen/2021/06/PD21_N041_12.html. Zugegriffen am 20.02.2022.

Destatis (2021b). *Die Volksrepublik China ist erneut Deutschlands wichtigster Handelspartner*. Wiesbaden: Statistisches Bundesamt. https://www.destatis.de/DE/Themen/Wirtschaft/Aussenhandel/handelspartner-jahr.html. Zugegriffen am 03.01.2022.

Destatis (2021c). *Rangfolge der Handelspartner im Außenhandel*. Wiesbaden: Statistisches Bundesamt. https://www.destatis.de/DE/Themen/Wirtschaft/Aussenhandel/Tabellen/rangfolge-handelspartner.html. Zugegriffen am 03.01.2022.

Destatis (2021d). *Sterbefälle und Lebenserwartung. Lebendgeborene, Gestorbene, Geburten-/Sterbeüberschuss*. Wiesbaden: Statistisches Bundesamt. https://www.destatis.de/DE/Themen/Gesellschaft-Umwelt/Bevoelkerung/Sterbefaelle-Lebenserwartung/Tabellen/lrbev04.html. Zugegriffen am 14.10.2021.

Destatis (2022). *Altenquotient – Bevölkerung im erwerbsfähigen Alter und Senioren*. Wiesbaden: Statistisches Bundesamt. https://www.destatis.de/DE/Themen/Querschnitt/Demografischer-Wandel/Aspekte/demografie-altenquotient.html. Zugegriffen am 20.02.2022.

Deutscher Bundestag (2012). *Bericht zur Risikoanalyse im Bevölkerungsschutz 2012*. Drucksache 17/12051. https://dserver.bundestag.de/btd/17/120/1712051.pdf. Zugegriffen am 14.07.2021.

DHI (2018). *Digital health index. Smart health systems. Digitalisierungsstrategien im internationalen Vergleich*. Gütersloh: Bertelsmann-Stiftung.

Downs, A. (1957a). *An economic theory of democracy*. New York City: Harper and Row.

Downs, A. (1957b). An economic theory of political action in a democracy. *Journal of Political Economy, 65* (2), 135–150.

Dreher, A., Fuchs, A. & Langlotz, S., (2019). The effects of foreign aid and refugee flows. *European Economic Review, 112*, 127–147.

ETI (2020). *Fostering Effective Energy Transition*. Genf: World Economic Forum.

EuGH (2015). *Urteil vom 16. Juni 2015 – C-62/14*, EU:C:2015:400. Luxemburg: Europäischer Gerichtshof. https://curia.europa.eu/juris/document/document.jsf?text=&docid=165057&pageIndex=0&doclang=DE&mode=req&dir=&occ=first&part=1. Zugegriffen am 17.11.2021.

Eurostat (2022). *Harmonisierte Verbraucherpreisindizes (HVPI). Übersicht.* Luxemburg: Statistisches Amt der Europäischen Union. https://ec.europa.eu/eurostat/de/web/hicp. Zugegriffen am 08.03.2022.

EZB (2021a). *Erklärung zur geldpolitischen Strategie der EZB*. Frankfurt a. M.: Europäische Zentralbank. https://www.ecb.europa.eu/home/search/review/html/ecb.strategyreview_monpol_strategy_statement.de.html. Zugegriffen am 31.07.2021.

EZB (2021b). *EZB-Rat verabschiedet neue geldpolitische Strategie*. Pressemitteilung vom 8.7.2021. Frankfurt a. M.: Europäische Zentralbank. https://www.ecb.europa.eu/press/pr/date/2021/html/ecb.pr210708~dc-78cc4b0d.de.html. Zugegriffen am 31.07.2021.

FAZ (2018). Benzin für 0,000001 Euro je Liter – das geht nicht mehr. *Frankfurter Allgemeine Zeitung* vom 21. August 2018.

FAZ (2021). Wie ein Patentverbot auf Medikamente Italien lange gebremst hat. Gute Absichten entfalteten fatale Wirkung. *Frankfurter Allgemeine Zeitung* vom 11. Mai 2021.

FAZ (2022). Europas Abhängigkeit vom russischen Gas. *Frankfurter Allgemeine Zeitung* vom 4. März 2022.

Felbermayr, G., Feld, L. P., Fuest, C., Grimm, V., Schmidt, Ch. M. & Wieland, V. (2021). Rückkehr zur Marktwirtschaft. Warum Deutschland den Verführungen des „neuen ökonomischen Denkens" widerstehen sollte. *Frankfurter Allgemeine Zeitung* vom 9. Juli 2021, 16.

Friedman, M. (1969). *The optimum quantity of money and other essays*. Piscataway, New Jersey: Aldine Transaction (Routledge).

FSI (2019). *Fragile States Index*. Annual Report 2019. Washington D. C.: The Fund for Peace (FFP).

FSI (2021). *Fragile States Index*. Annual Report 2021. Washington D. C.: The Fund for Peace (FFP).

Fuhrmann, W. & Richert, R. (1996). Die EU-Bananenmarktordnung: Kein Beispiel einer liberalen Handelspolitik. *Das Wirtschaftsstudium (wisu), 12*, 1116–1121.

G-20 (2022). *About the G20. G20 Indonesia 2022*. https://g20.org/. Zugegriffen am 03.01.2022.

GCI (2019). *The global competitiveness report 2019*. Genf: Word Economic Forum (WEF).

GCRI (2021). *Global Climate Risk Index 2021: Who suffers most from extreme weather events? Weather-related loss events in 2019 and 2000–2019* (Eckstein, D., Künzel, V. & Schäfer, L.). Bonn: Germanwatch.

Giersch, H. (1979). Märkte und Unternehmen in der wachsenden Weltwirtschaft. *Kyklos, 32* (1-2), 25–35.

Global Energy Monitor (2021). *Global coal plant tracker. Newly operating coal plants by year. New coal plants by country (MW)*. https://globalenergymonitor.org/projects/global-coal-plant-tracker/. Zugegriffen am 01.02.2022.

Goodkin-Gould, M., Kremer, M., Snyder, Ch. M. & Williams, H. L. (2020). *Optimal vaccine subsidies for endemic and epidemic diseases*. NBER Working Paper 28085. Cambridge, Mass.: National Bureau of Economic Research.

GPI (2021). *Global Peace Index. Measuring peace in a complex world*. Sydney: Institute for Economics and Peace (IEP). http://visionofhumanity.org/wp-content/uploads/2021/06/GPI-2021-web-1.pdf. Zugegriffen am 27.12.2021.

Groves, Th. (1973). Incentives in teams. *Econometrica, 41* (4), 617–631.

Harberger, A. C. (1959). Using the resources at hand more effectively. *American Economic Review, 49* (2), 134–146.

Harris, J. R. & Todaro, M. P. (1970). Migration, unemployment, and development: A two-sector analysis. *American Economic Review, 60* (1). 126–142.

Haucap, J. (2021). Wie der Staat effizienter wird. *Frankfurter Allgemeine Zeitung* vom 14. Mai 2021, 16.

von Hayek, F. A. (1937). Economics and knowledge. *Economica, 4* (13), 33–54.

von Hayek, F. A. (1944). *The road to serfdom*. Chicago: University of Chicago Press.

von Hayek, F. A. (1945a). *Der Weg zur Knechtschaft*. Zürich: Rentsch.

von Hayek, F. A. (1945b). The use of knowledge in society. *American Economic Review, 35* (4), 519–530.

von Hayek, F. A. (1960). *The constitution of liberty*. London: Routledge.

von Hayek, F. A. (1974). The pretence of knowledge. *Nobel Prize lecture*. https://www.nobelprize.org/prizes/economic-sciences/1974/hayek/lecture/. Zugegriffen am 31.03.2020.

von Hayek, F. A. (1996). *Die Anmaßung von Wissen*. Neue Freiburger Studien. Tübingen: Mohr Siebeck.

Hazlitt, H. (1959). *The failure of the "new economics". An analysis of the Keynesian fallacies*. New York City: Van Nostrand.

Hazlitt, H. (1988). *Economics in one lesson. The shortest and surest way to understand basic economics*. New York City: Three Rivers Press. Erstveröffentlichung 1946.

Heske, G. (2009). Volkswirtschaftliche Gesamtrechnung DDR 1950-1989. Daten, Methoden, Vergleiche. *Historical Social Research, Supplement 21*, 1-359. https://nbn-resolving.org/urn:nbn:de:0168-ssoar-285875. Zugegriffen am 03.02.2022.

Höffe, O. (2021). Wie kommt die Gerechtigkeit in die Gesellschaft? *Frankfurter Allgemeine Zeitung* vom 19. Februar 2021, 18.

IEF (2021). *The 2021 index of economic freedom*. Washington D. C.: Heritage Foundation.

IG (2020). *Die weltweit größten Ölproduzenten*. London: IG Group. https://www.ig.com/de/trading-strategien/

die-weltweit-groessten-oelproduzenten-2010302021. Zugegriffen am 28.07.2021.

Kremer, M., Levin, J. & Snyder, Ch. M. (2020a). *Designing advance market commitments for new vaccines.* NBER Working Paper 28168. Cambridge, Mass.: National Bureau of Economic Research.

Kremer, M., Levin, J. & Snyder, Ch. M. (2020b). Advance market commitments: Insights from theory and experience. *American Economic Association Papers and Proceedings, 110,* 269–273.

Kremer, M. & Snyder, Ch. M. (2020). Strengthening incentives for vaccine development. *NBER Reporter 4,* 7–11. Cambridge, Mass.: National Bureau of Economic Research.

Kydland, F. E. (2004). Quantitative aggregate theory. *Nobel Prize lecture,* 341-356, https://www.nobelprize.org/uploads/2018/06/kydland-lecture.pdf. Zugegriffen am 03.04.2020.

Kydland, F. E. & Prescott, E. Ch. (1977). Rules rather than discretion: The inconsistency of optimal plans. *Journal of Political Economy, 85* (3), 473–491.

Leibenstein, H. (1957). The theory of underemployment in backward economies. *Journal of Political Economy, 65* (2), 91–103.

Leibenstein, H. (1966). Allocative efficiency vs. "x-efficiency". *American Economic Review, 56* (3), 392–415.

Leibenstein, H. (1978a). X-inefficiency xists: Reply to an xorcist. *American Economic Review, 68* (1), 203–211.

Leibenstein, H. (1978b). On the basic proposition of x-efficiency theory. *American Economic Review, 68* (2), 328–332.

Lipsey, R. G. & Lancaster, K. (1956). The general theory of the second best. *Review of Economic Studies, 24* (1), 11–32.

Lucas, R. E. (1976). Econometric policy evaluation: A critique. *Carnegie-Rochester Conference Series on Public Policy, 1* (1), 19–46.

Lucas, R. E. (1990). Why doesn't capital flow from rich to poor countries? *American Economic Review, 80* (2), 92–96.

Machiavelli, Niccolò (1995). *Il Principe. Der Fürst.* Stuttgart: Reclam. Erstveröffentlichung 1513.

March, J. G. & Simon, H. A. (1958): *Organizations.* New York City: John Wiley.

National Archives (2018). The declaration of independence. https://www.archives.gov/founding-docs/declaration. Zugegriffen am 27.11.2018.

Niskanen, W. A. (1971). *Bureaucracy and representative government.* Chicago et al.: Aldine-Atherton.

Nordhaus, W. D. (1975). The political business cycle. *Review of Economic Studies. 42* (2), 169–190.

Nordhaus, W. D. (2015). Climate clubs: Overcoming free-riding in international climate policy. *American Economic Review, 105* (4), 1339–1370.

North, D. C. (1978). Structure and performance: The task of economic history. *Journal of Economic Literature, 16* (3), 963–978.

North, D. C. (1981). *Structure and change in economic history.* New York City: Norton.

North, D. C. (1984). Government and the cost of exchange. *Journal of Economic History, 44* (2), 255–264.

North, D. C. (1990a). A transactions cost theory of politics. *Journal of Theoretical Politics, 2* (4), 355–367.

North, D. C. (1990b). *Institutions, institutional change, and economic performance.* Cambridge, Mass.: Cambridge University Press.

North, D. C. (1993a). Institutions and credible commitment. *Journal of Institutional and Theoretical Economics, 149* (1), 11–23.

North, D. C. (1993b). Economic performance through time. *Nobel Prize lecture.* https://www.nobelprize.org/prizes/economic-sciences/1993/north/lecture/. Zugegriffen am 03.04.2020.

North, D. C. (1994). Economic performance through time. Nobel Prize lecture. *American Economic Review, 84* (3), 359–368.

North, D. C. (1993). Economic performance through time. *Nobel Prize lecture.* https://www.nobelprize.org/prizes/economic-sciences/1993/north/lecture/. Zugegriffen am 03.04.2020.

Olson, M. L. (1965). *The logic of collective action. Public goods and the theory of groups.* Harvard Economic Studies, 124. Cambridge, Mass.: Harvard University Press.

Petty, W. (1682). *An essay concerning the multiplication of mankind together with another essay in political arithmetick, concerning the growth of the City of London: with the measures, periods, causes, and consequences thereof.* London: H. H. for Mark Pardoe.

Pigou, A. C. (1920). *The economics of welfare.* London: Macmillan.

Prescott, E. Ch. (2004). The transformation of macroeconomic policy and research. *Nobel Prize lecture,* 370–395. https://www.nobelprize.org/uploads/2018/06/prescott-lecture.pdf. Zugegriffen am 03.04.2020.

Rawls, J. B. (1971). *A theory of justice.* Cambridge, Mass.: Harvard University Press.

Rawls, John (1993). *Political liberalism.* New York City: Columbia University Press.

Reinhardt, C. & Rogoff, K. (2004). Serial default and the 'paradox' of rich-to-poor capital flows. *American Economic Review, 94* (2), 53–58.

Richert, R. (2021a). *Grundlagen der Volkswirtschaftslehre aus globaler Sicht.* Reihe Wiwi: klipp & klar. Wiesbaden: Springer Gabler

Richert, R. (2021b). *Internationale Wirtschaftsbeziehungen.* Reihe Wiwi: klipp & klar. Wiesbaden: Springer Gabler.

Richert, R. (2021c). *Makroökonomik.* Reihe Wirtschaft: Schnell erfasst. 2. Aufl., Berlin: Springer Gabler. Erstveröffentlichung 2007.

Rodrik, D. (2014). Green industrial policy. *Oxford Review of Economic Policy, 30* (3), 469–491.

Romer, P. M. (1990). Endogenous technological change. *Journal of Political Economy, 98* (5, Teil 2), 71–102.

Roth, A. E. (2012). The theory and practice of market design. *Nobel Prize lecture,* 343–363. https://www.nobelprize.org/uploads/2018/06/roth-lecture.pdf. Zugegriffen am 01.04.2020.

Sandler, T. & Tschirhart, J. T. (1980). The economic theory of clubs: An evaluative survey. *Journal of Economic Literature, 18* (4), 1481–1521.

Schumpeter, J. A. (1964). *Capitalism and the process of creative destruction.* In E. Mansfield (Hrsg.). Monopoly power and economic performance, 22–38. Lexington, MA: Norton.

Schumpeter, J. A. (1908). *Das Wesen und der Hauptinhalt der theoretischen Nationalökonomie.* Leipzig: Duncker & Humblot.

Schürer, G., Beil, G., Schalck, A., Höfner, E. & Donda, A. (1989). *Analyse der ökonomischen Lage der DDR mit Schlussfolgerungen.* Vorlage für das Politbüro des Zentralkomitees der SED, 30.10.1989. Geheime Verschlusssache b 5 – 1158/89, Berlin.

Shapley, L. St. & Shubik, M. (1954). A method for evaluating the distribution of power in a committee system. *American Political Science Review, 48* (3), 787–792.

Shapley, L. St. (2012). Allocation games – the deferred acceptance algorithm. *Nobel Prize lecture*, 377–379. https://www.nobelprize.org/uploads/2018/06/shapley-lecture.pdf. Zugegriffen am 02.04.2020.

Simon, H. (2009). *Hidden champions of the 21st century.* Heidelberg et al.: Springer Dordrecht.

Simon, H. (2012). *Hidden champions. Aufbruch nach Globalia. Die Erfolgsstrategien unbekannter Weltmarktführer.* Frankfurt a. M. et al.: Campus. Erstveröffentlichung 1996.

Simon, H. (2021). *Hidden champions. Die neuen Spielregeln im chinesischen Jahrhundert.* Frankfurt a. M. und New York City: Campus.

Sinn, H. W. (2020). *Der Corona-Schock. Wie die Wirtschaft überlebt.* Freiburg: Herder.

SIPRI (2021). *SIPRI Yearbook 2021. Armaments, disarmament and international security.* Oxford: Oxford University Press.

Smith, A. (2010). *Theorie ethischer Gefühle.* Hamburg: Meiner. Erstveröffentlichung 1759.

Smith, A. (2018a). *The theory of moral sentiments.* Oxford: Clarendon. Erstveröffentlichung 1759.

Smith, A. (2018b). *An inquiry into the nature and causes of the wealth of nations.* Norderstedt: Hansebooks. Erstveröffentlichung 1776.

Smith, A. (2018c). *Der Wohlstand der Nationen. Eine Untersuchung seiner Natur und seiner Ursachen.* München: dtv. Erstveröffentlichung 1776.

Statista (2015). *Entwicklung der Altersstruktur in Deutschland von 1950 bis 2010 und Prognose bis 2060.* https://de.statista.com/statistik/daten/studie/543299/umfrage/entwicklung-und-prognose-der-altersstruktur-in-deutschland/. Zugegriffen am 14.10.2021.

Statista (2021a). *Anteil der Militärausgaben am jeweiligen Bruttoinlandsprodukt (BIP) der 15 Länder mit den höchsten Militärausgaben im Jahr 2020.* https://de.statista.com/statistik/daten/studie/150664/umfrage/anteil-der-militaerausgaben-am-bip-ausgewaehlter-laender/. Zugegriffen am 29.12.2021.

Statista (2021b). *Anzahl der Geburten in Deutschland von 1991 bis 2020.* https://de.statista.com/statistik/daten/studie/235/umfrage/anzahl-der-geburten-seit-1993/. Zugegriffen am 14.10.2021.

Statista (2021c). *Anzahl der Kinder und Jugendlichen in Deutschland nach Altersgruppen im Jahr 2020.* https://de.statista.com/statistik/daten/studie/1174053/umfrage/minderjaehrige-in-deutschland-nach-altersgruppen/. Zugegriffen am 14.10.2021.

Statista (2021d). *Anzahl der Wahlberechtigten bei der Bundestagswahl am 26. September 2021 nach Altersgruppen und Geschlecht.* https://de.statista.com/statistik/daten/studie/1256480/umfrage/wahlberechtigte-der-bundestagswahl-2021-nach-alter-und-geschlecht/. Zugegriffen am 14.10.2021.

Statista (2021e). *Ausländer in Deutschland nach Herkunftsland bis 2020.* https://de.statista.com/statistik/daten/studie/1221/umfrage/anzahl-der-auslaender-in-deutschland-nach-herkunftsland/. Zugegriffen am 15.10.2021.

Statista (2021f). *Distribution of crude oil production worldwide in 2020, by leading country.* https://www.statista.com/statistics/236605/share-of-global-crude-oil-production-of-the-top-15-oil-producing-countries/. Zugegriffen am 12.02.2022.

Statista (2021g). *Durchschnittsalter der Bevölkerung in Deutschland nach Bundesländern im Jahr 2019.* https://de.statista.com/statistik/daten/studie/1093993/umfrage/durchschnittsalter-der-bevoelkerung-in-deutschland-nach-bundeslaendern/. Zugegriffen am 14.10.2021.

Statista (2021h). *Erntemenge wichtiger Anbauländer von Bananen weltweit in den Jahren 2017 bis 2019.* https://de.statista.com/statistik/daten/studie/329093/umfrage/erntemenge-der-fuehrenden-anbaulaender-von-bananen-weltweit/. Zugegriffen am 17.12.2021.

Statista (2021i). *Größte Erdölreserven weltweit nach Ländern im Jahr 2020.* https://de.statista.com/statistik/daten/studie/40062/umfrage/laendervergleich-nachgewiesene-erdoelreserven-in-milliarden-tonnen/. Zugegriffen am 12.02.2022.

Statista (2021j). *Inflationsrate in Deutschland von 1950 bis 2020.* https://de.statista.com/statistik/daten/studie/4917/umfrage/inflationsrate-in-deutschland-seit-1948/. Zugegriffen am 25.06.2021.

Statista (2021k). *Leading trading partners of Africa in 2019.* https://www.statista.com/statistics/1234977/main-trade-partners-of-africa/. Zugegriffen am 24.01.2022.

Statista (2021l). *Wahlbeteiligung bei den jeweils letzten Landtagswahlen in Deutschland nach Bundesländern.* https://de.statista.com/statistik/daten/studie/255400/umfrage/wahlbeteiligung-bei-landtagswahlen-in-deutschland-nach-bundeslaendern/. Zugegriffen am 17.12.2021.

Statista (2021m). *Wahljahre sind Spendenjahre.* https://de.statista.com/infografik/25554/anzahl-der-parteispenden-ueber-50000-euro-nach-partei/. Zugegriffen am 17.12.2021.

Statista (2022a). *Altersmedian der Weltbevölkerung von 1990 bis 2020 und Prognosen bis 2100.* https://de.statista.com/statistik/daten/studie/159834/umfrage/altersmedian-der-weltbevoelkerung/. Zugegriffen am 02.01.2022.

Statista (2022b). *Die 20 Länder mit der höchsten Staatsquote im Jahr 2020.* https://de.statista.com/statistik/

daten/studie/329399/umfrage/laender-mit-der-hoechsten-staatsquote/. Zugegriffen am 07.01.2022.

Statista (2022c). *Europäische Union & Euro-Zone: Staatsquote von 2010 bis 2020*. https://de.statista.com/statistik/daten/studie/158273/umfrage/staatsquote-in-der-europaeischen-union-eu-und-der-euro-zone/. Zugegriffen am 07.01.2022.

Statista (2022d). *Europäische Union: Staatsquoten in den Mitgliedstaaten im Jahr 2020*. https://de.statista.com/statistik/daten/studie/6769/umfrage/staatsquoten-der-eu-laender/. Zugegriffen am 07.01.2022.

Statista (2022e). *Historische Staatsquoten ausgewählter Länder weltweit in den Jahren 1890 bis 1993*. https://de.statista.com/statistik/daten/studie/249719/umfrage/historische-staatsquoten-ausgewaehlter-laender-im-vergleich/. Zugegriffen am 07.01.2022.

Statista (2022f). *Staatsquote: Ausgaben des Staates in Relation zum Bruttoinlandsprodukt (BIP) in Deutschland von 1990 bis 2020*. https://de.statista.com/statistik/daten/studie/161337/umfrage/staatsquote%2D%2D2D-gesamtausgaben-des-staates-in-relation-zum-bip/. Zugegriffen am 07.01.2022.

Stigler, G. J. (1971). The theory of economic regulation. *Bell Journal of Economics and Management Science, 2* (1), 3-18.

Stigler, G. J. (1976). The xistence of x-efficiency. *American Economic Review, 66* (1), 213-216.

Stiglitz, J. E. (1969). Rural-urban migration. Surplus labor and the relationship between urban and rural wages. *East African Economic Review, 1–2*, 1-27.

Todaro, M. P. (1969). A model of labor migration and urban unemployment in less developed countries. *American Economic Review, 59* (1), 138-148.

Tullock, G. (1967). The welfare costs of tariffs, monopolies, and theft. *Economic Inquiry, 5* (3), 224-232.

UN (1998). *Kyoto Protocol to the United Nations framework convention on climate change*. New York City: United Nations. https://unfccc.int/resource/docs/convkp/kpeng.pdf. Zugegriffen am 05.02.2022.

UNCC (2012). *The Doha amendment*. United Nations Climate Change. https://unfccc.int/process/the-kyoto-protocol/the-doha-amendment. Zugegriffen am 05.02.2022.

UNCTAD (2021). *Economic development in Africa report 2021. Reaping the potential benefits of the African Continental Free Trade Area for inclusive growth*. Genf: United Nations Conference on Trade and Development. https://unctad.org/system/files/official-document/aldcafrica2021_en.pdf. Zugegriffen am 26.02.2022.

UNFCCC (2008). *Kyoto protocol. Reference manual. On accounting of emissions and assigned amount*. Bonn: United Nations Framework Convention on Climate Change.

WDCR (2021). *IMD World digital competitiveness ranking*. Lausanne und Singapore: Institute for Management Development: IMD World Competitiveness Center.

WETI (2020). *World Energy Trilemma Index 2020*. London: World Energy Council.

WGI (2019). *CAF World Giving Index. Ten years of giving trends*. West Malling: Charities Aid Foundation.

WGI (2021). *CAF World Giving Index. A global pandemic special report*. West Malling: Charities Aid Foundation.

Williamson, O. E. (1975). *Markets and hierarchies: Analysis and antitrust implications: A study in the economics of internal organization*. New York City: Free Press.

Williamson, O. E. (1985). *The economic institutions of capitalism: Firms, markets, relational contracting*. New York City: Free Press.

Williamson, O. E. (2009). Transaction cost economics: The natural progression. *Nobel Prize lecture*, 455–476. https://www.nobelprize.org/uploads/2018/06/williamson_lecture.pdf. Zugegriffen am 03.04.2020.

Williamson, O. E. (2010). Transaction cost economics: The natural progression. *American Economic Review, 100* (3), 673-690.

World Factbook (20211). CIA (Hrsg.). *Country comparisons. Median age*. https://www.cia.gov/the-world-factbook/field/median-age/country-comparison/. Zugegriffen am 14.10.2021.

World Population Review (2022). *Oil consumption by country 2022*. https://worldpopulationreview.com/country-rankings/oil-consumption-by-country. Zugegriffen am 12.02.2022.

# Inzidenzanalyse

**4**

**Zusammenfassung**

In einer Inzidenzanalyse wird die Wirkung wirtschaftspolitischer Maßnahmen untersucht. Dabei ist zu unterscheiden zwischen der *formalen* Inzidenz, die danach fragt, wer die Last einer Maßnahme tragen *soll*, und der *ökonomischen* Inzidenz, die danach fragt, wer diese Last *tatsächlich* trägt. In einer graphischen Analyse werden Preiseffekte, Mengeneffekte, Wohlfahrtseffekte, Belastungen und gegebenenfalls Mehrbelastungen für die Marktakteure (private Haushalte, Unternehmer, Staat) untersucht. Dabei zeigt sich, dass wirtschaftspolitische Maßnahmen oft nicht so wirken, wie es die Politik suggeriert. Im Folgenden werden die Mietpreisbremse, der Mindestlohn(satz), die Sozialversicherungsbeiträge, die Mehrwertsteuer, die Kohlendioxidsteuer sowie die Strompreissubvention einer Inzidenzanalyse unterzogen.

## 4.1 Einführung

**Lernziele: Beschreiben, Erklären, Interpretieren, Beurteilen der**
- *formalen* und *ökonomischen* Inzidenz,
- Konsumenten-, Produzenten-, Staatsrente,
- Preis-, Mengen-, Wohlfahrtseffekte,
- Mehrbelastung (excess burden, deadweight loss, Harberger Dreieck),
- Mietpreisbremse,
- Mindestlohnsätze,
- Sozialversicherungsbeiträge,
- Mehrwertsteuer,
- Kohlendioxidsteuer,
- Strompreissubvention.

Das Kapitel „Inzidenzanalyse" könnte auch die Überschrift „Schein und Sein" tragen. Denn in einer Inzidenzanalyse wird untersucht, wer *tat-

*sächlich*, nicht, wer vorgeblich die Last einer wirtschaftspolitischen Maßnahme trägt beziehungsweise von eben dieser profitiert. Dies geschieht, indem die Wohlfahrt vor dem wirtschaftspolitischen Eingriff mit derjenigen nach diesem Eingriff verglichen wird (vgl. auch Richert 2021b, S. 41–64).

In einer Inzidenzanalyse setzen sich die volkswirtschaftlichen **Wohlfahrtseffekte** zusammen aus den jeweiligen Wohlfahrtseffekten der drei aggregierten Marktteilnehmer, nämlich aus den Änderungen der

1. Konsumentenrente der privaten Haushalte (Konsumenten, Arbeitnehmer),
2. Produzentenrente der Unternehmer (Produzenten, Arbeitgeber),
3. Staatsrente der öffentlichen Haushalte (Gebietskörperschaften, Sozialversicherungsträger).

Die Angebotskurve $X^s = X^s$ (P) (Index „s" für „supply" – „Angebot") repräsentiert die jeweiligen *marginalen* Angebotsbereitschaften eines Anbieters. Sie zeigt, wieviel Menge $X^s$ ein Unternehmer zu einem bestimmten Preis P gerade noch anbieten möchte. Die Angebotskurve zeigt daher mitnichten, wieviel angeboten *wird* (Realis), sondern nur, wieviel zu einem bestimmten Preis angeboten *würde* (Konditionalis).

▶ Die **Angebotskurve** $X^s = X^s$ (P) repräsentiert die jeweiligen *marginalen* **Angebotsbereitschaften** eines Unternehmers. Sie zeigt die Angebotsmenge (abhängige Variable), die ein Unternehmer zu einem bestimmten Preis (unabhängige Variable) gerade noch anzubieten bereit ist.

Unter der Annahme eines streng monotonen Verlaufs der Angebotskurve ist ein Rückgriff auf die inverse Angebotskurve möglich, die das Abhängigkeitsverhältnis der Variablen umdreht: In ihr ist die Menge nicht mehr die abhängige, sondern die unabhängige Variable und der Preis nicht mehr die unabhängige, sondern die abhängige Variable: Die *inverse* Angebotskurve P = P ($X^s$) repräsentiert die jeweiligen *marginalen* Preissetzungsbereitschaften. Sie zeigt, welchen (Mindest-)Preis ein

privater Unternehmer für eine bestimmte Menge gerade noch benötigt, um seine Güter auf dem Markt anzubieten.

▶ Die *inverse* **Angebotskurve** P = P ($X^s$) repräsentiert die jeweiligen *marginalen* **Preissetzungsbereitschaften** eines Unternehmers. Sie zeigt den minimalen Preis (abhängige Variable), den ein Unternehmer für eine bestimmte Angebotsmenge (unabhängige Variable) gerade noch zu setzen bereit ist.

Die **Produzentenrente** *eines* Unternehmers entsteht dadurch, dass ein Unternehmer in der Regel bereit ist, ein Gut auch zu einem niedrigeren Preis als dem Marktpreis anzubieten. Ist der Marktpreis höher, entsteht dem Unternehmer ein zusätzlicher Gewinn.

Bei Vernachlässigung von Einkommenseffekten ist die Differenz zwischen dem höheren Marktpreis $P_A$ und der niedrigeren marginalen Angebots- beziehungsweise Preissetzungsbereitschaft bei $P_B$ die Produzentenrente eines Unternehmers, die graphisch in Abb. 4.1 dargestellt ist.

Die **Produzentenrente** *aller* **Unternehmer** wird in Abb. 4.2 durch das Dreieck unterhalb der Preisgeraden $PL_A$ („PL" für „Price Line" – „Preisgerade") und oberhalb der Angebotskurve $X^s$ repräsentiert.

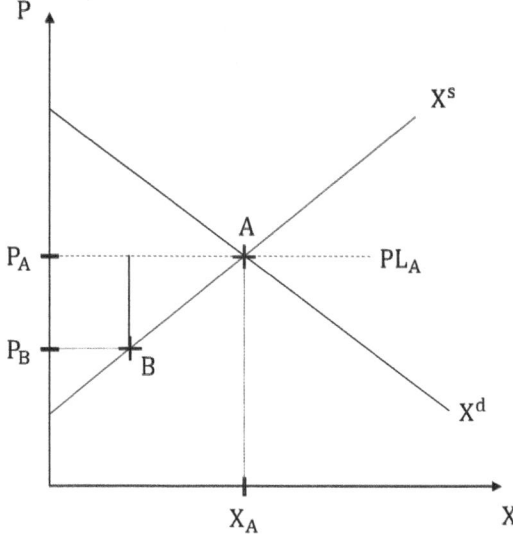

**Abb. 4.1** Produzentenrente eines Unternehmers

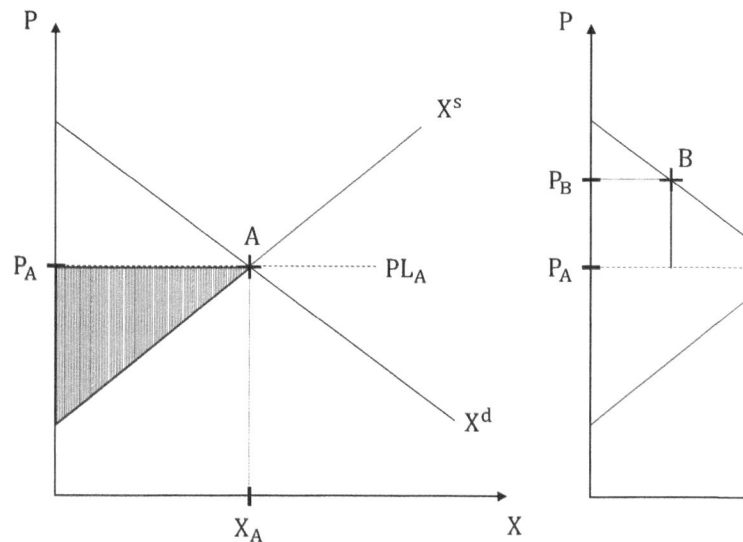

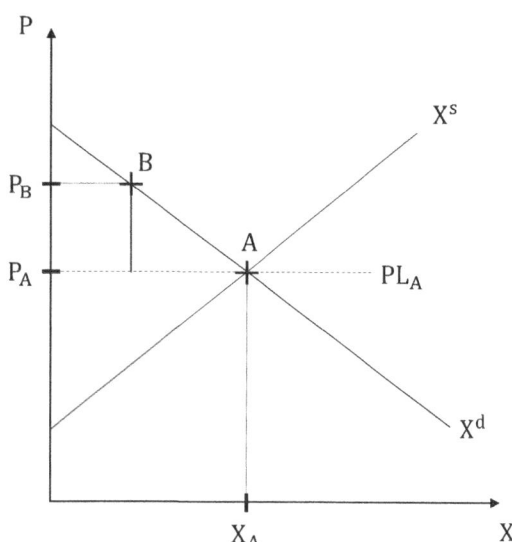

**Abb. 4.2** Produzentenrente aller Unternehmer

**Abb. 4.3** Konsumentenrente eines privaten Haushalts

Die Nachfragekurve $X^d = X^d$ (P) (Index „d" für „demand" – „Nachfrage") repräsentiert die jeweiligen *marginalen* Nachfragebereitschaften eines Nachfragers. Sie zeigt, wieviel Menge $X^d$ ein privater Haushalt zu einem bestimmten Preis P gerade noch nachfragen möchte. Die Nachfragekurve zeigt daher mitnichten, wieviel nachgefragt *wird* (Realis), sondern nur, wieviel zu einem bestimmten Preis nachgefragt *würde* (Konditionalis).

▶ Die **Nachfragekurve** $X^d = X^d$ (P) repräsentiert die jeweiligen *marginalen* **Nachfragebereitschaften** eines privaten Haushalts. Sie zeigt die Nachfragemenge (abhängige Variable), die ein privater Haushalt zu einem bestimmten Preis (unabhängige Variable) gerade noch nachzufragen bereit ist.

Unter der Annahme eines streng monotonen Verlaufs der Nachfragekurve ist ein Rückgriff auf die inverse Nachfragekurve möglich, die das Abhängigkeitsverhältnis der Variablen umdreht: In ihr ist die Menge nicht mehr die abhängige, sondern die unabhängige Variable und der Preis nicht mehr die unabhängige, sondern die abhängige Variable: Die *inverse* Nachfragekurve P = P $(X^d)$ repräsentiert die jeweiligen *marginalen* Zahlungsbereitschaften. Sie zeigt den maximalen

Preis, den ein privater Haushalt für eine bestimmte Menge gerade noch zahlen möchte.

▶ Die *inverse* **Nachfragekurve** P = P $(X^d)$ repräsentiert die jeweiligen *marginalen* **Zahlungsbereitschaften** eines privaten Haushalts. Sie zeigt den maximalen Preis (abhängige Variable), den ein privater Haushalt für eine bestimmte Nachfragemenge (unabhängige Variable) gerade noch zu zahlen bereit ist.

Die **Konsumentenrente** *eines* **privaten Haushalts** entsteht dadurch, dass ein privater Haushalt in der Regel bereit ist, ein Gut auch zu einem höheren Preis als dem Marktpreis nachzufragen. Ist der Marktpreis niedriger, entsteht dem privaten Haushalt ein zusätzlicher Nutzen.

Bei Vernachlässigung von Einkommenseffekten ist die Differenz zwischen der höheren marginalen Nachfrage- beziehungsweise Zahlungsbereitschaft bei $P_B$ und dem niedrigeren Marktpreis $P_A$ die Konsumentenrente eines privaten Haushalts, die graphisch in Abb. 4.3 dargestellt ist.

Die Konsumentenrente *aller* **privaten Haushalte** wird in Abb. 4.4 durch das Dreieck unterhalb der Nachfragekurve $X^d$ und oberhalb der Preisgeraden $PL_A$ repräsentiert.

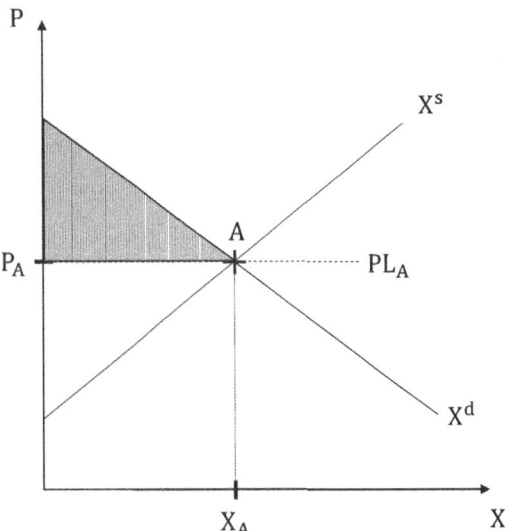

**Abb. 4.4** Konsumentenrente aller privaten Haushalte

Die **Staatsrente** der öffentlichen Haushalte entsteht dadurch, dass der Staat durch seine wirtschaftspolitischen Maßnahmen Einnahmen (Steuern, Abgaben, Gebühren, Zölle) und Ausgaben (Subventionen, Transfers) hat. Sie ist die Differenz aus den Einnahmen abzüglich der Ausgaben, die im Zusammenhang mit einer gewählten wirtschaftspolitischen Maßnahme auftreten.

▶ *Ökonomisch* ist die gesamtwirtschaftliche **Konsumentenrente** die Differenz zwischen den (höheren) jeweiligen marginalen Nachfrage- beziehungsweise Zahlungsbereitschaften der Konsumenten und dem Marktpreis. *Graphisch* ist sie das Dreieck zwischen der Nachfragekurve und der Preisgeraden.

*Ökonomisch* ist die gesamtwirtschaftliche **Produzentenrente** die Differenz zwischen dem (höheren) Marktpreis und den jeweiligen marginalen Angebots- beziehungsweise Preissetzungsbereitschaften der Produzenten. *Graphisch* ist sie das Dreieck zwischen der Preisgeraden und der Angebotskurve.

*Ökonomisch* ist die **Staatsrente** die Differenz aus den staatlichen Einnahmen und Ausgaben aufgrund einer wirtschaftspolitischen Maßnahme. *Graphisch* ist sie das Rechteck, dessen Höhe durch den zusätzlichen Steuer- beziehungsweise Subventionssatz und dessen Breite durch die besteuerte beziehungsweise subventionierte Menge gegeben ist.

Um in den folgenden Inzidenzanalysen die ökonomische Inzidenz zu identifizieren, müssen die Produzenten-, Konsumenten- sowie Staatsrente vor Durchführung einer wirtschaftspolitischen Maßnahme mit den jeweiligen Renten danach verglichen werden. Die Veränderung der Wohlfahrtseffekte zeigt, wer die ökonomische Last tatsächlich zu tragen hat. Zusätzlich ist die Frage zu beantworten, welche Anreize die untersuchte wirtschaftspolitische Maßnahme setzt.

Die Inzidenzanalyse befasst sich mit der Frage, bei wem die Last einer (wirtschaftspolitischen) Maßnahme „anfällt" (vgl. lateinisch: „incidere" – „anfallen"). Zu unterscheiden sind die *formale (gesetzliche)* und die *ökonomische (faktische)* **Inzidenz**: Die formale Inzidenz zeigt auf, wer durch eine wirtschaftspolitische Maßnahme belastet werden *soll*, die ökonomische Inzidenz, wer durch diese Maßnahme tatsächlich belastet *wird*. Während die *formale* Inzidenz den **Optativ** verkörpert, der die *gewünschte* Lastverteilung identifiziert, verkörpert die *ökonomische* Inzidenz den **Realis**, der in einer sachlich-nüchternen Partialanalyse die *tatsächliche* Lastverteilung identifiziert.

▶ Die *formale* **Inzidenz** zeigt, wer die Last einer wirtschaftspolitischen Maßnahme tragen *soll*.

Die *ökonomische* **Inzidenz** zeigt, wer die Last einer wirtschaftspolitischen Maßnahme *tatsächlich* trägt.

Pionierarbeiten zur Inzidenzanalyse leisteten der Cambridge-Ökonom Alfred Marshall (1842–1924) sowie der in Marshalls Todesjahr geborene US-Ökonom Arnold Carl Harberger. Marshall verschaffte zwei bedeutenden wohlfahrtsökonomischen Größen, der Konsumenten- sowie der Produzentenrente, den entscheidenden Popularitätsschub (vgl. Marshall 1890). Harberger weist an einem Steuerbeispiel auf die **Mehrbelastung** von Steuern hin (vgl. Harberger 1962, S. 215–240), die über den Verlust an Konsumenten- und Produzentenrente der *aktuellen* Marktteilnehmer hinausgeht. Die zusätzliche Last der *potentiellen*, aber nicht aktuellen Konsumenten und Produzenten wird in der Fachterminologie auch als **„excess burden"** oder **„deadweight loss"** und in einer graphischen Analyse als **„Harberger Dreieck"** bezeichnet.

▶ Die **Mehrbelastung** einer wirtschaftspolitischen Maßnahme (**excess burden**, **deadweight loss**, **Harberger Dreieck**) entsteht durch den Nettoverlust an Konsumenten- und Produzentenrente *potentieller* Konsumenten beziehungsweise *potentieller* Produzenten.

Die Inzidenz einer wirtschaftspolitischen Maßnahme wird anhand der durch diese Maßnahme ausgelösten Wohlfahrtseffekte gemessen. Die Inzidenzanalysen werden nach der folgenden Systematik durchgeführt:

I.  Formale Inzidenz
II.  Neues Gleichgewicht
III.  Preiseffekte
IV.  Mengeneffekte
V.  Wohlfahrt in der Ausgangssituation
VI.  Wohlfahrt in der Endsituation
VII.  Bruttowohlfahrtseffekte
VIII.  Nettowohlfahrtseffekte
IX.  Ökonomische Inzidenz

Die Interpretation erfolgt jeweils in einem eigenen Unterabschnitt.

## 4.2   Mietpreisbremse

### 4.2.1   Grundlagen

Eine Mietpreisbremse deckelt den Mietpreis.

▶ Eine **Mietpreisbremse** ist ein **Höchstpreis** für das Gut „befristete Nutzung einer Wohnung".

Die Wohnungssituation in Deutschland ist durch eine Dichotomie gekennzeichnet: Teilweise Leerstand auf dem Land, aber großer Wohnungsmangel in den Städten. Deutschland hat die niedrigste **Wohneigentumsquote** aller EU-Länder (vgl. Statista 2021b; Richert 2021a, S. 123, Tab. 5.7). Gründe für die Explosion der Mieten in den urbanen Regionen lassen sich sowohl auf einen Anstieg der Nachfrage als auch

auf Maßnahmen zurückführen, die das Wohnraumangebot nur suboptimal erhöhen:

Eine *erhöhte* **Nachfrage** nach Wohnraum ist unter anderem folgenden Entwicklungen geschuldet:

- Erhöhung der präferierten Wohnfläche pro Person,
- Zunahme der Zahl der privaten Haushalte (vor allem durch Zunahme von Single-Haushalten),
- Nachfrage nach Zweitwohnungen (privat sowie für Berufspendler),
- Binnenmigration in urbane Zentren (aufgrund attraktiver Arbeitsplätze),
- EU-interne Immigration (Binnenmarkt) aus wirtschaftlichen Krisenländern,
- Immigration aus Drittländern,
- Flüchtlinge aus Kriegs- und Krisenregionen (Ukraine, Syrien, Afghanistan, Irak),
- Umschichtung von Vermögen hin zu Immobilienmärkten aufgrund der Niedrigzinspolitik der EZB zwischen 2007 und 2022,
- Zunahme der Kapitalanlagen von Ausländern (aufgrund höherer Sicherheit der Anlagen in Deutschland),
- laxe Geldwäscheregeln in Deutschland, die Anreize zur Geldwäsche setzen, wobei Immobilien sowohl direkt (Privatwohnungen) als auch indirekt (Geschäftsräume) betroffen sind.

Ein *gesunkenes* **Angebot** nach Wohnraum ist unter anderem folgenden Entwicklungen geschuldet:

- geringe Ausweisung von Bauland (auch wegen hoher Folgekosten durch Erschließung, Verkehrswege, Parkplätze, Kindergärten, Schulen),
- Preissteigerungen von Bauland,
- Erhöhung der Grundsteuer,
- Erhöhung der Grunderwerbsteuer,
- Zunahme von Bauvorschriften,
- Zunahme von Energievorschriften,
- Leerstand von Zweitwohnungen,
- Preissteigerungen baurelevanter Produkte und Dienstleistungen,
- Fachkräftemangel in der Baubranche,
- Fehlanreize aufgrund direkter Eingriffe in den Preismechanismus.

Niedrige Zinssätze bedeuten niedrige Finanzierungskosten. Dies erfreut die Käufer, wird aber auch von den Verkäufern antizipiert. Diese erkennen, dass eine **Niedrigzinspolitik** potentiellen Käufern zusätzliche finanzielle Spielräume eröffnet. Für die Preiselastizität der Nachfrage (vgl. Richert 2021c, S. 82–97) ist es nämlich unerheblich, wie sich der Preis einer Immobilie zusammensetzt: Sinken die Finanzierungskosten oder steigen die staatlichen Subventionen für den Erwerb einer Immobilie, steigen ceteris paribus die Immobilienpreise et vice versa.

Dass auch Regierungen jeglicher parteipolitischen Couleur – entgegen ihrer öffentlichkeitswirksamen Bekundungen zur Bekämpfung der hohen Immobilienpreise – Preistreiber sind, belegt die Entwicklung der Grunderwerbsteuersätze: Seit dem Tiefpunkt der Immobilienpreise im Jahr 2006 haben die Bundesländer das Recht, die Steuersätze für die **Grunderwerbsteuer**, die sich auf den Kaufpreis von Grundstück und Gebäude bezieht, selbst festzulegen (vgl. Art. 105 Abs. 2a Satz 2 GG). Bis auf die beiden Freistaaten Bayern und Sachsen, die den Satz bei 3,5 % beließen, erhöhten alle Bundesländer ihre Steuersätze, zum Teil innerhalb von 15 Jahren um 85 Prozent (Schleswig-Holstein, Brandenburg, Nordrhein-Westfalen, Saarland, Thüringen).

Auch der hohe **Bauüberhang** trägt – zumindest kurz- und mittelfristig – zur Wohnungsknappheit in Deutschland bei: Der Bauüberhang, die Anzahl genehmigter, aber noch nicht fertiggestellter Wohnungen, stieg zwischen 2015 und 2020 um eine Viertelmillion Wohnungen auf 780.000 Wohnungen (vgl. Destatis 2022b).

Im Folgenden werden die Wohlfahrtseffekte und Inzidenzen einer Mietpreisbremse untersucht, durch welche der Mietpreis einer Wohnung gedeckt wird.

### 4.2.2  Wohlfahrtseffekte und Inzidenzen

#### 4.2.2.1 Normalfall
Abb. 4.5 zeigt die ökonomische Inzidenz einer Mietpreisbremse im Normalfall.

In Abb. 4.5 ist eine steigende Angebotskurve $X^s$ der Vermieter und eine fallende Nachfragekurve $X^d$ der Mieter abgetragen. Ohne Mietpreisbremse liegt das Gleichgewicht auf dem Mietmarkt im Schnittpunkt A, in dem zum Mietpreis $r_A$ („r" für „rental rate" – „Mietpreis") das geplante Wohnraumangebot der geplanten Wohnraumnachfrage entspricht.

**Abb. 4.5** Ökonomische Inzidenz einer Mietpreisbremse im Normalfall

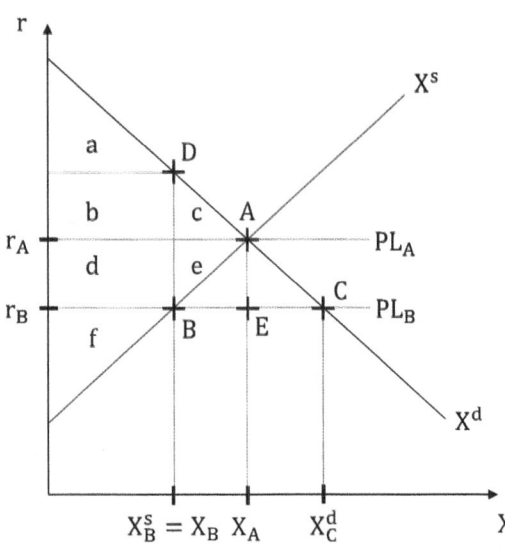

Nun wird eine gesetzliche Mietpreisbremse eingeführt. Dies zeigt sich graphisch in einer Parallelverschiebung der ursprünglichen Mietpreisgeraden $PL_A$ nach unten zur neuen Mietpreisgeraden $PL_B$, weil ein Mietpreis oberhalb dieser Geraden nicht mehr möglich ist.

Die Inzidenzanalyse einer Mietpreisbremse führt zu den folgenden Ergebnissen:

I. **Formale Inzidenz**

Die Last einer Mietpreisbremse *sollen* die **Vermieter** tragen.

II. **Neues Gleichgewicht**

Das neue Ungleichgewicht auf dem Wohnungsmarkt liegt im Schnittpunkt B. Die Angebotsseite setzt sich als kürzere Marktseite gegenüber der Nachfrageseite durch, sodass C nicht zustande kommt.

III. **Preiseffekte**

Der Mietpreis sinkt von $r_A$ auf $r_B$.

IV. **Mengeneffekte**

Der vermietete Wohnraum sinkt von $X_A$ auf $X_B$. Das Wohnraumangebot sinkt, weil ein sinkender Mietpreis für Vermieter unattraktiver ist. Die Wohnraumnachfrage steigt, weil die Mietpreisbremse für Mieter attraktiver ist. Es kommt zu einem Nachfrageüberschuss von Wohnraum. Der Nachfrageüberschuss, der graphisch durch die Strecke zwischen den Punkten B und C dargestellt wird, bedeutet Wohnraummangel. Der Mangel an Wohnraum erhöht sich sowohl aufgrund des sinkenden Angebots, was durch die Strecke zwischen B und E gekennzeichnet ist, als auch aufgrund der steigenden Nachfrage, was durch die Strecke zwischen E und C dargestellt ist.

V. **Wohlfahrt in der Ausgangssituation**

Da der Staat von der Mietpreisbremse außerhalb seiner Funktion als öffentlicher Vermieter beziehungsweise Mieter nicht betroffen ist, kann die Staatsrente vernachlässigt werden. Vor Einführung der Mietpreisbremse beträgt die Wohlfahrt in der Ausgangssituation im Gleichgewichtspunkt A:

  a. Konsumentenrente:     $+ a + b + c$

  b. Produzentenrente:     $+ d + e + f$

VI. **Wohlfahrt in der Endsituation**

Nach Einführung der Mietpreisbremse beträgt die Wohlfahrt in der Endsituation im neuen Ungleichgewicht B:

  a. Konsumentenrente:     $+ a + b + d$

  b. Produzentenrente:     $+ f$

VII. **Bruttowohlfahrtseffekte**

Dies bedeutet, dass die Einführung einer Mietpreisbremse folgende Bruttowohlfahrtseffekte – Änderungen ($\Delta$) der Produzenten- beziehungsweise Konsumentenrente – hervorruft:

  a. $\Delta$ Konsumentenrente:     $+ d - c$

  b. $\Delta$ Produzentenrente:     $- d - e$

Die Bruttowohlfahrtseffekte betragen:

$\Delta$ Bruttowohlfahrt:  $+ d - d - c - e$

VIII. **Nettowohlfahrtseffekte**

Die Nettowohlfahrtseffekte betragen:

$\Delta$ Nettowohlfahrt:   $- c - e$

IX. **Ökonomische Inzidenz**

Die Wohlfahrtseffekte sind für die Vermieter negativ, für die Mieter ambivalent:

Die **Vermieter verlieren**, weil:

1. alle *aktuellen* Vermieter, die weiterhin Wohnraum anbieten, einen niedrigeren Mietpreis erhalten ($r_B < r_A$) und dadurch einen Teil ihrer Produzentenrente verlieren ($- d$);

2. alle *potentiellen* Vermieter, die nun nicht mehr Wohnraum anbieten, weil ihnen der neue Mietpreis zu niedrig ist, ihre bisherige Produzentenrente verlieren ($- e$).

Die **Mieter gewinnen**, weil:

alle *aktuellen* Mieter, die weiterhin ihre Wohnung behalten, einen niedrigeren Mietpreis zahlen ($r_B < r_A$) und dadurch einen Teil an Konsumentenrente gewinnen ($+ d$);

Die **Mieter verlieren**, weil:

alle *potentiellen* Mieter, die nun ihren gewünschten Wohnraum nicht bekommen, weil den potentiellen Vermietern der Mietpreis zu niedrig ist, ihre bisherige Konsumentenrente verlieren (− c).

### 4.2.2.2 Spezialfälle

#### 4.2.2.2.1 Preisunelastische Wohnraumnachfrage

Die Wirkung einer Mietpreisbremse hängt auch von der (direkten) Preiselastizität der Nachfrage ab.

▶ Die **(direkte) Preiselastizität der Nachfrage** misst die relative Änderung der Nachfrage nach einem Gut im Verhältnis zur relativen Änderung seines Preises.

Die Annahme einer preisunelastischen Nachfrage nach Wohnraum repräsentiert den Fall, in dem die privaten Haushalte einen bestimmten Wohnraum dringend benötigen und bereit sind, (theoretisch) jeden dafür erforderlichen Mietpreis zu zahlen. Ihnen nützt es weder, mehr Wohnraum zu haben, weil ihnen dann ihre Wohnung zu groß ist, noch, weniger Wohnraum zu

haben, weil ihnen dann ihre Wohnung zu klein ist, noch, gar keine Wohnung zu haben, weil sie dann dem Schicksal der Obdachlosigkeit ausgeliefert sind. Sie wünschen sich eindringlich eine für sie angemessene Wohnung.

Abb. 4.6 zeigt die ökonomische Inzidenz einer Mietpreisbremse für den Fall einer preisunelastischen Nachfrage.

Graphisch bedeutet dies, dass die Nachfragekurve $X^d$ in Abb. 4.6 einen senkrechten Verlauf einnimmt. Für das Verhalten der Anbieter (Vermieter) wird weiterhin der Normalfall unterstellt, sodass die Angebotskurve $X^s$ eine positive Steigung aufweist. Schnittpunkt A verkörpert das Wohnungsmarktgleichgewicht vor Einführung der Mietpreisbremse.

Schnittpunkt B der Angebotskurve $X^s$ und der neuen Mietpreisgeraden $PL_B$ repräsentiert das Ungleichgewicht auf dem Wohnungsmarkt nach Einführung der Mietpreisbremse. Der gesunkene Mietpreis bewirkt ein gesunkenes Angebot an Wohnraum. Das neue *Ungleichgewicht* auf dem **Wohnungsmarkt** liegt im Punkt B, weil sich die Angebotsseite als kürzere Marktseite gegenüber der Nachfrageseite durchsetzt, sodass C nicht zustande kommt. Im Vergleich zu Abb. 4.5 verschmelzen in Abb. 4.6 die Punkte C und E. Der Mietpreis sinkt von $r_A$ auf $r_B$, der auf dem Woh-

**Abb. 4.6** Ökonomische Inzidenz einer Mietpreisbremse bei preisunelastischer Nachfrage

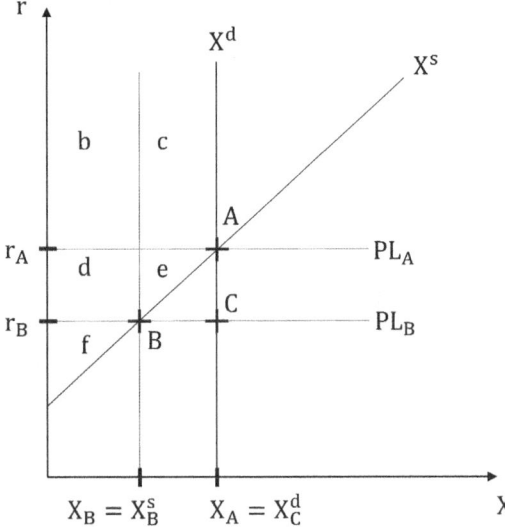

nungsmarkt verfügbare Wohnraum von $X_A$ auf $X_B$. Der Nachfrageüberschuss auf dem Wohnungsmarkt, der graphisch durch die Strecke zwischen den Punkten B und C dargestellt ist, bedeutet Wohnungsmangel. Die Wohnungsknappheit steigt aufgrund des gesunkenen Angebots von Wohnraum. Die Nachfrage nach Wohnraum ändert sich nicht, weil im Fall einer preisunelastischen Nachfrage die Mieter bereit sind, (theoretisch) jeden Mietpreis für den Wohnraum zu zahlen, den sie benötigen.

Die Familiengöße ist die wichtigste Determinante für die Größe des präferierten Wohnraums, die Zahl der Familienmitglieder ist jedoch relativ starr. Die Wechselkosten sind sehr hoch, weil Umzüge finanziell, zeitlich, aber auch sozial hohe Kosten mit sich bringen. Die rigide theoretische Annahme einer preisunelastischen Wohnraumnachfrage kommt der Realität ziemlich nahe. Die Preiselastizität der Nachfrage nach Wohnraum ist in der Regel relativ niedrig, weil Wohnraum mangels attraktiver Substitutionsgüter (Obdachlosenheim, Kampieren „unter der Brücke") dringend benötigt wird.

Folgende Wohlfahrtseffekte treten auf:

a. $\Delta$ Konsumentenrente:    $+ d - c$
b. $\Delta$ Produzentenrente:    $- d - e$
c. $\Delta$ Bruttowohlfahrt:    $+ d - d - c - e$
d. $\Delta$ Nettowohlfahrt:    $- c - e$

Die Konsumentenrente der *aktuellen* Mieter steigt ($+ d$), weil sie nun einen niedrigeren Mietpreis zahlen.

Die Konsumentenrente der *potentiellen* Mieter sinkt ($- c$), da sie ihren Wohnraum verlieren beziehungsweise nicht erhalten, weil das Wohnraumangebot zu niedrig ist. Die Mietpreisbremse erhöht die Wohnungsnot.

Die Produzentenrente der Vermieter sinkt ($- d - e$), weil die *aktuellen* Vermieter einen niedrigeren Mietpreis erhalten ($- d$) und die *potentiellen* Vermieter zu diesem niedrigeren Mietpreis keinen Wohnraum mehr anbieten, sodass sie auf ihre bisherige Produzentenrente verzichten müssen ($- e$).

Nach der formalen Inzidenz sollen die *aktuellen* Vermieter die Last der Mietpreisbremse tragen, nach der ökonomischen Inzidenz tragen aber tatsächlich nicht nur die *aktuellen*, sondern auch die *potentiellen* **Vermieter** und die *potentiellen* **Mieter** die **Gesamtlast**.

Der **Nettowohlfahrtseffekt** ist in diesem Fall **negativ** ($- c - e$): Das, was die *aktuellen* Vermieter an Produzentenrente verlieren ($- d$), gewinnen die *aktuellen* Mieter ($+ d$). Zusätzlich entstehen Mehrbelastungen, weil *potentielle* (bisherige) Mieter ihren präferierten Wohnraum einschränken müssen und deshalb ihre mögliche Konsumentenrente verlieren ($- c$) sowie *potentielle* Vermieter keinen Wohnraum mehr anbieten und dadurch ihre mögliche Produzentenrente verlieren ($- e$).

### 4.2.2.2.2 Extrem preiselastische Wohnraumnachfrage

Die Annahme einer extrem preiselastischen Nachfrage nach Wohnraum repräsentiert den Fall, in dem Mieter äußerst stark auf Mietpreisänderungen reagieren: Steigt der Mietpreis nur um einen geringen Betrag, fällt die Nachfrage aus. Sinkt der Mietpreis um wenige Euro, fragen Mieter so viel Wohnraum wie möglich nach. Diese extreme Annahme für den Wohnungsmarkt ist unrealistisch und dient nur der Vervollständigung der theoretischen Analyse. Abb. 4.7 zeigt die ökonomische Inzidenz einer Mietpreisbremse für den Fall einer extrem preiselastischen Nachfrage.

Graphisch bedeutet dies, dass die Nachfragekurve $X^d$ in Abb. 4.7 einen waagerechten Verlauf einnimmt. Für das Verhalten der Anbieter von Wohnraum wird weiterhin der Normalfall unterstellt, sodass die Angebotskurve $X^s$ eine positive Steigung aufweist. Schnittpunkt A verkörpert das Wohnungsmarktgleichgewicht vor Einführung der Mietpreisbremse.

Der gesunkene Mietpreis bewirkt ein Sinken des Angebots von Wohnraum. Ein Gleichgewicht auf dem Wohnungsmarkt kommt nach Einführung der Mietpreisbremse nicht zustande. Als kürzere Marktseite setzt sich im neuen **Ungleichgewicht** in B die Angebotsseite durch.

**Abb. 4.7** Ökonomische Inzidenz einer
Mietpreisbremse bei extrem preiselastischer
Nachfrage

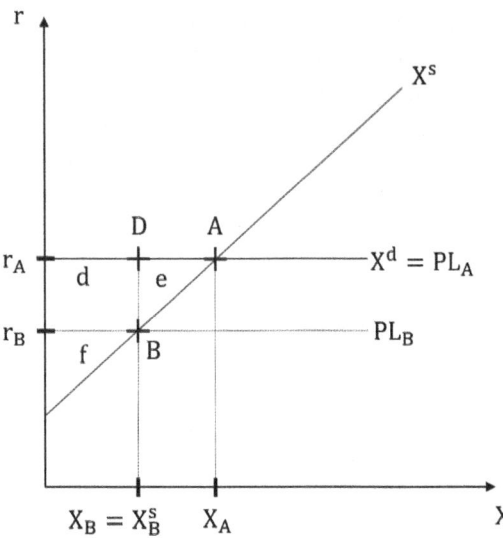

Folgende Wohlfahrtseffekte treten auf:

a. $\Delta$ Konsumentenrente:  $+ d$
b. $\Delta$ Produzentenrente:  $- d - e$
c. $\Delta$ Bruttowohlfahrt:  $+ d - d - e$
d. $\Delta$ Nettowohlfahrt:  $- e$

Fläche d zeigt den Zuwachs an Konsumentenrente, der den *aktuellen* Mietern dadurch entsteht,
dass sie nun einen niedrigeren Mietpreis zahlen.
Der Mietpreis ist so niedrig, obwohl die Nachfrager bereit wären, auch einen höheren Mietpreis
zu zahlen. Eine gesetzliche Mietpreisbremse
führt zu **Mitnahmeeffekten**: Sie bewirkt keine
Verhaltensänderung der Nachfrager, die ihre „er-
sparte" Miete einfach „mitnehmen".

Fläche $(- d - e)$ zeigt den Verlust an Produzentenrente, der den *aktuellen* Vermietern dadurch entsteht, dass sie nun einen niedrigeren
Mietpreis erhalten $(- d)$, und den *potentiellen*
Vermietern dadurch entsteht, dass sie zu diesem
niedrigeren Mietpreis keinen Wohnraum mehr
anbieten und dadurch auf ihre bisherige Produzentenrente verzichten müssen $(- e)$. Der Wohnungsmarkt ist durch Wohnungsmangel gekennzeichnet, der durch die Strecke von D nach A
dargestellt wird. Die **Vermieter** tragen die **Gesamtlast**.

Der **Nettowohlfahrtseffekt** ist **negativ** $(- e)$:
Das, was die *aktuellen* Vermieter an Produzentenrente verlieren $(- d)$, gewinnen die *aktuellen*
Mieter $(+ d)$. Zusätzlich entsteht eine Mehrbelastung, weil *potentielle* Vermieter keinen Wohnraum mehr anbieten und dadurch ihre mögliche
Produzentenrente verlieren $(- e)$. Dieser deadweight loss ist nicht offensichtlich, sondern „versteckt", weil nicht aktuelle, sondern **potentielle
Vermieter** davon betroffen sind. Potentielle Vermieter bekommen nicht den Mietpreis, den sie
auf einem interventionsfreien Markt erhielten,
Wohnungssuchende nicht den Wohnraum, den
sie ohne Mietpreisbremse erhielten. Eine Mietpreisbremse eliminiert ein marktkonformes Angebot, es kommt ceteris paribus zu Wohnungsnot.

### 4.2.2.2.3 Preisunelastisches Wohnraumangebot

Die Wirkung einer Mietpreisbremse hängt auch
von der (direkten) Preiselastizität des Angebots
ab.

▶ Die **(direkte) Preiselastizität des Angebots**
misst die relative Änderung des Angebots eines
Gutes im Verhältnis zur relativen Änderung seines Preises.

**Abb. 4.8** Ökonomische Inzidenz einer Mietpreisbremse bei preisunelastischem Angebot

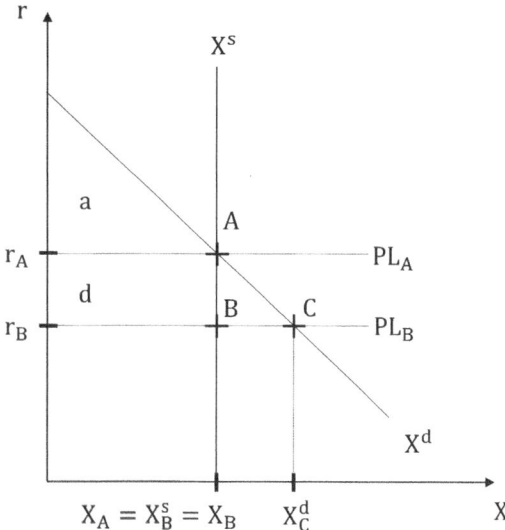

Die Annahme eines preisunelastischen Angebots von Wohnraum repräsentiert den Fall, in dem Vermieter eine bestimmte Fläche an Wohnraum zu (theoretisch) jedem Mietpreis anbieten. Sie können nicht mehr Wohnraum bereitstellen, weil sie keinen neuen Wohnraum schaffen, sondern nur bereits vorhandenen Wohnraum vermieten. Abb. 4.8 zeigt die ökonomische Inzidenz einer Mietpreisbremse für den Fall eines preisunelastischen Angebots.

Graphisch bedeutet dies, dass die Angebotskurve $X^s$ in Abb. 4.8 einen senkrechten Verlauf einnimmt. Für das Verhalten der Nachfrager nach Wohnraum wird weiterhin der Normalfall unterstellt, sodass die Nachfragekurve $X^d$ eine negative Steigung aufweist. Schnittpunkt A verkörpert das Gleichgewicht auf dem Wohnungsmarkt vor Einführung der Mietpreisbremse.

Der gesunkene Mietpreis bewirkt einen Anstieg der Nachfrage nach Wohnraum. Das neue **Wohnungsmarkt*un*gleichgewicht** liegt im Punkt B, weil sich die Angebotsseite als kürzere Marktseite gegenüber der Nachfrageseite durchsetzt, sodass C nicht zustande kommt. Im Vergleich zu Abb. 4.5 verschmelzen in Abb. 4.8 die Punkte B und E. Der Mietpreis sinkt von $r_A$ auf $r_B$, der erhältliche Wohnraum bleibt konstant:

$X_A = X_B$. Der Nachfrageüberschuss, der graphisch durch die Strecke zwischen den Punkten B und C dargestellt ist, bedeutet Wohnungsnot. Die Wohnungsnot steigt aufgrund des fixen Angebots an Wohnraum. Das Wohnungsangebot ändert sich nicht, weil im Fall eines preisunelastischen Wohnungsangebots die Vermieter zu jedem beliebigen Mietpreis eine fixe Wohnraummenge anbieten. Vorstellbar ist eine derartige Situation, wenn der Staat Restriktionen bezüglich des Erwerbs von Wohneigentum erlässt.

Folgende Wohlfahrtseffekte treten auf:

a. Δ Konsumentenrente:  + d
b. Δ Produzentenrente:  − d
c. Δ Bruttowohlfahrt:  + d − d
d. Δ Nettowohlfahrt:  null

Fläche d zeigt den Zuwachs an Konsumentenrente, der den *aktuellen* Mietern dadurch entsteht, dass sie nun einen niedrigeren Mietpreis zahlen.

Diese Fläche zeigt auch den Verlust an Produzentenrente, der den *aktuellen* Vermietern dadurch entsteht, dass sie nun einen niedrigeren Mietpreis erhalten (− d).

Nach der formalen Inzidenz sollen die ***aktuellen* Vermieter** die **Gesamtlast** der Mietpreisbremse tragen, was bei preisunelastischem Angebot, wo es keine potentiellen Vermieter geben kann, auch der Fall ist.

Der **Nettowohlfahrtseffekt** ist in diesem Fall **null**: Das, was die *aktuellen* Vermieter an Produzentenrente verlieren (− d), gewinnen die *aktuellen* Mieter (+ d).

Die Mietpreisbremse funktioniert in dieser Situation sehr gut, weil formale und ökonomische Inzidenz übereinstimmen. Allerdings ist dieser Fall an eine Annahme gebunden, die in einer Situation der Wohnungsknappheit gerade nicht gelten soll: dass nämlich das Angebot an Wohnraum nicht ausgeweitet werden kann.

### 4.2.2.2.4 Extrem preiselastisches Wohnraumangebot

Die Annahme eines extrem preiselastischen Angebots an Wohnraum repräsentiert den Fall, in dem Vermieter äußerst stark auf Mietpreisänderungen reagieren: Sinkt der Mietpreis nur um einen geringen Betrag, wird überhaupt kein Wohnraum mehr angeboten. Steigt der Mietpreis um wenige Euro, versuchen Vermieter, so viel Wohnraum wie möglich anzubieten. Im Fall eines extrem preiselastischen Angebots an Wohnraum ist der Wohnungsmarkt ein Wettbewerbsmarkt. Die Anbieter sind Preisnehmer und Mengenanpasser.

Selbst bei kleinen Mietpreiserhöhungen verlieren sie ihre Mieter, weil die Nachfrager auf andere Anbieter zurückgreifen können, die Wohnraum zu niedrigeren Mietpreisen anbieten. Abb. 4.9 zeigt die ökonomische Inzidenz einer Mietpreisbremse für den Fall eines extrem preiselastischen Angebots.

Graphisch bedeutet dies, dass die Angebotskurve $X^s$ in Abb. 4.9 einen waagerechten Verlauf einnimmt. Für das Verhalten der Nachfrager wird weiterhin der Normalfall unterstellt, sodass die Nachfragekurve $X^d$ eine negative Steigung aufweist. Schnittpunkt A der Angebotskurve und der Nachfragekurve repräsentiert das Gleichgewicht auf dem Wohnungsmarkt vor Einführung der Mietpreisbremse.

Der gesunkene Mietpreis bewirkt einen Anstieg der Nachfrage nach Wohnraum. Das neue **Wohnungsmarkt*un*gleichgewicht** liegt im Punkt B, weil sich die Angebotsseite als kürzere Marktseite gegenüber der Nachfrageseite durchsetzt. Der maximale Mietpreis ist so niedrig, dass es zwar im Punkt C zu einer höheren Nachfrage nach Wohnraum kommt, jedoch das Angebot an Wohnraum komplett verlorengeht. Es gibt keinen einzigen potentiellen Vermieter, der bereit ist, eine Wohnung zu diesem niedrigen Mietpreis zu vermieten. Es gibt

**Abb. 4.9** Ökonomische Inzidenz einer Mietpreisbremse bei extrem preiselastischem Angebot

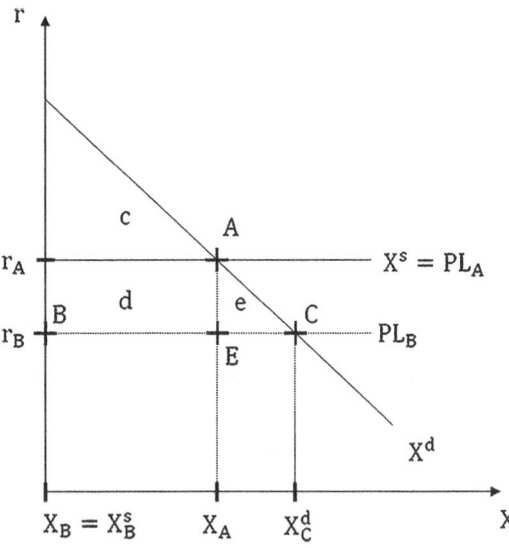

**keine *aktuellen* Marktteilnehmer**. Der Wohnungsmarkt bricht zusammen.

Im Fall einer extrem preiselastischen Nachfrage, der in Abb. 4.7 dargestellt ist, ist die Annahme realistisch, dass Mieter, die bereit sind, für jeden Wohnraum mehr zu zahlen, unerwartete Mietpreissenkungen als Mitnahmeeffekte mitnehmen. Im Fall eines extrem preiselastischen Angebots, der in Abb. 4.9 dargestellt ist, ist die Annnahme unrealistisch, dass sich Vermieter, die für jedes Angebot an Wohnraum einen höheren Mietpreis als den Marktpreis einfordern, auf einen für sie zu niedrigen Mietpreis einlassen. Ihnen bietet sich die Möglichkeit, ähnlich wie bei allgemeiner Deflation, abzuwarten, bis der Mietpreis wieder steigt und so lange ihr Wohnraumangebot zurückzuhalten. Der Mietpreis sinkt von $r_A$ auf $r_B$, der erhältliche Wohnraum von $X_A$ auf $X_B = 0$. Der Nachfrageüberschuss, der graphisch durch die Strecke zwischen den Punkten B und C dargestellt wird, bedeutet Wohnungsnot. Diese entsteht sowohl aufgrund des gesunkenen Angebots (Strecke von B nach E) als auch aufgrund der gestiegenen Nachfrage (Strecke von E nach C). Die Mietpreisbremse verschärft das Problem der Wohnungsnot.

Folgende Wohlfahrtseffekte treten auf:

a. Δ Konsumentenrente:    − c
b. Δ Produzentenrente:    null
c. Δ Bruttowohlfahrt:    − c
d. Δ Nettowohlfahrt:    − c

Fläche c zeigt den Verlust an Konsumentenrente, der den *potentiellen* Mietern dadurch entsteht, dass sie nun ihren Wohnraum verlieren beziehungsweise keinen erhalten.

*Potentielle* Vermieter erleiden keine Wohlfahrtsverluste, weil ihre Produzentenrente bereits vorher bei null gelegen hat. In diesem Fall ist die ökonomische Inzidenz das kontrastive Gegenteil der formalen Inzidenz: Nach der formalen Inzidenz sollen die *aktuellen* Vermieter die Last der Mietpreisbremse tragen, nach der ökonomischen Inzidenz tragen aber tatsächlich die *potentiellen* **Mieter** die **Gesamtlast**.

Der **Nettowohlfahrtseffekt** ist in diesem Fall **negativ**: Die Mieter verlieren ihre Konsumentenrente in voller Höhe (− c). Zugleich ist dieser Verlust eine Mehrbelastung, die durch keinen positiven Effekt, nicht einmal partiell, ausgeglichen wird. Die Last der Mietpreisbremse ist nicht offensichtlich, sondern „versteckt", weil sie keine aktuellen, sondern nur *potentielle* **Marktteilnehmer** betrifft: Die Anbieter von Wohnraum bekommen nicht die Miete, die sie ohne Mietpreisbremse erhielten, die Nachfrager nicht den Wohnraum, den sie ohne Mietpreisbremse erhielten. Eine Mietpreisbremse eliminiert das marktfähige Angebot an Wohnraum, es kommt ceteris paribus zu einem Wohnungsnotstand.

### 4.2.3 Interpretation

Folgende Erkenntnisse lassen sich aus der Inzidenzanalyse einer Mietpreisbremse ableiten:

1. Ein Teil der Last der Mietpreisbremse wird nicht nur von den *aktuellen* **Vermietern** (− d), sondern auch von den *potentiellen* **Vermietern** (Ex-Vermietern) getragen, denen der Mietpreis nunmehr zu niedrig ist, sodass sie keinen Wohnraum mehr anbieten und ihre bisherige Produzentenrente verlieren (− e).

2. Ein Teil der Last der Mietpreisbremse wird von den *potentiellen* **Mietern** (Wohnungssuchenden) getragen, die nunmehr ihren gewünschten Wohnraum nicht bekommen und ihre mögliche Konsumentenrente verlieren (− c).

3. Die *aktuellen* **Mieter**, die weiterhin in ihrer Wohnung bleiben (können), gewinnen einen Teil Konsumentenrente (+ d).

4. Der negative Wohlfahrtseffekt der aktuellen Vermieter (− d) wird durch den positiven Wohlfahrtseffekt der aktuellen Mieter (+ d) kompensiert, sodass unter den *aktuellen* **Marktteilnehmern kein Nettowohlfahrtseffekt** entsteht. Es handelt sich lediglich um eine **Umverteilung** von Vermietern zu Mietern, die im Fall einer Mietpreisbremse auch angestrebt wird.

5. Die negativen Wohlfahrtseffekte der *potentiellen* Vermieter (− e) und der *potentiellen* Mieter (− c) sind Mehrbelastungen, die nicht

kompensiert werden, sodass unter den *poten-tiellen* **Marktteilnehmern** ein **Nettowohl-fahrtsverlust** $(- c - e)$ entsteht.

6. Mietpreisbremsen **belasten** nicht nur *aktuelle* **Vermieter**, denen mögliche Mieteinnahmen entgehen, sondern auch *potentielle* **Markt-teilnehmer**, denen ihre bisherige Produzen-ten- beziehungsweise Konsumentenrente ver-lorengeht.

7. Mietpreisbremsen **unterstützen** nur *aktuelle* **Mieter**, fördern demzufolge **Besitzstands-wahrung**.

8. Wenn Mietpreisbremsen unabhängig davon greifen, ob Mieter arm oder reich sind, orien-tiert sich die staatliche Distributionspolitik nicht an Niveaueffekten (Einkommensni-veau), sondern nur an **Struktureffekten** (Ausgabenstruktur).

Durch die Einführung einer Mietpreisbremse wird der Marktmechanismus ausgehebelt: Der Markt verliert sein wichtigstes Regulierungsin-strument, den flexiblen Preis. Da das Ziel einer Mietpreisbremse, mehr bezahlbaren Wohnraum zu schaffen, nicht erfüllt wird, kommt es zu **Staatsversagen**. Die kurzzeitig in Berlin gel-tende Mietpreisbremse führte unmittelbar nach ihrer Einführung zu einem Rückgang des Ange-bots an Mietwohnungen sowie zu einem Anstieg der Anträge auf Umwandlung von Mietwohnun-gen in Eigentumswohnungen. Angebahnte Bau-vorhaben wurden aufgrund der Unsicherheiten über die künftige Wohnungspolitik auf Eis ge-legt.

Die **ordnungspolitische Inkonsistenz** ent-steht dadurch, dass mit *einer* wirtschaftspoliti-schen Maßnahme zugleich *zwei* unterschiedliche Ziele erreicht werden sollen, nämlich ein *alloka-tives* **Ziel** (Schaffung von mehr Wohnraum) und ein *distributives* **Ziel** (bezahlbarer Wohnraum für Arme). Von der Umverteilung von Vermietern zu Mietern profitieren Bestandsmieter, jedoch nicht Wohnungssuchende. Wird die Mietpreisbremse als Höchstpreis für einen Quadratmeter Wohn-raum festgelegt, steigt die Subventionssumme aufgrund der Mietpreisbremse mit zunehmender Wohnungsgröße. Somit profitieren Bestandsmie-ter umso mehr von der Mietpreisbremse, je grö-

ßer ihre Wohnung ist. Dies bedeutet, dass die Mietpreisbremse **nicht zieladäquat** ist: Die Sechs-Zimmer-Wohnung eines Reichen wird stärker subventioniert als die Ein-Zimmer-Wohnung eines Armen. Im Sinne mentaler Buch-führung kann man sich vorstellen, dass ein ärme-rer Steuerzahler mit seinen Steuern die große Wohnung eines Reichen subventioniert. Dies ist aus einem moralischen und sozialpolitischen Blickwinkel, der die Verbesserung der Lebens-verhältnisse ärmerer Haushalte anstrebt, ein gro-teskes Ergebnis.

**(Reiche) Bestandsmieter** werden **subventio-niert, (arme) Wohnungssuchende** nicht. (Arme) Wohnungssuchende stellen sich sogar schlechter als vor Einführung einer Mietpreisbremse, weil das Angebot an zu vermietendem Wohnraum sinkt. Denn es werden:

- generell weniger Wohnungen gebaut,
- speziell weniger *Miet*wohnungen gebaut,
- mehr Mietwohnungen in Eigentumswohnun-gen umgewandelt,
- weniger Wechsel von größeren zu kleineren Wohnungen vollzogen, wenn die Haushalts-größe sinkt.

Darunter leiden Reiche weniger als Arme, weil diese sich zwar eine Wohnung mieten, aber im Gegensatz zu jenen nicht kaufen können. Es wer-den weniger Wohnungen frei, weil Bestandsmie-ter nicht riskieren, eine attraktive Wohnung zu verlieren, auch wenn sie diese zum Beispiel auf-grund eines befristeten Auslandsaufenthalts tem-porär gar nicht benötigen.

Der preisgekrönte schwedische Ökonom As-sar Eugén Lindbeck (1930–2020) schreibt bereits vor einem halben Jahrhundert in einem über-spitzten, berühmten Zitat über die negativen Wir-kungen einer Mietpreisbremse, die den positiven Intentionen eben dieser zuwiderlaufen (Lindbeck 1971, S. 39):

> „Next to bombing, rent control seems in many ca-ses to be the most efficient technique so far known for destroying cities."

Allerdings generieren niedrigere Mieten finanzi-elle Ressourcen für die (konsumtive wie investive) Nachfrage *anderer* Güter, sodass neben den Primäreffekten der Mietpreisbremse auch ihre Sekundäreffekte zu berücksichtigen sind. Zudem lässt sich durch eine Mietpreisbremse die **Gentrifizierung** von Stadtteilen eindämmen, die aufgrund wohlhabender in- und ausländischer Nachfrager ärmere Alteingesessene aus ihren Vierteln zu vertreiben droht.

Dieses Ziel ist jedoch auch durch andere Maßnahmen als durch eine Mietpreisbremse zu erreichen: Liegt die Ursache für die hohen Kauf- und Mietpreise in den Ballungszentren in hohen, mit Wohneigentum verbundenen Kosten, ist ein hoher Preis aus marktwirtschaftlicher Perspektive nicht verwerflich. Bevor der Staat in den Wohnungsmarkt eingreift, sind die Stellschrauben zu überprüfen, bei denen der Staat die Kosten beeinflusst. Dies sind beispielsweise die Grunderwerbsteuer, die Grundsteuer, Bau- und Energievorschriften, Erschließungskosten oder Verwaltungsgebühren. Liegt die Ursache für die hohen Kauf- und Mietpreise in einer starken Nachfrage, ist zu prüfen, ob die Wohnungsnachfrage aus sozialpolitischen Überlegungen restringiert werden kann. Dies sind zum Beispiel die Erhöhung der Zweitwohnsteuer oder die Einschränkung der Eigentumsrechte ausländischer Käufer, die ihren Hauptwohnsitz nicht in Deutschland haben.

Wenn Gewinne auf Wohnungsmärkten zu hoch sind, kann dies an der vorherrschenden Marktform liegen. Der Wohnungsmarkt zeichnet sich dann weniger durch vollständige Konkurrenz mit einer atomistischen Angebots- und Nachfragestruktur aus, sondern weist insbesondere auf der Angebotsseite Defizite gegenüber einem Polypol auf, wie dies beispielsweise in einem Monopol, Oligopol oder bei monopolistischer Konkurrenz der Fall ist (vgl. Richert 2021c, S. 247–293). Wird eine unvollkommene Marktform diagnostiziert, sollte eine korrespondierende Therapie nicht am Markt*preis* (Mietpreis), sondern an der Markt*form* ansetzen. Nach dem Muster programmatischer Argumentation wird zunächst die Situation analysiert, danach das Ziel formuliert und schließlich aus der Diskrepanz zwischen Ist (Situation) und Soll (Ziel) ein adäquater Maßnahmenkatalog (Programm) abgeleitet, um diese Marktunvollkommenheit zu beseitigen.

Liegen die Defizite vornehmlich auf der Angebotsseite, sollte der Staat seine Rahmenbedingungen für den Erwerb sowie den Bau von Wohneigentum verbessern. Die **Wohneigentumsquote** in Deutschland ist **EU-weit** die **niedrigste**, sodass das Potential, mehr Wettbewerb auf der Angebotsseite zu schaffen, durchaus gegeben ist. Nicht einmal die Hälfte aller privaten Haushalte wohnt in einer Immobilie (Wohnung oder Haus), die sie ihr eigen nennen kann. Werden für die Wohneigentumsquote nicht nur Wohneigentümer *selbstgenutzten* Wohnraums berücksichtigt, wie dies das Statistische Bundesamt tut, sondern auch Wohneigentümer *fremdgenutzten* Wohnraums, dann ist in Deutschland auch nur jeder zweite private Haushalt Eigentümer von Wohnraum.

Gründe für die international niedrige Wohneigentumsquote in Deutschland sind unter anderem:

- die Zerstörungen von Wohnungen und Häusern im Zweiten Weltkrieg,
- die dadurch bedingten, über viele Jahrzehnte hinweg geringen Erbschaften von Wohnungen,
- relativ hohe Grunderwerbsteuersätze,
- die Nicht-Absetzbarkeit von Fremdkapitalzinsen für Privatwohnungen,
- ein hoher Mieterschutz,
- das Vertrauen in die deutschen Sozialversicherungssysteme, die den Druck, Eigentum zu bilden, schmälern,
- ein für Mieter attraktiver Sozialer Wohnungsbau,
- Mietpreisregulierungen wie Mietpreisbremsen oder Begrenzungen für Mietpreiserhöhungen.

Tab. 4.1 zeigt die jeweiligen Wohneigentumsquoten selbst- und fremdgenutzten Wohnraums in den EU-Ländern, den EU-Beitrittskandidaten sowie in Island, Norwegen und der Schweiz, die neben Liechtenstein Mitglieder der Europäischen Freihandelszone (EFTA) sind (vgl. Statista 2021b).

**Tab. 4.1** Wohneigentumsquote ausgewählter Länder Europas

| Land | Anteil der privaten Haushalte mit Wohneigentum an allen privaten Haushalten in % |
|---|---|
| Albanien | 96,5 |
| Rumänien | 96,1 |
| Slowakei | 92,3 |
| Kroatien | 91,3 |
| Ungarn | 91,3 |
| Montenegro | 91,0 |
| Litauen | 88,6 |
| Nordmazedonien | 85,9 |
| Polen | 85,6 |
| Bulgarien | 84,3 |
| Serbien | 83,3 |
| Malta | 81,9 |
| Estland | 81,4 |
| Lettland | 81,2 |
| Norwegen | 80,8 |
| Tschechien | 78,9 |
| Portugal | 77,3 |
| Spanien | 75,1 |
| Griechenland | 74,6 |
| Slowenien | 74,6 |
| Island | 73,6 |
| Italien | 72,4 |
| Belgien | 71,1 |
| Finnland | 70,7 |
| Niederlande | 69,1 |
| Irland | 68,7 |
| Zypern | 68,6 |
| Luxemburg | 68,4 |
| Vereinigtes Königreich | 65,2 |
| Schweden | 64,5 |
| Frankreich | 64,0 |
| Dänemark | 59,3 |
| Türkei | 58,8 |
| Österreich | 55,3 |
| Deutschland | 50,4 |
| Schweiz | 41,6 |

[Vgl. Statista 2021b]

Die drei Länder mit den niedrigsten Wohneigentumsquoten sind drei wohlhabende Länder, nämlich die Schweiz, Deutschland und Österreich. Auf den ersten Blick mag dieses Ergebnis paradox anmuten, auf den zweiten Blick ist es verständlich: Sofern ein hohes Vertrauen in die „sozialen" (finanziellen) Sicherungssysteme eines Landes besteht, ist die Akkumulation von Eigenkapital nicht notwendig. Ist dieses Vertrauen

in den Sozialstaat geringer ausgeprägt, steigt der Druck zur Eigenvorsorge über private Vermögensbildung. Höhere Wohneigentumsquoten von bis zu 97 Prozent finden sich daher nicht in den reichen Wohlfahrtsstaaten Europas, sondern eher in den ärmeren europäischen Ländern auf dem Balkan und im östlichen Mitteleuropa.

Wenn durch eine Mietpreisbremse der Preis als Allokationsmechanismus für die Zuteilung von Wohnraum ausfällt, werden andere Zuteilungsverfahren gefunden: Im Fall der **Aushebelung** des marktwirtschaftlichen **Preismechanismus** läuft die Selektion derjenigen, die eine Wohnung erhalten, über Mechanismen wie

- hohe Abstandszahlungen,
- Schmiergeldzahlungen,
- Nepotismus (persönliche Beziehungen).

Es ist damit zu rechnen, dass diese moralisch fragwürdigen Substitute auch – horribile dictu – bei der Vergabe von Sozialwohnungen nicht ausbleiben. „Sozialer Wohnungsbau" ist nicht immer sozial, sondern gehorcht nolens volens auch den Marktprinzipien, die im Fall einer intransparenten, nicht-wettbewerblichen Marktform aufgrund der Machtfülle Einzelner nicht nur zu ökonomischen, sondern auch zu ethischen Verwerfungen führen können. Die wichtige Funktion des Wettbewerbs als Entmachtungsinstrument von Unternehmen kommt beim „Sozialen Wohnungsbau" nicht zum Tragen.

Die **Mietpreisbremse** ist eine *Objekt*förderung, nicht eine *Subjekt*förderung. Der Vorteil einer Objektförderung liegt gemäß mentaler Buchführung darin, dass Geld für etwas ausgegeben wird, das als „gute" Ausgabe, nämlich für das Grundbedarfsgut „Wohnen", „verbucht" wird. Der Nachteil einer Objektförderung liegt darin, dass sie für alle Subjekte, nämlich für arme wie reiche Mieter, gewährt wird.

Eine „soziale Mietpreisbremse" kann dazu führen, dass:

- weniger Wohnraum für Wohnungssuchende bereitgestellt wird,
- weniger neue Wohnungen gebaut werden,
- weniger leerstehende Wohnungen zur Vermietung angeboten werden,

- mehr Mietwohnungen in Eigentumswohnungen umgewandelt werden, die dann von Menschen mit höheren Einkommen gekauft werden,
- schrumpfende Haushalte – zum Beispiel, weil Kinder ausziehen – weniger Anreize haben, ihren überflüssigen Wohnraum wachsenden Familien – zum Beispiel, weil Kinder geboren werden – in beengten Wohnverhältnissen zur Verfügung zu stellen,
- Reiche, die in großen Wohnungen leben, stärker subventioniert werden als Arme, die in kleinen Wohnungen leben,
- diejenigen mit weitverzweigten persönlichen Beziehungen bessere Chancen haben, eine Wohnung zu finden (Nepotismus),
- Anreize zu Korruption geschaffen werden.

Die Mietpreisbremse berücksichtigt in erster Linie *Struktur*effekte, weil sie in den Preismechanismus eingreift und dadurch die Ausgaben*struktur* der aktuellen Mieter verändert, deren Anteil der Wohnungsausgaben an den gesamten Ausgaben niedriger ist als er es bei freier Preisbildung wäre. Diese Struktureffekte treten jedoch unabhängig davon auf, ob die Begünstigten arm oder reich sind. Sollen auch *Niveau*effekte berücksichtigt werden, soll also das unterschiedliche Einkommmens*niveau* der Mieter miteinbezogen werden, dann ist die Mietpreisbremse entgegen dem, was sie vorgibt zu sein, ein untaugliches Instrument.

Ein alternatives einkommensabhängiges **Wohngeld** hingegen greift nicht in den Preismechanismus ein. Es schafft über flexible Mietpreise Anreize, mehr Wohnraum bereitzustellen (**positive** *Struktur*effekte**), und unterstützt im Zuge der *Subjekt*förderung die Bedürftigen (**positive *Niveau*effekte**). Dadurch werden arme Mieter direkt unterstützt und keine Ressourcen für reiche Mieter verschwendet.

## 4.3    Mindestlohnsatz

### 4.3.1   Grundlagen

Ein gesetzlicher Mindestlohnsatz verbietet Arbeitgebern grundsätzlich, einen Lohnsatz zu zahlen, der unterhalb des Mindestlohnsatzes liegt.

Liegt der Mindestlohnsatz unterhalb des Gleichgewichtslohnsatzes, ist er irrelevant, da er nicht zum Tragen kommt. Sinn ergibt ein gesetzlicher Mindestlohnsatz nur dann, wenn er oberhalb des gleichgewichtigen Lohnsatzes liegt. Die Kalküle von Arbeitgebern und Arbeitnehmern orientieren sich dabei nicht an den Nominallohnsätzen, sondern an den inflationsbereinigten Reallohnsätzen.

▶ Ein **Mindestlohnsatz** ist ein **Mindestpreis** für eine Einheit Arbeitsleistung.

Der analytischen Klarheit wegen ist zu betonen, dass es sich nicht um einen **Mindest*lohn***, sondern um einen **Mindest*lohnsatz*** handelt. Diese Unterscheidung mag wortklauberisch erscheinen, ist es jedoch mitnichten: Eine Regierung kann nur einen Mindestlohnsatz garantieren, nicht aber, ob es zu diesem Mindestlohnsatz auch eine entsprechende Arbeitsnachfrage gibt. Ob ein höherer Mindestlohnsatz tatsächlich zu einem höheren Lohn führt, hängt auch von der möglichen Reaktion der Arbeitgeber nach Einführung eines Mindestlohnsatzes ab. Der Lohn ist ein Wert und setzt sich daher aus einer Preis- und einer Mengenkomponente zusammen: Der Preis ist der Lohnsatz, die Menge die Beschäftigungsmenge. Besteht das wirtschaftspolitische Ziel einer Mindest*lohn*politik darin, die Einkommen der Ärmeren anzuheben, dann ist neben dem positiven **Preiseffekt** aufgrund des steigenden Lohnsatzes zu prüfen, ob auch ein **Mengeneffekt** eintritt. Dieser ist durchaus wahrscheinlich, wird doch grundsätzlich angenommen, dass das Arbeitsangebot positiv und die Arbeitsnachfrage negativ vom Reallohnsatz abhängt. Sinken nunmehr im Zuge der Lohnsatzerhöhung die Arbeitsnachfrage und somit auch die Beschäftigungsmenge, ist es jedoch möglich, dass der positive Preiseffekt durch den negativen Mengeneffekt überkompensiert wird, sodass die aggregierten Löhne schließlich sinken und die Mindest*lohn*politik zum Gegenteil dessen führt, was sie zu erfüllen vorgibt: nämlich, trotz *steigender* Lohn*sätze*, zu *sinkenden Löhnen* – auch für die Ärmeren.

### 4.3.2 Wohlfahrtseffekte und Inzidenzen

#### 4.3.2.1 Normalfall
In Abb. 4.10 ist die ökonomische Inzidenz eines Mindestlohnsatzes im Normalfall dargestellt.

In Abb. 4.10 ist eine steigende Arbeitsangebotskurve $N^s$ der Arbeitnehmer und eine fallende Arbeitsnachfragekurve $N^d$ der Arbeitgeber abgetragen („N" für lateinisch: „Negotium" – „Nicht-Muße", „Beschäftigung"). Ohne einen Mindestlohnsatz liegt das Gleichgewicht auf dem Arbeitsmarkt im Schnittpunkt A, in dem zum Reallohnsatz $w_A$ („w" für „(real) wage rate" – „Reallohnsatz") das geplante Arbeitsangebot der geplanten Arbeitsnachfrage entspricht.

Nun wird ein gesetzlicher Mindestlohnsatz eingeführt. Dies zeigt sich graphisch in einer Parallelverschiebung der Lohnsatzgeraden nach oben von $PL_A$ zu $PL_B$, weil ein Lohnsatz unterhalb dieser Geraden nicht mehr möglich ist. Für den Arbeitgeber ist der entscheidende Lohnsatz der Mindestlohnsatz $w_B$, weil der Arbeitgeber diesen zu zahlen hat. Aber auch für den Arbeitnehmer ist der Mindestlohnsatz der ausschlaggebende, weil der Arbeitnehmer diesen erhält. Somit ist die Lohnsatzgerade, die für die Ermittlung der Wohlfahrtseffekte zu berücksichtigen ist, die Mindestlohnsatzgerade $PL_B$.

Die Inzidenzanalyse eines Mindestlohnsatzes führt zu den folgenden Ergebnissen:

I. **Formale Inzidenz**
Die Last eines Mindestlohnsatzes sollen die Arbeitgeber tragen.

II. **Neues Gleichgewicht**
Das neue Ungleichgewicht auf dem Arbeitsmarkt liegt im Schnittpunkt B. Die Nachfrageseite setzt sich als kürzere Marktseite gegenüber der Angebotsseite durch, sodass D nicht zustande kommt.

III. **Preiseffekte**
Der Lohnsatz steigt von $w_A$ auf $w_B$.

IV. **Mengeneffekte**
Die Beschäftigungsmenge sinkt von $N_A$ auf $N_B$. Die Arbeitsnachfrage sinkt, weil ein steigender Lohnsatz für Arbeitgeber unattraktiver ist. Das Arbeitsangebot steigt, weil der Mindestlohnsatz für Arbeitnehmer attraktiver ist. Es kommt zu einem Angebotsüberschuss an Arbeitskraft. Dieser Angebotsüberschuss, der graphisch durch die Strecke zwischen den Punkten B und D dargestellt wird, bedeutet Arbeitslosigkeit. Die Arbeitslosigkeit steigt sowohl aufgrund der sinkenden Arbeitsnachfrage, was durch die Strecke zwischen B und E gekennzeichnet ist, als auch aufgrund des steigenden Arbeitsangebots, was durch die Strecke zwischen E und D dargestellt ist.

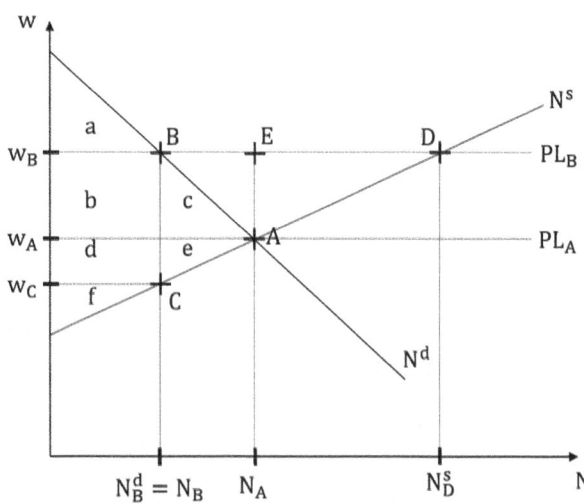

**Abb. 4.10** Ökonomische Inzidenz eines Mindestlohnsatzes im Normalfall

## V. Wohlfahrt in der Ausgangssituation

Da der Staat vom Mindestlohnsatz außerhalb seiner Funktion als öffentlicher Arbeitgeber nicht betroffen ist, kann die Staatsrente vernachlässigt werden. Vor Einführung des Mindestlohnsatzes beträgt die Wohlfahrt in der Ausgangssituation im Gleichgewichtspunkt A:

a. Arbeitgeberrente: $+ a + b + c$
b. Arbeitnehmerrente: $+ d + e + f$

## VI. Wohlfahrt in der Endsituation

Nach Einführung des Mindestlohnsatzes beträgt die Wohlfahrt in der Endsituation im neuen Ungleichgewicht B:

a. Arbeitgeberrente: $+ a$
b. Arbeitnehmerrente: $+ b + d + f$

## VII. Bruttowohlfahrtseffekte

Dies bedeutet, dass die Einführung eines Mindestlohnsatzes folgende Bruttowohlfahrtseffekte – Änderungen ($\Delta$) der Arbeitgeber- beziehungsweise Arbeitnehmerrente – hervorruft:

a. $\Delta$ Arbeitgeberrente: $- b - c$
b. $\Delta$ Arbeitnehmerrente: $+ b - e$

Die Bruttowohlfahrtseffekte betragen:

$\Delta$ Bruttowohlfahrt: $- b + b - c - e$

## VIII. Nettowohlfahrtseffekte

Die Nettowohlfahrtseffekte betragen:

$\Delta$ Nettowohlfahrt: $- c - e$

## IX. Ökonomische Inzidenz

Die Wohlfahrtseffekte sind für die Arbeitgeber negativ, für die Arbeitnehmer ambivalent.

Die **Arbeitgeber verlieren**, weil:

1. alle *aktuellen* Arbeitgeber, die weiterhin Arbeitskräfte nachfragen, einen höheren Lohnsatz zu zahlen haben ($w_B > w_A$) und dadurch

einen Teil ihrer bisherigen Arbeitgeberrente verlieren ($- b$);

2. alle *potentiellen* Arbeitgeber, die nun nicht mehr Arbeitskräfte nachfragen, weil ihnen der neue Lohnsatz zu hoch ist, ihre bisherige Arbeitgeberrente verlieren ($- c$).

Die **Arbeitnehmer gewinnen**, weil:

alle *aktuellen* Arbeitnehmer, die weiterhin ihren Arbeitsplatz behalten, einen höheren Lohnsatz erzielen ($w_B > w_A$) und dadurch Arbeitnehmerrente gewinnen ($+ b$);

Die **Arbeitnehmer verlieren**, weil:

alle *potentiellen* Arbeitnehmer, die nun ihren Arbeitsplatz verlieren, weil den potentiellen Arbeitgebern der Lohnsatz zu hoch ist, ihre bisherige Arbeitnehmerrente verlieren ($- e$).

### 4.3.2.2 Spezialfälle

#### 4.3.2.2.1 Lohnsatzunelastische Arbeitsnachfrage

Die Annahme einer lohnsatzunelastischen Arbeitsnachfrage repräsentiert den Fall, in dem die Arbeitgeber ein bestimmtes Arbeitsvolumen benötigen und bereit sind, (theoretisch) jeden dafür erforderlichen Lohnsatz zu zahlen. Ihnen nützt es weder, mehr Beschäftigte zu haben, weil für diese keine Arbeit vorhanden ist, noch, weniger Beschäftigte zu haben, weil die vorhandene Arbeit dann nicht zu schaffen ist.

In Abb. 4.11 ist die ökonomische Inzidenz eines Mindestlohnsatzes bei lohnsatzunelastischer Arbeitsnachfrage dargestellt.

Graphisch bedeutet dies, dass die Arbeitsnachfragekurve $N^d$ in Abb. 4.11 einen senkrechten Verlauf einnimmt. Für das Verhalten der Arbeitsanbieter wird weiterhin der Normalfall unterstellt, sodass die Arbeitsangebotskurve $N^s$ eine positive Steigung aufweist. Schnittpunkt A repräsentiert das Arbeitsmarktgleichgewicht vor Einführung des Mindestlohnsatzes.

Schnittpunkt B der Arbeitsnachfragekurve $N^d$ und der Lohnsatzgerade $PL_B$ repräsentiert das neue *Ungleichgewicht* auf dem **Arbeitsmarkt** nach Einführung des Mindestlohnsatzes. Fläche

**Abb. 4.11** Ökonomische Inzidenz eines
Mindestlohnsatzes bei lohnsatzunelastischer
Arbeitsnachfrage

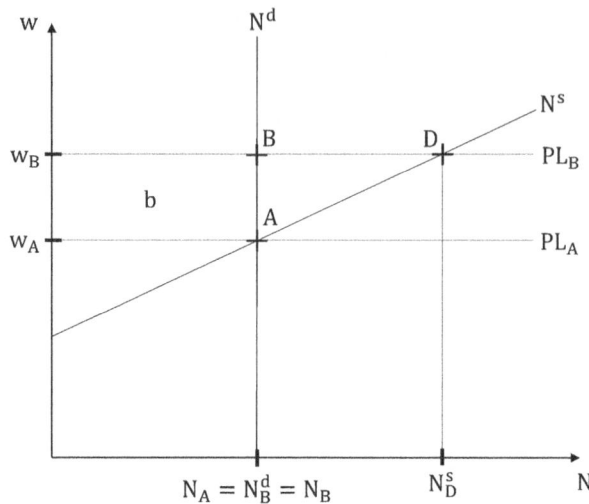

b zeigt den Verlust an Arbeitgeberrente, der den
Arbeitgebern dadurch entsteht, dass sie allen bisherigen Arbeitnehmern einen höheren Lohnsatz
zahlen (müssen). Da die Arbeitgeber ihre Arbeitskräfte unbedingt benötigen, sind sie bereit,
diese höheren Lohnsätze zu zahlen. In diesem
Fall stimmen die formale und die ökonomische
Inzidenz überein: Die *aktuellen* **Arbeit*geber*** tragen die **Gesamtlast**.

Der **Nettowohlfahrtseffekt** liegt in diesem
Fall bei **null**: Das, was die Arbeitgeber an Arbeitgeberrente verlieren (− b), gewinnen die Arbeitnehmer an Arbeitnehmerrente (+ b). Eine nicht
kompensierte Mehrbelastung, die im Normalfall
einen negativen Nettowohlfahrtseffekt hervorruft, bleibt hier aus. Im Fall einer lohnsatzunelastischen Arbeitsnachfrage tragen die Arbeitnehmer daher überhaupt keine Last. In diesem Fall
ist die Wirkung eines Mindeslohnsatzes optimal:
Keiner verliert seinen Arbeitsplatz, und Arbeitnehmer mit niedrigen Lohnsätzen werden nunmehr besser bezahlt.

### 4.3.2.2.2 Extrem lohnsatzelastische
Arbeitsnachfrage

Die Annahme einer extrem lohnsatzelastischen
Arbeitsnachfrage repräsentiert den Fall, in dem
die Arbeitgeber äußerst stark auf Lohnsatzänderungen reagieren: Steigt der Lohnsatz nur um einen geringen Betrag, wird überhaupt keine Arbeitskraft mehr nachgefragt. Sinkt der Lohnsatz

um wenige Cent, versuchen Arbeitgeber, so viele
Arbeitskräfte wie möglich zu beschäftigen. In
Abb. 4.12 ist die ökonomische Inzidenz eines
Mindestlohnsatzes bei extrem lohnsatzelasti-
scher Arbeitsnachfrage dargestellt.

Graphisch bedeutet dies, dass die Arbeitsnachfragekurve $N^d$ in Abb. 4.12 einen waagerechten Verlauf einnimmt. Für das Verhalten der
Arbeitsanbieter wird weiterhin der Normalfall
unterstellt, sodass die Arbeitsangebotskurve $N^s$
eine positive Steigung aufweist. Schnittpunkt A
repräsentiert das Arbeitsmarktgleichgewicht vor
Einführung des Mindestlohnsatzes.

Nach Einführung des Mindeslohnsatzes
kommt es zu einem **Arbeitsmarkt*un*gleichgewicht**, wie in Abb. 4.12 zu sehen ist. Der Arbeitsmarkt bricht zusammen: Der Mindestlohnsatz ist
so hoch, dass es zwar im Punkt D zu einem höheren Arbeitsangebot kommt, jedoch die Arbeitsnachfrage im Punkt B komplett verlorengeht. Es
gibt keinen einzigen potentiellen Arbeitgeber, der
bereit ist, zu diesem Mindestlohnsatz Arbeitskräfte nachzufragen. Es kommt kein Markt zustande, in diesem Fall gibt es **keine *aktuellen*
Marktteilnehmer**. Der Arbeitsmarkt ist durch
Arbeitslosigkeit gekennzeichnet, die durch die
Strecke von B nach D dargestellt ist. Arbeitslosigkeit entsteht sowohl aufgrund gesunkener Arbeitsnachfrage, was durch die Strecke von B nach
E dargestellt wird, als auch aufgrund eines gestiegenen Arbeitsangebots, was durch die Strecke

**Abb. 4.12** Ökonomische Inzidenz eines Mindestlohnsatzes bei extrem lohnsatzelastischer Arbeitsnachfrage

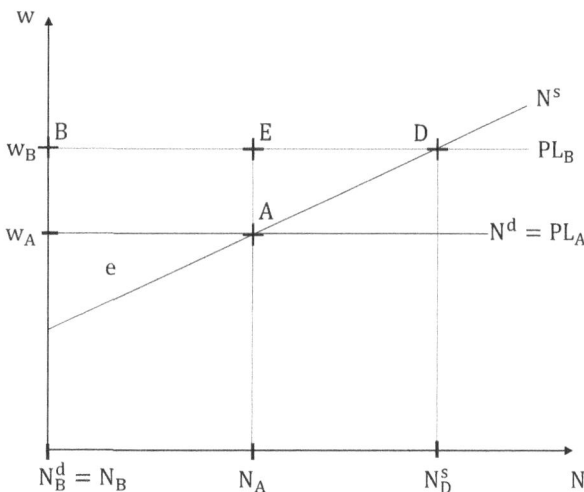

von E nach D gezeigt wird. Die potentiellen Arbeit*geber* erleiden keine Wohlfahrtsverluste, weil ihre Arbeitgeberrente bereits vorher bei null gelegen hat. Die potentiellen Arbeit*nehmer* verlieren ihre bisherige Arbeitnehmerrente (− e). In diesem Fall ist die ökonomische Inzidenz das kontrastive Gegenteil der formalen Inzidenz: Die (potentiellen) **Arbeit*nehmer*** tragen die **Gesamtlast**.

Der **Nettowohlfahrtseffekt** ist bei einer extrem preiselastischen Arbeitsnachfrage **negativ**: Die Arbeitnehmer verlieren ihre Arbeitnehmerrente in voller Höhe (− e). Zugleich ist dieser Verlust eine Mehrbelastung, die durch keinen positiven Effekt ausgeglichen wird. Die Last des Mindestlohnsatzes ist nicht offensichtlich, sondern „versteckt", weil keine aktuellen, sondern nur *potentielle* **Marktteilnehmer** davon betroffen sind: Die Arbeitsnachfrager erhalten nicht die Arbeitskräfte, die sie ohne Mindestlohnsatz erhielten, die Arbeitsanbieter nicht die Arbeitsplätze, die sie ohne Mindestlohnsatz bekämen. Ein Mindestlohnsatz eliminiert marktfähige Arbeit, es kommt ceteris paribus zu Arbeitslosigkeit.

Im Fall einer extrem lohnsatzelastischen Arbeitsnachfrage sind die Unternehmer nicht auf bestimmte Arbeitskräfte angewiesen. Selbst bei kleinen Lohnsatzerhöhungen verzichten sie auf Einstellungen dieser Arbeitskräfte, weil die Arbeitgeber menschliche Arbeitskraft durch maschinelle Arbeitskraft substituieren oder auf das Güterangebot verzichten können. Bemerkenswert an diesem Ergebnis ist der Umstand, dass die Lohnsatzelastizität der Arbeitsnachfrage in der Regel dann hoch ist, wenn es sich um Arbeitsplätze für **Geringqualifizierte** handelt, auf die ein Unternehmen nicht angewiesen ist. Die Arbeitskräfte dieser Marktsegmente zählen zu den Geringverdienern, tragen jedoch die komplette Last des Mindestlohnsatzes. Die Kopplung einer „Sozialleistung" an das Beschäftigungsverhältnis führt in diesem Fall nolens volens zu dem paradox anmutenden Distributionsziel, dass die Leistungsschwächsten durch den Mindestlohnsatz effektiv am stärksten belastet werden.

### 4.3.2.2.3 Lohnsatzunelastisches Arbeitsangebot

Die Annahme eines lohnsatzunelastischen Arbeitsangebots repräsentiert den Fall, in dem Arbeitnehmer ein bestimmtes Arbeitsvolumen benötigen und bereit sind, zu (theoretisch) jedem Lohnsatz zu arbeiten. Ihnen nützt es weder, mehr zu arbeiten, weil dies ihr Zeitbudget überschreitet, noch, weniger zu arbeiten, weil sie dann nicht alles tun, um ihre Existenz zu sichern. In Abb. 4.13 ist die ökonomische Inzidenz eines Mindestlohnsatzes bei lohnsatzunelastischem Arbeitsangebot dargestellt.

Graphisch bedeutet dies, dass die Arbeitsangebotskurve $N^s$ in Abb. 4.13 einen senkrechten Verlauf einnimmt. Für das Verhalten der Arbeitsnachfrager wird weiterhin der Normalfall unterstellt, sodass die Arbeitsnachfragekurve $N^d$ eine

**Abb. 4.13** Ökonomische Inzidenz eines
Mindestlohnsatzes bei lohnsatzunelastischem
Arbeitsangebot

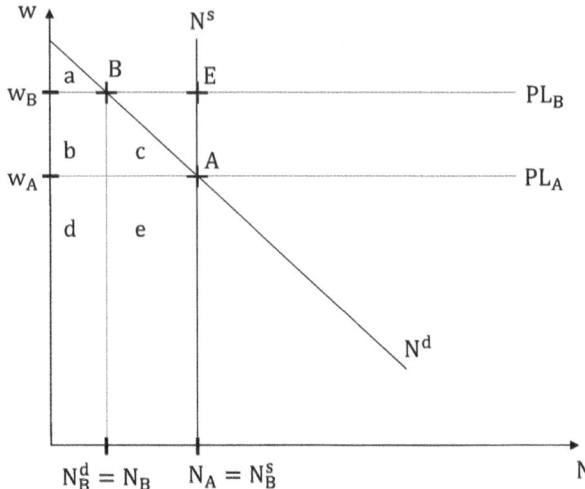

negative Steigung aufweist. Schnittpunkt A verkörpert das Arbeitsmarktgleichgewicht vor Einführung des Mindestlohnsatzes.

Der gestiegene Lohnsatz bewirkt einen Rückgang der Arbeitsnachfrage. Das neue **Arbeitsmarkt*un*gleichgewicht** liegt im Punkt B, weil
sich die Nachfrageseite als kürzere Marktseite
gegenüber der Angebotsseite durchsetzt, sodass
E nicht zustande kommt. Der Lohnsatz steigt von
$w_A$ auf $w_B$, die Beschäftigungsmenge sinkt von
$N_A$ auf $N_B$. Der Arbeitsangebotsüberschuss, der
graphisch durch die Strecke zwischen den Punkten B und E dargestellt ist, bedeutet Arbeitslosigkeit. Die Arbeitslosigkeit steigt nur aufgrund der
sinkenden Arbeitsnachfrage. Das Arbeitsangebot
ändert sich nicht, weil im Fall eines preisunelastischen Arbeitsangebots die Arbeitnehmer zu
(theoretisch) jedem beliebigen Lohnsatz eine fixe
Beschäftigungsmenge anbieten. Vorstellbar ist
eine derartige Situation unter Armen, die unabhängig vom Lohnsatz ihr Maximum an Arbeitszeit anbieten, um ihre Familien ernähren zu können.

Fläche (− b − c) zeigt den Verlust an Arbeitgeberrente, der den *aktuellen* Arbeitgebern dadurch
entsteht, dass sie nun einen höheren Lohnsatz zu
zahlen haben (− b), und den *potentiellen* Arbeitgebern dadurch entsteht, dass sie zu diesem höheren Lohnsatz keine Arbeitskräfte nachfragen
und dadurch auf einen Teil ihrer präferierten Beschäftigungsmenge verzichten (− c).

Der Effekt für die Arbeitnehmer ist ambivalent: Die *aktuellen* Arbeitnehmer gewinnen einen
Teil Arbeitnehmerrente, weil diejenigen, die weiterhin arbeiten, nunmehr einen höheren Lohnsatz
erzielen (+ b). Jedoch verlieren die *potentiellen*
Arbeitnehmer, die keine Arbeit mehr haben, ihre
bisherige Arbeitnehmerrente (− e).

Nach der formalen Inzidenz sollen die *aktuellen* Arbeitgeber die Last des Mindestlohnsatzes
tragen, nach der ökonomischen Inzidenz tragen
aber nicht nur die *aktuellen*, sondern auch die *potentiellen* **Arbeitgeber** sowie die *potentiellen*
**Arbeitnehmer** die tatsächliche **Last**.

Der **Nettowohlfahrtseffekt** ist bei einem
lohnsatzunelastischen Arbeitsangebot **negativ**
(− c − e): Das, was die *aktuellen* Arbeitgeber an
Arbeitgeberrente verlieren (− b), gewinnen die
*aktuellen* Arbeitnehmer (+ b). Zusätzlich entsteht
eine Mehrbelastung, weil *potentielle* (bisherige)
Arbeitgeber ihre Beschäftigten entlassen beziehungsweise keine neuen einstellen und dadurch
Arbeitgeberrente verlieren (− c) sowie *potentielle* Arbeitnehmer ihre Arbeitsplätze verlieren
beziehungsweise gar nicht erst bekommen und
dadurch Arbeitnehmerrente verlieren (− e).

Im Fall eines lohnsatzunelastischen Arbeitsangebots benötigen private Haushalte unbedingt
einen Arbeitsplatz. Deshalb sind sie bereit, zu
(theoretisch) jedem Lohnsatz zu arbeiten. Bemerkenswert an diesem Ergebnis ist der Umstand, dass die Lohnsatzelastizität des Arbeitsan-

**Abb. 4.14** Ökonomische Inzidenz eines
Mindestlohnsatzes bei extrem
lohnsatzelastischem Arbeitsangebot

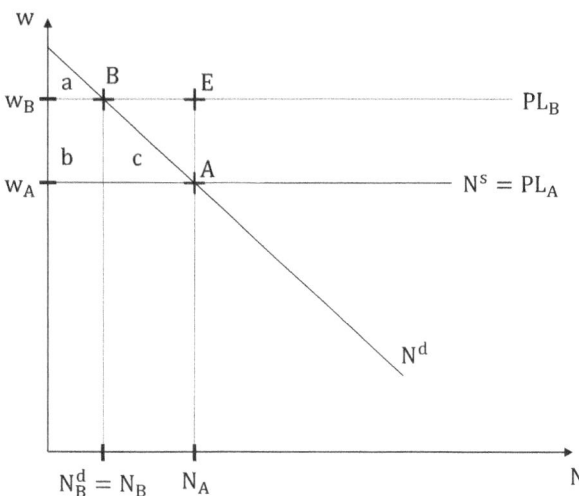

gebots in der Regel dann niedrig ist, wenn es sich entweder um besonders hoch- oder um besonders geringqualifizierte Arbeitskräfte handelt. Diese bieten ihre Arbeitskraft zu jedem erdenklichen Lohnsatz an, um in Lohn und Brot zu stehen und ihre Familien mit selbigem zu ernähren. Jene haben aufgrund mangelnden Wettbewerbs die Freiheit, ihren Arbeitgebern einen Lohnsatz zu diktieren. Im Kontext eines Mindestlohnsatzes sind die Arbeitskräfte relevant, die zu den Geringverdienern zählen.

#### 4.3.2.2.4 Extrem lohnsatzelastisches Arbeitsangebot

Die Annahme eines extrem lohnsatzelastischen Arbeitsangebots repräsentiert den Fall, in dem Arbeitnehmer äußerst stark auf Lohnsatzänderungen reagieren: Sinkt der Lohnsatz nur um einen geringen Betrag, wird überhaupt keine Arbeitskraft mehr angeboten. Steigt der Lohnsatz um wenige Cent, versuchen die Arbeitnehmer, so viel Arbeitskraft wie möglich anzubieten. In Abb. 4.14 ist die ökonomische Inzidenz eines Mindestlohnsatzes bei extrem lohnsatzelastischem Arbeitsangebot dargestellt.

Graphisch bedeutet dies, dass die Arbeitsangebotskurve $N^s$ in Abb. 4.14 einen waagerechten Verlauf einnimmt. Für das Verhalten der Arbeitsnachfrager wird weiterhin der Normalfall unterstellt, sodass die Arbeitsnachfragekurve $N^d$ eine negative Steigung aufweist. Schnittpunkt A ver-

körpert das Arbeitsmarktgleichgewicht vor Einführung des Mindestlohnsatzes.

Der gestiegene Lohnsatz führt zu einem Rückgang der Arbeitsnachfrage. Theoretisch bricht unter der rigiden Annahme einer gegen unendlich strebenden Lohnsatzelastizität des Angebots der Arbeitsmarkt zusammen, weil sich kein neuer Schnittpunkt aus Angebots- und Nachfragekurve ergibt. Allerdings spricht vieles dafür, dass Arbeitnehmer, deren Arbeitskraft zu einem Lohnsatz nachgefragt wird, der über ihre Vorstellungen hinausgeht, ihr Arbeitsangebot zu einem unerwartet hohen Reallohnsatz aufrechterhalten. Die Lohnsatzerhöhung wird als Mitnahmeeffekt verbucht. Das neue **Arbeitsmarkt*un*gleichgewicht** liegt im Punkt B. Der Lohnsatz steigt von $w_A$ auf $w_B$, die Beschäftigungsmenge sinkt von $N_A$ auf $N_B$. Die Arbeitslosigkeit hat ihre Ursache in der sinkenden Arbeitsnachfrage.

Fläche $(-b-c)$ zeigt den Verlust an Arbeitgeberrente, der den *aktuellen* Arbeitgebern dadurch entsteht, dass sie nun einen höheren Lohnsatz zu zahlen haben $(-b)$, und den *potentiellen* Arbeitgebern dadurch entsteht, dass sie zu diesem höheren Lohnsatz keine Abreitskräfte mehr nachfragen $(-c)$.

Nach der formalen Inzidenz sollen die *aktuellen* Arbeitgeber die Last des Mindestlohnsatzes tragen, nach der ökonomischen Inzidenz tragen aber tatsächlich nicht nur die aktuellen, sondern auch die *potentiellen* **Arbeitgeber** die **Gesamtlast**.

Der **Nettowohlfahrtseffekt** ist in diesem Fall **negativ** (− c): Das, was die *aktuellen* Arbeitgeber an Arbeitgeberrente verlieren (− b), gewinnen die *aktuellen* Arbeitnehmer (+ b). Zusätzlich entsteht eine Mehrbelastung (− c), weil bisherige (potentielle) Arbeitgeber ihre Beschäftigten entlassen beziehungsweise gar nicht erst einstellen und dadurch Arbeitgeberrente verlieren.

Die Lohnsatzelastizität des Arbeitsangebots ist in der Regel dann hoch, wenn es sich um Arbeitsplätze handelt, auf die ein Arbeitnehmer nicht angewiesen ist.

### 4.3.3 Interpretation

Folgende Erkenntnisse lassen sich aus der Inzidenzanalyse eines Mindestlohnsatzes ableiten:

1. Ein Teil der Last des Mindestlohnsatzes wird nicht nur von den *aktuellen* **Arbeitgebern** (− b), sondern auch von den *potentiellen* **Arbeitgebern** (Ex-Arbeitgebern) getragen, denen der Lohnsatz nunmehr zu hoch ist, sodass sie keine Arbeitskräfte nachfragen und ihre bisherige Arbeitgeberrente verlieren (− c).
2. Ein Teil der Last des Mindestlohnsatzes wird von den *potentiellen* **Arbeitnehmern** (Ex-Arbeitnehmern) getragen, die nunmehr ihren Arbeitsplatz und ihre bisherige Arbeitnehmerrente verlieren (− e).
3. Die *aktuellen* **Arbeitnehmer**, die weiterhin in Lohn und Brot stehen, gewinnen Arbeitnehmerrente (+ b).
4. Der negative Wohlfahrtseffekt der aktuellen Arbeitgeber (− b) wird durch den positiven Wohlfahrtseffekt der aktuellen Arbeitnehmer (+ b) kompensiert, sodass unter den *aktuellen* **Marktteilnehmern kein Nettowohlfahrtseffekt** entsteht. Es handelt sich lediglich um eine **Umverteilung** von Arbeitgebern zu Arbeitnehmern, die im Fall eines Mindestlohnsatzes auch angestrebt wird.
5. Die negativen Wohlfahrtseffekte der *potentiellen* Arbeitgeber (− c) und *potentiellen* Arbeitnehmer (− e) sind Mehrbelastungen, die nicht kompensiert werden, sodass unter den *potentiellen* **Marktteilnehmern** ein **Nettowohlfahrtsverlust** entsteht.
6. Mindestlohnsätze **belasten** nicht nur *aktuelle* **Arbeitgeber**, die den Mindestlohnsatz tatsächlich zahlen, sondern auch *potentielle* **Marktteilnehmer**, denen ihre bisherige Arbeitgeber- beziehungsweise Arbeitnehmerrente verlorengeht.
7. Mindestlohnsätze unterstützen nur *aktuelle* **Arbeitnehmer**, fördern demzufolge **Besitzstandswahrung**.
8. Wenn Mindestlohnsätze unabhängig davon greifen, ob Arbeitnehmer in einem armen oder reichen Haushalt leben, orientiert sich die staatliche Distributionspolitik nicht an Niveaueffekten (Niveau des Haushaltseinkommens), sondern weitgehend an **Struktureffekten** (Struktur des Haushaltseinkommens).

Drei berühmte Arbeitsmarktökonomen, der Berkeley-Ökonom und Wirtschaftsnobelpreisträger des Jahres 2021, David Card, der frühere Princeton-Ökonom Alan Bennett Krueger (1960–2019) sowie der Harvard-Ökonom Lawrence Francis Katz, bezweifeln in ihren Studien, dass Mindestlohnsätze zu mehr Arbeitslosigkeit führen (vgl. Card 1992a,b, S. 22–37, S. 38–54; Card und Krueger 1993, 1995, S. 772–793; Katz und Krueger 1992, S. 6–21).

Allerdings ist es schwierig, die beschäftigungspolitischen Wirkungen von Mindestlohnsätzen empirisch zu ermitteln. Es besteht die Gefahr logischer Fehlschlüsse wie „Cum hoc, ergo propter hoc" („Mit diesem, also deswegen") oder „Post hoc, ergo propter hoc" („Nach diesem, also deswegen"): Im ersten Fall liegt **Synchronizität** vor, das *simultane* Auftreten mehrerer Phänomene, im zweiten Fall **Postchronizität**, das *sequentielle* Auftreten mehrerer Phänomene. In beiden Fällen besteht ein statistischer Zusammenhang, der jedoch nicht notwendigerweise auch ein kausaler zu sein braucht. Denn eine Kausalkette lässt sich nur ceteris paribus („wenn das Übrige gleichbleibt", „unter sonst gleichen Bedingungen") nachweisen. Eine komplexe Welt birgt jedoch das Risiko, dass ceteris *non* paribus gilt, dass die Bedingungen eben nicht gleich sind.

In einer Querschnittsanalyse mit räumlichen Vergleichen, wie sie Card und Krueger in ihrer berühmten Studie über New Jersey und Pennsylvania vornehmen, unterscheiden sich die lokalen Gegebenheiten, in einer Zeitreihenanalyse mit zeitlichen Vergleichen unterscheiden sich die temporären Gegebenheiten.

Abgesehen von ihrer möglichen ökonomischen Ineffizienz, die naturgemäß mit einer Verschwendung volkswirtschaftlicher Ressourcen einhergeht, sowie ihrer möglichen Diskrepanz zwischen formaler (beabsichtigter) und ökonomischer (tatsächlicher) Inzidenz, schlagen weitere negative Effekte von Mindestlohnsätzen zu Buche:

Durch den staatlichen Eingriff erfolgt eine **Schwächung** des **Subsidiaritätsprinzips**: Gemäß dem Subsidiaritätsprinzip soll die jeweils unterste Ebene, die dazu in der Lage ist, die Kompetenz für die Lösung einer Aufgabe erhalten. Dies bedeutet, dass Lohnsätze grundsätzlich innerhalb eines Betriebes ausgehandelt werden sollten. Da in diesem Fall das Risiko wiederkehrender Streiks weniger Unternehmen zu einer unverhältnismäßig hohen, volkswirtschaftlich nicht mehr vertretbaren Zahl an Streiktagen führen kann, die auch andere Betriebe lahmlegen, erstreckt sich die Tarifautonomie in Deutschland grundsätzlich auf branchenweite Verhandlungen zwischen Gewerkschaften und Arbeitgeberverbänden. Für eine branchenübergreifende Lohnfestsetzung, wie sie beim Mindestlohnsatz gegeben ist, besteht keine Notwendigkeit, die durch ein Defizit subsidiärer Entscheidungsfindung begründet werden kann. Die durch den Mindestlohnsatz präferierte zentrale Lösung geht zulasten vieler dezentraler Lösungen, welche die spezifischen Gegebenheiten der jeweiligen Branche sowie der jeweiligen Region stärker berücksichtigen (können).

Durch die staatliche Intervention in die Preisbildung auf dem Arbeitsmarkt kommt es zu einer schleichenden **Erosion** der **Tarifautonomie**, die im Grundgesetz verankert ist (Art. 9 Abs. 3 Sätze 1 und 2 GG):

> „Das Recht, zur Wahrung und Förderung der Arbeits- und Wirtschaftsbedingungen Vereinigungen zu bilden, ist für jedermann und für alle Berufe gewährleistet. Abreden, die dieses Recht einschränken oder zu behindern suchen, sind nichtig, hierauf gerichtete Maßnahmen sind rechtswidrig."

Auch wenn der Mindestlohnsatz nicht gegen das Grundgesetz verstößt, weil bei juristischen Entscheidungen verschiedene Rechtsgüter abgewogen werden müssen und Einschränkungen daher nicht prinzipiell verfassungswidrig sind, wird den Tarifvertragsparteien der Arbeitgeber und Arbeitnehmer nicht nur die Entscheidungskompetenz beschnitten. Denn diejenigen, die entscheiden, nämlich die Parlamentarier, sind nicht diejenigen, welche die Verantwortung für die Folgen dieser Entscheidung tragen. Die Folgen haben die aktuellen und potentiellen Arbeitgeber sowie die aktuellen und potentiellen Arbeitnehmer zu tragen. Dadurch mangelt es an Kongruenz von Entscheidungs- und Verantwortungskompetenz, was die **Entscheidungshygiene negativ** beeinflusst.

Durch Mindestlohnsätze kommt es zu einem **Abbau von Minijobs**, die verstärkt im Niedriglohnsektor angeboten werden. Denn in diesem Lohnsegment gibt es Tätigkeiten, die entweder als Minijob oder gar nicht nachgefragt werden. Diese Beschäftigungsverhältnisse üben eine wichtige Funktion für die Wiedereingliederung Arbeitsloser in den Arbeitsmarkt aus. Fallen sie weg, erschwert dies den Einstieg vor allem Langzeitarbeitsloser in den Ersten Arbeitsmarkt.

Unter der Annahme, dass die formale Inzidenz eines Mindestlohnsatzes in der Verringerung der Armut zu sehen ist, weicht die ökonomische Inzidenz in mehrfacher Hinsicht von der formalen ab.

Ein Mindestlohnsatz unterstützt neben den **zielgruppenadäquaten** *armen* **Geringverdienern** auch:

- Einkommensarme mit hohem Vermögen;
- Geringverdiener, die nicht arm sind, weil sie in einem reichen Haushalt leben.

Ein Mindestlohnsatz unterstützt jedoch nicht:

- Arme, die keine Erwerbspersonen sind;
- Arme, die arbeitslos sind;
- Arme, die nicht aufgrund niedriger Lohn*sätze*, sondern aufgrund niedriger *Löhne* arm sind.

Löhne sind Werte mit einer Preis- und einer Mengenkomponente: Die Höhe eines Lohns hängt vom Lohnsatz (Preiskomponente) und von der Arbeitszeit (Mengenkomponente) ab. (Einkommens-)Armut ist aufgrund eines niedrigen Lohnsatzes und/oder aufgrund einer geringen wöchentlichen Arbeitszeit möglich. **Teilzeitbeschäftigte Arme** mit einem Lohnsatz, der über dem Mindestlohnsatz liegt, profitieren nicht von einem Mindestlohnsatz. Es ist sogar das paradox anmutende Resultat möglich, dass ein Armer, der sich weiterqualifiziert und *deswegen* einen Arbeitsplatz mit einem höheren Lohnsatz erhält, von einem Mindestlohnsatz nicht profitiert, während ein Armer, der Weiterbildungsangebote ausschlägt und *deshalb* weiterhin einen Arbeitsplatz mit einem niedrigeren Lohnsatz hat, vom Mindestlohnsatz profitiert. Damit ist die Anreizkompatibilität auf den Kopf gestellt: Denn der bessere, da nachhaltige Weg aus der Armutsfalle ist berufliche (Weiter-)Qualifikation als „Hilfe zur Selbsthilfe", nicht staatliche Subvention (vgl. Sen 1998, S. 178–216).

Werden die **Mindestlöhne** vom Staat **subventioniert**, um eine stärkere Belastung privater Unternehmen zu vermeiden, ergeben sich ebenfalls Fehlanreize:

**Mitnahmeeffekte** entstehen dadurch, dass alle Unternehmen von den öffentlichen Subventionen profitieren, auch wenn diese Subventionen keine Verhaltensänderung bewirken. Unternehmen „nehmen" die öffentlichen Subventionen „mit", obwohl sie selbst in der Lage sind, höhere Lohnsätze zu zahlen.

**Substitutionseffekte** sorgen dafür, dass Unternehmer keinen Anreiz haben, Arbeitnehmern nicht subventionierte Lohnsätze zu zahlen, die nur wenig über dem Mindestlohnsatz liegen. Verdient in einem Szenario ohne Mindestlohnsatz beispielsweise ein Arbeitnehmer € 8 pro Stunde und ein anderer € 14 pro Stunde, so zahlt der Unternehmer unter Wettbewerbsbedingungen dem Höherbezahlten deshalb 75 Prozent mehr, weil er davon ausgeht, dass die Arbeitsleistung des Höherbezahlten im Vergleich zur Arbeitsleistung des Geringerbezahlten dies rechtfertigt. Kann im zweiten Szenario ein Geringverdiener seinen Lohnsatz auf einen Mindestlohnsatz in Höhe von € 12 um 50 Prozent steigern, wird es für den Unternehmer attraktiv, Mitarbeiter zu beschäftigen, die in Anbetracht ihrer Arbeitsleistung auch ohne Mindestlohnsatz € 12 erhalten hätten, aufgrund der Lohnsubvention nun aber vom Unternehmen nur € 8 und vom Staat weitere € 4 pro Stunde erhalten. Gemessen am Preis (Lohnsatz)-Leistungs-Verhältnis hat der Unternehmer einen Anreiz, 14-Euro-Stellen durch 8-Euro-Stellen zu ersetzen, die vormals 12-Euro-Stellen gewesen sind.

## 4.4    Sozialversicherungsbeiträge

### 4.4.1    Grundlagen

In Deutschland sind die Sozialversicherungsbeiträge grundsätzlich an ein Beschäftigungsverhältnis gekoppelt.

▶ Die **Fünf Säulen** der *gesetzlichen* **Sozialversicherung** sind in chronologischer Reihenfolge:

1. Krankenversicherung (1883),
2. Unfallversicherung (1884),
3. Rentenversicherung (1889),
4. Arbeitslosenversicherung (1927),
5. Pflegeversicherung (1995).

Die **Sozialleistungsquote** (Sozialleistungen im Verhältnis zum BIP) liegt in Deutschland bei einem Drittel des BIP (vgl. BMAS 2021, S. 247, Tab. 1; Deutscher Bundestag 2021, S. 23, Frage 33). Bereits vor Ausbruch der Corona-Pandemie überschritt sie die 30-Prozent-Marke. Allein die fünf Säulen der gesetzlichen Sozialversicherung sowie die Pensionen machen zwei Drittel aller gesetzlichen Sozialleistungen aus (vgl. BMAS 2021, S. 245–303):

1. 35 % für die Alterssicherung (30 % Rentenversicherung, 5 % Pensionen),
2. 22 % für die Krankenversicherung,
3. 5 % für die Arbeitslosenversicherung,
4. 4 % für die Pflegeversicherung,
5. 1 % für die Unfallversicherung.

Insgesamt liegen die *monatlichen* **Sozialausgaben** in **Deutschland** bei € 1200 pro Kopf. Diese Summe entspricht dem *globalen* **Durchschnittseinkommen**. Die jährlichen Ausgaben für die Alterssicherung sind bereits heute höher als der gesamte Bundeshaushalt eines Jahres (ohne Neuverschuldung) und liegen bei 13 Prozent des BIP (eigene Schätzungen auf Basis von Statista 2022a,b,d). Seit 2022 betragen allein die Ausgaben der gesetzlichen Rentenversicherung in Deutschland über 1,25 Milliarden Euro pro Tag. Hinzu kommen Pensionszahlungen, die sich zwischen 2010 und 2020 verdoppelt haben. Als die Babyboomer zwischen 1954 und 1968 geboren wurden, kamen auf einen Rentner vier Beitragszahler. Wenn die Babyboomer zwischen 2020 und 2035 in den Ruhestand gegangen sind, kommen ceteris paribus auf einen Rentner nur noch zwei Beitragszahler (vgl. Destatis 2022a).

Die **Arbeitnehmerentgelte** werden im Europäischen System Volkswirtschaftlicher Gesamtrechnungen folgendermaßen definiert (ESVG 2010, 4.02, S. 101):

> „Das Arbeitnehmerentgelt … umfasst sämtliche Geld- und Sachleistungen, die **von einem Arbeitgeber erbracht werden** [Hervorh. durch RR], und zwar als Entgelt für die von diesem in einem Darstellungszeitraum geleistete Arbeit."

Zu den Arbeitnehmerentgelten zählen daher neben den Bruttolöhnen und –gehältern auch die Arbeit*geber*beiträge zur Sozialversicherung.

**Bruttolöhne und -gehälter** werden von den europäischen Statistikern wie folgt definiert (ESVG 2010, 4.03, S. 101; vgl. auch 4.04, S. 102):

> „Bruttolöhne und –gehälter in Form von Geldleistungen schließen alle **vom Arbeit*nehmer* geleisteten** [Hervorh. durch RR] Sozialbeiträge, Einkommensteuern und sonstigen Zahlungen ein, auch wenn diese vom Arbeitgeber einbehalten und für den Arbeitnehmer direkt an Systeme der sozialen Sicherung, Steuerbehörden usw. abgeführt werden."

Arbeitnehmerentgelte setzen sich folglich zusammen aus den jeweiligen Nettoeinkommen, der vom Arbeitgeber einbehaltenen Lohn-, Einkommen- und Kirchensteuer sowie den Arbeitnehmer- und Arbeitgeberbeiträgen zur Sozialversicherung. Bruttoeinkommen sind Arbeitnehmerentgelte abzüglich der Arbeit*geber*beiträge zur Sozialversi-

cherung. **Nettoeinkommen** sind Bruttoeinkommen abzüglich der Lohn-, Einkommen- und Kirchensteuer sowie der Arbeit*nehmer*beiträge zur Sozialversicherung. **Verfügbare Einkommen** sind Nettoeinkommen abzüglich geleisteter und zuzüglich empfangener Transferzahlungen.

Der Unterschied zwischen Arbeitnehmerentgelten sowie Bruttolöhnen und –gehältern orientiert sich allein an der *formalen* Inzidenz, wie aus den offiziellen Definitionen des Statistischen Amtes der Europäischen Union (Eurostat) sowie der Europäischen Kommission hervorgeht: Die Arbeit*geber*beiträge werden deutlich von den Arbeit*nehmer*beiträgen unterschieden. Buchungstechnisch entsteht der Eindruck, als könne zwischen Arbeitgeber- und Arbeitnehmeranteilen zur Sozialversicherung klar unterschieden werden. Es wird suggeriert, als trage der Arbeitgeber die Last des Arbeitgeberanteils und der Arbeitnehmer die Last des Arbeitnehmeranteils. Dem ist mitnichten so: Formale und ökonomische Inzidenz fallen in der Regel auseinander, weil es Unternehmern in unterschiedlichem Ausmaß gelingt, zusätzliche Arbeitskosten wie höhere Sozialversicherungsbeiträge auf die Arbeitnehmer zu überwälzen. Die Überwälzbarkeit ist insbesondere von der Lohnsatzelastizität des Arbeitsangebots abhängig.

▶ Die **Lohnsatzelastizität des Arbeitsangebots** misst die relative Änderung des Arbeitsangebots im Verhältnis zur relativen Änderung des Lohnsatzes.

Die **Lohnsatzelastizität der Arbeitsnachfrage** misst die relative Änderung der Arbeitsnachfrage im Verhältnis zur relativen Änderung des Lohnsatzes.

Gelingt es einem Arbeit*geber*, zusätzliche von ihm abzuführende Sozialversicherungsleistungen (formale Inzidenz) auf den Arbeitnehmer zu überwälzen, indem er den Bruttolohnsatz nicht um die Sozialversicherungsbeiträge erhöht, sinkt der Nettolohnsatz des Arbeitnehmers, der im Extremfall die gesamte Last dieser zusätzlichen Sozialversicherungsleistungen zu tragen hat (ökonomische Inzidenz).

Gelingt es einem Arbeit*nehmer*, zusätzliche von ihm abzuführende Sozialversicherungsleistungen (formale Inzidenz) auf den Arbeitgeber zu überwälzen, indem er einen um die Sozialversicherungsbeiträge erhöhten Bruttolohnsatz fordert, sodass sein Nettolohnsatz auch nach Zahlung dieser zusätzlichen Sozialversicherungsleistungen nicht sinkt, hat im Extremfall der Arbeitgeber die gesamte Last dieser zusätzlichen Sozialversicherungsleistungen zu tragen (ökonomische Inzidenz).

### 4.4.2  Wohlfahrtseffekte und Inzidenzen

#### 4.4.2.1 Normalfall

##### 4.4.2.1.1 Alleinige Beitragszahlung der Arbeitgeber

Abb. 4.15 zeigt die graphische Lösung einer Inzidenzanalyse für Sozialversicherungsbeiträge im Normalfall unter der Annahme, dass die Arbeitgeber sämtliche Sozialversicherungsbeiträge entrichten.

In Abb. 4.15 ist eine steigende Arbeitsangebotskurve $N^s$ der Arbeitnehmer und eine fallende Arbeitsnachfragekurve $N^d$ der Arbeitgeber abgetragen. Ohne Sozialversicherungsbeiträge liegt das Gleichgewicht auf dem Arbeitsmarkt im Schnittpunkt A, in dem das geplante Arbeitsangebot der geplanten Arbeitsnachfrage entspricht.

Nun wird eine gesetzliche Sozialversicherungspflicht eingeführt, und zwar dergestalt, dass ausschließlich die Arbeit*geber* die Sozialversicherungsbeiträge entrichten.

▶ Die **marginale Arbeitsangebotsbereitschaft** zeigt das Arbeitsangebot, das ein Arbeitnehmer zu einem bestimmten Lohnsatz gerade noch anzubieten bereit ist.

Die **Präferenzen** der **Arbeitnehmer**, die durch die (inverse) Arbeitsangebotskurve repräsentiert werden, ändern sich nicht. Arbeitnehmer orientieren sich am *Netto*lohnsatz. Sie werden weiterhin zum selben Nettolohnsatz die gleiche Beschäftigungsmenge anbieten wollen. Wenn

**Abb. 4.15** Ökonomische Inzidenz von Sozialversicherungsbeiträgen im Normalfall bei alleiniger Beitragszahlung der Arbeitgeber

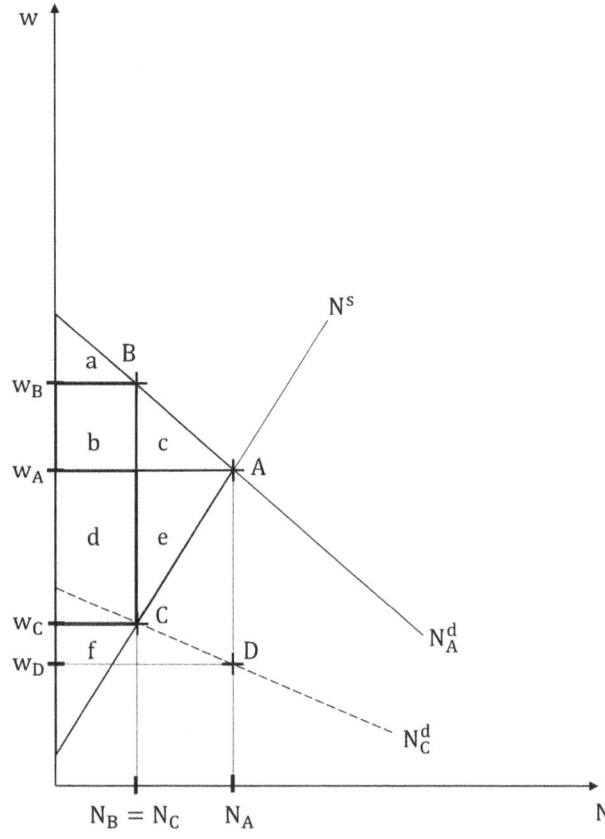

beispielsweise ein Arbeitnehmer bei einem Nettolohnsatz von € 20 pro Stunde 40 Arbeitsstunden pro Woche anzubieten bereit ist, dann wird er nach Einführung der Sozialversicherungsbeiträge, die allein der Arbeitgeber zahlt, weiterhin 40 Arbeitsstunden pro Woche anbieten wollen, sofern sein Nettolohnsatz weiterhin bei € 20 liegt.

Die **Arbeitsangebotskurve** repräsentiert die jeweiligen marginalen Arbeitsangebotsbereitschaften der Arbeitnehmer. Sie zeigt mitnichten, wieviel angeboten *wird* (Realis), sondern nur, wieviel bei einem bestimmten Lohnsatz angeboten *würde* (Konditionalis). Weil die Arbeitnehmer keine Beiträge zur Sozialversicherung zu zahlen haben, ändert sich die Arbeitsangebotskurve nach Einführung der obligatorischen Sozialversicherungsbeiträge nicht.

▶ Die **marginale Arbeitsnachfragebereitschaft** zeigt die Arbeitsnachfrage, die ein Arbeitgeber zu einem bestimmten Lohnsatz gerade noch nachzufragen bereit ist.

Die **Präferenzen** der **Arbeitgeber**, die durch die (inverse) Arbeitsnachfragekurve repräsentiert werden, ändern sich: Arbeitgeber orientieren sich am *Brutto*lohnsatz. Sie werden weiterhin zum selben Bruttolohnsatz die gleiche Beschäftigungsmenge nachfragen wollen. Während jedoch ohne Sozialversicherungsbeiträge Brutto- und Nettolohnsatz $w_A$ identisch sind, ist nach Einführung der gesetzlichen Sozialversicherungspflicht der Bruttolohnsatz $w_B$ höher als der Nettolohnsatz $w_C$. Wenn beispielsweise ein Arbeitgeber bei einem Nettolohnsatz von € 20 pro Stunde 40 Arbeitsstunden pro Woche nachzufragen bereit ist, dann wird er nach Einführung der Sozialversicherungsbeiträge weiterhin 40 Arbeitsstunden pro Woche nachfragen wollen, sofern sein Bruttolohnsatz weiterhin bei € 20 pro Arbeitsstunde liegt. Um aber nicht mehr als € 20 zu zahlen, ist ein um den Arbeitgeberbeitrag verminderter Nettolohnsatz erforderlich, weil der Arbeitgeberbeitrag abzuführen ist.

Die **Arbeitsnachfragekurve** repräsentiert die jeweiligen marginalen Arbeitsnachfragebereitschaften der Arbeitgeber. Sie zeigt mitnichten, wieviel Arbeitskraft nachgefragt *wird* (Realis), sondern nur, wieviel bei einem bestimmten Lohn-

satz nachgefragt *würde* (Konditionalis). Deshalb ändert sich die Arbeitsnachfragekurve nach Einführung der obligatorischen Sozialversicherungsbeiträge, weil nunmehr ein um den Arbeit*geber*beitrag zur Sozialversicherung *gesenkter Netto*lohnsatz vonnöten ist, um denselben Bruttolohnsatz wie vorher zu zahlen. Die Arbeitsnachfragekurve verschiebt sich prozentual nach unten. Es handelt sich nicht um eine Parallelverschiebung, die nur dann korrekt wäre, wenn eine *absolut* gleiche Verschiebung stattfände, sofern beispielsweise von jedem Bruttolohnsatz immer genau zwei Euro abgezogen würden. Die Einführung einer gesetzlichen Sozialversicherungspflicht zieht jedoch eine *relativ* (prozentual) gleiche Verschiebung nach sich, weil ein bestimmter Arbeitgeberbeitragssatz bei einem Bruttolohnsatz von € 20 pro Stunde zu einer absolut stärkeren Senkung führt als bei einem Bruttolohnsatz von € 10. Deshalb wirkt die Verschiebung der Arbeitsnachfragekurve nach unten wie eine Drehung. Genau genommen wird von der Höhe der alten Arbeitsnachfragekurve immer derselbe Prozentsatz subtrahiert, um die neue Arbeitsnachfragekurve zu erhalten. In Abb. 4.15 ist dies der besseren Übersicht wegen überzeichnet dargestellt.

Die Inzidenzanalyse von Sozialversicherungsbeiträgen führt zu den folgenden Ergebnissen:

I. **Formale Inzidenz**
Die Last der Arbeitgeberbeiträge zur Sozialversicherung sollen die Arbeitgeber, die Last der Arbeitnehmerbeiträge zur Sozialversicherung die Arbeitnehmer tragen.

II. **Neues Gleichgewicht**
Das neue Gleichgewicht auf dem Arbeitsmarkt liegt im Schnittpunkt C der alten Arbeitsangebotskurve und der neuen Arbeitsnachfragekurve.

III. **Preiseffekte**
Der Bruttolohnsatz steigt von $w_A$ auf $w_B$, der Nettolohnsatz sinkt von $w_A$ auf $w_C$. Die Arbeitgeber versuchen, durch niedrigere Nettolohnsätze ihre Sozialversicherungsbeiträge auf die Arbeitnehmer zu überwälzen, was den Arbeitgebern aber nur zum Teil gelingt: Der Nettolohnsatz sinkt nicht von $w_A$ auf $w_D$, was nötig wäre, um den alten Bruttolohnsatz beizubehalten, sondern nur auf $w_C$.

## IV.  Mengeneffekte

Die Beschäftigungsmenge sinkt von $N_A$ auf $N_C$. Die Arbeitsnachfrage sinkt, weil die Zahlung der Arbeitgeberbeiträge zur Sozialversicherung für den Arbeitgeber zur Zahlung eines höheren Bruttolohnsatzes führt und dadurch unattraktiver ist. Das Arbeitsangebot sinkt, weil der Nettolohnsatz für Arbeitnehmer sinkt und dadurch unattraktiver ist.

## V.  Wohlfahrt in der Ausgangssituation

Vor Einführung der Sozialversicherungspflicht beträgt die Wohlfahrt in der Ausgangssituation im Gleichgewichtspunkt A:

a.  Arbeitgeberrente:            $+ a + b + c$
b.  Arbeitnehmerrente:           $+ d + e + f$
c.  Staatsrente:                 null

## VI.  Wohlfahrt in der Endsituation

Nach Einführung der Sozialversicherungspflicht beträgt die Wohlfahrt in der Endsituation im neuen Gleichgewicht, das für die Arbeitgeber, die sich am Bruttolohnsatz orientieren, durch den Punkt B und für die Arbeitnehmer, die sich am Nettolohnsatz orientieren, durch den Punkt C gekennzeichnet ist:

a.  Arbeitgeberrente:            $+ a$
b.  Arbeitnehmerrente:           $+ f$
c.  Staatsrente:                 $+ b + d$

## VII.  Bruttowohlfahrtseffekte

Dies bedeutet, dass die Einführung von Sozialversicherungsbeiträgen folgende Bruttowohlfahrtseffekte – Änderungen ($\Delta$) der Arbeitgeber-, Arbeitnehmer- beziehungsweise Staatsrente – hervorruft:

a.  $\Delta$ Arbeitgeberrente:   $- b - c$
b.  $\Delta$ Arbeitnehmerrente:  $- d - e$
c.  $\Delta$ Staatsrente:        $+ b + d$

Die Bruttowohlfahrtseffekte betragen:

$$\Delta \text{ Bruttowohlfahrt:} \quad - b + b - d + d - c - e$$

## VIII.  Nettowohlfahrtseffekte

Die Nettowohlfahrtseffekte betragen:

$$\Delta \text{ Nettowohlfahrt:} \quad - c - e$$

## IX.  Ökonomische Inzidenz

Die Wohlfahrtseffekte sind für die Arbeitgeber negativ, für die Arbeitnehmer negativ und für den Staat positiv.

Die **Arbeitgeber verlieren**, weil:

1. alle *aktuellen* Arbeitgeber, die weiterhin Arbeitskräfte nachfragen, einen höheren Bruttolohnsatz zu zahlen haben ($w_B > w_A$) und dadurch einen Teil ihrer Arbeitgeberrente verlieren ($- b$);
2. alle *potentiellen* Arbeitgeber, die nun nicht mehr Arbeitskräfte nachfragen, weil ihnen der neue Bruttolohnsatz zu hoch ist, ihre bisherige Arbeitgeberrente verlieren ($- c$).

Die **Arbeitnehmer verlieren**, weil:

1. alle *aktuellen* Arbeitnehmer, die weiterhin ihre Arbeitskraft anbieten, einen niedrigeren Nettolohnsatz erzielen ($w_C < w_A$) und dadurch einen Teil ihrer Arbeitnehmerrente verlieren ($- d$);
2. alle *potentiellen* Arbeitnehmer, die nun nicht mehr ihre Arbeitskraft anbieten, weil ihnen der neue Nettolohnsatz zu niedrig ist, ihre bisherige Arbeitnehmerrente verlieren ($- e$).

Der **Staat gewinnt**, weil die staatlichen Sozialversicherungsträger die Sozialversicherungsbeiträge einnehmen, wobei:

1. alle aktuellen Arbeitgeber höhere Bruttolohnsätze zahlen ($+ b$);
2. alle aktuellen Arbeitnehmer niedrigere Nettolohnsätze erzielen ($+ d$).

### 4.4.2.1.2 Alleinige Beitragszahlung der Arbeitnehmer

Abb. 4.16 zeigt die graphische Lösung einer Inzidenzanalyse für Sozialversicherungsbeiträge im Normalfall unter der Annahme, dass die Arbeitnehmer sämtliche Sozialversicherungsbeiträge entrichten.

In Abb. 4.16 ist eine steigende Arbeitsangebotskurve $N^s$ der Arbeitnehmer und eine fallende Arbeitsnachfragekurve $N^d$ der Arbeitgeber abge-

**Abb. 4.16** Ökonomische Inzidenz von Sozialversicherungsbeiträgen im Normalfall bei alleiniger Beitragszahlung der Arbeitnehmer

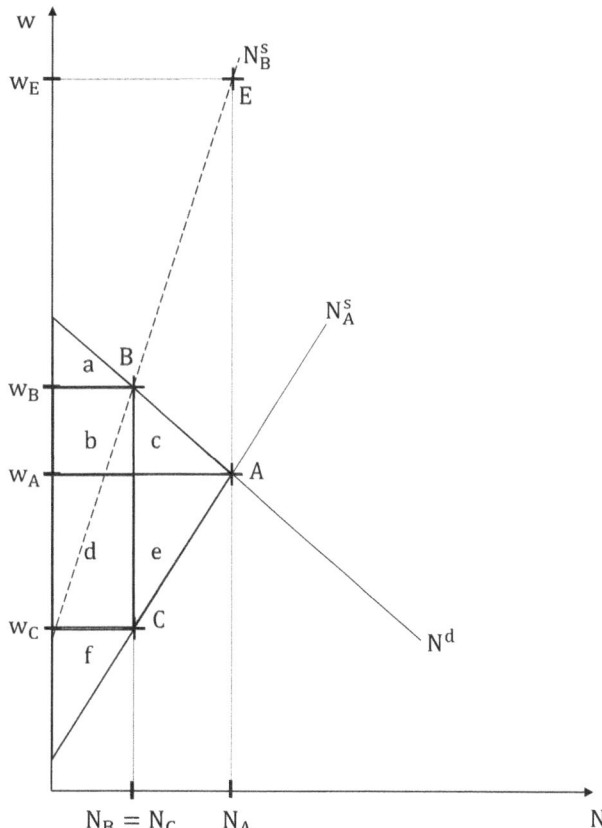

tragen. Ohne Sozialversicherungsbeiträge liegt das Gleichgewicht auf dem Arbeitsmarkt im Schnittpunkt A.

Nun wird eine gesetzliche Sozialversicherungspflicht eingeführt, und zwar dergestalt, dass ausschließlich die Arbeit*nehmer* die Sozialversicherungsbeiträge entrichten.

Die **Präferenzen** der **Arbeitgeber**, die durch die Arbeitsnachfragekurve repräsentiert werden, ändern sich nicht. Arbeitgeber orientieren sich am *Brutto*lohnsatz. Sie werden weiterhin zum selben Bruttolohnsatz die gleiche Beschäftigungsmenge nachfragen wollen. Wenn beispielsweise ein Arbeitgeber bei einem Bruttolohnsatz von € 20 pro Stunde 40 Arbeitsstunden pro Woche nachzufragen bereit ist, dann wird er nach Einführung der Sozialversicherungsbeiträge, die allein der Arbeitnehmer zahlt, weiterhin 40 Arbeitsstunden pro Woche nachfragen wollen, sofern sein Bruttolohnsatz bei € 20 verbleibt.

Weil die Arbeitgeber keine Sozialversicherungsbeiträge zu zahlen haben, ändert sich die **Arbeitsnachfragekurve** nach Einführung der obligatorischen Sozialversicherungsbeiträge nicht.

Die **Präferenzen** der **Arbeitnehmer**, die durch die Arbeitsangebotskurve repräsentiert werden, ändern sich: Arbeitnehmer orientieren sich am *Netto*lohnsatz. Sie werden weiterhin zum selben Nettolohnsatz die gleiche Beschäftigungsmenge anbieten wollen. Während jedoch ohne Sozialversicherungsbeiträge Brutto- und Nettolohnsatz $w_A$ identisch sind, ist nach Einführung der gesetzlichen Sozialversicherungspflicht der Bruttolohnsatz $w_B$ höher als der Nettolohnsatz $w_C$. Wenn beispielsweise ein Arbeitnehmer bei einem Nettolohnsatz von € 20 pro Stunde 40 Arbeitsstunden pro Woche anzubieten bereit ist, dann wird er nach Einführung der Sozialversicherungsbeiträge weiterhin 40 Arbeitsstunden pro Woche anbieten wollen, sofern sein Nettolohnsatz bei € 20 pro Arbeitsstunde verbleibt. Um aber einen Nettolohnsatz von € 20 zu erhalten, ist ein um den Arbeitnehmerbeitrag erhöhter Bruttolohnsatz erforderlich, weil der Arbeitnehmerbeitrag abzuführen ist.

Deshalb ändert sich die **Arbeitsangebotskurve** nach Einführung der obligatorischen Sozialversicherungsbeiträge, weil nunmehr ein um den Arbeit*nehmer*beitrag zur Sozialversicherung *erhöhter Brutto*lohnsatz vonnöten ist, um denselben Nettolohnsatz wie vorher zu erhalten. Die Arbeitsangebotskurve verschiebt sich prozentual nach oben. Es handelt sich nicht um eine Parallelverschiebung, weil ein bestimmter Arbeitnehmerbeitragssatz bei einem Nettolohnsatz von € 20 pro Stunde zu einer absolut stärkeren Erhöhung führt als bei einem Nettolohnsatz von € 10. Deshalb wirkt die Verschiebung der Arbeitsangebotskurve nach oben wie eine Drehung. Genau genommen wird von der Höhe der alten Arbeitsangebotskurve immer derselbe Prozentsatz addiert, um die neue Arbeitsangebotskurve zu erhalten. In Abb. 4.16 ist dies der besseren Übersicht wegen überzeichnet dargestellt.

Das neue **Arbeitsmarktgleichgewicht** liegt im Schnittpunkt B der alten Arbeitsnachfragekurve und der neuen Arbeitsangebotskurve. Der Bruttolohnsatz steigt von $w_A$ auf $w_B$, der Nettolohnsatz sinkt von $w_A$ auf $w_C$. Die Arbeitnehmer versuchen, durch höhere Bruttolohnsätze ihre Sozialversicherungsbeiträge auf die Arbeitgeber zu überwälzen, was den Arbeitnehmern nur zum Teil gelingt: Der Bruttolohnsatz steigt nicht von $w_A$ auf $w_E$, was nötig wäre, um den alten Nettolohnsatz beizubehalten, sondern nur auf $w_B$.

In dem Fall, in dem die Arbeitnehmer die Sozialversicherungsbeiträge zu 100 Prozent zu zahlen haben, ergeben sich **dieselben Effekte** wie in dem Fall, in dem die Arbeitgeber die Sozialversicherungsbeiträge zu 100 Prozent zu zahlen haben. Dies gilt explizit für die:

- Bruttolohnsatzeffekte,
- Nettolohnsatzeffekte,
- Beschäftigungsmengeneffekte,

- Arbeitgeberrente,
- Arbeitnehmerrente,
- Staatsrente,
- Bruttowohlfahrtseffekte,
- Nettowohlfahrtseffekte,
- Mehrbelastung.

### 4.4.2.1.3 Paritätische Beitragszahlung der Arbeitgeber und Arbeitnehmer

Abb. 4.17 zeigt die graphische Lösung einer Inzidenzanalyse für Sozialversicherungsbeiträge im Normalfall unter der Annahme, dass Arbeitgeber und Arbeitnehmer sich die Sozialversicherungsbeiträge zu je 50 Prozent teilen, wie es in Deutschland für die Kranken-, Renten-, Arbeitslosen- und Pflegeversicherung annähernd üblich ist, wogegen die Unfallversicherung nur von den Arbeitgebern finanziert wird.

In Abb. 4.17 ist eine steigende Arbeitsangebotskurve $N^s$ der Arbeitnehmer und eine fallende Arbeitsnachfragekurve $N^d$ der Arbeitgeber abgetragen. Ohne Sozialversicherungsbeiträge liegt das Gleichgewicht auf dem Arbeitsmarkt in Schnittpunkt A.

Nun wird eine gesetzliche Sozialversicherungspflicht eingeführt, und zwar dergestalt, dass sowohl der Arbeitgeber- als auch der Arbeitnehmeranteil jeweils 50 Prozent betragen:

Die **Präferenzen** der **Arbeitgeber**, die durch die Arbeitsnachfragekurve repräsentiert werden, ändern sich: Arbeitgeber orientieren sich am *Brutto*lohnsatz. Sie werden weiterhin zum selben Bruttolohnsatz die gleiche Beschäftigungsmenge nachfragen wollen. Um aber nicht mehr zu zahlen, ist ein um den Arbeitgeberbeitrag verminderter Nettolohnsatz erforderlich, weil der Arbeitgeberbeitrag an das Finanzamt abzuführen ist.

Deshalb ändert sich die **Arbeitsnachfragekurve** nach Einführung der obligatorischen Sozialversicherungsbeiträge, weil nunmehr ein um den Arbeit*geber*beitrag zur Sozialversicherung *gesunkener Netto*lohnsatz vonnöten ist, um denselben Bruttolohnsatz wie vorher zu zahlen. Die Arbeitsnachfragekurve verschiebt sich prozentual nach unten. In Abb. 4.17 ist dies der besseren Übersicht wegen überzeichnet dargestellt.

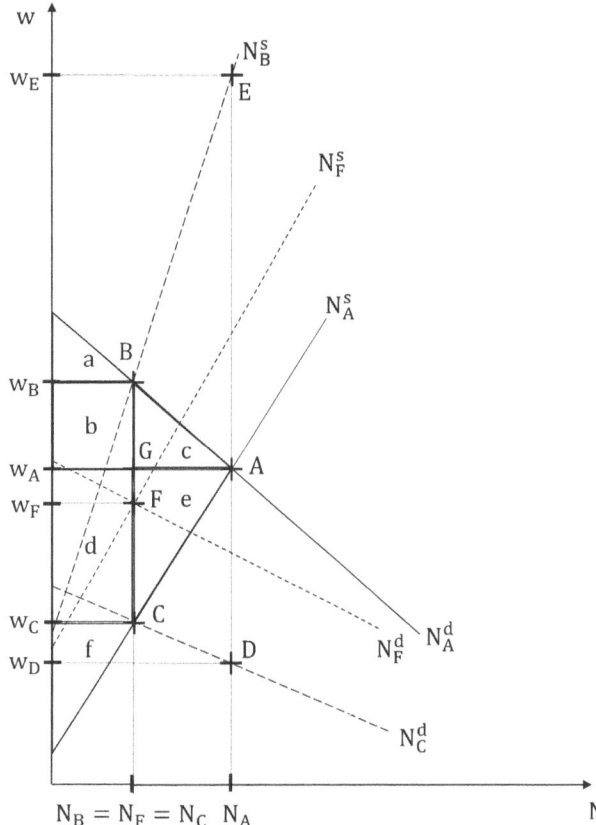

**Abb. 4.17** Ökonomische Inzidenz von Sozialversicherungsbeiträgen im Normalfall bei paritätischer Beitragszahlung der Arbeitgeber und Arbeitnehmer

Die **Präferenzen** der **Arbeitnehmer**, die durch die Arbeitsangebotskurve repräsentiert werden, ändern sich ebenfalls: Arbeitnehmer orientieren sich am *Netto*lohnsatz. Sie werden weiterhin zum selben Nettolohnsatz die gleiche Beschäftigungsmenge anbieten wollen. Um aber weiterhin einen gleichhohen Nettolohnsatz zu erhalten, ist ein um den Arbeitnehmerbeitrag erhöhter Bruttolohnsatz erforderlich, weil der Arbeitnehmerbeitrag abzuführen ist.

Deshalb ändert sich die **Arbeitsangebotskurve** nach Einführung der obligatorischen Sozialversicherungsbeiträge, weil nunmehr ein um den Arbeit*nehmer*beitrag zur Sozialversicherung *erhöhter Brutto*lohnsatz vonnöten ist, um denselben Nettolohnsatz wie vorher zu erhalten. Die Arbeitsangebotskurve verschiebt sich prozentual

nach oben. In Abb. 4.17 ist dies der besseren Übersicht wegen überzeichnet dargestellt.

Das neue **Arbeitsmarktgleichgewicht** pendelt sich irgendwo auf der vertikalen Linie zwischen B (alleinige Beitragszahlung der Arbeitnehmer) und C (alleinige Beitragszahlung der Arbeitgeber) ein. In Abb. 4.17 liegt es in F. Der Bruttolohnsatz steigt von $w_A$ auf $w_B$, der Nettolohnsatz sinkt von $w_A$ auf $w_C$. Die Beschäftigungsmenge sinkt von $N_A$ auf $N_F$.

In dem Fall, in dem Arbeitgeber und Arbeitnehmer die Beitragszahlungen paritätisch aufteilen, ergeben sich **dieselben Effekte** wie in dem Fall, in dem die Arbeit*geber* die Sozialversicherungsbeiträge zu 100 Prozent entrichten, und wie in dem Fall, in dem die Arbeit*nehmer* die Sozialversicherungsbeiträge zu 100 Prozent zahlen.

In der öffentlichen Diskussion spielt die Frage eine erhebliche Rolle, wie hoch die Arbeitgeber- beziehungsweise Arbeitnehmerbeiträge zur Sozialversicherung sein sollen. In Deutschland ist die Lastverteilung in der Kranken-, Renten-, Arbeitslosen- und Pflegeversicherung grundsätzlich paritätisch gelöst. Allerdings gibt es einige Ausnahmen: Sächsische Arbeitnehmer zahlen – als Ausgleich für den Buß- und Bettag, der nur in diesem Bundesland gesetzlicher Feiertag geblieben ist – knapp zwei Drittel der Beiträge zur Pflegeversicherung. Die Beitragszuschläge für kinderlose Erwachsene ab 23 Jahren in der Pflegeversicherung zahlen ausschließlich die Arbeitnehmer. In der Knappschaftlichen Rentenversicherung, deren Beitragssätze höher sind als derjenige in der allgemeinen Rentenversicherung, zahlen die Arbeitgeber mehr, weil die Arbeitnehmerbeiträge in beiden Rentenversicherungen gleichhoch sein sollen. Beiträge in die Unfallversicherung und in die Insolvenzgeldumlage zahlen ausschließlich die Arbeitgeber.

Alle diese Aufteilungen orientieren sich an der formalen Inzidenz und suggerieren zugleich, dass es eine große Rolle spielt, wer die Beiträge entrichtet. Die Ergebnisse der Inzidenzanalyse zeigen jedoch, dass es, ökonomisch betrachtet, irrelevant ist, ob sich

* Arbeitgeber und Arbeitnehmer gleichermaßen an den Beitragszahlungen beteiligen, wie dies in Deutschland weitgehend der Fall ist;
* die Arbeitgeber sämtliche Beitragszahlungen leisten;
* die Arbeitnehmer sämtliche Beitragszahlungen leisten.

Irrelevant ist dies deswegen, weil die Höhe der Bruttolohnsätze davon abhängt, wer in welchem Umfang die Sozialversicherungsbeiträge überweist. Ob Arbeitgeber oder Arbeitnehmer die größere tatsächliche Last tragen (ökonomische Inzidenz), hängt allein von den jeweiligen Lohnsatzelastizitäten der Arbeitsnachfrage beziehungsweise des Arbeitsangebots ab, nicht aber davon, wer wieviel zahlt. Es ist beispielsweise möglich, dass Arbeitnehmer sämtliche Beiträge an die Sozialversicherungsträger entrichten, dennoch tatsächlich gar nicht belastet werden, wenn es ihnen gelingt, als Ausgleich für die Beitragszahlungen entsprechende Bruttolohnerhöhungen durchzusetzen. Analog ist es möglich, dass Arbeitgeber sämtliche Beiträge an die Sozialversicherungsträger entrichten, dennoch tatsächlich gar nicht belastet werden, wenn es ihnen gelingt, als Ausgleich für die Beitragszahlungen entsprechende Nettolohnsenkungen durchzusetzen.

### Gehälter für Doktoren und Doktoranden

An Hochschulen sind die Nettogehälter des promovierten wissenschaftlichen Personals (z. B. Hochschulassistenten/Juniorprofessoren) höher als diejenigen des nicht-promovierten wissenschaftlichen Personals (z. B. wissenschaftliche Mitarbeiter). Allerdings können die Bruttogehälter für die höherqualifizierten verbeamteten Doktoren niedriger ausfallen als die Bruttogehälter für die geringerqualifizierten angestellten Doktoranden. Denn Beamte zahlen weder in die Renten- noch in die Arbeitslosenversicherung ein, weil sie weder Renten noch Arbeitslosengeld erhalten können. Die (hypothetischen) Rückstellungen für die Beamtenpensionen sind jedoch bereits in ihren (niedrigeren) Bruttogehältern eingepreist. ◄

Folgende wichtigen Erkenntnisse ergeben sich aus der Inzidenzanalyse:

1. An ein Beschäftigungsverhältnis gekoppelte Sozialversicherungsbeiträge verändern auch die relativen Preise: Die Preise für menschliche Arbeitskraft (Humankapital) steigen, weil für Menschen Sozialversicherungsbeiträge gezahlt werden. Die Preise für Maschinen (Sachkapital) steigen nicht, weil für Maschinen keine Sozialversicherungbeiträge gezahlt werden. Dies führt zu einer Verzerrung der Preisstruktur: Sachkapital wird attraktiver, Humankapital verliert an Attraktivität. Ceteris paribus führt dies zu **negativen beschäftigungspolitischen Effekten** wie höherer Arbeitslosigkeit.

2. Ob der **Arbeit*geber*anteil** beziehungsweise der **Arbeit*nehmer*anteil** zur Sozialversicherung bei 50 %, 100 % oder 0 % liegt, ist für die tatsächliche Lastverteilung **unerheblich**.

▶ Die *ökonomische* Inzidenz von **Sozialversicherungsbeiträgen** ist unabhängig davon, wie hoch die jeweiligen Arbeitgeber- beziehungsweise Arbeitnehmerbeiträge sind.

Im Folgenden werden Spezialfälle betrachtet, die extreme Lohnsatzelastizitäten zugrundelegen.

### 4.4.2.2 Spezialfälle

#### 4.4.2.2.1 Lohnsatzunelastische Arbeitsnachfrage

In den Spezialfällen werden extreme Lohnsatzelastizitäten unterstellt. Obgleich, wie oben gezeigt, die Frage, wer die Sozialversicherungsbeiträge zahlt, unerheblich ist, zeigen Abb. 4.18, 4.19, 4.20 sowie Abb. 4.21 zur besseren Illustration jeweils sowohl den Fall der alleinigen Beitragszahlung der Arbeitgeber als auch den Fall der alleinigen Beitragszahlung der Arbeitnehmer. Im ersten Fall verschiebt sich die Arbeitsnachfragekurve prozentual nach unten, im zweiten Fall verschiebt sich die Arbeitsangebotskurve prozentual nach oben.

Die Annahme einer lohnsatzunelastischen Arbeitsnachfrage repräsentiert den Fall, in dem Arbeitgeber ein bestimmtes Arbeitsvolumen benötigen und bereit sind, (theoretisch) jeden dafür erforderlichen Lohnsatz zu zahlen. Ihnen nützt es weder, mehr Beschäftigte zu haben, weil für diese keine Arbeit vorhanden ist, noch, weniger Beschäftigte zu haben, weil die vorhandene Arbeit dann nicht zu schaffen ist.

Abb. 4.18 zeigt die graphische Lösung einer Inzidenzanalyse von Sozialversicherungsbeiträgen für den Fall einer lohnsatzunelastischen Arbeitsnachfrage.

Graphisch bedeutet dies, dass die Arbeitsnachfragekurve in Abb. 4.18 einen senkrechten Verlauf einnimmt. Für das Verhalten der Arbeitsanbieter wird weiterhin der Normalfall unterstellt, sodass die Arbeitsangebotskurve eine positive Steigung aufweist. Schnittpunkt A repräsentiert das Arbeitsmarktgleichgewicht *vor*

**Abb. 4.18** Ökonomische Inzidenz von Sozialversicherungsbeiträgen bei lohnsatzunelastischer Arbeitsnachfrage

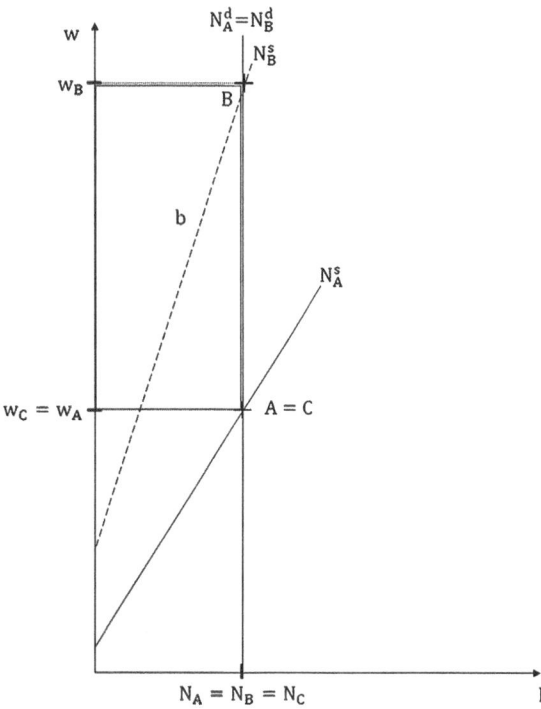

Einführung der Sozialversicherungsbeiträge. Schnittpunkte C (bei alleiniger Beitragszahlung der Arbeitgeber) beziehungsweise B (bei alleiniger Beitragszahlung der Arbeitnehmer) repräsentieren das Arbeitsmarktgleichgewicht *nach* Einführung der Sozialversicherungsbeiträge.

Die Arbeitgeber erleiden einen Verlust an Arbeitgeberrente (− b): Liegt die formale Inzidenz bei ihnen, sind sie nicht in der Lage, ihre zusätzliche Last auf die Arbeitnehmer zu überwälzen. Liegt die formale Inzidenz bei den Arbeitnehmern, sind diese sehr wohl in der Lage, einen höheren Bruttolohnsatz durchzusetzen: $w_B > w_A$. Der Nettolohnsatz bleibt unverändert: $w_C = w_A$. Die **Arbeit*geber*** tragen die **Gesamtlast**.

Der **Nettowohlfahrtseffekt** liegt in diesem Fall bei **null**: Das, was die Arbeitgeber an Arbeitgeberrente verlieren (− b), gewinnt der Staat, dem die Sozialversicherungsbeiträge zufließen (+ b). Es kommt zu keiner Mehrbelastung.

### 4.4.2.2.2 Extrem lohnsatzelastische Arbeitsnachfrage

Die Annahme einer extrem lohnsatzelastischen Arbeitsnachfrage repräsentiert den Fall, in dem Arbeitgeber äußerst stark auf Lohnsatzänderungen reagieren: Steigt der Lohnsatz nur um einen geringen Betrag, wird überhaupt keine Arbeitskraft mehr nachgefragt. Sinkt der Lohnsatz um wenige Cent, versuchen die Arbeitgeber, so viele Arbeitskräfte wie möglich zu beschäftigen. Abb. 4.19 zeigt die graphische Lösung einer Inzidenzanalyse von Sozialversicherungsbeiträgen für den Fall einer extrem lohnsatzelastischen Arbeitsnachfrage.

Graphisch bedeutet dies, dass die Arbeitsnachfragekurve in Abb. 4.19 einen horizontalen Verlauf einnimmt. Für das Verhalten der Arbeitsanbieter wird weiterhin der Normalfall unterstellt, sodass die Arbeitsangebotskurve eine positive Steigung aufweist. Schnittpunkt A repräsentiert

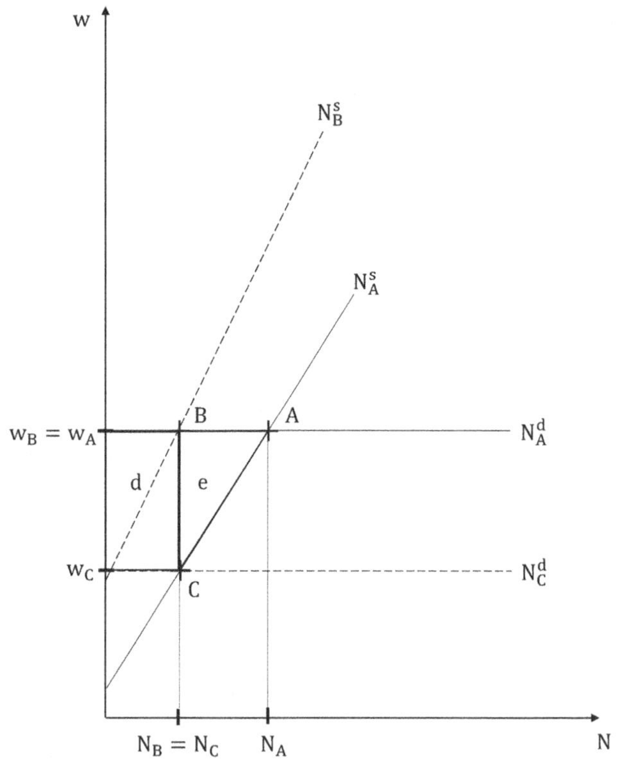

**Abb. 4.19** Ökonomische Inzidenz von Sozialversicherungsbeiträgen bei extrem lohnsatzelastischer Arbeitsnachfrage

das Arbeitsmarktgleichgewicht *vor* Einführung der Sozialversicherungsbeiträge. Schnittpunkte C (bei alleiniger Beitragszahlung der Arbeitgeber) beziehungsweise B (bei alleiniger Beitragszahlung der Arbeitnehmer) repräsentieren das Arbeitsmarktgleichgewicht *nach* Einführung der Sozialversicherungsbeiträge.

Die Arbeitnehmer erleiden einen Verlust an Arbeitnehmerrente (− d − e): Liegt die formale Inzidenz bei ihnen, sind sie nicht in der Lage, ihre zusätzliche Last auf die Arbeitgeber zu überwälzen. Liegt die formale Inzidenz bei den Arbeitgebern, sind diese sehr wohl in der Lage, einen niedrigeren Nettolohnsatz durchzusetzen: $w_C < w_A$. Der Bruttolohnsatz bleibt unverändert: $w_B = w_A$. Die **Arbeit*nehmer*** tragen die **Gesamtlast**.

Der **Nettowohlfahrtseffekt** ist in diesem Fall **negativ**: Das, was die *aktuellen* Arbeitnehmer an Arbeitnehmerrente verlieren (− d), gewinnt der Staat, dem die Sozialversicherungsbeiträge zufließen (+ d). Eine nicht kompensierte Mehrbelastung ruft allerdings einen negativen Netto-

wohlfahrtseffekt hervor: Einigen *potentiellen* Arbeitnehmern ist der (Brutto- wie Netto-)Lohnsatz nunmehr zu niedrig, sodass sie ihr Arbeitsangebot zurückziehen und ihre bisherige Arbeitnehmerrente verlieren (− e). Die Beschäftigungsmenge sinkt von $N_A$ auf $N_B$, sodass die Arbeitslosigkeit steigt.

### 4.4.2.2.3 Lohnsatzunelastisches Arbeitsangebot

Die Annahme eines lohnsatzunelastischen Arbeitsangebots repräsentiert den Fall, in dem Arbeitnehmer ein bestimmtes Arbeitsvolumen benötigen und bereit sind, (theoretisch) zu jedem Lohnsatz zu arbeiten. Ihnen nützt es weder, mehr zu arbeiten, weil dies ihr Zeitbudget überschreitet, noch, weniger zu arbeiten, weil sie dann nicht alles tun, um ihre Existenz zu sichern. Abb. 4.20 zeigt die graphische Lösung einer Inzidenzanalyse von Sozialversicherungsbeiträgen für den Fall eines lohnsatzunelastischen Arbeitsangebots.

Graphisch bedeutet dies, dass die Arbeitsangebotskurve in Abb. 4.20 einen senkrechten Ver-

**Abb. 4.20** Ökonomische Inzidenz von Sozialversicherungsbeiträgen bei lohnsatzunelastischem Arbeitsangebot

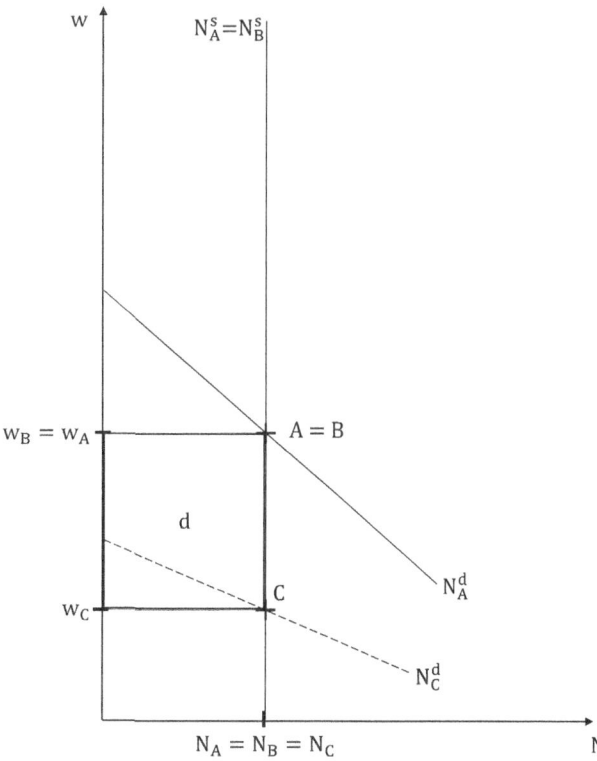

lauf einnimmt. Für das Verhalten der Arbeitsnachfrager wird weiterhin der Normalfall unterstellt, sodass die Arbeitsnachfragekurve eine negative Steigung aufweist. Schnittpunkt A repräsentiert das Arbeitsmarktgleichgewicht *vor* Einführung der Sozialversicherungsbeiträge. Schnittpunkte C (bei alleiniger Beitragszahlung der Arbeitgeber) beziehungsweise B (bei alleiniger Beitragszahlung der Arbeitnehmer) repräsentieren das Arbeitsmarktgleichgewicht *nach* Einführung der Sozialversicherungsbeiträge.

Die Arbeitnehmer erleiden einen Verlust an Arbeitnehmerrente ($-$ d): Liegt die formale Inzidenz bei ihnen, sind sie nicht in der Lage, ihre zusätzliche Last auf die Arbeitgeber zu überwälzen. Liegt die formale Inzidenz bei den Arbeitgebern, sind diese sehr wohl in der Lage, einen niedrigeren Nettolohnsatz durchzusetzen: $w_C < w_A$. Der Bruttolohnsatz bleibt unverändert: $w_B = w_A$. Die **Arbeit*nehmer*** tragen die **Gesamtlast**.

Der **Nettowohlfahrtseffekt** liegt in diesem Fall bei **null**: Das, was die Arbeitnehmer an Arbeitnehmerrente verlieren ($-$ d), gewinnt der

Staat, dem die Sozialversicherungsbeiträge zufließen (+ d). Es kommt zu keiner Mehrbelastung.

### 4.4.2.2.4 Extrem lohnsatzelastisches Arbeitsangebot

Die Annahme eines extrem lohnsatzelastischen Arbeitsangebots repräsentiert den Fall, in dem Arbeitnehmer äußerst stark auf Lohnsatzänderungen reagieren: Sinkt der Lohnsatz nur um einen geringen Betrag, wird überhaupt keine Arbeitskraft mehr angeboten. Steigt der Lohnsatz um wenige Cent, versuchen die Arbeitnehmer, so viel Arbeitskraft wie möglich anzubieten. Abb. 4.21 zeigt die graphische Lösung einer Inzidenzanalyse von Sozialversicherungsbeiträgen für den Fall einer extrem lohnsatzelastischen Arbeitsnachfrage.

Graphisch bedeutet dies, dass die Arbeitsangebotskurve in Abb. 4.21 einen horizontalen Verlauf einnimmt. Für das Verhalten der Arbeitsnachfrager wird weiterhin der Normalfall unterstellt, sodass die Arbeitsnachfragekurve eine negative Steigung aufweist. Schnittpunkt A repräsentiert das Arbeitsmarktgleichgewicht *vor*

**Abb. 4.21** Ökonomische Inzidenz von Sozialversicherungsbeiträgen bei extrem lohnsatzelastischem Arbeitsangebot

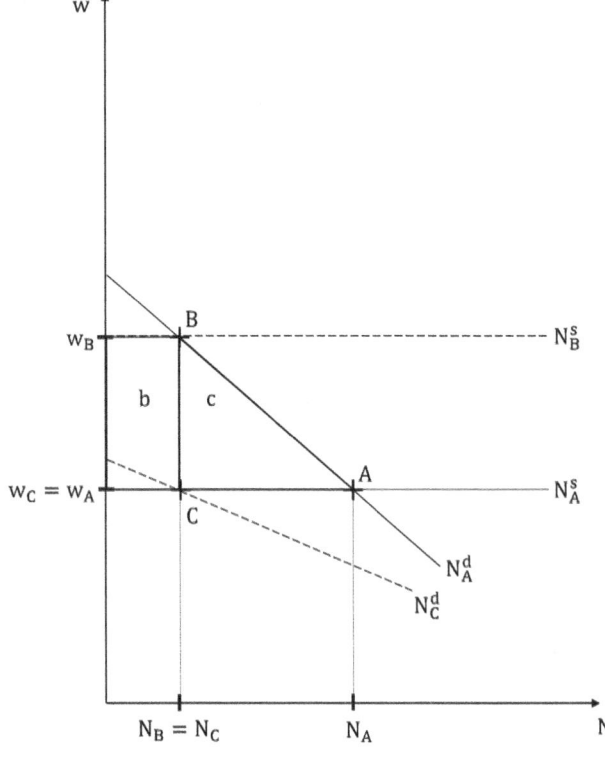

Einführung der Sozialversicherungsbeiträge. Schnittpunkte C (bei alleiniger Beitragszahlung der Arbeitgeber) beziehungsweise B (bei alleiniger Beitragszahlung der Arbeitnehmer) repräsentieren das Arbeitsmarktgleichgewicht *nach* Einführung der Sozialversicherungsbeiträge.

Die Arbeitgeber erleiden einen Verlust an Arbeitgeberrente (− b − c): Liegt die formale Inzidenz bei ihnen, sind sie nicht in der Lage, ihre zusätzliche Last auf die Arbeitnehmer zu überwälzen. Liegt die formale Inzidenz bei den Arbeitnehmern, sind diese sehr wohl in der Lage, einen höheren Bruttolohnsatz durchzusetzen: $w_B > w_A$. Der Nettolohnsatz bleibt unverändert: $w_C = w_A$. Die **Arbeit*geber*** tragen die **Gesamtlast**.

Der **Nettowohlfahrtseffekt** ist in diesem Fall **negativ**: Das, was die *aktuellen* Arbeitgeber an Arbeitgeberrente verlieren (− b), gewinnt der Staat, dem die Sozialversicherungsbeiträge zufließen (+ b). Einigen *potentiellen* Arbeitgebern ist der Bruttolohnsatz nunmehr zu hoch, sodass sie ihre Arbeitsnachfrage zurückziehen und ihre bisherige Arbeitgeberrente verlieren (− c). Die Beschäftigungsmenge sinkt von $N_A$ auf $N_B$, sodass die Arbeitslosigkeit steigt.

Wie die Last zwischen Arbeitgebern und Arbeitnehmern aufgeteilt wird, hängt von den **Lohnsatzelastizitäten** der Arbeitsnachfrage und des Arbeitsangebots ab:

▶ **Die Last, welche die Arbeitgeber zu tragen haben, ist umso größer,**

- je niedriger die Lohnsatzelastizität der Arbeitsnachfrage,
- je höher die Lohnsatzelastizität des Arbeitsangebots ist.

Die Last des Arbeitgebers ist dann besonders hoch, wenn er dringend Arbeitskräfte benötigt (niedrige Lohnsatzelastizität der Arbeitsnachfrage) oder wenn potentielle Arbeitnehmer bei sinkenden Nettolohnsätzen ihr Arbeitsangebot stark einschränken (hohe Lohnsatzelastizität des Arbeitsangebots). Die Last des Arbeitnehmers ist dann besonders hoch, wenn er dringend einen Arbeitsplatz benötigt (niedrige Lohnsatzelastizität

des Arbeitsangebots) oder wenn potentielle Arbeitgeber bei steigenden Bruttolohnsätzen ihre Arbeitsnachfrage stark einschränken (hohe Lohnsatzelastizität der Arbeitsnachfrage).

### 4.4.3 Interpretation

Folgende Erkenntnisse lassen sich aus der Inzidenzanalyse von Sozialversicherungsbeiträgen ableiten:

1. Ein Teil der Last der Sozialversicherungsbeiträge wird nicht nur von den *aktuellen* **Arbeitgebern** (− b), sondern auch von den *potentiellen* **Arbeitgebern** (Ex-Arbeitgebern) getragen (− c), denen der Bruttolohnsatz nunmehr zu hoch ist, sodass sie keine Arbeitskräfte nachfragen. Die Arbeitsnachfrage bleibt nur dann gleich, wenn es den Arbeitgebern gelingt, den Nettolohnsatz in Abb. 4.17 auf $w_D$ zu drücken, weil dann der Bruttolohnsatz $w_A$ unverändert bleibt. Da ihnen dies aber aufgrund des Widerstands der Arbeitnehmer nicht möglich ist, verlieren sie ihre bisherige Arbeitgeberrente.

2. Ein Teil der Last der Sozialversicherungsbeiträge wird nicht nur von den *aktuellen* **Arbeitnehmern** (− d), sondern auch von den *potentiellen* **Arbeitnehmern** (Ex-Arbeitnehmern) getragen (− e), denen der (Brutto- und Netto-)Lohnsatz nunmehr zu niedrig ist, sodass sie ihre Arbeitskraft nicht mehr anbieten. Das Arbeitsangebot bleibt nur dann gleich, wenn es den Arbeitnehmern gelingt, den Bruttolohnsatz auf $w_E$ zu erhöhen. Da ihnen dies aber aufgrund des Widerstands der Arbeitgeber nicht möglich ist, verlieren sie ihre bisherige Arbeitnehmerrente.

3. Die Last der Sozialversicherungsbeiträge der *aktuellen* **Arbeitgeber** (− b) und der *aktuellen* **Arbeitnehmer** (− d) wird durch die Beitragseinnahmen der Sozialversicherungsträger (+ b + d) kompensiert, sodass **kein Nettowohlfahrtseffekt** entsteht. Es handelt sich lediglich um eine **Umverteilung** von privaten Unternehmern (− b) und privaten Haushalten (− d) zum Staat, die im Fall von Sozi-

alversicherungsbeiträgen auch angestrebt wird. Das, was Arbeitgeber beziehungsweise Arbeitnehmer an Arbeitgeber- beziehungsweise Arbeitnehmerente verlieren, gewinnt der Staat an Staatsrente (+ b + d).

4. Die Last der Sozialversicherungsbeiträge der *potentiellen* **Arbeitgeber** (− c) und *potentiellen* **Arbeitnehmer** (− e) ist eine **Mehrbelastung**, die nicht kompensiert wird, sodass ein **Nettowohlfahrtsverlust** entsteht. Sozialversicherungsbeiträge belasten nicht nur *aktuelle* Arbeitgeber und Arbeitnehmer, die diese Beiträge tatsächlich zahlen, sondern auch *potentielle*, die diese Beiträge nicht zahlen, aber dem Arbeitsmarkt *aufgrund* der zu leistenden Sozialversicherungsbeiträge verlorengehen.

5. Die *tatsächliche* **Lastverteilung** (*ökonomische* Inzidenz) der Sozialversicherungbeiträge ist unabhängig davon, wer sie zahlt (formale Inzidenz).

Neben der Belastung des Faktors Arbeitskraft mit Sozialversicherungsbeiträgen wird die Dynamik des deutschen Arbeitsmarkts auch dadurch gebremst, dass die Grenzbelastung für

- Minijobber, die in ein reguläres Arbeitsverhältnis wechseln wollen,
- Teilzeitbeschäftigte, die in Vollzeit wechseln wollen,
- Vollzeitbeschäftigte mit niedrigen, mittleren und selbst mäßig überdurchschnittlichen Einkommen, die Überstunden machen wollen,

mit etwa 50 Prozent sogar höher ist als die Grenzbelastung für Spitzenverdiener, welche die jeweiligen Beitragsbemessungsgrenzen für die Sozialversicherungsbeiträge bereits überschritten haben (vgl. Beznoska und Hentze 2019, S. 21).

**Erwerbsarbeit lohnt nicht immer**

Angenommen, ein Gärtner und ein Tischler verdienen pro Arbeitsstunde jeweils € 20 netto und haben beide drei Stunden Zeit. Der Gärtner kann seinen eigenen Jägerzaun aus Lärchenholz in drei Stunden reparieren oder den Apfelbaum seines benachbarten Tischlers in zwei

Stunden beschneiden. Der benachbarte Tischler kann seinen eigenen Apfelbaum in drei Stunden beschneiden oder den Jägerzaun des benachbarten Gärtners in zwei Stunden reparieren. Weil der Gärtner einen komparativen Vorteil im Beschneiden von Apfelbäumen hat und der Tischler einen komparativen Vorteil im Reparieren von Holzzäunen, ist es effizient, wenn der Gärtner den Apfelbaum des benachbarten Tischlers beschneidet und der Tischler den Jägerzaun des benachbarten Gärtners repariert. Beide benötigen dafür jeweils zwei Stunden und können danach eine Stunde lang bei Kaffee und Kuchen plaudern. Um jedoch einen Nettolohn von € 40 zahlen zu können (€ 20 x 2 Arbeitsstunden), müssen beide Nachbarn bei einer Steuer- und Abgabenlast von 50 Prozent jeweils € 80 für die Arbeitskosten und unter Berücksichtigung der Mehrwertsteuer von ungefähr 20 Prozent des Nettopreises insgesamt € 88 zahlen. Da diese Zahlungen aus ihren jeweiligen Nettoeinkommen bestritten werden, müssen der Gärtner und der Tischler jeweils 4:24 Stunden (= 4,4 Stunden) arbeiten, um ihre Rechnungen begleichen zu können. Im Ergebnis stellen sich beide besser, wenn der Gärtner seinen eigenen Jägerzaun selbst repariert und der Tischler seinen eigenen Apfelbaum selbst beschneidet. Beide benötigen dafür jeweils drei Stunden. Das Ergebnis ist allerdings nicht Pareto-optimal, das mögliche einstündige Kaffeekränzchen bleibt auf der Strecke. ◄

Die Belastung des Faktors Arbeit mit Steuern und Abgaben sorgt für Ineffizienzen und für Negativanreize zu Mehrarbeit, führt also zum Gegenteil dessen, was im Sinne eines hohen Beschäftigungsstandes Ziel sein sollte.

## 4.5  Mehrwertsteuer

### 4.5.1  Grundlagen

**1918** wurde im Deutschen Reich die *Allphasen-Bruttoumsatzsteuer* eingeführt. Sie hatte zwar formal nur einen Steuersatz in Höhe von **0,5 %** des Umsatzes, war in ihrer Wirkung aber stärker als es dieser Steuersatz suggeriert: Die Steuer fiel in „allen Phasen" an, in der ein Produkt am Markt verkauft wurde: Verkaufte beispielsweise jemand einen gefundenen Edelstein an einen Goldschmied, der ihn an einen Großhändler veräußerte, dem ein Einzelhändler den Stein abkaufte, den letztlich ein Endverbraucher von diesem erwarb, so fielen in allen vier Verkaufsphasen Steuern an:

1. Finder – Goldschmied,
2. Goldschmied – Großhändler,
3. Großhändler – Einzelhändler,
4. Einzelhändler – Konsument.

Die Steuer, die auf einem Gut lastete, war demnach davon abhängig, wie oft ein Produkt verkauft wurde, bis es schließlich beim Endverbraucher ankam. Es kam zu **Kaskadeneffekten**, weil jede Handelsstufe besteuert wurde. Somit waren Großunternehmen bevorzugt, die mehrere Produktions- und Handelsstufen in ihrem Unternehmen vereinigten und sich dadurch dem mehrmaligen Zugriff des Finanzamtes entzogen.

Um diese Verzerrungen zu eliminieren, wurde **1968** die Allphasen-Umsatzsteuer durch die *Mehrwert*steuer („Value Added Tax", VAT) ersetzt. Diese besteuert bei jedem Verkauf nicht den Umsatz, sondern nur den *Mehr*wert, das heißt die Differenz zwischen dem Verkaufspreis und dem Einkaufspreis. Um dies besser zu illustrieren, werden im obigen Beispiel Preise für alle vier Verkaufsphasen hinzugefügt:

1. Finder – Goldschmied: € 50
2. Goldschmied – Großhändler: € 100
3. Großhändler – Einzelhändler: € 200
4. Einzelhändler – Endverbraucher: € 400

In diesem Zahlenbeispiel liegt die Steuerbemessungsgrundlage bei der Allphasen-Bruttoumsatzsteuer bei € 750 (€ 50 + € 100 + € 200 + € 400), während sie bei der Mehrwertsteuer nur bei € 400 liegt ([€ 50 – € 0] + [€ 100 – € 50] + [€ 200 – € 100] + [€ 400 – € 200]).

▶ Die **Mehrwertsteuer** ist eine *allgemeine* **Verbrauchsteuer**, die den auf jeder Handelsstufe geschaffenen jeweiligen Mehrwert besteuert.

Die Steuersätze der **Allphasen-Bruttoumsatzsteuer** änderten sich rasant: Bei ihrer Einführung 1918 lag der Steuersatz bei einem halben Prozent, zu ihrem Ende 1967 bei vier Prozent. Zwischen 1935 und 1951 verachtfachten sich die Steuersätze innerhalb von nur 16 Jahren: Von 0,5 % (1918) über 2,0 % (1935) und 3,0 % (1946) bis auf 4,0 % (1951).

Bei der Einführung der **Mehrwertsteuer** 1968 lag der Steuersatz bei 10 %, der ermäßigte Satz bei 5 %. Seit 2007 liegt der normale Steuersatz bei 19 %, der ermäßigte bei 7 %. Während der zweiten Jahreshälfte des Corona-Jahres 2020 wurden die Mehrwertsteuersätze für ein halbes Jahr auf 16 % beziehungsweise 5 % gesenkt. Die Mehrwertsteuer (Umsatzsteuer plus Einfuhrumsatzsteuer) ist in Deutschland mit einem jährlichen Aufkommen in der Größenordnung von etwa einer Viertelbillion Euro (vgl. Statista 2021a, 2022c) nach der Lohn- und Einkommensteuer die Steuer mit dem zweithöchsten Steueraufkommen (vgl. BMF 2022).

Der ermäßigte Mehrwertsteuersatz (vgl. UStG, Anlage 2) gilt für:

- (die meisten) Lebensmittel,
- Bücher,
- Zeitschriften,
- Zeitungen,
- Holz,
- Leistungen kultureller und gemeinnütziger Einrichtungen,
- zahnärztliche Leistungen,
- orthopädische Hilfsmittel,
- den Schienenverkehr,
- auswärtige Übernachtungen.

Von der Mehrwertsteuer befreit sind beispielsweise:

- ärztliche Leistungen,
- Mieten Privater,
- typische Kreditzinsen (abgesehen von den zahlreichen besonderen Regelungen für Zinsen).

**O Tannenbaum, o Tannenbaum...**
Aufgrund der Komplexität des deutschen Steuersystems kommt es zu einigen kuriosen Ergebnissen (vgl. iww 2012, S. 18): So beträgt der Umsatzsteuersatz eines Weihnachtsbaums:

> 5,5 %, wenn der Baum *artgerecht* und *zufällig*, also nicht nach geplanter Pflanzung, irgendwo im Wald aufgewachsen ist sowie von einem *Land-* oder *Forstwirt* an einen ebensolchen verkauft wird, der die Umsatzsteuer pauschalierend zahlt (vgl. § 24 Abs. 1 Nr. 1 UStG);
> 7,0 %, wenn der Baum *artgerecht* aufgewachsen ist und von einem *Gewerbetreibenden*, beispielsweise in einem Baumarkt, verkauft wird (vgl. § 12 Abs. 2 Nr. 1 UStG);
> 10,7 %, wenn die gleichen Bedingungen wie beim Steuersatz von 5,5 % gelten, der Baum aber *nicht zufällig* gewachsen, sondern in einer Sonderkultur gezüchtet worden ist (vgl. § 24 Abs. 1 Nr. 3 UStG);
> 19,0 %, wenn ein *Plastik*baum verkauft wird, weil dann kein Ausnahmetatbestand vom allgemeinen Mehrwertsteuersatz vorliegt.

Im Folgenden wird die Inzidenz einer Mehrwertsteuer ermittelt.

## 4.5.2  Wohlfahrtseffekte und Inzidenzen

### 4.5.2.1 Normalfall
Im Fall der **Mehrwertsteuer** soll der Endverbraucher die Steuerlast tragen (formale Inzidenz). Das externe Rechnungswesen orientiert sich – wirklichkeitsfremd – an der *formalen* Inzidenz und betrachtet die Mehrwertsteuer für den Unternehmer als **durchlaufenden Posten**, der nicht erfolgswirksam ist: Im Grunde genommen übernimmt der Unternehmer die hoheitliche Aufgabe eines „Steuereintreibers", indem er von den Verbrauchern die Umsatzsteuer „einzieht", diese mit seiner geleisteten Vorsteuer verrechnet und anschließend die Differenz an das Finanzamt überweist (Umsatzsteuer > Vorsteuer) beziehungsweise vom Finanzamt erstattet bekommt (Vorsteuer > Umsatzsteuer). Die Bewältigung dieser eigentlich staatlichen Aufgabe wird dem Unternehmer nicht entgolten. Zudem tragen im Normalfall nicht nur die privaten Haushalte, sondern auch die privaten Unternehmer einen Teil der Mehrwertsteuerlast (ökonomische Inzidenz), wie in der folgenden Inzidenzanalyse gezeigt wird.

In Abb. 4.22 ist die ökonomische Inzidenz einer Mehrwertsteuer im Normalfall dargestellt.

In Abb. 4.22 ist eine steigende Angebotskurve und eine fallende Nachfragekurve abgetragen. Ohne eine Mehrwertsteuer liegt das Marktgleichgewicht im Punkt A, in dem das geplante Angebot der geplanten Nachfrage entspricht.

Nun wird eine Mehrwertsteuer eingeführt: Die Präferenzen der **Konsumenten**, die durch die (inverse) Nachfragekurve repräsentiert werden, ändern sich nicht: Die marginale Zahlungsbereitschaft eines Konsumenten ist nicht davon abhängig, ob ein Preis deshalb hoch ist, weil der Unternehmer hohe Kosten hat, einen hohen Gewinn erzielt, eine Gebühr, eine Steuer oder einen Zoll zu entrichten hat. Wenn ein Konsument vor Einführung der Mehrwertsteuer bereit gewesen ist, zu einem bestimmten Preis eine bestimmte Menge nachzufragen, dann fragt er auch nach Einführung der Mehrwertsteuer die gleiche Menge zum selben Preis nach wie zuvor. Deshalb ändert sich die Nachfragekurve nach Einführung einer Mehrwertsteuer nicht.

Für die **Konsumenten** ist der *Brutto*preis $P_B$ der entscheidungsrelevante, weil sie diesen zahlen müssen. Dies impliziert, dass für die Ermittlung der Konsumentenrente *nach* Einführung der Mehrwertsteuer die neue *Brutto*preisgerade $PL_B$, nicht die neue *Netto*preisgerade $PL_C$ oder die alte (Brutto- und Netto-)Preisgerade $PL_A$ die ausschlaggebende ist.

Die Präferenzen der **Produzenten**, die durch die (inverse) Angebotskurve repräsentiert werden, ändern sich nach Einführung einer Mehrwertsteuer: Der Produzent wird zwar weiterhin zum selben Nettopreis (Preis ohne Mehrwertsteuer) die gleiche Menge anbieten wollen. Während jedoch ohne Mehrwertsteuer Brutto- und Nettopreis $P_A$ identisch sind, ist nach Einführung der Mehrwertsteuer der Bruttopreis (einschließlich Mehrwertsteuer) $P_B$ höher als der Nettopreis $P_C$. Wenn beispielsweise ein Unternehmer zu einem Nettopreis von € 20 pro Einheit 100 Mengeneinheiten anzubieten bereit ist, dann wird er nach Einführung einer Mehrwertsteuer in Höhe von 20 Prozent des Nettopreises weiterhin 100 Mengeneinheiten anbieten wollen, sofern er einen Nettopreis von € 20 erzielt. Um aber diesen Nettopreis von € 20 zu erzielen, ist ein Bruttopreis in Höhe von € 24 notwendig, weil die Mehrwertsteuer in Höhe von € 4 an das Finanzamt abzuführen ist.

**Abb. 4.22** Ökonomische Inzidenz einer Mehrwertsteuer im Normalfall

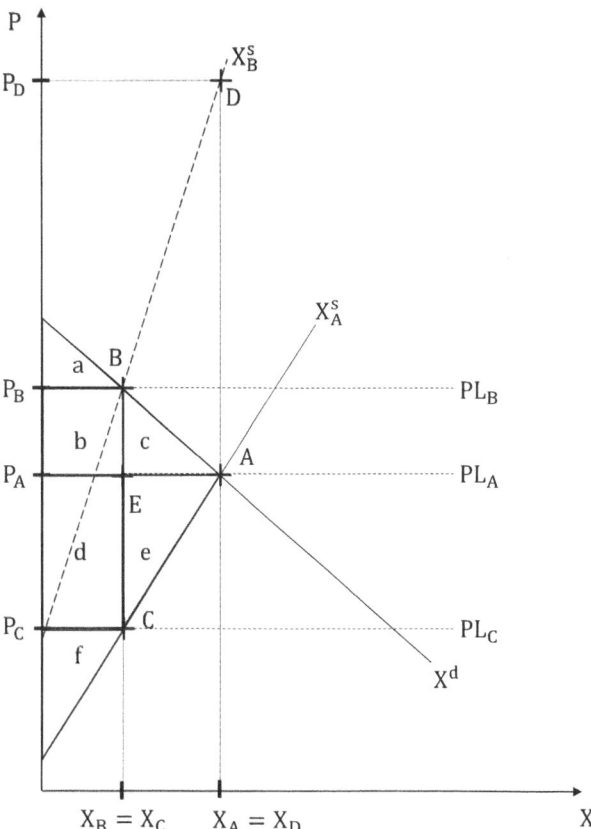

Deshalb ändert sich die Angebotskurve nach Einführung einer Mehrwertsteuer, weil nunmehr ein um den Mehrwertsteuersatz erhöhter Bruttopreis vonnöten ist, um denselben Nettopreis zu erzielen wie vorher.

Während für die Konsumenten der *Brutto*preis $P_B$ der entscheidungsrelevante ist, weil sie diesen zahlen müssen, ist für die **Produzenten** der *Nettopreis* $P_C$ der entscheidungsrelevante, weil sie diesen einbehalten dürfen. Dies impliziert, dass für die Ermittlung der Produzentenrente *nach* Einführung der Mehrwertsteuer

- die neue *Netto*preisgerade $PL_C$, nicht die neue *Brutto*preisgerade $PL_B$ die ausschlaggebende ist;
- die **alte** Angebotskurve (ohne Mehrwertsteuer), nicht die *neue* Angebotskurve, in der die Mehrwertsteuer bereits eingepreist ist, die relevante ist.

Das **Steuer***aufkommen* stellt einen **Wert** dar, der wie jeder andere Wert auch das Produkt aus einer **Preis-** und einer **Mengenkomponente** ist. Für die Überlegung, in welche Richtung sich die Angebotskurve verschiebt, ist die Frage zu beantworten, ob die Änderung des Steuersatzes eine Preisänderung ist, die auf der Ordinate gemessen wird und somit zu einer vertikalen Verschiebung nach oben beziehungsweise nach unten führt, oder ob sie eine Mengenänderung ist, die auf der Abszisse gemessen wird und somit zu einer horizontalen Verschiebung nach links beziehungsweise nach rechts führt. Da der Steuersatz die Preiskomponente des Steueraufkommens verkörpert, verschiebt sich die Angebotskurve prozentual nach oben.

Es handelt sich nicht um eine Parallelverschiebung. Diese wäre nur dann korrekt, wenn eine *absolut* gleiche Verschiebung stattfände, sofern beispielsweise auf jeden Nettopreis immer zwei Euro aufgeschlagen würden. Die Einführung einer Mehrwertsteuer zieht stattdessen eine *relativ (prozentual)* **gleiche Verschiebung** nach sich, weil ein Mehrwertsteuer*satz* von 20 Prozent bei einem Nettopreis von € 20 zu einer Erhöhung um € 4 führt, bei einem Nettopreis von € 10 aber nur zu einer Erhöhung um € 2. Deshalb wirkt die Verschiebung der Angebotskurve nach oben wie eine Drehung. Genau genommen werden immer 20 Prozent vertikal addiert. In Abb. 4.22 ist dies der besseren Übersicht wegen überzeichnet dargestellt.

Die Inzidenzanalyse einer Mehrwertsteuer führt zu den folgenden Ergebnissen:

### I. Formale Inzidenz
Die formale Inzidenz einer Mehrwertsteuer liegt ausschließlich bei den Konsumenten, weil diese die komplette Mehrwertsteuerlast tragen sollen.

### II. Neues Gleichgewicht
Das neue Gleichgewicht pendelt sich im Schnittpunkt B der (alten wie neuen) Nachfragekurve mit der neuen Angebotskurve ein.

### III. Preiseffekte
Der Bruttopreis steigt von $P_A$ auf $P_B$, der Nettopreis sinkt von $P_A$ auf $P_C$.

### IV. Mengeneffekte
Die gehandelte Menge sinkt von $X_A$ auf $X_B$.

### V. Wohlfahrt in der Ausgangssituation
Vor Einführung der Mehrwertsteuer beträgt die Wohlfahrt in der Ausgangssituation im Gleichgewichtspunkt A:
a. Konsumentenrente:	+ a + b + c
b. Produzentenrente:	+ d + e + f
c. Staatsrente:	null

### VI. Wohlfahrt in der Endsituation
Nach Einführung der Mehrwertsteuer beträgt die Wohlfahrt in der Endsituation im Gleichgewichtspunkt B:
a. Konsumentenrente:	+ a
b. Produzentenrente:	+ f
c. Staatsrente:	+ b + d

### VII. Bruttowohlfahrtseffekte
Dies bedeutet, dass die Einführung der Mehrwertsteuer folgende Bruttowohlfahrtseffekte – gleich Änderungen ($\Delta$) der Konsumenten-, Produzenten- beziehungsweise Staatsrente – hervorruft:
a. $\Delta$ Konsumentenrente:	− b − c
b. $\Delta$ Produzentenrente:	− d − e
c. $\Delta$ Staatsrente:	+ b + d

Die Bruttowohlfahrtseffekte betragen:

$\Delta$ Bruttowohlfahrt:	− b + b − d + d − c − e.

### VIII. Nettowohlfahrtseffekte
Die Nettowohlfahrtseffekte betragen:

$\Delta$ Nettowohlfahrt:	− c − e.

### IX. Ökonomische Inzidenz
Die Wohlfahrtseffekte sind sowohl für die Konsumenten als auch für die Produzenten negativ, für den Staat positiv:

Die **Konsumenten verlieren**, weil:

1. alle *aktuellen* Konsumenten, die weiterhin kaufen, einen höheren Bruttopreis zahlen ($P_B > P_A$) und dadurch einen Teil ihrer Konsumentenrente verlieren (− b);
2. alle *potentiellen* Konsumenten, die nun nicht mehr kaufen, da ihnen der neue Bruttopreis zu hoch ist, ihre bisherige Konsumentenrente verlieren (− c).

Die **Produzenten verlieren**, weil:

1. alle *aktuellen* Produzenten, die weiterhin verkaufen, einen niedrigeren Nettopreis erzielen ($P_C < P_A$) und dadurch einen Teil ihrer Produzentenrente verlieren (− d);
2. alle *potentiellen* Produzenten, die nun nicht mehr verkaufen, da ihnen der neue Nettopreis zu niedrig ist, ihre bisherige Produzentenrente verlieren (− e).

Der **Staat gewinnt**, weil er die Mehrwertsteuereinnahmen erzielt, deren Last zwischen den aktuellen Konsumenten und den aktuellen Produzenten aufgeteilt wird, indem:

1. alle *aktuellen* Konsumenten einen höheren Bruttopreis zahlen (+ b);
2. alle *aktuellen* Produzenten einen niedrigeren Nettopreis erzielen (+ d).

Im Folgenden werden vier Spezialfälle untersucht, um eine Aussage darüber treffen zu können, inwiefern die jeweiligen Preiselastizitäten die ökonomische Inzidenz beeinflussen:

### 4.5.2.2 Spezialfälle

#### 4.5.2.2.1 Preisunelastische Güternachfrage
In Abb. 4.23 ist die ökonomische Inzidenz einer Mehrwertsteuer bei preisunelastischer Nachfrage dargestellt.

Das alte Gleichgewicht ohne Mehrwertsteuer liegt im Schnittpunkt A. Nach Einführung der Mehrwertsteuer verschiebt sich die Angebotskurve um denselben Prozentsatz nach oben. Das neue Gleichgewicht mit Mehrwertsteuer liegt im Schnittpunkt B. Der Preiseffekt ist positiv, da der Preis von $P_A$ auf $P_B$ steigt. Der Mengeneffekt liegt bei null, weil die Menge aufgrund der preisunelastischen Nachfrage nicht steigt, sodass gilt: $X_A = X_B$.

Wenn der Mengeneffekt entfällt, verlieren die Unternehmer trotz Preiserhöhung keine Nachfrage. Denn die Konsumenten benötigen dieses Gut unbedingt und sind daher bereit, (theoretisch) jeden Preis dafür zu zahlen. Die Unternehmer können deshalb die gleiche Menge wie vorher zu einem Preis verkaufen, der um den vollen Mehrwertsteuersatz höher liegt als vorher. Im Fall preisunelastischer Nachfrage entspricht die formale Inzidenz der ökonomischen: Ausschließlich die *aktuellen* **Konsumenten** tragen die Mehrwertsteuerlast (− b). Es entsteht keine Mehrbelastung.

**Abb. 4.23** Ökonomische Inzidenz einer Mehrwertsteuer bei preisunelastischer Nachfrage

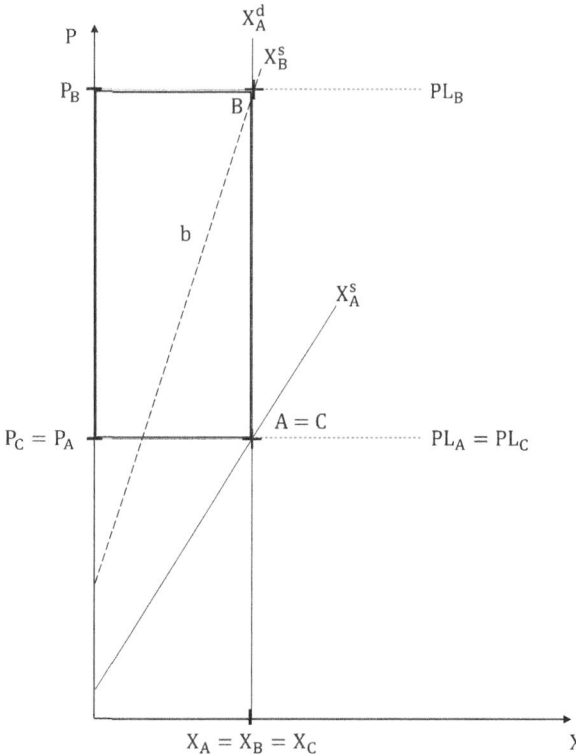

#### 4.5.2.2.2 Extrem preiselastische Güternachfrage

In Abb. 4.24 ist die ökonomische Inzidenz einer Mehrwertsteuer bei extrem preiselastischer Nachfrage dargestellt.

Das alte Gleichgewicht ohne Mehrwertsteuer liegt im Schnittpunkt A. Nach Einführung der Mehrwertsteuer verschiebt sich die Angebotskurve um denselben Prozentsatz nach oben. Das neue Gleichgewicht mit Mehrwertsteuer liegt im Schnittpunkt B. Der Preiseffekt liegt bei null, weil der Preis aufgrund der extrem preiselastischen Nachfrage nicht steigen kann, sodass gilt: $P_A = P_B$. Der Mengeneffekt ist negativ, da die Menge von $X_A$ auf $X_B$ sinkt.

Wenn der Preiseffekt entfällt, können die Unternehmer die zusätzliche Mehrwertsteuerlast nicht auf den Preis überwälzen. Denn die Konsumenten würden bereits bei einer unendlich kleinen Preiserhöhung ihre Nachfrage minimieren, weil sie dieses Gut nicht unbedingt benötigen oder ihnen Substitutionsmöglichkeiten geboten werden. Einige Unternehmer werden zum niedri-

geren, um den Mehrwertsteuersatz verminderten Nettopreis $P_C$ aus dem Markt austreten, sodass die Angebotsmenge und damit auch die verkaufte Menge sinken. Im Fall extrem preiselastischer Nachfrage ist die ökonomische Inzidenz das Gegenteil dessen, was die formale Inzidenz verheißt: Nicht die Konsumenten tragen die Mehrwertsteuerlast, sondern ausschließlich die *aktuellen* (− d) und *potentiellen* **Produzenten** (− e). Es entsteht eine Mehrbelastung, die über die Steuerlast hinausgeht (− e).

#### 4.5.2.2.3 Preisunelastisches Güterangebot

In Abb. 4.25 ist die ökonomische Inzidenz einer Mehrwertsteuer bei preisunelastischem Angebot dargestellt.

Das alte Gleichgewicht ohne Mehrwertsteuer liegt im Schnittpunkt A. Nach Einführung der Mehrwertsteuer müsste sich die Angebotskurve um denselben Prozentsatz nach oben verschieben. Eine vertikale Kurve verschiebt sich jedoch in sich selbst, sodass sie sich im Ergebnis gar

**Abb. 4.24** Ökonomische Inzidenz einer Mehrwertsteuer bei extrem preiselastischer Nachfrage

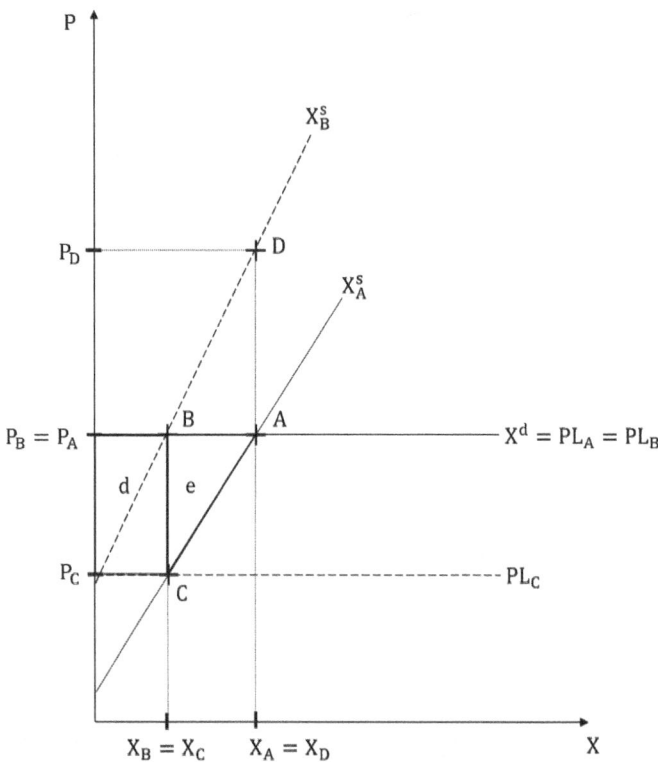

**Abb. 4.25** Ökonomische Inzidenz einer Mehrwertsteuer bei preisunelastischem Angebot

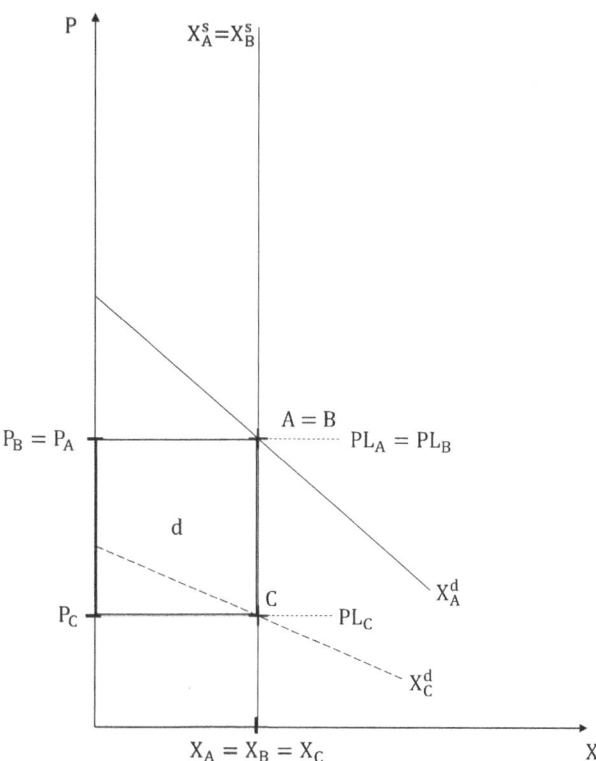

nicht verschiebt. Anfangs- und Endgleichgewicht sind identisch: A = B.

Der Mengeneffekt liegt bei null, weil sich die Menge aufgrund des preisunelastischen Angebots nicht ändern kann, sodass gilt: $X_A = X_B$. Die Unternehmer produzieren (theoretisch) zu jedem Preis die gleiche Menge. Der Preiseffekt für die Konsumenten liegt ebenfalls bei null, da diese sich am Bruttopreis $P_B$ ausrichten, der sich nicht ändert. Trotz der Identität von altem und neuem Gleichgewicht tritt für die Unternehmer ein negativer Preiseffekt auf: Während für die Konsumenten der Bruttopreis der relevante ist, ist es für die Unternehmer der Nettopreis $P_C$ (Bruttopreis minus Mehrwertsteuersatz). Im alten Gleichgewicht ist $P_A$ sowohl der Brutto- als auch der Nettopreis, weil von einer Mehrwertsteuer noch abgesehen wird. Im neuen Gleichgewicht bleibt der Bruttopreis $P_B$ unverändert: $P_A = P_B$. Der Nettopreis $P_C$ sinkt jedoch: $P_C < P_A$. Im Fall eines preisunelastischen Angebots ist die ökonomische Inzidenz das Gegenteil dessen, was die formale Inzidenz verheißt: Nicht die Konsumenten tragen die Mehrwertsteuerlast, sondern ausschließlich die *aktuel-*

*len* **Produzenten** (− d), die sie aus ihren eigenen (bisherigen) Umsätzen finanzieren müssen. Es entsteht keine Mehrbelastung.

### 4.5.2.2.4 Extrem preiselastisches Güterangebot

In Abb. 4.26 ist die ökonomische Inzidenz einer Mehrwertsteuer bei extrem preiselastischem Angebot dargestellt.

Das alte Gleichgewicht ohne Mehrwertsteuer liegt im Schnittpunkt A. Nach Einführung der Mehrwertsteuer verschiebt sich die Angebotskurve um denselben Prozentsatz nach oben. In diesem Fall handelt es sich um eine Parallelverschiebung. Da der Ausgangspreis $P_A$ für alle Mengeneinheiten gilt, sind relativ gleiche Änderungen um denselben Prozentsatz immer auch absolut gleiche Änderungen um denselben Betrag. Das neue Gleichgewicht mit Mehrwertsteuer liegt im Schnittpunkt B.

Der Preiseffekt ist positiv, da der Preis von $P_A$ auf $P_B$ steigt. Der Mengeneffekt ist negativ, weil die Menge von $X_A$ auf $X_B$ sinkt. Der Fall eines extrem preiselastischen Angebots verkörpert den

**Abb. 4.26** Ökonomische Inzidenz
einer Mehrwertsteuer bei extrem
preiselastischem Angebot

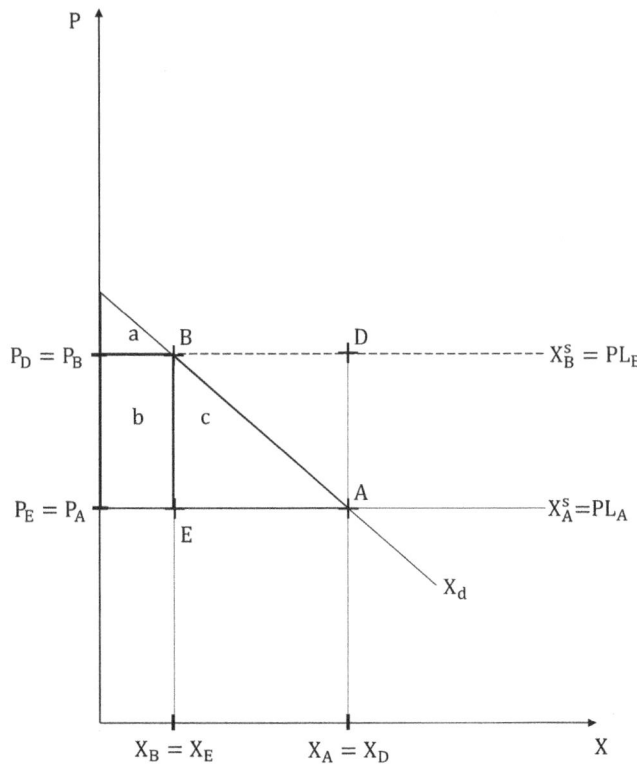

Fall vollständiger Konkurrenz: Bei atomistischer Angebots- und Nachfragestruktur lohnt sich für einen einzelnen Unternehmer eine Preissenkung nicht, weil er aufgrund seines verschwindend geringen Marktanteils die zusätzliche Nachfrage gar nicht befriedigen kann. Eine Preiserhöhung eines einzelnen Unternehmers lohnt sich ebenfalls nicht, weil dann alle anderen Anbieter zu einem niedrigeren Preis die Nachfrage befriedigen. Deshalb ist nur eine kollektive Preiserhöhung um den Mehrwertsteuersatz möglich. Aufgrund dieser Preiserhöhung fällt aber ein Teil der preiselastischen Nachfrage aus, sodass die verkaufte Menge sinkt. Allerdings sind nicht nur *aktuelle* Konsumenten (− b), sondern auch *potentielle* **(Ex-)Konsumenten** (− c) betroffen. Es entsteht eine **Mehrbelastung**, die graphisch im Harberger Dreieck repräsentiert wird. Den Unternehmern geht nur deshalb keine Produzentenrente verloren, weil sie aufgrund des extrem preiselastischen Angebots eines Polypols, das sich graphisch in einer horizontal verlaufenden Angebotskurve niederschlägt, bereits vor Einführung der Mehrwertsteuer keine Produzentenrente er-

zielt haben. Ihre Produktionsmenge sinkt aber. Werden noch **Spillover-Effekte** auf andere Märkte in die Analyse einbezogen, sind negative Beschäftigungseffekte zu erwarten.

### 4.5.3 Interpretation

Folgende Erkenntnisse lassen sich aus der Inzidenzanalyse einer Mehrwertsteuer ableiten:

1. Die **Mehrwertsteuerlast** liegt nicht nur bei den *aktuellen* Konsumenten (− b), sondern auch bei den *potentiellen* **Konsumenten** (Ex-Konsumenten), denen der Bruttopreis nunmehr zu hoch ist, sodass sie nicht mehr nachfragen. Es entsteht eine **Mehrbelastung**, die graphisch durch den oberen Teil des Harberger Dreiecks (− c) dargestellt wird.

2. Die **Mehrwertsteuerlast** liegt nicht nur bei den *aktuellen* Produzenten (− d), sondern auch bei den *potentiellen* Produzenten (− e), denen der Nettopreis nunmehr zu niedrig ist, sodass sie nicht mehr anbieten. Es entsteht

eine **Mehrbelastung**, die graphisch durch den unteren Teil des Harberger Dreiecks (− e) dargestellt wird.

3. Die Mehrwertsteuerlast der *aktuellen* Konsumenten (− b) und Produzenten (− d) wird durch die Steuereinnahmen des Staates (+ b + d) kompensiert, sodass der **Nettowohlfahrtseffekt** für die *aktuellen* **Marktteilnehmer** bei **null** liegt. Es handelt sich lediglich um eine **Umverteilung** von den Privaten zum Staat, die im Fall einer Mehrwertsteuer auch angestrebt wird.

4. Die Mehrwertsteuerlast der *potentiellen* Konsumenten (− c) und Produzenten (− e) ist eine **Mehrbelastung**, die nicht kompensiert wird, sodass ein **Nettowohlfahrtsverlust** für die *potentiellen* **Marktteilnehmer** entsteht.

5. Wie die Last zwischen den Konsumenten und den Produzenten aufgeteilt wird, hängt von den **Preiselastizitäten** der Nachfrage und des Angebots ab.

6. Je *höher* die **Preiselastizität der Nachfrage** ist, desto stärker werden Unternehmer durch die Steuer belastet. Denn im Fall einer Erhöhung des Mehrwertsteuersatzes sind sie nicht in der Lage, ihren Preis um eben diesen Anstieg des Mehrwertsteuersatzes zu erhöhen, ohne dass signifikante Nachfragerückgänge ausbleiben. Bei einer hohen Preiselastizität der Nachfrage fällt die Mengenreaktion der Konsumenten auf Preisänderungen nämlich stark aus. Der für die Unternehmer negative Mengeneffekt in Form gesunkener Nachfrage dominiert den für die Unternehmer positiven Preiseffekt in Form gestiegener Preise, sodass die Umsätze sinken.

7. Ist hingegen die **Preiselastizität der Nachfrage** *gering*, sind die Unternehmer im Fall einer Erhöhung des Mehrwertsteuersatzes in der Lage, die zusätzliche Steuerlast über einen höheren Preis weitgehend auf die Konsumenten abzuwälzen. Denn bei einer niedrigen Preiselastizität der Nachfrage fällt die Mengenreaktion der Konsumenten auf Preisänderungen schwach aus. Der für die Unternehmer positive Preiseffekt dominiert den für die Unternehmer negativen Mengeneffekt, sodass mit einer Umsatzsteigerung zu rechnen ist.

## 4.6  Kohlendioxidsteuer

### 4.6.1  Grundlagen

Die Kohlendioxidsteuer ist nicht, wie ihr Name suggeriert, eine *spezielle* Verbrauchsteuer, sondern ein **Preis auf Kohlendioxidemissionen**, der im Kampf gegen den Klimawandel ein zentrales marktwirtschaftliches Instrument darstellt. Emissionspreise gelten als Aushängeschild einer ökologisch orientierten Marktwirtschaft, vereinen sich in ihnen doch ökologische Ziele sowie die von der „Unsichtbaren Hand" des Marktes gesteuerten effizienten Maßnahmen zum Erreichen derselben. Diese „Steuer" soll zu höheren Preisen von Gütern führen, bei deren Produktion Kohlendioxidemissionen auftreten. Kohlendioxid trägt als bedeutendstes Treibhausgas zur Erderwärmung bei. China (26 %), die USA (13 %), die EU (8 %), Indien (7 %) und Russland (5 %) sind die größten Emittenten von Treibhausgasen. Der Anteil des deutschen Kohlendioxid-Ausstoßes am weltweiten Kohlendioxid-Ausstoß liegt bei ungefähr zwei Prozent, sofern der Ausstoß den Produzenten zugerechnet wird (vgl. Olivier und Peters 2020, S. 4).

▶ Die **Kohlendioxidsteuer** ist keine Steuer, sondern ein mehrwertsteuerpflichtiger Preis auf Kohlendioxidemissionen.

Über die Kohlendioxidsteuer werden Negativanreize für den Ausstoß von Kohlendioxid geschaffen. Ohne Bepreisung werden die *externen* **Kosten**, die durch Kohlendioxidemissionen ausgelöst werden, nicht erfasst. Dazu zählen beispielsweise klimawandelbedingte Schäden durch extreme Temperaturen, Dürren, Unwetter oder steigende Meeresspiegel. Preise für Emissionsrechte sorgen dafür, Kohlendioxidemissionen zu reduzieren und **Marktversagen** zu korrigieren.

▶ Nach dem **Äquimarginalprinzip** ist der **Emissionshandel** dann optimal, wenn die Grenzkosten des Erwerbs von Emissionszertifikaten den Grenzkosten der Vermeidung gleichhoher Kohlendioxidemissionen entsprechen.

Bereits seit einigen Jahren gibt es in der EU einen Emissionshandel mit $CO_2$-Zertifikaten für das Verbrennen von Kohle. Nach dem „Gesetz über einen nationalen Zertifikatehandel für Brennstoffemissionen" (Brennstoffemissionshandelsgesetz, BEHG) vom 12.12.2019 in der geänderten Fassung vom 03.11.2020 kommt eine Kohlendioxidsteuer seit 2021 für die Emissionen folgender Energieträger in Frage (vgl. § 2 Abs. 1 BEHG mit der dazugehörigen Anlage 1 sowie § 7 Abs. 2 BEHG mit der dazugehörigen Anlage 2):

- Heizöl,
- Benzin,
- Diesel,
- Erdgas,
- Flüssiggas.

Nicht nur ökonomisch, sondern auch nach Gesetzeslage ist die Kohlendioxidsteuer *keine* **Steuer**, sondern ein **Preis** für die Emission von Kohlendioxid. Als Gesetzeszweck wird in § 1 BEHG die „Bepreisung dieser Emissionen" genannt, nicht, wie bei Steuern üblich, die Generierung staatlicher Einnahmen. Dieser höhere Nettopreis unterliegt auch der Mehrwertsteuer, sodass die Bruttozahlung um 19 Prozent höher ist als die „Steuer". Die Preise für die $CO_2$-Zertifikate sind ebenfalls gesetzlich geregelt (vgl. § 2 Abs. 2 BEHG).

Die Kohlendioxidsteuer wird über die Deutsche Emissionshandelsstelle (BEHSt) des Umweltbundesamtes eingetrieben, zur administrativen Vereinfachung am Anfang, nicht am Ende der Produktionskette. Sie wird beispielsweise berechnet, wenn das Heizöl im Hamburger Hafen an einen Großhändler geliefert wird. Die Nettopreise (ohne Mehrwertsteuer) sind gesetzlich festgelegt (vgl. § 10 Abs. 2 BEHG) und betragen (Stand: Anfang 2022):

- 2021: € 25/t,
- 2022: € 30/t,
- 2023: € 35/t,
- 2024: € 45/t,
- 2025: € 50/t,

- 2026: € 55/t bis € 65/t,
- ab 2027: frei ausgehandelt

Da das Bundesverfassungsgericht die Verbesserung dieser Regeln angemahnt hat (vgl. BVerfG 2021), sind in den kommenden Jahren Änderungen dieser Preise möglich. Ab 2026 soll der Staat in Abhängigkeit von seinen klimapolitischen Zielen die Menge der Zertifikate begrenzen.

**Wälder**

Knapp die Hälfte der $CO_2$-Emissionen gehen in die Atmosphäre, Ozeane binden gut 20 Prozent, Wälder etwa 30 Prozent (vgl. Harris et al. 2020). Der Anteil der Waldgebiete, von denen etwa ein Viertel Primärwälder sind, geht zurück. Rein rechnerisch stehen jedem Menschen 5000 Quadratmeter Wald zur Verfügung (vgl. FAO und UNEP 2020, S. 1). Allein in Russland (20 %) und Brasilien (12 %) wachsen ein Drittel der globalen Waldbestände, zusammen mit den nordamerikanischen Wäldern in Kanada (9 %) und den USA (8 %) sind es knapp die Hälfte, in China weitere fünf Prozent (vgl. FRA 2020a,b, S. 1, S. 15, Tab. 3). In den warmen tropischen (45 %) und subtropischen (11 %) Regionen stehen mehr Wälder als in den kühlen borealen (27 %) und gemäßigten (16 %) Zonen (vgl. FRA 2020a, S. 1).

Zwischen 1990 und 2020 verlor die Erde etwa die fünffache Fläche Deutschlands an Wald (vgl. FRA 2020a,b, S. 2, S. 15.). Gerodet wurde sogar noch mehr, weil den Abholzungen („deforestation") Aufforstungen („afforestation") gegenüberstehen. Der globale Nettoverlust des Waldes hat abgenommen, weil Asien und Europa durch Aufforstungen inzwischen Waldfläche gewinnen. In Südamerika und Afrika hält der Kahlschlag jedoch an (vgl. FRA 2020a, S. 3): In der Dekade zwischen 2010 und 2020 gingen die größten Waldflächen in den drei größten tropischen Regenwäldern der Welt verloren: im Amazonasbecken, in dem mehr Regenwälder stehen als im Rest der Welt, im Kongobecken sowie in Südostasien (vgl. FRA 2020b, S. 18, Tab. 7). Der Schaden durch den Holzeinschlag ist größer, als es die Veränderung der Zahlen der Waldfläche aussagt: Denn vor allem in Südamerika werden Jahrhunderte alte Primärwälder oft durch Monokulturen mit jungen, gleichaltrigen Bäumen ersetzt (vgl. FRA 2020a, S. 5). So stimmt die Statistik, in der die Waldfläche zwar quantitativ gemessen wird, qualitative Aspekte jedoch vernachlässigt werden. Bei allein quantitativ ausgerichteter Politik geht die unterschiedliche Qualität über Jahrhunderte gewachsener Mischwälder gegenüber Eukalyptusplantagen, die den Boden auslaugen, verloren.

Die weltweiten Subventionen fossiler Brennstoffe belaufen sich nach Berechnungen des Internationalen Währungsfonds auf über fünf Billionen US-Dollar, etwa sechs Prozent der globalen Wertschöpfung (vgl. Coady et al. 2019, S. 4, 18, Abb. 1, 19, 20, Abb. 2). Vor allem China subventioniert Kohle und auf Öl basierende Brennstoffe, und zwar in fünffacher Höhe dessen, was die EU an Subventionen bereitstellt. Zu effizienten Marktpreisen, also ohne diese staatlichen Subventionen, wären die globalen Kohlendioxid-Emissionen um knapp 30 Prozent niedriger ausgefallen (vgl. Coady et al. 2019, S. 5, 24). Diese Zahl unterstützt die These, dass der Bekämpfung des Klimawandels nicht nur Marktversagen, sondern auch **Staatsversagen** zugunde liegt, indem durch staatliche Eingriffe falsche Signale an den Markt gesendet werden. Denn verzerrte, künstlich niedrig gehaltene Energiepreise legen einen Schleier über die tatsächliche Energieknappheit und verhindern dadurch höhere Investitionen in neue Techniken sowie in alternative Produktions- und Konsumtionsweisen.

### 4.6.2 Wohlfahrtseffekte und Inzidenzen

In Abb. 4.27 ist die ökonomische Inzidenz einer Kohlendioxidsteuer bei unbegrenztem Handel mit Emissionsrechten dargestellt.

Ohne eine Kohlendioxidsteuer liegt das Marktgleichgewicht im Punkt A. Nun wird eine Kohlendioxidsteuer eingeführt:

Die Präferenzen der **Konsumenten** ändern sich nicht. Wenn ein Konsument vor Einführung der Kohlendioxidsteuer bereit gewesen ist, ein Produkt, dessen Herstellung zu Kohlendioxidemissionen führt, zu einem bestimmten Preis nachzufragen, dann fragt er auch nach Einführung der Kohlendioxidsteuer die gleiche Menge nach wie zuvor. Für die Konsumenten ist der **Brutto**preis $P_B$ der entscheidungsrelevante, weil sie diesen zahlen müssen. Dies impliziert, dass für die Ermittlung der Konsumentenrente *nach* Einführung der Kohlendioxidsteuer die neue

**Abb. 4.27** Ökonomische Inzidenz einer Kohlendioxidsteuer

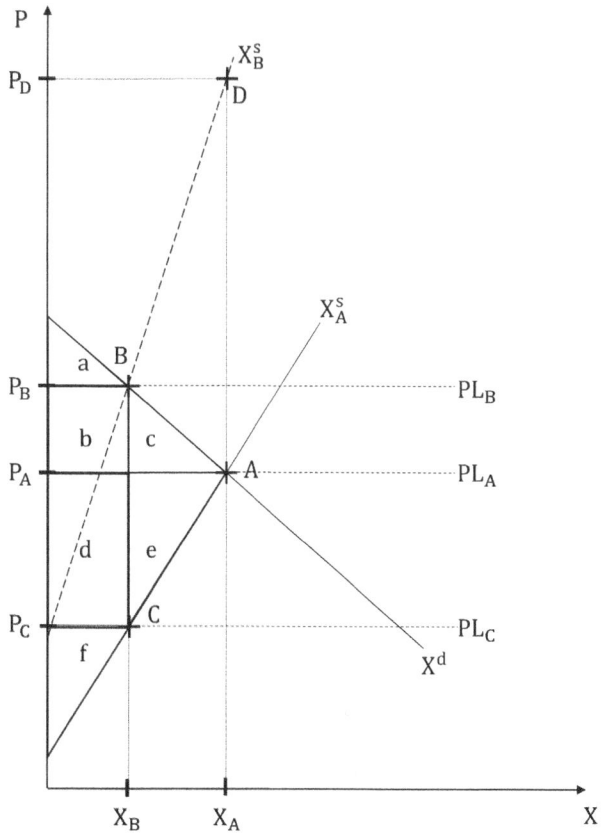

*Brutto*preisgerade $PL_B$, nicht die neue *Netto*preisgerade $PL_C$ oder die alte (Brutto- und Netto-) Preisgerade $PL_A$ die ausschlaggebende ist.

Die Präferenzen der **Produzenten** ändern sich: Für die Produzenten ist der *Netto*preis der entscheidungsrelevante, weil sie diesen einbehalten. Die Produzenten werden zwar weiterhin zum selben Nettopreis $P_C$ (Preis ohne Kohlendioxidsteuer) die gleiche Menge anbieten wollen wie zuvor. Während jedoch ohne Kohlendioxidsteuer Brutto- und Nettopreis $P_A$ identisch sind, ist nach Einführung der Kohlendioxidsteuer der Bruttopreis $P_B$ (einschließlich Kohlendioxidsteuer) höher als der Nettopreis $P_C$. Analog gilt dies auch für den den Bruttopreis $P_D$ und den Nettopreis $P_A$. Deshalb ändert sich die Angebotskurve nach Einführung einer Kohlendioxidsteuer, weil nunmehr ein um den Emissionspreis (plus entsprechendem Mehrwertsteuersatz) erhöhter Bruttopreis vonnöten ist, um denselben Nettopreis zu erzielen wie zuvor. Dies impliziert, dass für die Ermittlung der Produzentenrente *nach* Einführung der Kohlendioxidsteuer

- die neue *Netto*preisgerade $PL_C$, nicht die neue *Brutto*preisgerade $PL_B$ die ausschlaggebende ist;
- die *alte* Angebotskurve (ohne Kohlendioxidsteuer), nicht die *neue* Angebotskurve, in der die Kohlendioxidsteuer bereits eingepreist ist, die relevante ist.

Die Einführung einer Kohlendioxidsteuer führt zu einer *relativ* (prozentual) gleichen Verschiebung der Angebotskurve nach oben. Folgende Wirkungen sind zu beobachten:

I.  **Formale Inzidenz**
    Die Last der Kohlendioxidsteuer – des Emissionspreises – sollen die Unternehmen tragen, die bei ihrer Produktion Kohlendioxid emittieren.

II. **Neues Gleichgewicht**
    Das neue Gleichgewicht liegt im Schnittpunkt B.

III. **Preiseffekte**
    Der Bruttopreis (einschließlich Kohlendioxidsteuer) steigt von $P_A$ auf $P_B$. Der Nettopreis sinkt von $P_A$ auf $P_C$.

IV. **Mengeneffekte**
    Die gehandelte Menge sinkt von $X_A$ auf $X_B$.

V.  **Wohlfahrt in der Ausgangssituation**
    Vor Einführung der Kohlendioxidsteuer beträgt die Wohlfahrt in der Ausgangssituation im Gleichgewichtspunkt A:
    a.  Konsumentenrente:      $+ a + b + c$
    b.  Produzentenrente:      $+ d + e + f$
    c.  Staatsrente:           null

VI. **Wohlfahrt in der Endsituation**
    Nach Einführung der Kohlendioxidsteuer beträgt die Wohlfahrt in der Endsituation im Gleichgewichtspunkt B:
    a.  Konsumentenrente:      $+ a$
    b.  Produzentenrente:      $+ f$
    c.  Staatsrente:           $+ b + d$

VII. **Bruttowohlfahrtseffekte**
    Dies bedeutet, dass die Einführung der Kohlendioxidsteuer folgende Bruttowohlfahrtseffekte – gleich Änderungen ($\Delta$) der Konsumenten-, Produzenten- beziehungsweise Staatsrente – hervorruft:
    a.  $\Delta$ Konsumentenrente:   $- b - c$
    b.  $\Delta$ Produzentenrente:   $- d - e$
    c.  $\Delta$ Staatsrente:        $+ b + d$

    Die Bruttowohlfahrtseffekte betragen:

    $\Delta$ Bruttowohlfahrt:   $- b + b - d + d - c - e$.

VIII. **Nettowohlfahrtseffekte**
    Die Nettowohlfahrtseffekte betragen:

    $\Delta$ Nettowohlfahrt:   $- c - e$.

IX. **Ökonomische Inzidenz**
    Die Wohlfahrtseffekte sind sowohl für die Konsumenten als auch für die Produzenten negativ, für den Staat positiv:

Die **Konsumenten verlieren**, weil:

1.  alle *aktuellen* Konsumenten, die weiterhin kaufen, einen höheren Bruttopreis zahlen ($P_B > P_A$) und dadurch einen Teil ihrer Konsumentenrente verlieren ($- b$);

2. alle *potentiellen* Konsumenten, die nun nicht mehr kaufen, da ihnen der neue Bruttopreis zu hoch ist, ihre bisherige Konsumentenrente verlieren (− c).

Die **Produzenten verlieren**, weil:

1. alle *aktuellen* Produzenten, die weiterhin verkaufen, einen niedrigeren Nettopreis erzielen ($P_C < P_A$) und dadurch einen Teil ihrer Produzentenrente verlieren (− d);
2. alle *potentiellen* Produzenten, die nun nicht mehr verkaufen, da ihnen der neue Nettopreis zu niedrig ist, ihre bisherige Produzentenrente verlieren (− e).

Der **Staat gewinnt**, weil er die Einnahmen aus der Kohlendioxidsteuer erzielt, deren Last zwischen den aktuellen Konsumenten und den aktuellen Produzenten aufgeteilt wird, indem:

1. alle aktuellen Konsumenten einen höheren Bruttopreis zahlen (+ b);
2. alle aktuellen Produzenten einen niedrigeren Nettopreis erzielen (+ d).

### 4.6.3  Interpretation

Folgende Erkenntnisse lassen sich aus der Inzidenzanalyse einer Kohlendioxidsteuer ableiten:

1. Die Kohlendioxidsteuerlast liegt nicht nur bei den *aktuellen* **Konsumenten** (− b), sondern auch bei den *potentiellen* **Konsumenten** (Ex-Konsumenten), denen der Bruttopreis nunmehr zu hoch ist, sodass sie nicht mehr nachfragen. Es entsteht eine Mehrbelastung, die graphisch durch den oberen Teil (− c) des Harberger Dreiecks dargestellt wird.
2. Die Kohlendioxidsteuerlast liegt nicht nur bei den *aktuellen* **Produzenten** (− d), sondern auch bei den *potentiellen* **Produzenten** (Ex-Produzenten), denen der Nettopreis nunmehr zu niedrig ist, sodass sie nicht mehr anbieten. Es entsteht eine Mehrbelastung, die graphisch

durch den unteren Teil (− e) des Harberger Dreiecks dargestellt wird.
3. Die Kohlendioxidsteuerlast der *aktuellen* Konsumenten (− b) und Produzenten (− d) wird durch die Steuereinnahmen des Staates (+ b + d) kompensiert, sodass der **Nettowohlfahrtseffekt** für die *aktuellen* **Marktteilnehmer** bei **null** liegt. Es handelt sich lediglich um eine **Umverteilung** von den Privaten zum Staat, die im Fall einer Kohlendioxidsteuer auch angestrebt wird.
4. Die Kohlendioxidsteuerlast der *potentiellen* Konsumenten (− c) und Produzenten (− e) ist eine **Mehrbelastung**, die nicht kompensiert wird, sodass ein **Nettowohlfahrtsverlust** für die *potentiellen* **Marktteilnehmer** entsteht.
5. Diese Mehrbelastung ist im Fall einer Kohlendioxidsteuer jedoch positiv zu interpretieren. Denn Kohlendioxid ist ein *demeritorisches Gut*, dessen Konsum ja eingeschränkt werden soll. Somit ist der beabsichtigte ökonomische Nettowohlfahrtsverlust ein *ökologischer* **Wohlfahrtsgewinn**.
6. Je *höher* die **Preiselastizität der Nachfrage** ist, desto stärker werden *Unternehmer* durch die Kohlendioxidsteuer **belastet**. Denn im Fall einer Erhöhung des Emissionspreises sind sie nicht in der Lage, ihren Güterpreis um eben diesen Aufschlag zu erhöhen, ohne dass es zu großen Nachfragerückgängen kommt. Ist hingegen die Preiselastizität der Nachfrage *gering*, sind die Unternehmer im Fall einer Erhöhung des Emissionspreises in der Lage, ihre zusätzliche Last über einen höheren Güterpreis weitgehend auf die *Konsumenten* abzuwälzen.
7. Je *höher* die **Preiselastizität des Angebots** ist, desto stärker werden *Unternehmer* durch die Kohlendioxidsteuer belastet. Denn im Fall einer Erhöhung des Emissionspreises sind sie nicht in der Lage, ihren Güterpreis um eben diesen Aufschlag zu erhöhen, ohne dass die Konkurrenz ihr Angebot zum bisherigen Preis erhöht. Ist hingegen die Preiselastizität des Angebots *niedrig*, sind die Unternehmer im Fall einer Erhöhung des Emissionspreises in

der Lage, ihre zusätzliche Last über einen höheren Güterpreis weitgehend auf die *Konsumenten* abzuwälzen.

Erhebt der Staat eine Kohlendioxidsteuer auf ein Gut, ist die Frage der Überwälzung des Preises auf die Konsumenten von der Preiselastizität der Nachfrage abhängig. Zusätzlich ergibt sich ein weiterer Effekt: Im Zuge der Besteuerung sinkt der maximal mögliche Konsum dieses Gutes, das durch die Besteuerung nunmehr teurer geworden ist. Der maximal mögliche Konsum anderer Güter ändert sich jedoch nicht. Deshalb übt der Preis für Kohlendioxidemissionen einen Einfluss auf die relativen Preise (das Preisverhältnis) aus: Es kommt zu einer Mehrbelastung, die über die Zahllast hinausgeht. Die Mehrbelastung stellt die Verzerrungen dar, die dadurch entstehen, dass sich Konsumentscheidungen aufgrund der Änderung der relativen Preise ändern. Mithilfe der Verfahren von Hicks und Slutsky kann der Gesamteffekt dieser Änderung in einen **Substitutions-** und in einen **Einkommenseffekt** zerlegt werden (vgl. Richert 2021c, S. 105–123).

Der **Zertifikatehandel** sorgt für mehr Effizienz, weil jedes Unternehmen in Abhängigkeit von Raum und Zeit selbst darüber entscheiden kann, ob es sich lohnt, Zertifikate zu erwerben oder in emissionsvermeidende Techniken zu investieren. Die Frage nach dem Wo, Wann und Wie beantworten die Unternehmen, sodass sie *flexible* **Anpassungsstrategien** verfolgen können, die ja auch den Unternehmen nicht im Vorhinein bekannt sein können. Staatliche Vorgaben unterliegen einem Prae-Posteriori-Fehlschluss, weil Politiker davon ausgehen, Informationen über technische Möglichkeiten „vorher" (vgl. lateinisch: „prae"), nämlich zum Zeitpunkt der Formulierung ihrer subventionierten Methoden, zu kennen, die sie aus logischen Gründen erst „später" (vgl. lateinisch: „posterior") kennen können. Auch Anreize, ergebnisoffen zu forschen und das entsprechende Know-how zu entwickeln und einzusetzen, sinken, wenn direkt in den Preismechanismus eingegriffen wird.

Allerdings impliziert die Reduktion der Emissionen von Kohlendioxid in einem Land nicht zwingend, dass dadurch auch die *globalen* Emissionen sinken. Neben der Abwanderung energieintensiver Industrien in ökologisch weniger sensibilisierte Länder führt ein Nachfragerückgang in einem Land bei einer relativ stabilen Angebotsmenge zu einer Preissenkung, aufgrund derer die Nachfrage in einem anderen Land steigen könnte (vgl. Sinn 2020, S. 117–119). Je größer dieser **Substitutionseffekt** der Nachfrage ist, desto weniger wirksam ist eine *nationale* Umweltpolitik für die *globale* Umwelt. Für einen großen Substitutionseffekt spricht die ungewöhnlich hohe Gewinnmarge im Ölgeschäft: Die Produktionskosten liegen in der Regel deutlich unter den Verkaufspreisen. In Saudi-Arabien betragen sie nur einige Cent pro Liter. Die Förderkosten eines Fasses (159 Liter) liegen im einstelligen Dollarbereich. Das kostspielige Fracking in den USA ist eine der wenigen Ausnahmen mit hohen Förderkosten. Deshalb ist eine Internationalisierung klimapolitischer Maßnahmen geboten.

Erkennen Erdöl-, Gas- oder Kohleexporteure in den Importländern ein zunehmend ökologisch orientiertes Verhalten, besteht sogar die Gefahr, dass noch mehr fossile Brennstoffe am Markt angeboten werden, weil die Produzenten ihre Rohstoffe noch gewinnbringend – auch bei niedrigen Preisen – auf den Markt bringen wollen, bevor die Nachfrage in Gänze zusammenbricht, weil alternative Energieträger jene wertlos machen. So kann es zu einem **„Grünen Paradoxon"** kommen (vgl. Sinn 2008; 2020, S. 120), indem eine „grüne" Politik, welche die Kohlendioxidemissionen zu senken beabsichtigt, dazu führt, dass letztlich mehr Kohlendioxid ausgestoßen wird, weil die Anbieter Gewinne abschöpfen wollen, solange es ihnen noch möglich erscheint. Diese Hypothese wird gestützt durch die Tatsache, dass nach den beiden Ölkrisen 1973/1974 und 1979/1980 die Preise fossiler Brennstoffe zwischen 1980 und 2020 trendmäßig gefallen und nicht gestiegen sind, wie es die „Grenzen des Wachstums" erschöpflicher Ressourcen nahelegen (vgl. Meadows et al. 1972). Die steigenden Preise im Zusammenhang mit dem Krieg in der Ukraine sind auch einer besonderen politischen Situation geschuldet und belegen die hohe Volatilität der Rohstoff- und Energiepreise.

Das Konzept des **Sustainable Finance**, der Ausrichtung an **ESG-Kriterien** (**E**nvironment – **S**ocial – **G**overnment), die ökologisch, sozial und anhand einer guten Regierungsführung gemessen werden (vgl. European Commission 2022a), sowie der **EU-Taxonomie** (vgl. European Commission 2022b) tragen Züge zentralverwaltungswirtschaftlicher Allmacht. Wie flexibel selbst mit diesen Regeln umgegangen wird, zeigt das „Greenwashing" mit der Aufnahme von Kernenergie und Gas in den Katalog „grüner" Energieträger.

## 4.7 Strompreissubvention

### 4.7.1 Grundlagen

In der klima- und sozialpolitischen Diskussion spielt die Frage einer Strompreissubvention eine große Rolle: Denn einerseits werden aufgrund hoher Betriebsrisiken und ungelöster Probleme der Endlagerung des Atommülls sowie aufgrund hoher $CO_2$-Emissionen Kern- und Kohlekraftwerke – zumindest in Deutschland – geächtet, sodass die Ressourcen knapper und teurer werden und die Strompreise in Deutschland zu den höchsten der Welt gehören. Andererseits sollen Geringverdiener aus sozialpolitischen Gründen durch höhere Strompreise nicht zusätzlich belastet werden. Um beiden Zielen Genüge zu tun, besteht ein parteiübergreifender Konsens, die Strompreise zu subventionieren.

▶ Eine **Strompreissubvention** ist eine finanzielle Unterstützung des Stromverbrauchs.

Der Strompreis unterliegt nicht nur der Mehrwertsteuer, sondern auch:

- einer Stromsteuer (seit 1999),
- einer Konzessionsabgabe für das kommunale Wegerecht von Leitungen,
- Umlagen (EEG-Umlage zur Förderung erneuerbarer Energien [1990/2000–2022], KWK-Umlage zur Förderung der Stromerzeugung aus Kraft-Wärme-Kopplung [seit 2002], Paragraph-19-NEV-Umlage zur Subventionierung industrieller Netzentgelte [seit 2012], Offshore-Haftungsumlage),
- Umlagen zur Absicherung gegen Schadensersatzforderungen von Windparks auf See [seit 2013]), von denen jeweils ein Viertel an den Netzbetreiber und an den Stromanbieter fließt.

### 4.7.2 Wohlfahrtseffekte und Inzidenzen

In Abb. 4.28 ist die ökonomische Inzidenz einer Strompreissubvention im Normalfall dargestellt.

Ohne Subvention liegt das Marktgleichgewicht im Schnittpunkt A. Nun wird eine Subvention auf den Strompreis je Kilowattstunde eingeführt, die in Deutschland zu dem paradoxen Ergebnis führt, dass der Staat durch seine vielfältigen Steuern, Abgaben und Umlagen den Stromverbrauch zunächst belastet, um im Nachgang eben diese Belastung durch eine Subvention zum Teil wieder rückgängig zu machen. Der analytischen Klarheit wegen ist es kein Problem, den Preis $P_A$ als Marktpreis ohne jegliche staatlichen Verzerrungen zu begreifen und den Preis $P_B$ als Preis, der sich nach Einführung einer Subvention für den Stromverbrauch ergibt.

Im Fall von Subventionen orientieren sich **Konsumenten** am neuen *Netto*preis $P_B$. Ihre Präferenzen, die durch die (inverse) Nachfragekurve repräsentiert werden, ändern sich nicht: Die marginale Zahlungsbereitschaft eines Konsumenten ist nicht davon abhängig, ob ein Preis deshalb niedrig ist, weil der Unternehmer geringe Kosten hat, niedrige Gewinne erzielt oder Subventionen erhält. Während jedoch ohne Subvention Brutto- und Nettopreis $P_A$ identisch sind, ist nach Einführung der Subvention der Bruttopreis $P_C$ (einschließlich Subvention) höher als der Nettopreis $P_B$ (ohne Subvention). Wenn ein Konsument vor Einführung der Subvention zu einem (Brutto- und Netto-)Preis von € 0,30 je Kilowattstunde 1000 Kilowattstunden Strom nachzufragen bereit ist, dann wird er nach Einführung einer Subvention in Höhe von € 0,10 je Kilowattstunde weiterhin 1000 Kilowattstunden Strom nachfragen wollen, sofern er wie bisher einen Nettopreis von

**Abb. 4.28**  Ökonomische Inzidenz einer
Strompreissubvention

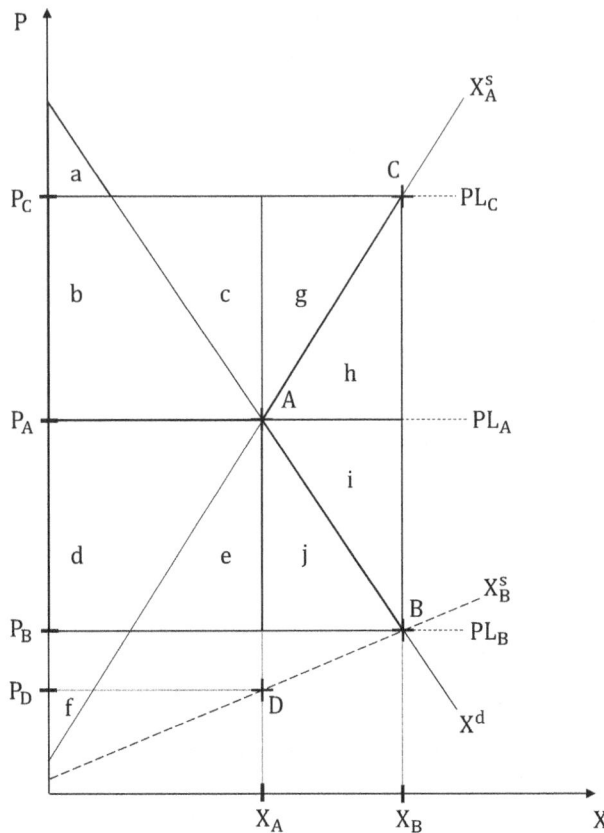

€ 0,30 zu zahlen hat. Deshalb ändert sich die Nachfragekurve nach Einführung einer Subvention nicht. Für die Ermittlung der Konsumentenrente *nach* Einführung der Subvention ist nicht die *Brutto*preisgerade $PL_C$, sondern die *Netto*preisgerade $PL_B$ die relevante, weil diese zeigt, wieviel der Konsument zu zahlen hat.

Im Fall von Subventionen orientieren sich die **Produzenten** am ***Brutto*preis** $P_C$. Ihre Präferenzen, die durch die (inverse) Angebotskurve repräsentiert werden, ändern sich: Wenn ein Produzent (Energieversorger) vor Einführung der Subvention zu einem (Brutto- und Netto-)Preis von € 0,30 je Kilowattstunde 1000 Kilowattstunden Strom anzubieten bereit ist, dann wird er nach Einführung einer Subvention in Höhe von € 0,10 je Kilowattstunde weiterhin 1000 Kilowattstunden Strom anbieten wollen, sofern er einen Bruttopreis (Nettopreis plus Subventionssatz) von

€ 0,30 je Kilowattstunde erzielen kann. Um aber diesen Bruttopreis von € 0,30 zu erhalten, reicht ein Nettopreis in Höhe von € 0,20 aus, weil die Subvention in Höhe von € 0,10 je Kilowattstunde dem Unternehmer zufließt.

Für die Überlegung, in welche Richtung sich die Angebotskurve verschiebt, ist die Frage zu beantworten, ob die Einführung der Subvention eine Preisänderung ist, die auf der Ordinate gemessen wird und somit zu einer vertikalen Verschiebung nach oben beziehungsweise nach unten führt, oder ob sie eine Mengenänderung ist, die auf der Abszisse gemessen wird und somit zu einer horizontalen Verschiebung nach links beziehungsweise nach rechts führt. Da eine Subvention pro Mengeneinheit als negativer Steuersatz betrachtet werden kann und dieser wiederum ein besonderer Preis ist, verschiebt sich die Angebotskurve im Fall einer *Mengensteuer* um die

Strompreissubvention *parallel* nach unten, im Fall einer *Wertsteuer prozentual* nach unten. Zu einer Parallelverschiebung kommt es, wenn beispielsweise von jeder Kilowattstunde € 0,10 abgeschlagen werden. Zu einer Drehung kommt es, wenn jeder Strompreis mit dem gleichen Prozentsatz subventioniert wird. In Abb. 4.28 ist eine Wertsubvention dargestellt.

Für die Ermittlung der **Produzentenrente** *nach* Einführung der Subvention ist nicht die *Netto*preisgerade $PL_B$, sondern die **Brutto**preisgerade $PL_C$ die relevante. Denn die zeigt, wieviel der Produzent tatsächlich erhält. Für den Produzenten ist es unerheblich, ob die Konsumenten einen hohen Preis zahlen oder ob sie einen niedrigen Preis zahlen und der Staat den Rest über eine Subvention abdeckt. Für die Ermittlung der Produzentenrente ist die alte Angebotskurve (ohne Berücksichtigung einer Subvention) die ausschlaggebende, weil sie die Präferenzen der Produzenten widerspiegelt. Die neue Angebotskurve ist nur die am Markt geäußerte. Denn für die Produzenten ist es unerheblich, ob sie 30 Cent pro kW/h von den Konsumenten erhalten oder ob sie 20 Cent von den Konsumenten und 10 Cent vom Staat bekommen. Folgende Effekte sind zu beobachten:

I. **Formale Inzidenz**
   Von der Strompreissubvention sollen die Verbraucher profitieren.

II. **Neues Gleichgewicht**
   Das neue Gleichgewicht pendelt sich im Schnittpunkt B ein.

III. **Preiseffekte**
   Der Bruttopreis steigt von $P_A$ auf $P_C$, der Nettopreis sinkt von $P_A$ auf $P_B$. Der Nettopreis fällt zwar, aber er fällt nicht bis auf $P_D$, was er müsste, wenn die Energieversorger die Subvention vollständig an die Konsumenten weitergeben könnten.

IV. **Mengeneffekte**
   Der Mengeneffekt ist positiv, weil die Konsumenten sich an den gesunkenen Nettopreisen, die Produzenten an den gestiegenen Bruttopreisen orientieren und somit beide Marktseiten ihre nachgefragten beziehungsweise angebotenen Mengen erhöhen. Die gehandelte Menge steigt von $X_A$ auf $X_B$.

V. **Wohlfahrt in der Ausgangssituation**
   Vor Einführung der Subvention gilt im Gleichgewichtspunkt A:
   a. Konsumentenrente:  + a + b
   b. Produzentenrente:  + d + f
   c. Staatsrente:  null

VI. **Wohlfahrt in der Endsituation**
   Nach Einführung der Subvention liegt das für die Konsumenten relevante Nettopreisgleichgewicht (ohne Subventionen) in B, das für die Produzenten relevante Bruttopreisgleichgewicht (mit Subventionen) in C:
   a. Konsumentenrente:  + a + b + d + e + j
   b. Produzentenrente:  + d + f + b + c + g
   c. Staatsrente:  − b − c − d − e − g − h − i − j

VII. **Bruttowohlfahrtseffekte**
   Dies bedeutet, dass die Einführung einer Strompreissubvention folgende Bruttowohlfahrtseffekte hervorruft:
   a. Δ Konsumentenrente:  + d + e + j
   b. Δ Produzentenente:  + b + c + g
   c. Δ Staatsrente:  − b − c − d − e − g − h − i − j

   Die Bruttowohlfahrtseffekte lauten:

   Δ Bruttowohlfahrt: + b − b + c − c + d − d + e − e + g − g + j − j − h − i

VIII. **Nettowohlfahrtseffekte**
   Die Nettowohlfahrtseffekte lauten:

   Δ Nettowohlfahrt:  − h − i

IX. **Ökonomische Inzidenz**
   Die Wohlfahrtseffekte sind sowohl für die Konsumenten als auch für die Produzenten positiv, für den Staat negativ.

Die **Konsumenten gewinnen**, weil:

1. alle *aktuellen* Konsumenten, die bereits vorher gekauft haben, einen niedrigeren Nettopreis zahlen ($P_B < P_A$) und dadurch einen Teil Konsumentenrente gewinnen (+ d + e);
2. alle *potentiellen* Konsumenten, die vorher wegen des zu hohen Preises nicht gekauft haben, nunmehr kaufen und eine Konsumentenrente erzielen (+ j).

Die **Produzenten gewinnen**, weil:

1. alle *aktuellen* Produzenten, die bereits vorher verkauft haben, einen höheren Bruttopreis erzielen ($P_C > P_A$) und dadurch einen Teil Produzentenrente gewinnen (b + c);
2. alle *potentiellen* Produzenten, die vorher wegen des zu niedrigen Preises nicht verkauft haben, nunmehr verkaufen und eine Produzentenrente erzielen (+ g).

Der **Staat verliert**, weil er die Subventionen zahlt, deren Nutzen beziehungsweise Gewinn zwischen den aktuellen Konsumenten und Produzenten aufgeteilt wird, indem:

1. alle Konsumenten einen niedrigeren Nettopreis zahlen (− d − e − j);
2. alle Produzenten einen höheren Bruttopreis erzielen (− b − c − g);
3. eine Mehrbelastung entsteht, weil das Angebot zu hoch und damit ineffizient ist (− h);
4. eine Mehrbelastung entsteht, weil die Nachfrage zu hoch und damit ineffizient ist (− i).

### 4.7.3  Interpretation

Folgende Erkenntnisse lassen sich aus der Inzidenzanalyse einer Strompreissubvention ableiten:

1. Subventioniert wird nicht nur die *bisherige* **Verbrauchsmenge** (+ d + e) der **Konsumenten**, sondern auch ihre *zusätzliche* (+ j).
2. Subventioniert wird nicht nur die bisherige **Angebotsmenge** (+ b + c) der **Produzenten**, sondern auch ihre *zusätzliche* (+ g).

3. Der Subventionsnutzen beziehungsweise -gewinn der *aktuellen* **Marktteilnehmer**, nämlich der Konsumenten (+ d + e) und Produzenten (+ b + c), wird durch die Subventionszahlungen des Staates (− b − c − d − e) kompensiert, sodass der **Nettowohlfahrtseffekt** bei **null** liegt. Es handelt sich lediglich um eine **Umverteilung** vom Staat zu den Privaten, die im Fall einer Strompreissubvention auch angestrebt wird.
4. Der Subventionsnutzen beziehungsweise − gewinn der *potentiellen* **Marktteilnehmer**, nämlich der Konsumenten (+ j) und Produzenten (+ g), ist ein zusätzlicher Nutzen beziehungsweise Gewinn, der ebenfalls durch die Subventionszahlungen des Staates (− g − j) kompensiert wird, sodass der **Nettowohlfahrtseffekt** bei **null** liegt. Es handelt sich um eine Umverteilung vom Staat zu *ineffizienten* Konsumenten und *ineffizienten* Produzenten. Der Staat subventioniert ein zu hohes, ineffizientes Stromangebot und fördert, dass diese zu große Menge an Strom von den Konsumenten auch nachgefragt wird. Damit subventioniert die Regierung die Produktion und den Konsum eines Gutes, dessen Konsum und Produktion sie vorgeblich zu reduzieren versucht. Somit subventioniert die öffentliche Hand eine klimapolitisch kontraproduktive Verschwendung von Energieressourcen.
5. Darüber hinaus entsteht eine **Mehrbelastung**: Der Staat zahlt einen unwiederbringlichen Teil der Subventionen für (zu hohen) ineffizienten Konsum (− i), einen anderen Teil für (zu hohe) ineffiziente Produktion (− h). Somit fördert der Staat einen Stromverbrauch, der über das effiziente Maß hinausgeht. Beide Effekte repräsentieren einen Nettowohlfahrtsverlust (− h − i), der nicht kompensiert wird. Die Strompreissubventionen sind höher als die Zuwächse an Konsumenten- und Produzentenrente. Dies bedeutet, dass diese objektorientierte, nämlich auf den Stromverbrauch zielende Subventionierung eine Verschwendung volkswirtschaftlicher Ressourcen darstellt. Eine subjektorientierte, nämlich auf (arme) private Haushalte zielende direkte Subventionierung von Personen erzielte mit

geringeren finanziellen Mitteln das gleiche Ergebnis.

Um mit klarer ordnungspolitischer Struktur sowohl das klimapolitische als auch das sozialpolitische Ziel besser erreichen zu können, muss zunächst eindeutig definiert sein, welche Ziele verfolgt werden sollen:

1. Klimapolitische Ziele:
   a. Jeder, und zwar unabhängig davon, ob er arm oder reich ist, soll gemäß dem **Leistungsprinzip** einen Anreiz haben, weniger Strom zu verbrauchen.
   b. Jeder, und zwar unabhängig davon, ob er arm oder reich ist, soll gemäß dem **Äquivalenzprinzip** für seinen Stromverbrauch zahlen.
2. Sozialpolitische Ziele:
   a. Jeder Arme, und zwar unabhängig davon, ob er viel oder wenig Strom verbraucht, soll gemäß dem **Bedarfsprinzip** unterstützt werden.
   b. Jeder Reiche, und zwar unabhängig davon, ob er viel oder wenig Strom verbraucht, soll gemäß dem **Leistungsfähigkeitsprinzip** Arme unterstützen.

Für eine zieladäquate Wirtschaftspolitik sind *Niveau*effekte von *Struktur*effekten zu unterscheiden:

Das *klimapolitische* **Ziel** ist ein **Allokationsziel** und soll **Anreizkompatibilität** zwischen *individuellen* Anreizen und *kollektiven* Zielen herstellen. Dieses Ziel, das nicht am Ausgaben*niveau*, sondern an der **Ausgaben*struktur*** ansetzt, ist am besten über *flexible* **Marktpreise** zu realisieren, die den jeweiligen Grad der Güterknappheit ohne wirtschaftspolitische Verzerrungen signalisieren. Soll dem klimapolitischen Ziel der Reduktion des Energieverbrauchs Rechnung getragen werden, dann sollten Strompreise *nicht subventioniert* werden. Denn ein hoher Preis signalisiert Knappheit, was einer Welt, die sich auf den Schild geschrieben hat, den Stromverbrauch zu verknappen, gut ansteht. Für ein hohes Maß an Anreizkompatibilität ist daher ein *hoher*, nicht ein niedriger Strompreis erforderlich.

Das *sozialpolitische* **Ziel** ist ein **Distributionsziel** und soll **Gerechtigkeit** herstellen. Dieses Ziel, das nicht an der Ausgaben*struktur*, sondern am **Ausgaben*niveau*** ansetzt, ist am besten über *direkte* **Einkommenstransfers** zu realisieren, die den jeweiligen Armutsgrad berücksichtigen. Soll dem sozialpolitischen Ziel der Sicherung des kulturellen Existenzminimums Rechnung getragen werden, dann sollten nicht die Strompreise, sondern die armen privaten Haushalte subventioniert werden. Denn im Gegensatz zu subventionierten Strompreisen verzerren höhere Einkommen nicht die Anreize, den Stromverbrauch einzuschränken: Wer weniger Strom verbraucht, kann sein (höheres) verfügbares Einkommen für den Konsum anderer Güter verwenden. Wer seinen Stromverbrauch – auf kurze oder mittlere Sicht – nicht reduzieren kann, hat durch die zusätzlichen Einkommenstransfers auch als Armer die finanziellen Möglichkeiten, seine Stromrechnung zu begleichen.

Wenn Strompreise subventioniert werden, zahlen die Stromverbraucher letztlich nicht weniger, sondern mehr. Denn die Subvention führt zwar zu einer niedrigeren Rechnung des Strombetreibers, aber die Kosten werden nunmehr zum Teil vom Steuerzahler übernommen (vgl. Sinn 2020, S. 131). Der Betrag, den die Menschen zu zahlen haben, ändert sich nicht, nur der Beitragsschlüssel: Der wiederum ändert sich zugunsten derjenigen, die viel Strom verbrauchen und schafft Fehlanreize, weil die verbrauchsabhängigen Gebühren sinken, die verbrauchsunabhängigen Steuern hingegen steigen. Das **Verursacherprinzip** wird verletzt.

Eine Subvention von Strompreisen ist ein gutes Beispiel dafür, wie das gleichzeitige Verfolgen *zweier* unterschiedlicher Ziele durch *eine einzige* Maßnahme mit ordnungspolitischen Inkonsistenzen verbunden ist. Denn nolens volens treten Effekte auf, welche die vier **Gerechtigkeitsprinzipien** des **Leistungsfähigkeits-, Bedarfs-, Äquivalenz- und Leistungsprinzips** verletzen (vgl. Richert 2021a, S. 100–102).

▶ Die vier Gerechtigkeitsprinzipien lauten: Derjenige soll mehr geben, der

- … mehr hat (**Leistungsfähigkeitsprinzip**),
- … weniger braucht (**Bedarfsprinzip**),
- … mehr nimmt (**Äquivalenzprinzip**),
- … weniger leistet (**Leistungsprinzip**).

Diese Gerechtigkeitsprinzipien (vgl. auch Platon 1982, 433–434) werden durch eine Strompreissubvention verletzt:

1. Der Reiche zahlt nur dann mehr als der Arme, wenn er mehr Strom verbraucht. Der Grundsatz vertikaler Gerechtigkeit, nach dem gemäß dem **Leistungsfähigkeitsprinzip** der Reiche den Armen unterstützen soll, ist nur gewahrt, wenn der Reiche mehr Strom verbraucht, wozu er aber keinen Anreiz haben soll.
2. Der Arme (Reiche), der *verschwenderisch* Strom verbraucht, wird stärker gefördert als der Arme (Reiche), der *sparsam* Strom verbraucht. Der Grundsatz horizontaler Gerechtigkeit, nach dem gemäß dem **Bedarfsprinzip** zwei gleichermaßen Arme (Reiche) in gleicher Weise unterstützt werden sollen, ist verletzt.
3. Je mehr Strom der Reiche oder der Arme verbrauchen, desto mehr werden sie gefördert. Je weniger Strom beide verbrauchen, desto weniger werden sie gefördert. Das **Äquivalenzprinzip**, nach dem jeder gemäß seiner Inanspruchnahme von Leistungen besteuert werden soll, wird auf den Kopf gestellt: Derjenige, der mehr nimmt, wird stärker gefördert.
4. Durch Fehlanreize wird das klimapolitische Ziel, das Anreize zu geringerem, nicht zu höherem Stromverbrauch setzen soll, konterkariert. Das **Leistungsprinzip** wird verletzt, gemäß dem sich derjenige besserstellen soll, der etwas leistet, was für die Gemeinschaft gut ist (weniger Stromverbrauch), nicht derjenige, der etwas leistet, was für die Gemeinschaft schlecht ist (mehr Stromverbrauch).

Analog gelten die Zusammenhänge einer Strompreissubvention auch für andere Energiepreis-

subventionen wie Heizkosten- oder Fahrtkostenzuschüsse, die sich seit dem Krieg in der Ukraine einer hohen Popularität erfreuen. Die Forderung nach einer Subventionierung von Energiepreisen verkennt jedoch, dass Arme nicht zu unterstützen sind, *weil* sie Energie verbrauchen, sondern *weil* sie finanziell (nicht unbedingt sozial) schwach sind, und zwar auch dann, wenn sie wenig Energie verbrauchen. Eine Subvention von Energiepreisen offenbart ein inkonsistentes Verhalten, weil einerseits aus klimapolitischen Gründen ein **Rückgang** des Energieverbrauchs **gefordert**, andererseits aus sozialpolitischen Gründen eine **Zunahme** des Energieverbrauchs **gefördert** wird. Eine direkte Unterstützung der Armen – unabhängig von ihrem jeweiligen Energieverbrauch – (Subjektförderung) ohne einen direkten Eingriff in die Energiepreise (Objektförderung) wäre eine effiziente Alternative, die beiden Zielen gerecht wird.

## 4.8 Zusammenfassung und Aufgaben

### 4.8.1 Zusammenfassung

1. Die **Angebotskurve** $X^s = X^s$ (P) repräsentiert die jeweiligen *marginalen* **Angebotsbereitschaften** eines Unternehmers. Sie zeigt die Angebotsmenge (abhängige Variable), die ein Unternehmer zu einem bestimmten Preis (unabhängige Variable) gerade noch anzubieten bereit ist.
2. Die *inverse* **Angebotskurve** P = P ($X^s$) repräsentiert die jeweiligen *marginalen* **Preissetzungsbereitschaften** eines Unternehmers. Sie zeigt den minimalen Preis (abhängige Variable), den ein Unternehmer für eine bestimmte Angebotsmenge (unabhängige Variable) gerade noch zu setzen bereit ist.
3. Die **Nachfragekurve** $X^d = X^d$ (P) repräsentiert die jeweiligen *marginalen* **Nachfragebereitschaften** eines privaten Haushalts. Sie zeigt die Nachfragemenge (abhängige Variable), die ein privater Haushalt zu einem bestimmten Preis (unabhängige Variable) gerade noch nachzufragen bereit ist.

4. Die *inverse* **Nachfragekurve** P = P (X$^d$) repräsentiert die jeweiligen *marginalen* **Zahlungsbereitschaften** eines privaten Haushalts. Sie zeigt den minimalen Preis (abhängige Variable), den ein privater Haushalt für eine bestimmte Nachfragemenge (unabhängige Variable) gerade noch zu zahlen bereit ist.

5. *Ökonomisch* ist die gesamtwirtschaftliche **Konsumentenrente** die Differenz zwischen den (höheren) jeweiligen marginalen Nachfrage- beziehungsweise Zahlungsbereitschaften der Konsumenten und dem Marktpreis. *Graphisch* ist sie das Dreieck zwischen der Nachfragekurve und der Preisgeraden.

6. *Ökonomisch* ist die gesamtwirtschaftliche **Produzentenrente** die Differenz zwischen dem (höheren) Marktpreis und den jeweiligen marginalen Angebots- beziehungsweise Preissetzungsbereitschaften der Produzenten. *Graphisch* ist sie das Dreieck zwischen der Preisgeraden und der Angebotskurve.

7. *Ökonomisch* ist die **Staatsrente** die Differenz aus den staatlichen Einnahmen und Ausgaben aufgrund einer wirtschaftspolitischen Maßnahme. *Graphisch* ist sie das Rechteck, dessen Höhe durch den zusätzlichen Steuer- beziehungsweise Subventionssatz und dessen Breite durch die besteuerte beziehungsweise subventionierte Menge gegeben ist.

8. Die *formale* **Inzidenz** zeigt, wer die Last einer wirtschaftspolitischen Maßnahme tragen *soll*, die *ökonomische* **Inzidenz**, wer die Last einer wirtschaftspolitischen Maßnahme *tatsächlich* trägt.

9. Die **Mehrbelastung** einer wirtschaftspolitischen Maßnahme entsteht durch den Nettoverlust an Konsumenten- und Produzentenrente *potentieller* Konsumenten beziehungsweise *potentieller* Produzenten.

10. Die **(direkte) Preiselastizität der Nachfrage** misst die relative Änderung der Nachfrage nach einem Gut im Verhältnis zur relativen Änderung seines Preises.

11. Die **(direkte) Preiselastizität des Angebots** misst die relative Änderung des Angebots eines Gutes im Verhältnis zur relativen Änderung seines Preises.

12. Eine Mietpreisbremse ist ein **Höchstpreis** für das Gut „befristete Nutzung einer Wohnung".

13. Ein Teil der Last der **Mietpreisbremse** wird nicht nur von den *aktuellen* Vermietern, sondern auch von den *potentiellen* **Vermietern** (Ex-Vermietern) getragen, denen der Mietpreis nunmehr zu niedrig ist, sodass sie keinen Wohnraum mehr anbieten und ihre bisherige Produzentenrente verlieren.

14. Ein Teil der Last der Mietpreisbremse wird von den *potentiellen* **Mietern** (Wohnungssuchenden) getragen, die nunmehr ihren gewünschten Wohnraum nicht bekommen und ihre mögliche Konsumentenrente verlieren.

15. Die *aktuellen* **Mieter**, die weiterhin in ihrer Wohnung bleiben (können), gewinnen Konsumentenrente.

16. Der negative Wohlfahrtseffekt der *aktuellen* Vermieter wird durch den positiven Wohlfahrtseffekt der *aktuellen* Mieter kompensiert, sodass unter den *aktuellen* **Marktteilnehmern** **kein** **Nettowohlfahrtseffekt** entsteht. Es handelt sich lediglich um eine **Umverteilung** von Vermietern zu Mietern, die im Fall einer Mietpreisbremse auch angestrebt wird.

17. Die negativen Wohlfahrtseffekte der *potentiellen* Vermieter und der *potentiellen* Mieter sind Mehrbelastungen, die nicht kompensiert werden, sodass unter den *potentiellen* **Marktteilnehmern** ein **Nettowohlfahrtsverlust** entsteht.

18. Mietpreisbremsen **belasten** nicht nur *aktuelle* **Vermieter**, denen mögliche Mieteinnahmen entgehen, sondern auch *potentielle* **Marktteilnehmer**, denen ihre bisherige Produzenten- beziehungsweise Konsumentenrente verlorengeht.

19. Mietpreisbremsen **unterstützen** nur *aktuelle* **Mieter**, fördern demzufolge **Besitzstandswahrung**.

20. Wenn Mietpreisbremsen unabhängig davon greifen, ob Mieter arm oder reich sind, orientiert sich die staatliche Distributionspolitik nicht an Niveaueffekten (Einkommensniveau), sondern nur an **Struktureffekten** (Ausgabenstruktur).

21. Ein **Mindestlohnsatz** ist ein **Mindestpreis** für eine Einheit Arbeitsleistung.

22. Ein Teil der Last des **Mindestlohnsatzes** wird nicht nur von den *aktuellen* **Arbeitgebern**, sondern auch von den *potentiellen* **Arbeitgebern** (Ex-Arbeitgebern) getragen, denen der Lohnsatz nunmehr zu hoch ist, sodass sie keine Arbeitskräfte nachfragen und ihre bisherige Arbeitgeberrente verlieren.

23. Ein Teil der Last des Mindestlohnsatzes wird von den *potentiellen* **Arbeitnehmern** (Ex-Arbeitnehmern) getragen, die nunmehr ihren Arbeitsplatz und ihre bisherige Arbeitnehmerrente verlieren.

24. Die *aktuellen* **Arbeitnehmer**, die weiterhin in Lohn und Brot stehen, gewinnen Arbeitnehmerrente.

25. Der negative Wohlfahrtseffekt der aktuellen Arbeitgeber wird durch den positiven Wohlfahrtseffekt der aktuellen Arbeitnehmer kompensiert, sodass unter den *aktuellen* **Marktteilnehmern kein Nettowohlfahrtseffekt** entsteht. Es handelt sich lediglich um eine **Umverteilung** von Arbeitgebern zu Arbeitnehmern, die im Fall eines Mindestlohnsatzes auch angestrebt wird.

26. Die negativen Wohlfahrtseffekte der *potentiellen* Arbeitgeber und *potentiellen* Arbeitnehmer sind Mehrbelastungen, die nicht kompensiert werden, sodass unter den *potentiellen* **Marktteilnehmern** ein **Nettowohlfahrtsverlust** entsteht.

27. Mindestlohnsätze **belasten** nicht nur *aktuelle* **Arbeitgeber**, die den Mindestlohnsatz tatsächlich zahlen, sondern auch *potentielle* **Marktteilnehmer**, denen ihre bisherige Arbeitgeber- beziehungsweise Arbeitnehmerrente verlorengeht.

28. Mindestlohnsätze unterstützen nur *aktuelle* **Arbeitnehmer**, fördern demzufolge **Besitzstandswahrung**.

29. Wenn Mindestlohnsätze unabhängig davon greifen, ob Arbeitnehmer in einem armen oder reichen Haushalt leben, orientiert sich die staatliche Distributionspolitik nicht an Niveaueffekten (Niveau des Haushaltseinkommens), sondern weitgehend an **Struktureffekten** (Struktur des Haushaltseinkommens).

30. Die **fünf Säulen** der *gesetzlichen* **Sozialversicherung** sind in chronologischer Reihenfolge: Krankenversicherung (1883), Unfallversicherung (1884), Rentenversicherung (1889), Arbeitslosenversicherung (1927), Pflegeversicherung (1995).

31. Die **Lohnsatzelastizität des Arbeitsangebots** misst die relative Änderung des Arbeitsangebots im Verhältnis zur relativen Änderung des Lohnsatzes.

32. Die **Lohnsatzelastizität der Arbeitsnachfrage** misst die relative Änderung der Arbeitsnachfrage im Verhältnis zur relativen Änderung des Lohnsatzes.

33. Die **marginale Arbeitsangebotsbereitschaft** zeigt das Arbeitsangebot, das ein Arbeitnehmer zu einem bestimmten Lohnsatz gerade noch anzubieten bereit ist.

34. Die **marginale Arbeitsnachfragebereitschaft** zeigt die Arbeitsnachfrage, die ein Arbeitgeber zu einem bestimmten Lohnsatz gerade noch nachzufragen bereit ist.

35. Die *ökonomische* **Inzidenz** von **Sozialversicherungsbeiträgen** ist unabhängig davon, wie hoch die jeweiligen Arbeitgeber- beziehungsweise Arbeitnehmerbeiträge sind.

36. Ein Teil der Last der Sozialversicherungsbeiträge wird nicht nur von den *aktuellen* **Arbeitgebern**, sondern auch von den *potentiellen* **Arbeitgebern** (Ex-Arbeitgebern) getragen, denen der Bruttolohnsatz nunmehr zu hoch ist, sodass sie keine Arbeitskräfte nachfragen.

37. Ein Teil der Last der Sozialversicherungsbeiträge wird nicht nur von den *aktuellen* **Arbeitnehmern**, sondern auch von den *potentiellen* **Arbeitnehmern** (Ex-Arbeitnehmern) getragen, denen der (Brutto- und Netto-) Lohnsatz nunmehr zu niedrig ist, sodass sie ihre Arbeitskraft nicht mehr anbieten.

38. Die Last der Sozialversicherungsbeiträge der *aktuellen* **Arbeitgeber** und der *aktuellen* **Arbeitnehmer** wird durch die Beitragseinnahmen der Sozialversicherungsträger kompensiert, sodass **kein Nettowohlfahrtseffekt** entsteht. Es handelt sich lediglich um eine **Umverteilung** von den Privaten zum Staat, die im Fall von Sozialversicherungsbeiträgen auch angestrebt wird.

39. Die Last der Sozialversicherungsbeiträge der *potentiellen* **Arbeitgeber** und der *potentiellen* **Arbeitnehmer** ist eine **Mehrbelastung**, die nicht kompensiert wird, sodass ein **Nettowohlfahrtsverlust** entsteht. Sozialversicherungsbeiträge belasten nicht nur *aktuelle* Arbeitgeber und Arbeitnehmer, die diese Beiträge tatsächlich zahlen, sondern auch *potentielle*, die diese Beiträge nicht zahlen, aber dem Arbeitsmarkt *aufgrund* der zu leistenden Sozialversicherungsbeiträge verlorengehen.

40. Die **Last**, welche die **Arbeitgeber** zu tragen haben, ist umso größer, je niedriger die Lohnsatzelastizität der Arbeitsnachfrage und je höher die Lohnsatzelastizität des Arbeitsangebots ist.

41. Die **Mehrwertsteuer** ist eine *allgemeine* **Verbrauchsteuer**, die den auf jeder Handelsstufe geschaffenen jeweiligen Mehrwert besteuert.

42. Die **Mehrwertsteuerlast** liegt nicht nur bei den *aktuellen* **Konsumenten**, sondern auch bei den *potentiellen* **Konsumenten**, denen der Bruttopreis nunmehr zu hoch ist, sodass sie nicht mehr nachfragen.

43. Die **Mehrwertsteuerlast** liegt nicht nur bei den *aktuellen* **Produzenten**, sondern auch bei den *potentiellen* **Produzenten**, denen der Nettopreis nunmehr zu niedrig ist, sodass sie nicht mehr anbieten.

44. Die Mehrwertsteuerlast der *aktuellen* Konsumenten und Produzenten wird durch die Steuereinnahmen des Staates kompensiert, sodass der **Nettowohlfahrtseffekt** für die *aktuellen* **Marktteilnehmer** bei **null** liegt. Es handelt sich lediglich um eine **Umverteilung** von den Privaten zum Staat, die im Fall einer Mehrwertsteuer auch angestrebt wird.

45. Die Mehrwertsteuerlast der *potentiellen* Konsumenten und Produzenten ist eine **Mehrbelastung**, die nicht kompensiert wird, sodass ein **Nettowohlfahrtsverlust** für die *potentiellen* **Marktteilnehmer** entsteht.

46. Je *höher* die **Preiselastizität** der Nachfrage ist, desto stärker werden *Unternehmer* durch die Mehrwertsteuer belastet. Je *niedriger* die Preiselastizität der Nachfrage ist, desto stärker werden *private Haushalte* durch die Mehrwertsteuer belastet.

47. Die **Kohlendioxidsteuer** ist keine Steuer, sondern ein mehrwertsteuerpflichtiger Preis auf Kohlendioxidemissionen.

48. Nach dem **Äquimarginalprinzip** ist der **Emissionshandel** dann optimal, wenn die Grenzkosten des Erwerbs von Emissionszertifikaten den Grenzkosten der Vermeidung gleichhoher Kohlendioxidemissionen entsprechen.

49. Die Kohlendioxidsteuerlast liegt nicht nur bei den *aktuellen* **Konsumenten**, sondern auch bei den *potentiellen* **Konsumenten** (Ex-Konsumenten), denen der Bruttopreis nunmehr zu hoch ist, sodass sie nicht mehr nachfragen. Es entsteht eine Mehrbelastung.

50. Die Kohlendioxidsteuerlast liegt nicht nur bei den *aktuellen* **Produzenten**, sondern auch bei den *potentiellen* **Produzenten** (Ex-Produzenten), denen der Nettopreis nunmehr zu niedrig ist, sodass sie nicht mehr anbieten. Es entsteht eine Mehrbelastung.

51. Die Kohlendioxidsteuerlast der *aktuellen* Konsumenten und Produzenten wird durch die Steuereinnahmen des Staates kompensiert, sodass der **Nettowohlfahrtseffekt** für die *aktuellen* **Marktteilnehmer** bei **null** liegt. Es handelt sich lediglich um eine **Umverteilung** von den Privaten zum Staat, die im Fall einer Kohlendioxidsteuer auch angestrebt wird.

52. Die Kohlendioxidsteuerlast der *potentiellen* Konsumenten und Produzenten ist eine **Mehrbelastung**, die nicht kompensiert wird, sodass ein **Nettowohlfahrtsverlust** für die *potentiellen* **Marktteilnehmer** entsteht.

53. Diese Mehrbelastung ist im Fall einer Kohlendioxidsteuer jedoch positiv zu interpretieren. Denn Kohlendioxid ist ein *demeritorisches* **Gut**, dessen Konsum ja eingeschränkt werden soll. Somit ist der beabsichtigte ökonomische Nettowohlfahrtsverlust ein *ökologischer* **Wohlfahrtsgewinn**.

54. Je *höher* die jeweiligen **Preiselastizitäten** der Nachfrage sind, desto stärker werden *Unternehmer* durch die Kohlendioxidsteuer belastet. Je *niedriger* die jeweiligen Preiselastizitäten der Nachfrage sind, desto stärker werden *private Haushalte* durch die Kohlendioxidsteuer belastet.

55. Eine **Strompreissubvention** ist eine finanzielle Unterstützung des Stromverbrauchs.

56. Subventioniert wird nicht nur die *bisherige* **Verbrauchsmenge** der **Konsumenten**, sondern auch ihre *zusätzliche*.

57. Subventioniert wird nicht nur die bisherige **Angebotsmenge** der **Produzenten**, sondern auch ihre *zusätzliche*.

58. Der Subventionsnutzen beziehungsweise -gewinn der *aktuellen* **Marktteilnehmer** wird durch die Subventionszahlungen des Staates kompensiert, sodass der **Nettowohlfahrtseffekt** bei **null** liegt. Es handelt sich lediglich um eine **Umverteilung** vom Staat zu den Privaten, der im Fall einer Strompreissubvention auch angestrebt wird.

59. Der Subventionsnutzen beziehungsweise –gewinn der *potentiellen* **Marktteilnehmer** ist ein zusätzlicher Nutzen beziehungsweise Gewinn, der ebenfalls durch die Subventionszahlungen des Staates kompensiert wird, sodass der Nettowohlfahrtseffekt bei null liegt. Es handelt sich um eine Umverteilung vom Staat zu *ineffizienten* Konsumenten und *ineffizienten* Produzenten. Der Staat subventioniert eine klimapolitisch kontraproduktive Verschwendung von Energieressourcen.

60. Darüber hinaus entsteht eine **Mehrbelastung**: Der Staat zahlt einen unwiederbringlichen Teil der Subventionen für (zu hohen) ineffizienten Konsum, einen anderen Teil für (zu hohe) ineffiziente Produktion. Somit fördert der Staat einen Stromverbrauch, der über das effiziente Maß hinausgeht. Beide Effekte repräsentieren einen Nettowohlfahrtsverlust, der nicht kompensiert wird.

61. Die vier Gerechtigkeitsprinzipien, die bereits auf Platon zurückgehen, lauten: Derjenige soll mehr geben, der mehr hat (**Leistungsfähigkeitsprinzip**), weniger braucht (**Bedarfsprinzip**), mehr nimmt (**Äquivalenzprinzip**), weniger leistet (**Leistungsprinzip**). Eine Strompreissubvention verletzt alle vier Gerechtigkeitsprinzipien.

## 4.8.2 Wiederholungsfragen

1. Wodurch unterscheiden sich formale und ökonomische Inzidenz? Lösung Abschn. 4.1
2. Wie werden Wohlfahrtseffekte gemessen? Lösung Abschn. 4.1
3. Wer trägt die tatsächliche Last einer Mietpreisbremse? Lösung Abschn. 4.2
4. Wodurch unterscheiden sich Objektförderung und Subjektförderung? Lösung Abschn. 4.2
5. Wer trägt die tatsächliche Last eines Mindestlohnsatzes? Lösung Abschn. 4.3
6. Wer trägt die tatsächliche Last von Sozialversicherungsbeiträgen? Lösung Abschn. 4.4
7. Wer trägt die tatsächliche Last einer Mehrwertsteuer? Lösung Abschn. 4.5
8. Wer trägt die tatsächliche Last einer Kohlendioxidsteuer? Lösung Abschn. 4.6
9. Was versteht man unter dem „Grünen Paradoxon"? Lösung Abschn. 4.6
10. Wer profitiert tatsächlich von einer Strompreissubvention, wer nicht? Lösung Abschn. 4.7

## 4.8.3 Aufgaben

**Aufgabe 1**
Erläutern Sie, warum es für eine wirtschaftspolitische Analyse so wichtig ist, zwischen Struktur- und Niveaueffekten zu unterscheiden.

**Aufgabe 2**
Erläutern Sie anhand eines Beispiels, wie gutgemeinte klimapolitische Maßnahmen zu Ergebnissen führen können, welche die intendierte Wirkung nicht nur verfehlen, sondern gegenüber der Ausgangssituation sogar verschlechtern.

**Aufgabe 3**
Erläutern Sie, inwiefern marktwirtschaftliche Ansätze generell zu Lösungen wohnungs-, arbeitsmarkt-, steuer- oder klimapolitischer Probleme beitragen können.

## 4.8.4 Lösungen

**Lösung zu Aufgabe 1**

Struktureffekte zeigen, wie sich die Anteile an den Gesamtausgaben beziehungsweise an den Gesamteinnahmen ändern. Niveaueffekte zeigen, wie sich die Höhe der Gesamtausgaben beziehungsweise der Gesamteinnahmen ändert. Ein Eingriff in die Ausgabenstruktur ist typischerweise mit einer Änderung der relativen Preise verbunden. Administrativ veränderte Preisverhältnisse sorgen für ökonomische Ineffizienzen, weil Angebot und Nachfrage nach der staatlichen Intervention im Vergleich zur effizienten Marktlösung zu hoch oder zu niedrig sind. Diese ökonomische Ineffizienz kann durchaus gewollt sein: So sorgt beispielsweise eine Tabaksteuer dafür, den Kauf von Zigaretten künstlich zu verteuern und damit die Nachfrage, wie beabsichtigt, zu reduzieren. Problematisch ist ein staatlicher Eingriff, wenn Fehlanreize geschaffen werden: Wird es zum Beispiel bei steigenden Energiepreisen für Arme immer schwieriger, ihre Heizkosten zu bezahlen, sorgt eine entsprechende verbrauchsabhängige Subvention nicht nur für einen Niveaueffekt (höheres Einkommen), sondern auch für einen Struktureffekt (niedrigere relative Preise für Energie). Dadurch entstehen Fehlanreize, mehr Energie zu verbrauchen. Die Wirtschaftspolitik muss sich folglich die Frage stellen, welchen Struktureffekt sie verfolgen möchte. Die wirtschaftspolitische Antwort kann „hart" klingen, aber der Sache eher dienlich sein als eine Maßnahme, die beim Wähler besser ankommt (Subventionierung hoher Energiepreise): keine Subventionierung hoher Energiepreise, somit hohe Energiekosten für jeden – Reichen wie Armen –, aber eingebettet in höhere Einkommenstransfers für Arme – unabhängig von ihrem Energieverbrauch. Korrigiert die Wirtschaftspolitik die Niveaueffekte (steigende Transfereinkommen), belässt sie aber die Struktureffekte (höherer Anteil der Energiekosten), können sowohl die Ziele der Anreizkompatibilität (Anreiz zu geringerem Energieverbrauch) als auch der Gerechtigkeit (finanzielle Unterstützung Armer) erfüllt werden.

**Lösung zu Aufgabe 2**

In Deutschland sind die meisten Inlandsflüge Zubringerflüge für internationale Flugverbindungen. Ein Verbot von *Inlands*flügen könnte ohne die erwartete klimapolitische Wirkung umgangen werden, indem die Zubringerflüge nicht national, sondern *international* durchgeführt werden. Beispielsweise könnte ein Berliner, der eine Reise ins burmesische Irrawaddydelta nach Rangun (Yangon) plant, zunächst an einen Interkontinentalflug denken, der ihn von Frankfurt am Main in die ehemalige Hauptstadt Burmas (Myanmars) führt. Bei einem Verbot von Inlandsflügen müsste der Berliner auf den Zug ausweichen. Der „ICE-Sprinter" bewältigt die Strecke von der Spree- in die Mainmetropole zwar mit Hochgeschwindigkeit in weniger als vier Stunden. Aber der Gedanke an die Mühsal, mit schwerem Gepäck auf Bahn- und Flughäfen den richtigen Weg zu finden, sowie die einzubauenden Pufferzeiten für mögliche Verspätungen der Bahn lassen den Berliner auf andere Gedanken kommen: Fliegt er nicht von Frankfurt am Main aus in die Tropen, sondern über London oder über Madrid, kann er einen internationalen Zubringer buchen und bequemer reisen. Flugrouten von Berlin über London oder Madrid nach Rangun sind jedoch viele Kilometer weiter als Flugrouten von Berlin über Frankfurt am Main nach Rangun, sodass ein Reiseweg gewählt wird, der nicht nur nicht zu einem geringeren, sondern sogar zu einem höheren Kerosinverbrauch führt und somit die Umwelt stärker belastet als die ursprünglich vorgesehene Variante.

**Lösung zu Aufgabe 3**

Für die Bewältigung großer ökonomischer Probleme wie einer an den Wohnbedürfnissen orientierten Wohnungspolitik, einer effizienten und gerechten Arbeitsmarktpolitik, einer auch intergenerationell gerechten Steuerpolitik oder einer klimagerechten Energiepolitik sind kreative Ideen und technische Innovationen erforderlich. Diese entspringen nur selten den Köpfen staatlicher Planungsbehörden, sondern in der Regel den Köpfen privater Unternehmer. Daher ist die Einbindung des Marktes von Vorteil. Die Forderung nach marktwirtschaftlichen Lösungen erweckt – sprachlich bedingt – den Eindruck, als ginge es nur darum, dass reiche Unternehmer noch reicher würden, wogegen staatliche Lösungen entgegen aller Erfahrung den Ruf des Gemeinwohlorientierten in sich tragen. Bei näherer Überlegung ist die Suche nach einer Markt- oder Staatslösung jedoch durch folgende Frage besser charakterisiert: Soll man auf wenige, oft fachfremde, intrinsisch und extrinsisch weniger motivierte Politiker ohne Haftungsrisiko vertrauen oder auf viele, oft fachlich versierte, intrinsisch und extrinsisch motivierte Individuen mit Haftungsrisiko? Die rasante wirtschaftliche Entwicklung seit der Zeit der Aufklärung ist ohne die zunehmende Teilnahme und Teilhabe von immer mehr Menschen an diesem Prozess nicht zu erklären.

## Literatur

Beznoska, M. & Hentze, M. (2019). *Die Grenzbelastung der Lohneinkommen im zeitlichen Vergleich: Berechnungen für verschiedene Einkommensgruppen.* Iw-Report 21/2019. Köln: Institut der deutschen Wirtschaft.

BMAS (2021). *Sozialbericht 2021.* Bonn: Bundesministerium für Arbeit und Soziales. https://www.bmas.de/SharedDocs/Downloads/DE/Publikationen/a101-21-sozialbericht-2021.pdf?__blob=publicationFile&v=2. Zugegriffen am 21.03.2022.

BMF (2022). *Steuereinnahmen ohne Gemeindesteuern nach Steuerarten im gesamten Bundesgebiet.* Berlin: Bundesministerium der Finanzen. https://www.bundesfinanzministerium.de/Content/DE/Standardartikel/Themen/Steuern/Steuerschaetzungen_und_Steuereinnahmen/2022-01-28-steuereinnahmen-4-vierteljahr-kalenderjahr_2021.pdf?__blob=publicationFile&v=3. Zugegriffen am 14.02.2022.

BVerfG (2021). *Leitsätze zum Beschluss des Ersten Senats vom 24. März 2021,* 1 BvR 2656/18, 1 BvR 78/20, 1 BvR 96/20, 1 BvR 288/20 (Klimaschutz). https://www.bundesverfassungsgericht.de/SharedDocs/Entscheidungen/DE/2021/03/rs20210324_1bvr265618.html;jsessionid=BA54D6C80A762255A301853F-1FA20F83.1_cid507. Zugegriffen am 28.11.2021.

Card, D. (1992a). Using regional variation in wages to measure the effects of the federal minimum wage. *Industrial and Labor Relations Review, 46* (1), 22-37.

Card, D. (1992b). Do minimum wages reduce employment? A case study of California, 1987–1989. *Industrial and Labor Relations Review, 46* (1), 38-54.

Card, D. & Krueger, A. B. (1993). Minimum wages and employment: A case study of the fast-food industry in New Jersey and Pennsylvania. *American Economic Review, 84* (4), 772-793.

Card, D. & Krueger, A. B. (1995). *Myth and measurement: The new economics of the minimum wage.* Princeton: Princeton University Press.

Coady, D., Parry, I., Le, N.-P., Shang, B. (2019). *Global fossil fuel subsidies remain large: an update based on country-level estimates.* IMF Working Paper 19/89. Washington D. C.: International Monetary Fund.

Destatis (2022a). *Altenquotient. Bevölkerung im erwerbsfähigen Alter und Senioren.* Wiesbaden: Statistisches Bundesamt. https://www.destatis.de/DE/Themen/Querschnitt/Demografischer-Wandel/Aspekte/demografie-altenquotient.html. Zugegriffen am 04.03.2022.

Destatis (2022b). *Bauüberhang an genehmigten Bauvorhaben im Hochbau. Deutschland. Stichtag.* Wiesbaden: Statistisches Bundesamt. https://www-genesis.destatis.de/genesis/online?operation=abruftabelleBearbeiten&levelindex=1&levelid=1645862231592&auswahloperation=abruftabelleAuspraegungAuswaehlen&auswahlverzeichnis=ordnungsstruktur&auswahlziel=werteabruf&code=31131-0001&auswahltext=&werteabruf=starten#abreadcrumb. Zugegriffen am 26.02.2022.

Deutscher Bundestag (2021). *Schriftliche Fragen.* Bundesdrucksache 19/32679, S. 23, Frage 33. https://dserver.bundestag.de/btd/19/326/1932679.pdf. Zugegriffen am 21.03.2022.

ESVG 2010 (2014). *Europäisches System Volkswirtschaftlicher Gesamtrechnungen* (Annex A of Regulation (EU) No 549/2013). Luxemburg: Eurostat und Europäische Kommission.

European Commission (2022a). *EU climate benchmarks and benchmarks' ESG disclosures. What the EU is doing to make benchmark methodologies more transparent when it comes to ESG factors and to put forward standards for the methodology of low-carbon benchmarks in the EU.* https://ec.europa.eu/info/business-economy-euro/banking-and-finance/sustainable-finance/eu-climate-benchmarks-and-benchmarks-esg-disclosures_en. Zugegriffen am 06.02.2022.

European Commission (2022b). *EU taxonomy for sustainable activities. What the EU is doing to create an EU-wide classification system for sustainable activities.* https://ec.europa.eu/info/business-economy-euro/banking-and-finance/sustainable-finance/eu-taxonomy-sustainable-activities_en. Zugegriffen am 06.02.2022.

FAO & UNEP (2020). *The state of the world's forests. Forests, biodiversity and people.* Rom: Food and Agriculture Organization of the United Nations (FAO) & United Nations Environment Programme (UNEP).

FRA (2020a). *Global forest resources assessment 2020. Key findings.* Rom: Food and Agriculture Organization of the United Nations (FAO).

FRA (2020b). *Global forest resources assessment 2020. Main report.* Rom: Food and Agriculture Organization of the United Nations (FAO).

Harberger, A. C. (1962). The incidence of the corporation income tax. *Journal of Political Economy, 70,* 215-240.

Harris, N., Cook-Patton, S., Gibbs, D. & Lister, K. (2020). *Young forests capture carbon quicker than previously thought*. Washington D. C.: World Resources Institute. https://www.wri.org/insights/young-forests-capture-carbon-quicker-previously-thought. Zugegriffen am 27.08.2021.

iww (2012). Institut für Wissen in der Wirtschaft (Hrsg.). *Weihnachtsbaumverkauf. Welcher von vier möglichen Umsatzsteuersätzen ist anzuwenden?* SSP 02, ID 31177410. 18. https://www.iww.de/index.php/ssp/unternehmer/umsatzsteuer-weihnachtsbaumverkauf-welcher-von-vier-moeglichen-umsatzsteuersaetzen-ist-anzuwenden-f50290. Zugegriffen am 17.06.2020.

Katz, L. F. & Krueger, A. B. (1992). The effect of the minimum wage on the fast food industry. *Industrial and Labor Relations Review, 46* (1), 6-21.

Lindbeck, A. E. (1971). *The political economy of the New Left: An outsider's view*. New York City: Harper & Row.

Marshall, A. (1890). *Principles of economics*. London: Macmillan.

Meadows, D. H., Meadows, D. L., Randers, J. & Behrens III, W. W. (1972). *The limits to growth*. A report for the Club of Rome's project on the predicament of mankind. New York City: Universe.

Olivier, J. G. J. & Peters, J. A. H. W. (2020). *Trends in global $CO_2$ and total greenhouse gas emissions*. Report 2019. Den Haag: PBL Netherlands Environmental Assessment Agency. https://www.pbl.nl/sites/default/files/downloads/pbl-2020-trends-in-global-co2-and-total-greenhouse-gas-emissions-2019-report_4068.pdf. Zugegriffen am 17.11.2021.

Platon (1982). *Politeia*. Stuttgart: Reclam. Erstveröffentlichung ca. 325 v. Chr.

Richert, R. (2021a). *Grundlagen der Volkswirtschaftslehre aus globaler Sicht*. Reihe Wiwi: klipp & klar. Wiesbaden: Springer Gabler.

Richert, R. (2021b). *Internationale Wirtschaftsbeziehungen*. Reihe Wiwi: klipp & klar. Wiesbaden: Springer Gabler.

Richert, R. (2021c). *Mikroökonomik*. Reihe Wirtschaft: Schnell erfasst. 2. Aufl., Berlin: Springer Gabler. Erstveröffentlichung 2010.

Sen, A. (1998). The possibility of social choice. *Nobel Prize lecture*, 178-216. https://www.nobelprize.org/uploads/2018/06/sen-lecture.pdf. Zugegriffen am 10.04.2020.

Sinn, H. W. (2008). Das grüne Paradoxon. Warum man bei der Klimapolitik das Angebot nicht vergessen darf. München: Ifo Working Paper 54.

Sinn, H. W. (2020). *Der Corona-Schock. Wie die Wirtschaft überlebt*. Freiburg: Herder.

Statista (2021a). *Steuereinnahmen aus der Umsatzsteuer in Deutschland 2007 bis 2020*. https://de.statista.com/statistik/daten/studie/235794/umfrage/einnahmen-aus-der-umsatzsteuer/. Zugegriffen am 27.11.2021.

Statista (2021b). *Wohneigentumsquote in ausgewählten europäischen Ländern im Jahr 2020*. https://de.statista.com/statistik/daten/studie/155734/umfrage/wohneigentumsquoten-in-europa/. Zugegriffen am 28.11.2021.

Statista (2022a). *Ausgaben der gesetzlichen Rentenversicherung in Deutschland von 1991 bis 2020*. https://de.statista.com/statistik/daten/studie/39055/umfrage/ausgaben-der-gesetzlichen-rentenversicherung-seit-1990/. Zugegriffen am 06.02.2022.

Statista (2022b). *Ausgaben des deutschen Staates für Pensionen von 1991 bis 2020*. https://de.statista.com/statistik/daten/studie/160022/umfrage/ausgaben-des-staates-fuer-pensionen/. Zugegriffen am 06.02.2022.

Statista (2022c). *Einnahmen aus der Umsatzsteuer von März 2020 bis Dezember 2021*. https://de.statista.com/statistik/daten/studie/71899/umfrage/einnahmen-mehrwertsteuer/. Zugegriffen am 14.02.2022.

Statista (2022d). *Geldvermögen der privaten Haushalte in Deutschland vom 2. Quartal 2016 bis zum 2. Quartal 2021*. https://de.statista.com/statistik/daten/studie/37880/umfrage/geldvermoegen-der-privathaushalte-in-deutschland/. Zugegriffen am 06.02.2022.

**Zusammenfassung**

Geplante wirtschaftspolitische Maßnahmen sind anhand mehrerer Entscheidungsregeln zu prüfen, um die Bandbreite entscheidungsrelevanter Kriterien – bestmögliche Ergebnisse, schlechtestmögliche Ergebnisse, Wahrscheinlichkeiten, Streuungen, Risiken – besser zu erfassen. Zudem besteht in Deutschland ein Defizit an strategischer und an strategemischer Wirtschaftspolitik, die insbesondere gegenüber China verstärkt eingesetzt werden sollte. Dabei sind verhaltensökonomische Erkenntnisse – Verlustaversion, Anchoring, Nudging, Sludging – zu berücksichtigen, um den realen Entscheidungsprozess besser abzubilden. Politökonomische Zusammenhänge belegen die Rationalitätenfalle zwischen individueller und kollektiver Rationalität. Dass die Lasten wirtschaftspolitischer Maßnahmen nicht unbedingt von denjenigen getragen werden, die sie tragen sollen, belegen die Ergebnisse von Inzidenzanalysen zur Mietpreisbremse, zum Mindestlohnsatz, zu den Sozialversicherungsbeiträgen, zur Mehrwertsteuer, zur „Kohlendioxidsteuer" sowie zur Strompreissubvention.

Bei der Erläuterung entscheidungstheoretischer Grundlagen wurden mehrere klassische Entscheidungsregeln vorgestellt: Maximax-Regel, Leximax-Regel, Maximin-Regel, Leximin-Regel, Hurwicz-Regel, Savage-Niehans-Regel, Laplace-Regel, Bayes-Regel, $\mu$-$\sigma$-Regel. An welchen dieser Regeln sich der Wirtschaftspolitiker ausrichtet, hängt auch von seiner Risikoneigung ab. Es ist sinnvoll, nicht nur eine Entscheidungsregel in die Entscheidungsfindung einzubauen. Eine Lehre, die aus dem Krieg in der Ukraine und aus den Reaktionen Chinas und Indiens gezogen werden kann, lautet, dass sich nicht nur die deutsche Politik im Allgemeinen, sondern auch die Wirtschaftspolitik im Besonderen stärker strategisch ausrichten sollte, um der geopolitischen Labilität wirtschaftspolitische Stabilität entgegenzusetzen. Für die Strategieanalyse sind Dilemma-Situationen zu lösen, die Kohärenz strategischer, taktischer und operativer Ziele sowie daraus abgeleiteter wirtschaftspolitischer Maßnahmen sicherzustellen und die externen sowie internen Umweltbedingungen systematisch zu untersuchen und zu bewerten. Im Rahmen der Strategieentwicklung kann die Wirtschaftspolitik sich mithilfe einer GAP-, SWOT- oder TOWS-Analyse sowie mithilfe eines Benchmarking Klarheit über den Status quo und über die Entwicklungspotentiale verschaffen. Für die Strategieformulierung bieten sich Innovations-, Imitations- und Adaptionsstrategien an, die sich ihrerseits aus Nischen-, Kostenführerschafts- beziehungsweise Differenzierungsstrategien ableiten lassen. Die Kenntnis einflussreicher Strate-

© Springer Fachmedien Wiesbaden GmbH, ein Teil von Springer Nature 2022
R. Richert, *Wirtschaftspolitik klipp & klar*, WiWi klipp & klar,
https://doi.org/10.1007/978-3-658-38146-2_5

geme hilft für das Verständnis und für die Evaluation internationaler Wirtschaftspolitik. Die Existenz systematischer („biases") und unsystematischer („noise") Verzerrungen bei wirtschaftspolitischen Entscheidungen sind eine Warnung an die scheinbare Allmacht staatlicher Steuerungskompetenz. Ein Nudging kann sich schnell als Sludging entpuppen. Die umfassende Teilnahme und Teilhabe aller Marktakteure ist ein Weg für eine anreizkompatible und somit auch nachhaltige und tragfähige Wirtschaftspolitik. Die Beachtung des Serendipitätsprinzips sollte dabei nicht zu kurz kommen.

Die Erörterung politökonomischer Grundlagen hat die Interdependenzen zwischen ökonomischer und politischer Rationalität verdeutlicht sowie die Rationalitätenfalle zwischen individueller und kollektiver Rationalität offengelegt: Auch Wirtschaftspolitiker richten ihr Handeln an den Präferenzen des Medianwählers aus, der ihnen dies bei der nächsten Wahl danken soll. Das Verhältnis von Politikern und Bürokraten ist durch eine Prinzipal-Agenten-Beziehung gekennzeichnet, die Schwierigkeiten bei der Umsetzung wirtschaftpolitischer Ziele erwarten lässt. Interessengruppen versuchen ihre Partikularinteressen durchzusetzen. Eine Regulierungspolitik bedarf starker, unabhängiger und inklusiver Institutionen. Dabei ist zu berücksichtigen, dass wirtschaftliche Freiheit und wirtschaftliche Prosperität eng miteinander korrelieren. Die wirtschaftliche Dynamik eines Landes wird durch Rentenstreben eingeschränkt, das weniger durch schöpferische Leistungen als durch eine Mentalität der Alimentierung charakterisiert ist. Harte, aber notwendige wirtschaftspolitische Entscheidungen sind zu Beginn einer Legislaturperiode zu treffen, weil sie dann ohne die ansonsten zu erwartende Quittung bei den nächsten Wahlen möglich sind. Die Wirtschaftspolitik sollte zu ihrem eigenen Schutz vor zeitinkonsistentem Verhalten dem Ideal einer Nomokratie folgen, in der Regeln, nicht Personen entscheiden. Private und staatliche Eigentums- und Verfügungsrechte sollten klar definiert und geschützt, externe Effekte internalisiert werden.

Die Inzidenzanalysen haben gezeigt, dass die Konsequenzen wirtschaftspolitischen Handelns nicht immer den Intentionen desselben entsprechen: Mitunter ist die Lücke ziemlich groß zwischen der ökonomischen Inzidenz, die zeigt, wer die Last einer wirtschaftspolitischen Maßnahme tatsächlich trägt, und der formalen Inzidenz, die zeigt, wer diese Last tragen soll. Eine Mietpreisbremse wirkt sich zwar positiv auf arme Mieter aus, aber negativ auf das Wohnraumangebot und auf Wohnungssuchende. Zudem subventioniert sie auch reiche Bestandsmieter. Von einem Mindestlohnsatz profitieren zwar Geringverdiener, aber nicht Arbeitslose. Statt dessen werden auch in einem reichen Haushalt lebende Teilzeitbeschäftigte unterstützt. Wie hoch die Arbeitgeber- beziehungsweise Arbeitnehmerbeiträge zur Sozialversicherung sind, ist ökonomisch unerheblich, weil sich je nach institutionellem Design die Netto- beziehungsweise Bruttolöhne anpassen. Durch die Mehrwertsteuer werden nicht nur, wie intendiert, die Konsumenten belastet, sondern auch die Produzenten. Ein Preis für die Emissionen von Kohlendioxid („Kohlendioxidsteuer") erweist sich als eine effiziente marktkonforme Maßnahme zur Bekämpfung des Klimawandels. Eine Strompreissubvention hingegen schafft Negativanreize für einen zu hohen Energieverbrauch und sorgt durch ihre zielgruppeninadäquate Förderung für eine Verschwendung volkswirtschaftlicher Ressourcen.

Diese – beschränkte – Auswahl wirtschaftspolitischer Entscheidungs- und Handlungsfelder hat die systemimmanente Ambivalenz wirtschaftspolitischer Maßnahmen offengelegt. Ein gewisses Maß an Flexibilität sowie ein rationaler – durchaus auch heuristischer – Umgang mit Unsicherheiten sind gute Voraussetzungen für eine nachhaltige Wirtschaftspolitik, die sich nicht durch situativ-reaktives, sondern durch strategisches, an adaptiver Effizienz und intergenerationeller Gerechtigkeit ausgerichtetes Verhalten auszeichnet.

# Stichwortverzeichnis

© Springer Fachmedien Wiesbaden GmbH, ein Teil von Springer Nature 2022
R. Richert, *Wirtschaftspolitik klipp & klar*, WiWi klipp & klar,
https://doi.org/10.1007/978-3-658-38146-2

System 1 43
System 2 43
Szenario-Technik 10

**T**
Tan Daoji 30
taper tantrum 105
Tarifautonomie 155
Tarifvertragspartei 155
Taylorismus 95
Teilzeitbeschäftigter 170
Textil- und Bekleidungsindustrie 27
Theorie der Gerechtigkeit 86
Theorie der Verfügungsrechte 112
Theorie des Zweitbesten 101
Theorie relationaler Verträge 113
Tiger
    asiatischer 20
Tomographie 39
Totalanalyse
    explizite 42
TOWS-Analyse 25
tradeoff 1
Tragfähigkeit
    der Schulden 105
Transaktionskosten 87
Transaktionskostentheorie 114
Transaktionsnutzen 41
Transaktionstheorie 44
Transfer 1, 134
Transferzahlung 81, 157
Transparency International 76
Treibhausgas 25, 110, 179
Treibhausgasemission 110
Trickle-down-Effekt 106
TRIPS-Abkommen 113
Trittbrettfahrerverhalten 78, 82, 111
Tucker, Albert William 17
Tullock, Gordon 96
Tversky, Amos 12, 37

**U**
Überbrückungshilfe 24
Übermaßverbot 46, 103
Überstunde 170
Übertragungseffekt 16, 85
Überwälzbarkeit 157
Ukraine 18, 21, 23, 30, 32, 40, 71, 105, 110
Umsatzsteuer 171, 172
Umverteilung 143, 144, 154, 179, 183, 188
Umweltbedingung
    allgemeine externe 20
    interne 22
    spezifische externe 22
Umweltbundesamt 180
Umweltverträglichkeit 109
Umweltzustand 5
Unabhängigkeitserklärung

US-amerikanische 85
Unabhängigkeitshypothese
    inter-hemisphärische 39
Unfallversicherung 76, 106, 156
Universalismus 54
Unternehmergeist 23
usus 112
usus fructus 112
Utilitarismus 41

**V**
Validität 4, 40
Value Added Tax 171
Variable
    abhängige 133
    unabhängige 133
Varianz 15
VAT 171
Venezuela 80, 92
Verantwortungskompetenz 155
Verbraucherpreisindex
    Harmonisierter 102
Verbrauchsmenge 188
Verbrauchsteuer
    allgemeine 171, 193
    spezielle 104, 179
Vereinigte Arabische Emirate 81
Verfügungsrecht
    absolutes 113
    relatives 113
Verhalten
    altruistisches 66
    beschränkt-rationales 66
    opportunistisches 66
    risikoaverses 11
    vollkommen rationales 66
Verhaltensökonomik 11, 37
Verhältnismäßigkeit 46
Verhältnismäßigkeitsprinzip 47, 103
Verhandlungsmacht 21
Verifikation 4
Verkaufsphase 171
Verkaufspreis 171
Verlauf
    monotoner 133
Verlustaversion 11, 48
Vermieter 137
    aktueller 143
    potentieller 143
Vermögensbildung 146
Vermögenstitel 82
Verschiebung 162
Verschleierungsverbot 90
Verschuldung 120
    öffentliche 10
Verschwendung
    volkswirtschaftlicher Ressourcen 188
Versorgungssicherheit 23, 109
Verteilungspolitik 118

The manufacturer's authorised representative in the EU is Springer
Nature Customer Service Centre GmbH, Europaplatz 3, 69115 Heidelberg,
Germany. If you have any concerns regarding our products, please
contact ProductSafety@springernature.com

Printed and bound by CPI Group (UK) Ltd, Croydon, CR0 4YY
24/04/2026
02096345-0020